VITA APALA

Von 0 bis 4 Jahren

Zuckersüße MODE FÜR DIE KLEINSTEN häkeln

MODERN & ZEITLOS

CV

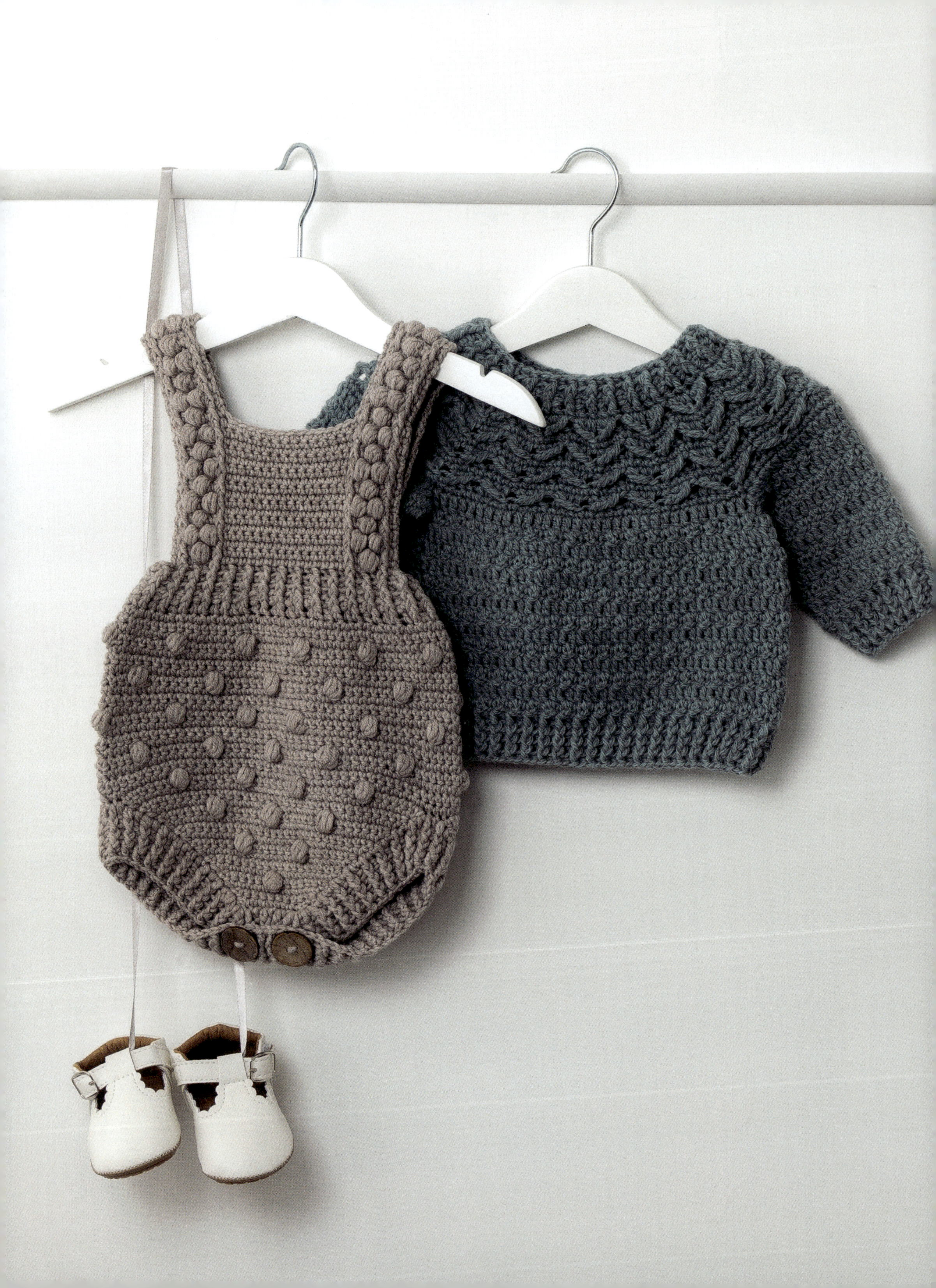

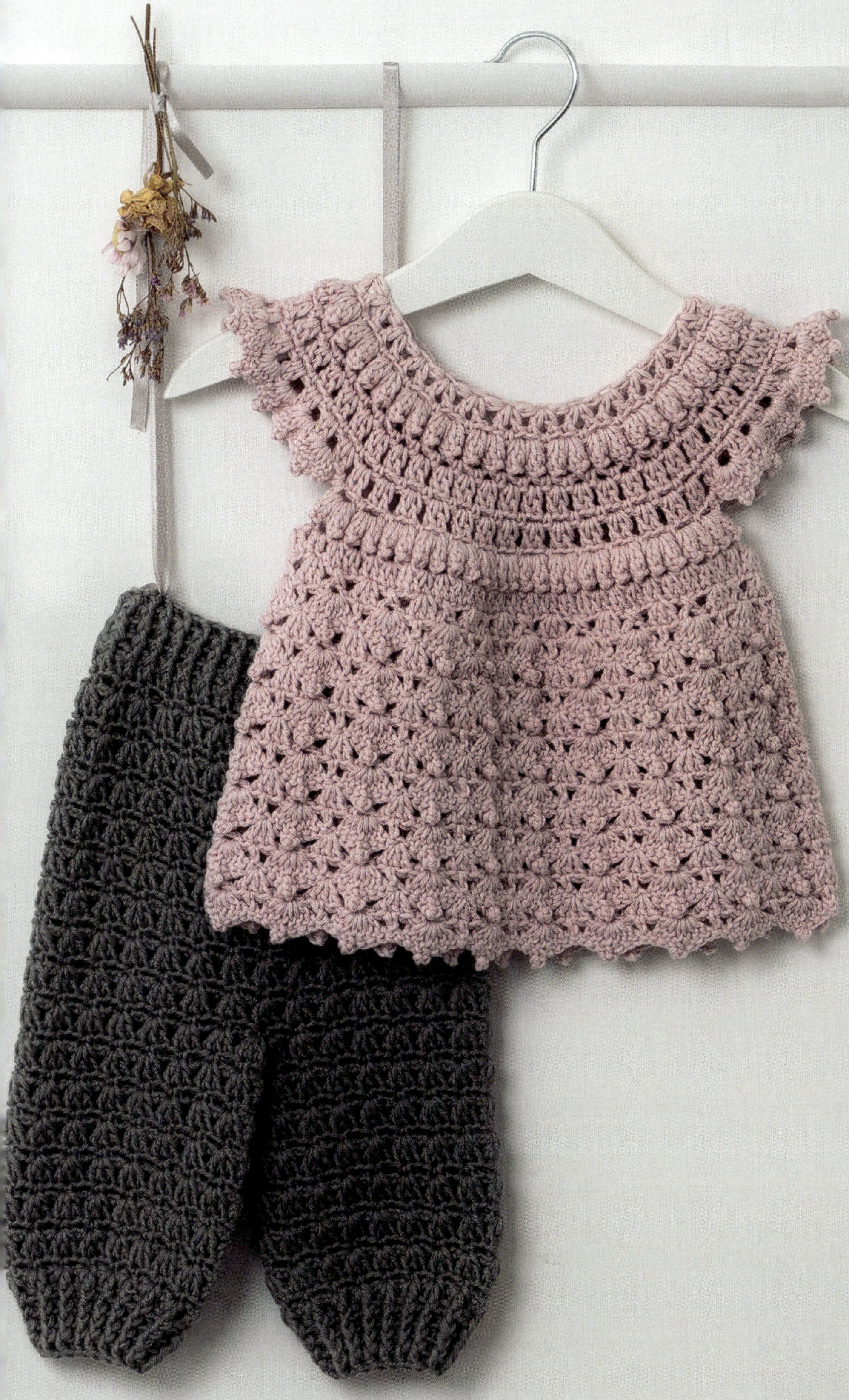

INHALT

Einleitung

Während gestrickte Kleidung über die Jahrzehnte mehr oder weniger gleich beliebt geblieben ist, hatte das Häkeln Höhen und Tiefen. Meiner bescheidenen Meinung nach ist das überhaupt nicht gerechtfertigt. Gehäkelte Kleidung kann genauso modern, zeitlos – oder auch altmodisch! – sein wie gestrickte. Mit meinen Designs möchte ich zeigen, dass Häkeln wirklich viel zu bieten hat, und wie fantastisch es aussehen kann!

Ich begann vor vielen Jahren mit dem Häkeln, als ich in ein neues Land, nach Italien, gezogen bin, mein erstes Kind zur Welt kam und ich mit dem Kind zu Hause blieb. Mein Leben wurde also quasi komplett auf den Kopf gestellt. Die geschäftige junge Frau, die immer lernte, arbeitete und die Karriereleiter hochkletterte, war vom Weg abgekommen. Ich war immer noch jung, aber war gerade Mutter geworden, kilometerweit von meiner Familie und meinen Freunden entfernt und sprach kein Wort Italienisch. Ich war außerdem mit einem Musiker verheiratet, der viel reiste und verrückte Arbeitszeiten hatte. Ich musste also meinen Weg in dieses neue Leben finden, all die wunderbaren neuen Dinge begrüßen, statt dem nachzutrauern, was in der Vergangenheit lag. Zwar war vieles unsicher, aber eines wusste ich genau: Ich wollte keinen neuen Vollzeitjob, bei dem ich für jemand anderen arbeitete. Allerdings konnte ich meinen Sohn bei niemandem abgeben, mein Mann war viel unterwegs, und ich hatte keine Verwandten oder guten Freunde in der Nähe. Glücklicherweise blühten im Internet die kreativen Ideen, wie man seine Leidenschaften zum Job machen kann. Ich entdeckte die Online-Verkaufsplattform Etsy für Handgemachtes, gründete meine eigene Marke »Mon Petit Violon« und habe es nie bereut.

Dieses Buch enthält eine Vielfalt von Kleidungsstücken und Accessoires für Babys und Kleinkinder, die ich schon immer am allerliebsten entworfen habe. Sie sind auch ein guter Ausgangspunkt beim Häkeln, denn auch wenn viele Projekte in diesem Buch etwas fortgeschritten sind, können sich auch Anfänger an sie wagen. Ich habe viele Häkelanfänger gesehen, die ihre erste Jacke oder ihr erstes Kleid gehäkelt haben und sehr glücklich mit dem Ergebnis waren. Meine Anleitungen sind so geschrieben, dass du sie, um sie erfolgreich fertigzustellen, nur Wort für Wort befolgen und dabei deine Fortschritte mit den Schritt-für-Schritt-Fotos vergleichen musst – das war's schon. Du brauchst nichts selbst herauszufinden. Alle besonderen Maschen sind erklärt und jede Masche wird benannt. Wenn du jemals Zweifel hast, vertraue einfach auf die Anleitung. Selbst wenn etwas auf den ersten Blick merkwürdig wirkt, ergibt es im Anschluss Sinn.

Babykleidung ist außerdem toll für den Anfang, weil sie schnell fertig wird und sehr befriedigend ist. Selbst wenn du einen Fehler machst, bemerkt man ihn weniger als bei einem großen Kleidungsstück für Erwachsene. Eines empfehle ich jedoch: Selbst wenn du gerade erst beginnst, kaufe das beste Garn, das du dir leisten kannst, und wähle Naturfasern! Es macht mehr Spaß, mit dem Garn zu arbeiten, das fertige Teil ist schöner, und die Struktur und die Haptik der Kleidung kommen am besten zur Geltung.

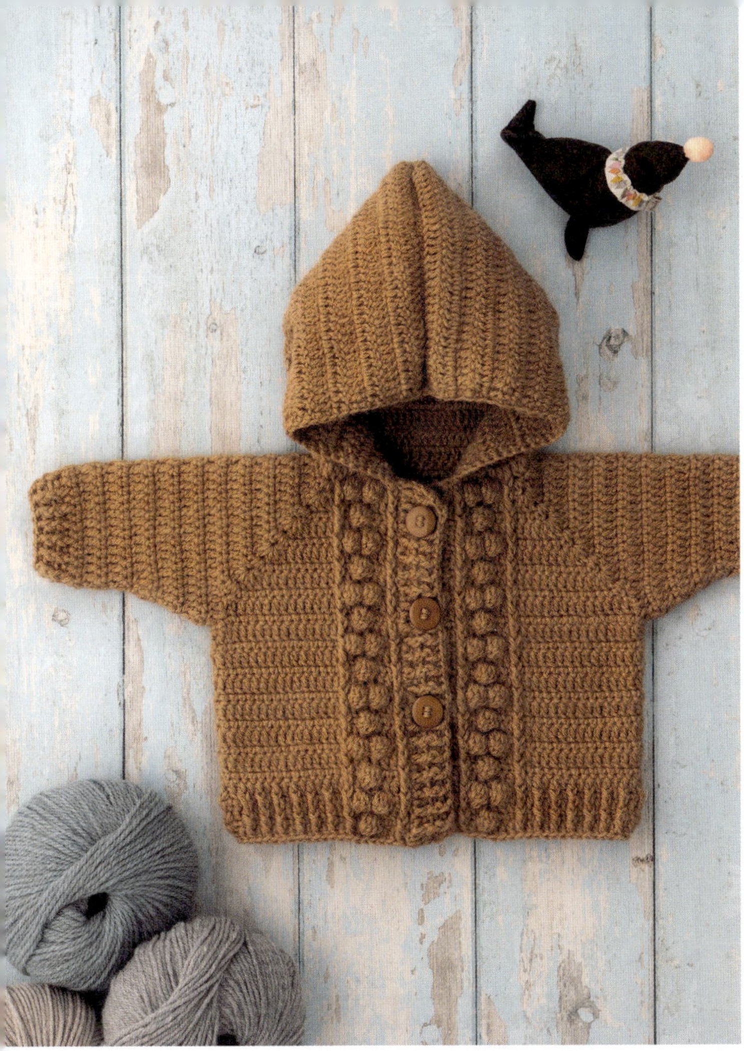
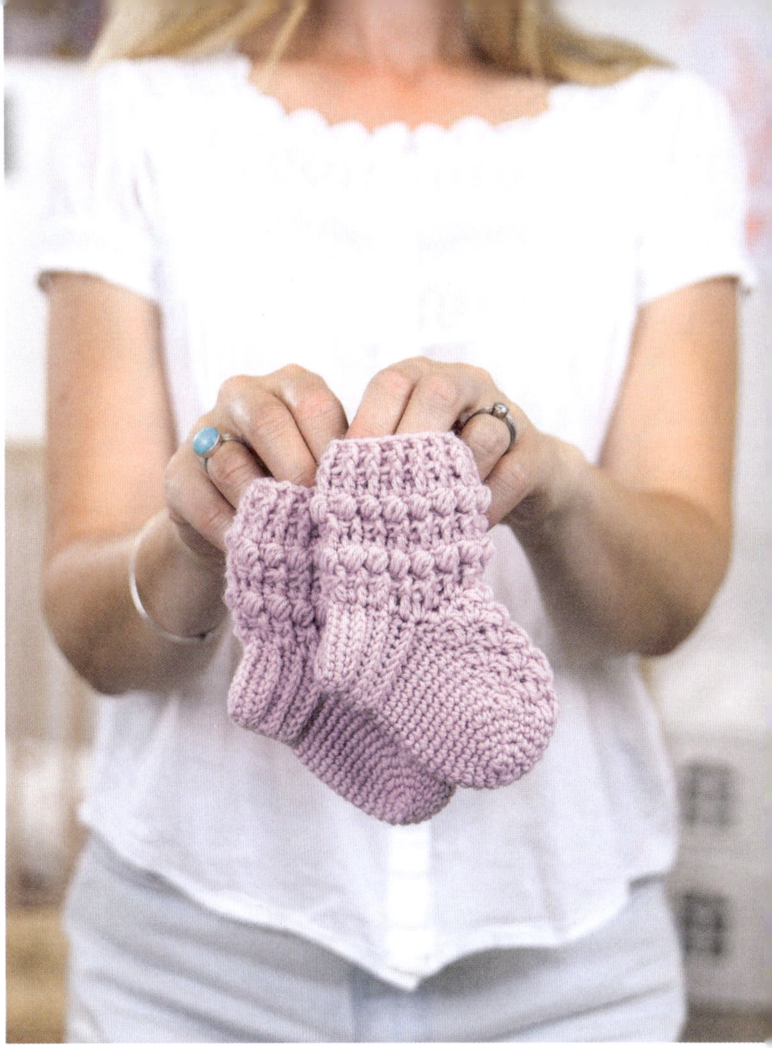
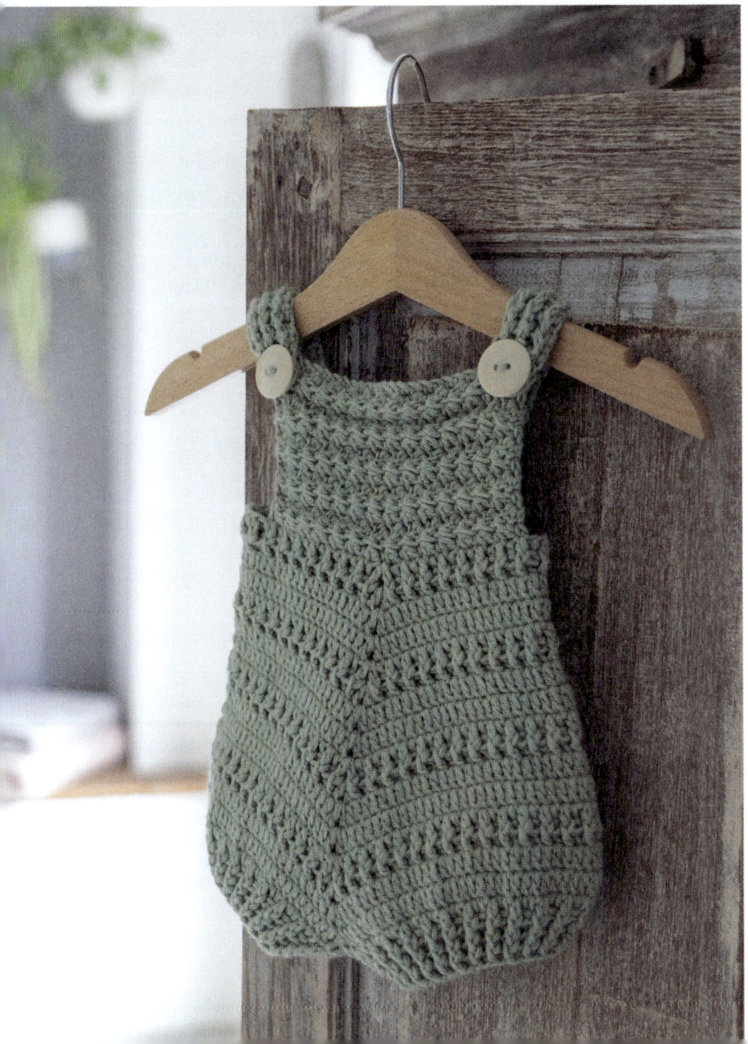
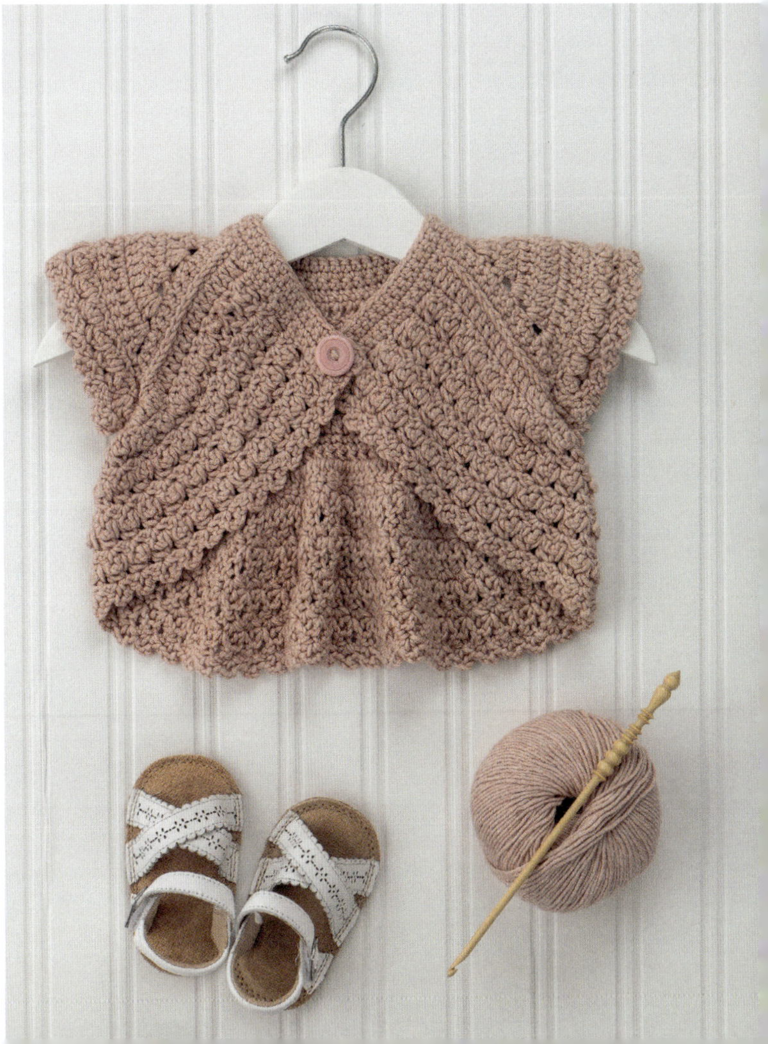

Erste Schritte

Bevor du beginnst, ist es wichtig, die richtigen Materialien und Hilfsmittel zu haben, um optimale Resultate zu erreichen. Glücklicherweise brauchst du nicht viel. Ich rate allerdings, auf die Details zu achten – vor allem die Garnqualität ist entscheidend. Die richtige Häkelnadelstärke und die korrekte Maschenprobe (Fadenspannung) sind auch wichtig.

HILFSMITTEL UND MATERIAL

Für die meisten Projekte in diesem Buch brauchst du nur Garn und eine Häkelnadel. Damit die Arbeit schön wird, ist vor allem die richtige Garnwahl entscheidend.

GARN

Das Wichtigste für ein erfolgreiches Projekt ist gutes Garn. Ich empfehle immer Naturfasern – Wolle, Alpaka, Yak, Kaschmir oder Baumwolle. Ja, manche Babys reagieren allergisch auf Tierfasern, sodass du Synthetikfasern verwenden musst. In diesem Fall bevorzuge ich Polyamid, da es wesentlich weicher als Acryl ist. Du könntest auch Garnmischungen ausprobieren, die meistens viel weicher sind und selbst empfindliche Haut weniger reizen.

Bei der Garnwahl ist die zweite wichtige Überlegung die Garnstärke. Manchmal ist diese auf der Garnbanderole angegeben. Sie reicht von 0 bis 6. Die meisten Projekte in diesem Buch verwenden Garn der Stärken 2, 3 und 4, die ich am besten für gehäkelte Kleidung finde. Allerdings gibt es innerhalb derselben Garnstärken-Kategorie große Schwankungen, und manche Garne sind vielleicht dicker oder dünner als gewünscht. Deshalb ist es äußerst wichtig, eine Maschenprobe zu machen. Oft kann man Abweichungen durch eine größere oder kleinere Häkelnadel beheben, aber manchmal eignet sich ein bestimmtes Garn nicht für die spezifischen Angaben. In diesem Fall empfehle ich, dies einfach zu akzeptieren und ein anderes Garn zu verwenden, um eine spätere Enttäuschung zu vermeiden.

Die Garnmengen werden bei den Anleitungen immer für das empfohlene Garn angegeben. Wenn du ein anderes Garn verwendest, kannst du dich für die Garnstärke gut an der Lauflänge pro Meter orientieren.

HÄKELNADELN

Es gibt mittlerweile so viele verschiedene Häkelnadeln auf dem Markt aus ganz unterschiedlichen Materialien. Welche ist die beste? Die einfache Antwort ist: die, die du beim Häkeln am angenehmsten findest. Um zu wissen, welche das ist, musst du sie ausprobieren. Ich finde die einfachsten aus Aluminium für mich am besten. Kunststoff, Holz oder ungewöhnliche Formen machen mich nur langsamer. Es gibt sehr hübsche Häkelnadeln, die du deiner Sammlung hinzufügen kannst, aber du brauchst sie ganz sicher nicht, um beim Häkeln tolle Ergebnisse zu erzielen.

ANDERE MATERIALIEN

Manche Anleitungen erfordern Maschenmarkierer, eine Stopfnadel und Knöpfe.

Maschenmarkierer sind nützlich, können aber ganz einfach durch ein Stück Garn, eine Nadel oder etwas anderes ersetzt werden, das du durch eine Masche führen kannst, ohne sie zu beschädigen. Ich finde, dass beim Häkeln Maschenmarkierer aus Kunststoff am besten sind. Ich verwende normalerweise Markierer ohne Verschluss, da man sie einfach und schnell umsetzen kann.

Stopfnadeln sollten ein relativ großes Nadelöhr haben, damit sie bequem einzusetzen sind. Du kannst sie zum Zusammennähen des Kleidungsstücks und zum Vernähen der Fadenenden verwenden.

Welche Art von Knöpfen du verwendest, ist deine Entscheidung. Die Größe wird immer in der Anleitung angegeben, aber das Material hängt vom eigenen Geschmack ab. Das Wichtigste ist, dass sie sehr gut an der Kleidung befestigt sein müssen. Ziehe einem Baby oder Kleinkind niemals etwas an, bei dem die Knöpfe schlecht angenäht sind, um Erstickungsgefahr zu vermeiden!

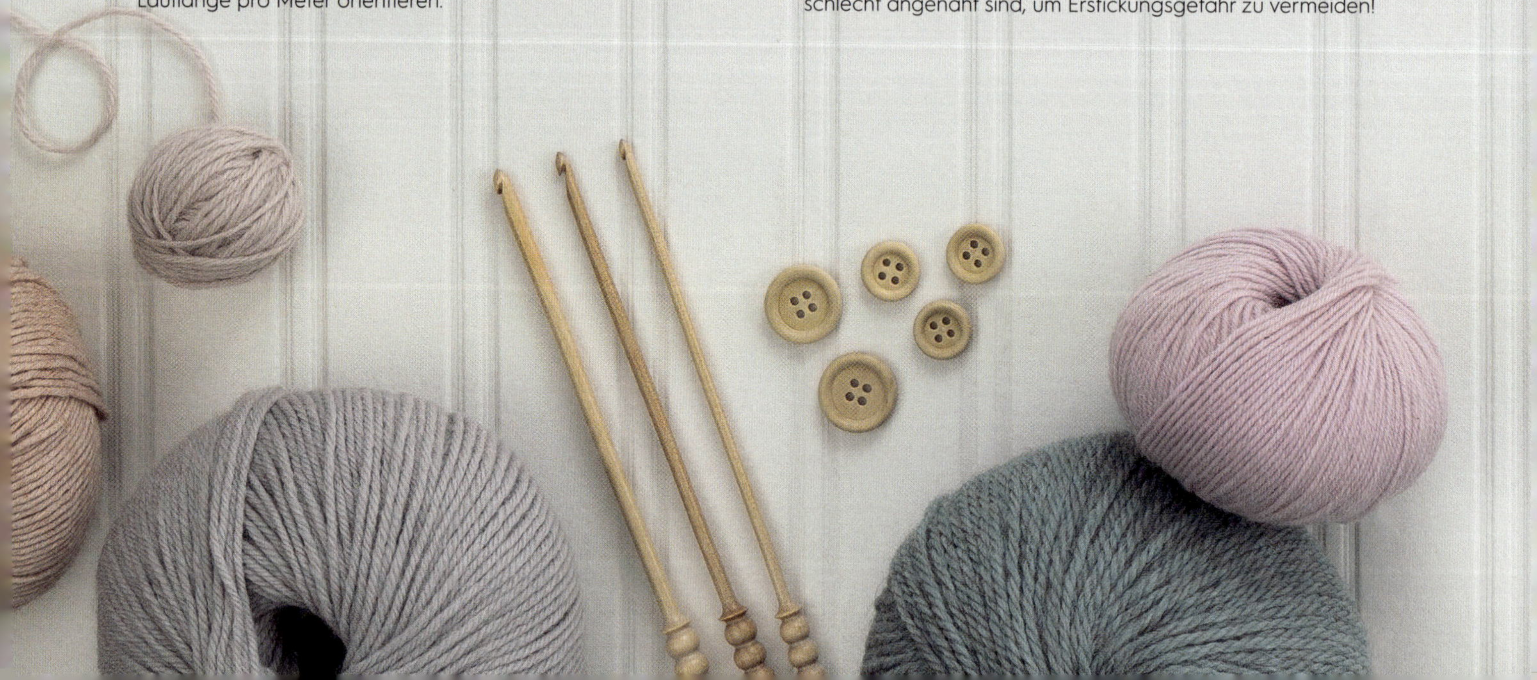

BESONDERE TECHNIKEN

Es gibt ein paar Techniken in meinen Anleitungen, die du vielleicht ungewöhnlich findest. Eine besteht darin, die 1. Luftmasche auf die Höhe des Stäbchens oder halben Stäbchens zu ziehen und ein Stäbchen bzw. halbes Stäbchen in die erste Masche (1. M) zu häkeln. Normalerweise würdest du 3 bzw. 2 Luftmaschen arbeiten, um die Höhe des Stäbchens bzw. halben Stäbchens zu erreichen, und dies als 1. M zählen – du arbeitest dann ein Stäbchen oder halbes Stäbchen in die nächste Masche. Wenn man dies vermeidet und das Stäbchen oder halbe Stäbchen direkt in die 1. M arbeitet, wird der Rand meiner Meinung nach wesentlich sauberer. Außerdem vermeidet man so bei Seitenrändern unnötige Löcher.

Um zu verhindern, dass die Verbindungslinie sich verschiebt, musst du in manchen Anleitungen die 1. M der Runde rückwärts nach rechts arbeiten. Wenn das der Fall ist, ist es immer in der Anleitung angegeben. Es ist wichtig, diese Anweisungen zu befolgen, auch wenn sie auf den ersten Blick merkwürdig erscheinen.

Bei von oben nach unten gearbeiteten Pullis und Kleidern ist es sehr wichtig, die anfängliche Luftmaschenkette locker zu häkeln. Luftmaschen sind nicht sehr elastisch, insbesondere wenn sie aus Baumwollgarn gearbeitet werden. Aus diesem Grund muss die Luftmaschenkette am Anfang länger gezogen werden, als du es normalerweise machen würdest. Prüfe, wenn möglich, ob die Luftmaschenkette lang genug ist, damit das Kleidungsstück bequem über den Kopf des Kindes passt. Später kann man sie nicht mehr größer, wohl aber immer enger machen, wenn du das Bündchen arbeitest oder indem du eine Runde feste Maschen häkelst.

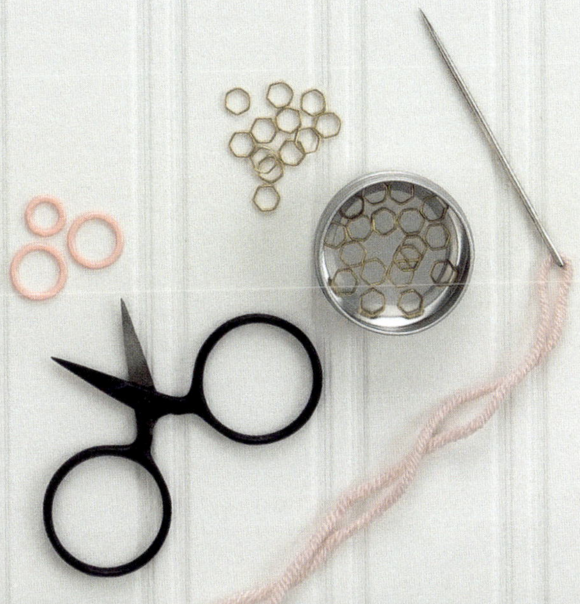

ABKÜRZUNGEN

Die folgenden Abkürzungen werden in diesem Buch verwendet:

2-Stb-Mg: Maschengruppe aus 2 Stäbchen

abn: Abnehmen

Büschel-M: Büschelmasche

Doppel-Stb: Doppelstäbchen

Fb: Farbe (Farbnummer)

fM: feste Masche

HF: Hauptfarbe

hintere Relief-M: hintere Reliefmasche (feste Masche)

hinteres Relief-Stb: hinteres Reliefstäbchen

hStb: halbes Stäbchen

Kett-M: Kettmasche

KF: Kontrastfarbe

Lck: Lücke

Luft-M: Luftmasche

LS: linke Seite

M: Masche(n)

Mg: Maschengruppe

MM: Maschenmarkierer

Np: Noppe

Rd: Runde(n)

R: Reihe

RS: rechte Seite

Stb: Stäbchen

überkreuzte Mg: überkreuzte Maschengruppe

überkreuztes Stb: überkreuztes Stäbchen

vorderes doppeltes Relief-Stb: vorderes doppeltes Reliefstäbchen

vordere Relief-M: vordere Reliefmasche (feste Masche)

vorderes Relief-Stb: vorderes Reliefstäbchen

VM: V-Masche

wdh: wiederholen

zun: zunehmen

zus: zusammen

~★★☆~

NOPPEN-STRAMPLER

Strampler sind wirklich niedlich für die Garderobe der Kleinen. Sie können einfach so oder über einem T-Shirt getragen werden. Dieser hat einen praktischen Knopfverschluss für einen unkomplizierten Windelwechsel. Der Noppen-Strampler wird von der Taille nach unten gearbeitet. Die Träger können für die richtige Passform gekürzt oder verlängert werden.

GRÖSSE UND MASSE DER FERTIGEN ARBEIT

Größe	Hüften	Länge von Schultern bis unten
0–6 Monate	46 cm	34 cm
6–12 Monate	50 cm	40 cm
12–18 Monate	54 cm	46 cm

MASCHENPROBE

19 M und 19 R = 10 x 10 cm mit fM und 3,5-mm-Häkelnadel (oder Nadel anderer Stärke, um die richtige Maschenprobe zu erhalten)

BESONDERE MASCHEN

Vordere Relief-Stb, hintere Relief-Stb, Np (siehe Seiten 134–141)

MATERIAL

- Empfohlenes Garn: Laines du Nord Dolly 125, 100 % Wolle, (LL 125 m/50 g), Fb 411, benötigte Menge 325 (375, 450) m
- 3,5-mm-Häkelnadel (oder Nadel anderer Stärke, um die richtige Maschenprobe zu erhalten)
- 2 Knöpfe, etwa 2 cm ø
- Stopfnadel
- 2 Maschenmarkierer (optional)

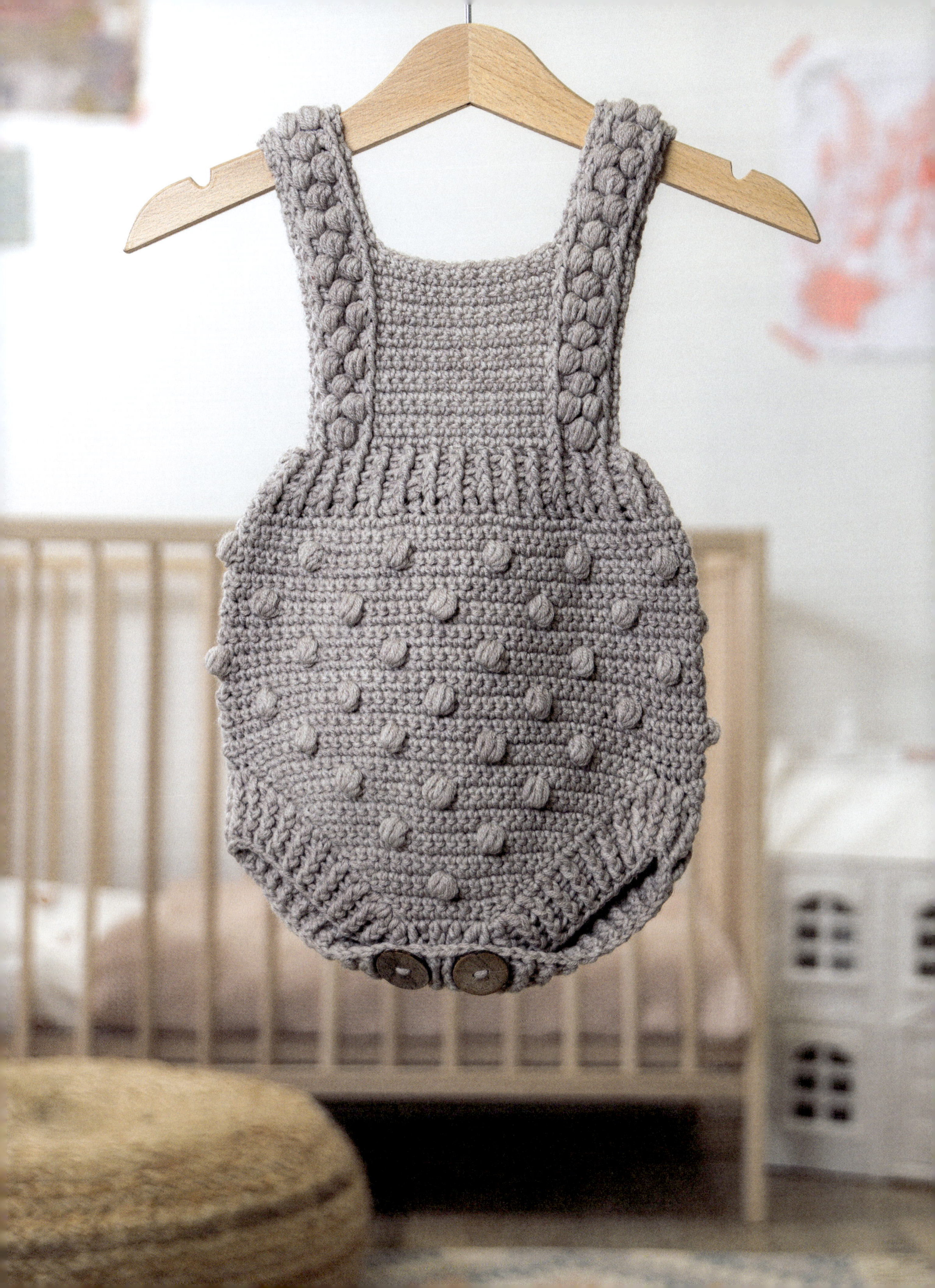

Anleitung ist für Größe 0–6 Monate geschrieben, Angaben für 6–12 Monate und 12–18 Monate stehen in Klammern.

1 Luft-M zu Beginn jeder Runde zählt nicht als Masche.

TAILLE

Luftmaschenkette: Locker arbeiten, damit die Taille so elastisch wie möglich ist, 66 Luft-M (72, 80), mit Kett-M in 1. Luft-M verbinden.

1. Rd: 1 Luft-M, Stb in 1. Luft-M, Stb in jede folgende Luft-M, mit Kett-M in 1. Stb verbinden = 66 (72, 80) Stb **A**.

UNTERER TEIL

Nach jeder Runde wenden und auf RS und LS arbeiten.

Für Größen 0–6 Monate und 12–18 Monate

1. Rd (RS): 1 Luft-M, fM in 1. M, fM in nächste 1 (9) M, *2 fM in nächste M, fM in jede der nächsten 2 M; von * bis letzte Masche wdh, 2 fM in letzte M, mit Kett-M in 1. M verbinden, wenden = 88 (104) M **B**.

2. Rd (LS): 1 Luft-M, fM in 1. und jede folgende M, mit Kett-M in 1. M verbinden, wenden = 88 (104) M.

3. Rd (RS): 1 Luft-M, fM in 1. und in jede folgende M, mit Kett-M in 1. M verbinden, wenden = 88 (104) M.

4. Rd (LS): 1 Luft-M, fM in 1. M, fM in jede der nächsten 6 M, *Np in nächste M, fM in jede der nächsten 7 M; von * bis letzte Masche wdh, Np in letzte M, mit Kett-M in 1. fM verbinden, wenden = 88 (104) M **C**.

5. Rd (RS): 1 Luft-M, fM in 1. und in jede folgende M, mit Kett-M in 1. M verbinden, wenden = 88 (104) M.

6. Rd (LS): 1 Luft-M, fM in 1. und in jede folgende M, mit Kett-M in 1. M verbinden, wenden = 88 (104) M.

7. Rd (RS): 1 Luft-M, fM in 1. und in jede folgende M, mit Kett-M in 1. M verbinden, wenden = 88 (104) M.

8. Rd (LS): 1 Luft-M, fM in 1. M, fM in jede der nächsten 2 M, *Np in nächste M, fM in jede der nächsten 7 M; von * bis Ende wdh, aber bei letzter Wdh fM in jede der nächsten 4 M arbeiten, mit Kett-M in 1. M verbinden, wenden = 88 (104) M **D**.

9.–11. Rd: 5.–7. Rd wdh **E**.

4.–11. Rd: Noch 1x (2x) wdh, mit Abnahme am Rücken fortfahren.

Für Größe 6–12 Monate

1. Rd (RS): 1 Luft-M, fM in 1. M, fM in nächste M, *2 fM in nächste M, fM in jede der nächsten 2 M; von * bis letzte Masche wdh, 2 fM in letzte M, mit Kett-M in 1. M verbinden, wenden = 96 M **B**.

2. Rd (LS): 1 Luft-M, fM in 1. und in jede folgende M, mit Kett-M in 1. M verbinden, wenden = 96 M.

3. Rd (RS): 1 Luft-M, fM in 1. und in jede folgende M, mit Kett-M in 1. M verbinden, wenden = 96 M.

4. Rd (LS): 1 Luft-M, fM in 1. M, *Np in nächste M, fM in jede der nächsten 7 M; von * bis Ende wdh, bei letzter Wdh fM in jede der nächsten 6 M arbeiten und mit Kett-M in 1. M verbinden, wenden = 96 M **C**.

5. Rd (RS): 1 Luft-M, fM in 1. und in jede folgende M, mit Kett-M in 1. M verbinden, wenden = 96 M.

6. Rd (LS): 1 Luft-M, fM in 1. und in jede folgende M, mit Kett-M in 1. M verbinden, wenden = 96 M.

7. Rd (RS): 1 Luft-M, fM in 1. und in jede folgende M, mit Kett-M in 1. M verbinden, wenden = 96 M.

8. Rd (LS): 1 Luft-M, fM in 1. M, fM in jede der nächsten 4 M, *Np in nächste M, fM in jede der nächsten 7 M; von * bis Ende wdh, aber bei letzter Wdh fM in jede der nächsten 2 M arbeiten, mit Kett-M in 1. M verbinden, wenden = 96 M **D**.

9.–11. Rd: 5.–7. Rd wdh **E**.

4.–11. Rd noch 1x wdh.

4.–7. Rd: Noch 1x wdh und mit Abnahme am Rücken fortfahren.

ABNAHME AM RÜCKEN

1. R (LS): 1 Luft-M, fM in 1. M, fM in jede der nächsten 6 (4, 6) M, *Np in nächste M, fM in jede der nächsten 7 M; ab * noch 3x (4x, 4x) wdh, Np in nächste M, fM in jede der nächsten 7 (5, 7) M, wenden = 47 (51, 55) M.

2. R (RS): 1 Luft-M, fM in 1. M, nächste M überspringen, fM in jede folgende M bis letzte 2 M, nächste M überspringen, fM in letzte M, wenden = 45 (49, 53) M.

3. R (LS): 1 Luft-M, fM in 1. M, nächste M überspringen, fM in jede folgende M bis letzte 2 M, nächste M überspringen, fM in letzte M, wenden = 43 (47, 51) M **F**.

4. R (RS): 1 Luft-M, fM in 1. M, nächste M überspringen, fM in jede folgende M bis letzte 2 M, nächste M überspringen, fM in letzte M, wenden = 41 (45, 49) M.

5. R (LS): 1 Luft-M, fM in 1. M, nächste M überspringen, fM in jede der nächsten 6 (4, 6) M, *Np in nächste M, fM in jede der nächsten 7 M; ab * noch 2x (3x, 3x) wdh, Np in nächste M, fM in jede der nächsten 6 (4, 6) M, nächste M überspringen, fM in letzte M, wenden = 39 (43, 47) M.

6. R (RS): 1 Luft-M, fM in 1. M, nächste M überspringen, fM in jede folgende M bis letzte 2 M, nächste M überspringen, fM in letzte M, wenden = 37 (41, 45) M.

7. R (LS): 1 Luft-M, fM in 1. M, nächste M überspringen, fM in jede folgende M bis letzte 2 M, nächste M überspringen, fM in letzte M, wenden = 35 (39, 43) M.

8. R (RS): 1 Luft-M, fM in 1. M, nächste M überspringen, fM in jede folgende M bis letzte 2 M, nächste M überspringen, fM in letzte M, wenden = 33 (37, 41) M.

9. R (LS): 1 Luft-M, fM in 1. M, nächste M überspringen, fM in jede der nächsten 6 (4, 6) M, *Np in nächste M, fM in jede der nächsten 7 M; ab * noch 1x (2x, 2x) wdh, Np in nächste M, fM in jede der nächsten 6 (4, 6) M, nächste M überspringen, fM in letzte M, wenden = 31 (35, 39) M.

10. R (RS): 1 Luft-M, fM in 1. M, nächste M überspringen, fM in jede folgende M bis letzte 2 M, nächste M überspringen, fM in letzte M, wenden = 29 (33, 37) M.

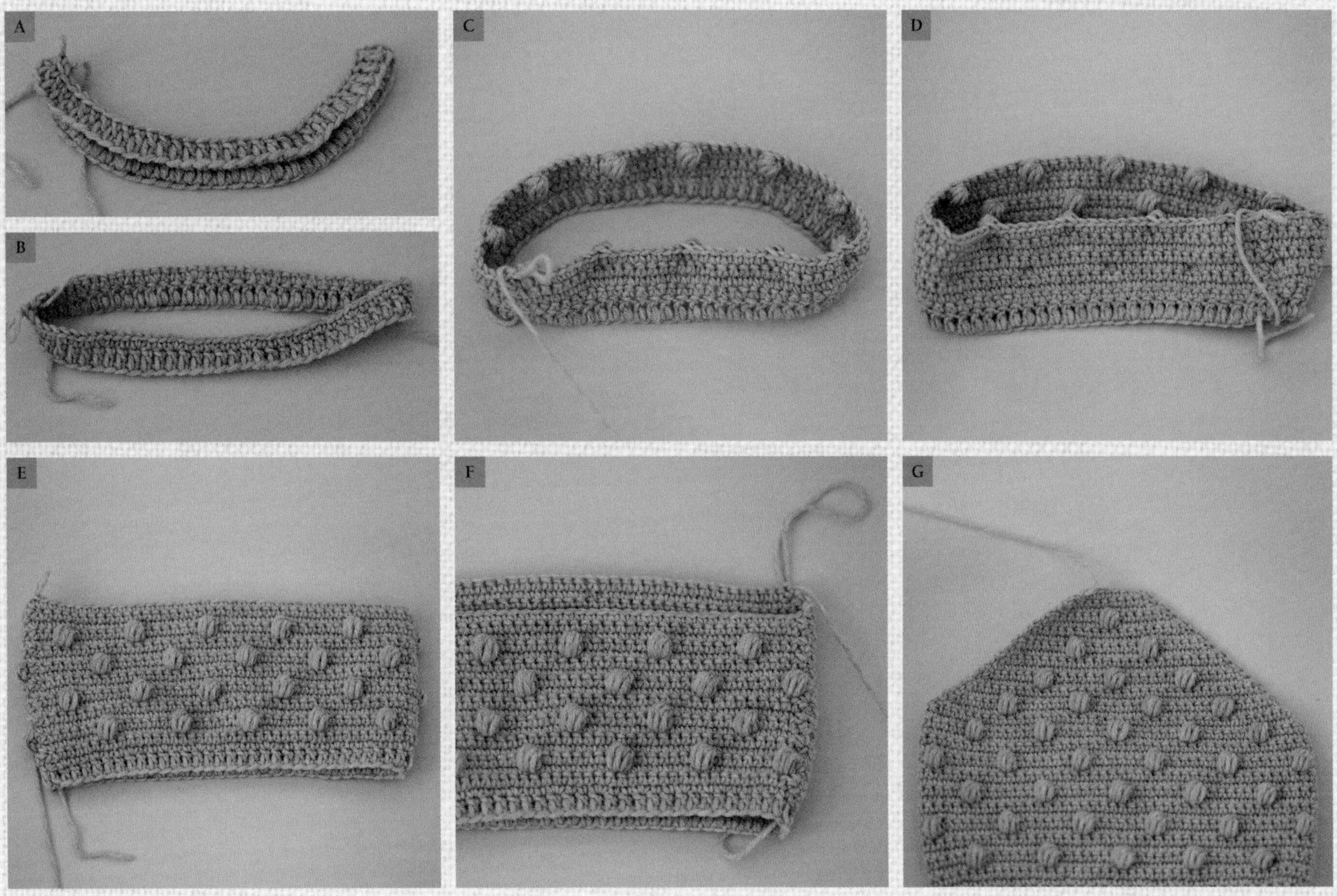

11. R (LS): 1 Luft-M, fM in 1. M, nächste M überspringen, fM in jede folgende M bis letzte 2 M, nächste M überspringen, fM in letzte M, wenden = 27 (31, 35) M.

12. R (RS): 1 Luft-M, fM in 1. M, nächste M überspringen, fM in jede folgende M bis letzte 2 M, nächste M überspringen, fM in letzte M, wenden = 25 (29, 33) M.

13. R (LS): 1 Luft-M, fM in 1. M, nächste M überspringen, fM in jede der nächsten 6 (4, 6) M, *Np in nächste M, fM in jede der nächsten 7 M; ab * noch 0x (1x, 1x) wdh, Np in nächste M, fM in jede der nächsten 6 (4, 6) M, nächste M überspringen, fM in letzte M, wenden = 23 (27, 31) M.

14. R (RS): 1 Luft-M, fM in 1. M, nächste M überspringen, fM in jede folgende M bis letzte 2 M, nächste M überspringen, fM in letzte M, wenden = 21 (25, 29) M.

15. R (LS): 1 Luft-M, fM in 1. M, nächste M überspringen, fM in jede folgende M bis letzte 2 M, nächste M überspringen, fM in letzte M, wenden = 19 (23, 27) M.

16. R (RS): 1 Luft-M, fM in 1. M, nächste M überspringen, fM in jede folgende M bis letzte 2 M, nächste M überspringen, fM in letzte M, wenden = 17 (21, 25) M.

Für Größe 0–6 Monate

17. R (LS): 1 Luft-M, fM in 1. M, nächste M überspringen, fM in jede der nächsten 6 M, Np in nächste M, fM in jede der nächsten 6 M, nächste M überspringen, fM in letzte M, wenden = 15 M.

Für Größen 6–12 Monate und 12–18 Monate

17. R (LS): 1 Luft-M, fM in 1. M, nächste M überspringen, fM in jede der nächsten (4, 6) M, Np in nächste M, fM in jede der nächsten 7 M, Np in nächste M, fM in jede der nächsten (4, 6) M, nächste M überspringen, fM in letzte M, wenden = (19, 23) M.

Für alle Größen

18. R (RS): 1 Luft-M, fM in 1. M, nächste M überspringen, fM in jede folgende M bis letzte 2 M, nächste M überspringen, fM in letzte M, wenden = 13 (17, 21) M.

19. R (LS): 1 Luft-M, fM in 1. M, nächste M überspringen, fM in jede folgende M bis letzte 2 M, nächste M überspringen, fM in letzte M, wenden = 11 (15, 19) M.

20. R (RS): 1 Luft-M, fM in 1. M, nächste M überspringen, fM in jede folgende M bis letzte 2 M, nächste M überspringen, fM in letzte M, wenden = 9 (13, 17) M G.

Für Größe 0–6 Monate

Abmaschen und mit der Abnahme am Vorderteil fortfahren.

Für Größe 6–12 Monate

21. R (LS): 1 Luft-M, fM in 1. M und in jede folgende M bis Ende, wenden = 13 M.

22. R (RS): 1 Luft-M, fM in 1. M und in jede folgende M bis Ende, wenden = 13 M, abmaschen und mit der Abnahme am Vorderteil fortfahren.

Für Größe 12–18 Monate

21. R (LS): 1 Luft-M, fM in 1. M, nächste M überspringen, fM in jede der nächsten 6 M, Np in nächste M, fM in jede der nächsten 6 M, nächste M überspringen, fM in letzte M, wenden = 15 M.

22. R (RS): 1 Luft-M, fM in 1. M, nächste M überspringen, fM in jede folgende M bis letzte 2 M, nächste M überspringen, fM in letzte M, wenden = 13 M.

23. R (LS): 1 Luft-M, fM in 1. M und in jede folgende M bis Ende, wenden = 13 M.

24. R (RS): 1 Luft-M, fM in 1. M und in jede folgende M bis Ende, wenden = 13 M.

25.–26. R: 23. und 24. R wdh, abmaschen und mit der Abnahme am Vorderteil fortfahren.

ABNAHME AM VORDERTEIL

Auf der RS eine M vom Rücken überspringen, Garn in nächste M einführen und mit der Arbeit beginnen **H**.

1. R (LS): 1 Luft-M, fM in 1. M, fM in jede nächste 6 (8, 6) M, *Np in nächste M, fM in jede der nächsten 7 M; ab * noch 2x (2x, 3x) wdh, Np in nächste M, fM in jede der nächsten 7 (9, 7) M, wenden = 39 (43, 47) M.

2. R (RS): 1 Luft-M, fM in 1. M, nächste M überspringen, fM in jede folgende M bis letzte 2 M, nächste M überspringen, fM in letzte M, wenden = 37 (41, 45) M.

3. R (LS): 1 Luft-M, fM in 1. M, nächste M überspringen, fM in jede folgende M bis letzte 2 M, nächste M überspringen, fM in letzte M, wenden = 35 (39, 43) M.

4. R (RS): 1 Luft-M, fM in 1. M, nächste M überspringen, fM in jede folgende M bis letzte 2 M, nächste M überspringen, fM in letzte M, wenden = 33 (37, 41) M.

5. R (LS): 1 Luft-M, fM in 1. M, nächste M überspringen, fM in jede der nächsten 6 (8, 6) M, *Np in nächste M, fM in jede der nächsten 7 M; ab * noch 1x (1x, 2x) wdh, Np in nächste M, fM in jede der nächsten 6 (8, 6) M, nächste M überspringen, fM in letzte M, wenden = 31 (35, 39) M.

6. R (RS): 1 Luft-M, fM in 1. M, nächste M überspringen, fM in jede folgende M bis letzte 2 M, nächste M überspringen, fM in letzte M, wenden = 29 (33, 37) M.

7. R (LS): 1 Luft-M, fM in 1. M, nächste M überspringen, fM in jede folgende M bis letzte 2 M, nächste M überspringen, fM in letzte M, wenden = 27 (31, 35) M.

8. R (RS): 1 Luft-M, fM in 1. M, nächste M überspringen, fM in jede folgende M bis letzte 2 M, nächste M überspringen, fM in letzte M, wenden = 25 (29, 33) M.

Für Größen 0–6 Monate und 6–12 Monate

9. R (LS): 1 Luft-M, fM in 1. M, nächste M überspringen, fM in jede der nächsten 6 (8) M, Np in nächste M, fM in jede der nächsten 7 M, Np in nächste M, fM in jede der nächsten 6 (8) M, nächste M überspringen, fM in letzte M, wenden = 23 (27) M.

Für Größe 12–18 Monate

9. R (LS): 1 Luft-M, fM in 1. M, nächste M überspringen, fM in jede der nächsten 6 M, *Np in nächste M, fM in jede der nächsten 7 M; ab * noch 1x wdh, Np in nächste M, fM in jede der nächsten 6 M, nächste M überspringen, fM in letzte M, wenden = 31 M.

Für alle Größen

10. R (RS): 1 Luft-M, fM in 1. M, nächste M überspringen, fM in jede folgende M bis letzte 2 M, nächste M überspringen, fM in letzte M, wenden = 21 (25, 29) M.

11. R (LS): 1 Luft-M, fM in 1. M, nächste M überspringen, fM in jede folgende M bis letzte 2 M, nächste M überspringen, fM in letzte M, wenden = 19 (23, 27) M.

12. R (RS): 1 Luft-M, fM in 1. M, nächste M überspringen, fM in jede folgende M bis letzte 2 M, nächste M überspringen, fM in letzte M, wenden = 17 (21, 25) M.

Für Größen 0–6 Monate und 6–12 Monate

13. R (LS): 1 Luft-M, fM in 1. M, nächste M überspringen, fM in jede der nächsten 6 (8) M, Np in nächste M, fM in jede der nächsten 6 (8) M, nächste M überspringen, fM in letzte M, wenden = 15 (19) M.

Für Größe 12–18 Monate

13. R (LS): 1 Luft-M, fM in 1. M, nächste M überspringen, fM in jede der nächsten 6 M, Np in nächste M, fM in jede der nächsten 7 M, Np in nächste M, fM in jede der nächsten 6 M, nächste M überspringen, fM in letzte M, wenden = 23 M.

Für alle Größen

14. R (RS): 1 Luft-M, fM in 1. M, nächste M überspringen, fM in jede folgende M bis letzte 2 M, nächste M überspringen, fM in letzte M, wenden = 13 (17, 21) M.

15. R (LS): 1 Luft-M, fM in 1. M, nächste M überspringen, fM in jede folgende M bis letzte 2 M, nächste M überspringen, fM in letzte M, wenden = 11 (15, 19) M.

16. R (RS): 1 Luft-M, fM in 1. M, nächste M überspringen, fM in jede folgende M bis letzte 2 M, nächste M überspringen, fM in letzte M, wenden = 9 (13, 17) M; **I**.

Für Größen 0–6 Monate und 6–12 Monate

Nicht abmaschen, stattdessen den Rand arbeiten.

Für Größe 12–18 Monate

17. R (LS): 1 Luft-M, fM in 1. M, nächste M überspringen, fM in jede der nächsten 6 M, Np in nächste M, fM in jede der nächsten 6 M, nächste M überspringen, fM in letzte M, wenden = 15 M.

18. R (RS): 1 Luft-M, fM in 1. M, nächste M überspringen, fM in jede folgende M bis letzte 2 M, nächste M überspringen, fM in letzte M, wenden = 13 M.

19. R (LS): 1 Luft-M, fM in 1. M und in jede folgende M bis Ende, wenden = 13 M.

20. R (RS): 1 Luft-M, fM in 1. M und in jede folgende M bis Ende; 13 M, nicht abmaschen, stattdessen den Rand arbeiten.

RAND

1. Rd (RS): 1 Luft-M, aber hier und im Folgenden auf die Höhe eines Stäbchens gezogen, 3 Stb in 1. M, Stb gleichmäßig auf Vorder- und Rückenteil arbeiten, an den Ecken 2x 3 Stb in eine M arbeiten, am Ende der Rd 3 Stb nur einmal in eine M, da die Rd mit 3 Stb begonnen wurde, mit Kett-M in 1. M verbinden (Maschenzahl ist hier nicht wichtig, muss jedoch gerade sein. Darauf achten, dass die rechte und linke Beinöffnung dieselbe Maschenzahl haben) **J**.

2. Rd (RS): 1 Luft-M, vorderes Relief-Stb um 1. Stb, *hinteres Relief-Stb um nächstes Stb, vorderes Relief-Stb um nächstes Stb; von * bis letztes Stb wdh, hinteres Relief-Stb um letztes Stb, mit Kett-M in 1. M verbinden.

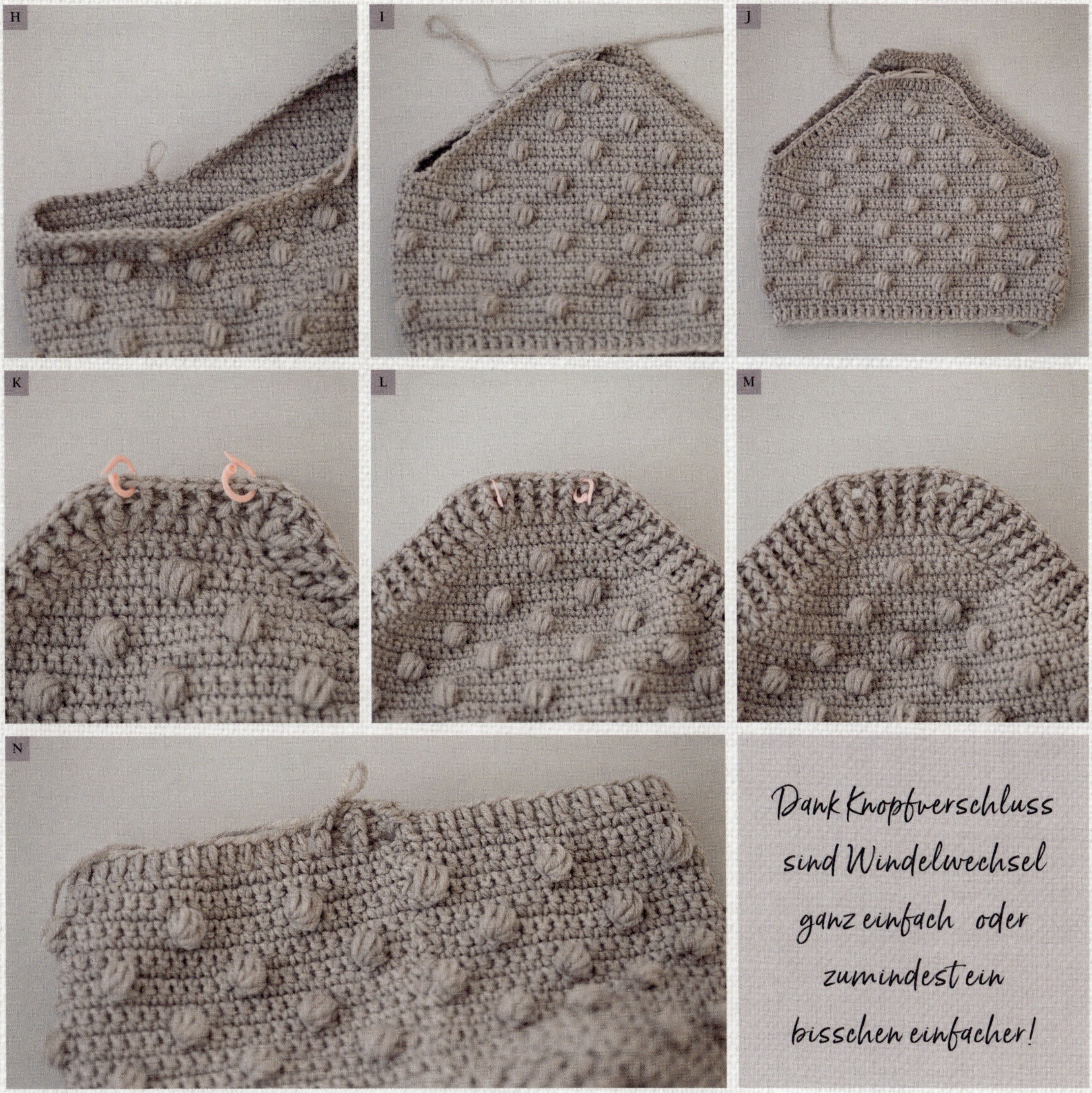

3. Rd (RS): Am Rückenteil die M für Knopflöcher markieren K, Für Größen 0–6 Monate und 6–12 Monate zwei Knopflöcher arbeiten, für Größen 12–18 Monate 3 Knopflöcher, 2. Rd wdh, vorderes Relief-Stb um jedes vordere Relief-Stb arbeiten und hinteres Relief-Stb um jedes hintere Relief-Stb, jedoch markierte M überspringen und stattdessen 1 Luft-M arbeiten, mit Kett-M in 1. M verbinden; L.

4. Rd (RS): 1 Luft-M, vorderes Relief-Stb um jedes vordere Relief-Stb und hinteres Relief-Stb um jedes hintere Relief-Stb arbeiten, fM in jede 1-Luft-M-Lck arbeiten, mit Kett-M in 1. M verbinden, abmaschen M.

TAILLENBÜNDCHEN

Faden an der verbleibenden Schlaufe der Luftmaschenkette an der Verbindungslinie anbringen und wie folgt fortfahren:

1. Rd (RS): 1 Luft-M, vorderes Relief-Stb um 1. Stb, *hinteres Relief-Stb um nächstes Stb, vorderes Relief-Stb um nächstes Stb; von * bis letzte Stb wdh, hinteres Relief-Stb um nächstes Stb, mit Kett-M in 1. M verbinden = 66 (72, 80) Stb N.

2. Rd (RS): 1 Luft-M, vorderes Relief-Stb um jedes vordere Relief-Stb und hinteres Relief-Stb um jedes hintere Relief-Stb arbeiten, mit Kett-M in 1. M verbinden.

2. Rd noch 2x wdh, abmaschen und weiter mit vorderem Latz.

VORDERER LATZ

27 (29, 31) M in der Mitte des Vorderteils wie in Foto O markieren, 1. und letzte M muss ein hinteres Relief-Stb sein. Dann wie folgt fortfahren:

1. R (RS): 1 Luft-M, fM in 1. hinteres Relief-Stb, vorderes Relief-Stb um nächstes vorderes Relief-Stb, fM in jede folgende 3 M, vorderes Relief-Stb um nächstes vorderes Relief-Stb, fM in nächste 15 (17, 19) M, vorderes Relief-Stb um nächstes vorderes Relief-Stb, fM in jede folgende 3 M, vorderes Relief-Stb um nächstes vorderes Relief-Stb, fM in nächste M, wenden = 27 (29, 31) M P.

2. R (LS): 1 Luft-M, fM in 1. M, fM in jede folgende 2 M, Np in nächste M, fM in nächste 19 (21, 23) M, Np in nächste M, fM in jede folgende 3 M, wenden = 27 (29, 31) M.

3. R (RS): 1 Luft-M, fM in 1. M, vorderes Relief-Stb um nächstes vorderes Relief-Stb zwei R darunter, fM in jede folgende 3 M, vorderes Relief-Stb um nächstes vorderes Relief-Stb zwei R darunter, fM in nächste 15 (17, 19) M, vorderes Relief-Stb um nächstes vorderes Relief-Stb zwei R darunter, fM in jede folgende 3 M, vorderes Relief-Stb um nächstes vorderes Relief-Stb zwei R darunter, fM in nächste M, wenden = 27 (29, 31) M Q.

4. R (LS): 1 Luft-M, fM in 1. M, fM in nächste M, Np in nächste M, fM in nächste M, Np in nächste M, fM in nächste 17 (19, 21) M, Np in nächste M, fM in nächste M, Np in nächste M, fM in jede der nächsten 2 M, wenden = 27 (29, 31) M.

5. R (RS): 1 Luft-M, fM in 1. M, vorderes Relief-Stb um nächstes vorderes Relief-Stb zwei R darunter, fM in jede der nächsten 3 M, vorderes Relief-Stb um nächstes vorderes Relief-Stb zwei R darunter, fM in nächste 15 (17, 19) M, vorderes Relief-Stb um nächstes vorderes Relief-Stb zwei R darunter, fM in jede der nächsten 3 M, vorderes Relief-Stb um nächstes vorderes Relief-Stb zwei R darunter, fM in nächste M, wenden = 27 (29, 31) M R.

2.–5. R noch 3x (4x, 5x) wiederholen, mit Trägern fortfahren S.

TRÄGER

1. R (LS): 1 Luft-M, fM in 1. M, fM in jede der nächsten 2 M, Np in nächste M, fM in nächste 3 M, wenden = 7 M.

2. R (RS): 1 Luft-M, fM in 1. M, vorderes Relief-Stb um nächstes vorderes Relief-Stb zwei R darunter, fM in jede der nächsten 3 M, vorderes Relief-Stb um nächstes vorderes Relief-Stb zwei R darunter, fM in nächste M, wenden = 7 M.

3. R (LS): 1 Luft-M, fM in 1. M, fM in nächste M, Np in nächste M, fM in nächste M, Np in nächste M, fM in jede der nächsten 2 M, wenden = 7 M.

4. R (RS): 1 Luft-M, fM in 1. M, vorderes Relief-Stb um nächstes vorderes Relief-Stb zwei R darunter, fM in jede folgende 3 M, vorderes Relief-Stb um nächstes vorderes Relief-Stb zwei R darunter, fM in nächste M, wenden = 7 M.

1.–4. R: Noch 8x (9x, 10x) wdh T, nicht abmaschen, sondern den Strampler von innen nach außen wenden und die Träger mit Kett-M durch beide Lagen an der Taille befestigen. U V. Die Position kann beliebig gewählt werden – weiter außen oder eher mittig. Wenden und Kett-M auf der rechten Seite über den Träger arbeiten, damit er sich nicht zu stark dehnt, abmaschen W X.

Zweiter Träger

Auf der linken Seite den Faden in der 7. M ab dem seitlichen Rund anbringen Y und die 1.–4. R 9x (10x, 11x) wdh, wie den ersten Träger anbringen Z. Darauf achten, dass beide Träger symmetrisch angebracht werden. Abmaschen.

FERTIGSTELLEN

Alle Fäden vernähen (siehe »Techniken zum Fertigstellen«).

Die Knöpfe am Vorderteil, gegenüber den Knopflöchern, annähen (siehe »Techniken zum Fertigstellen«, Seite 142).

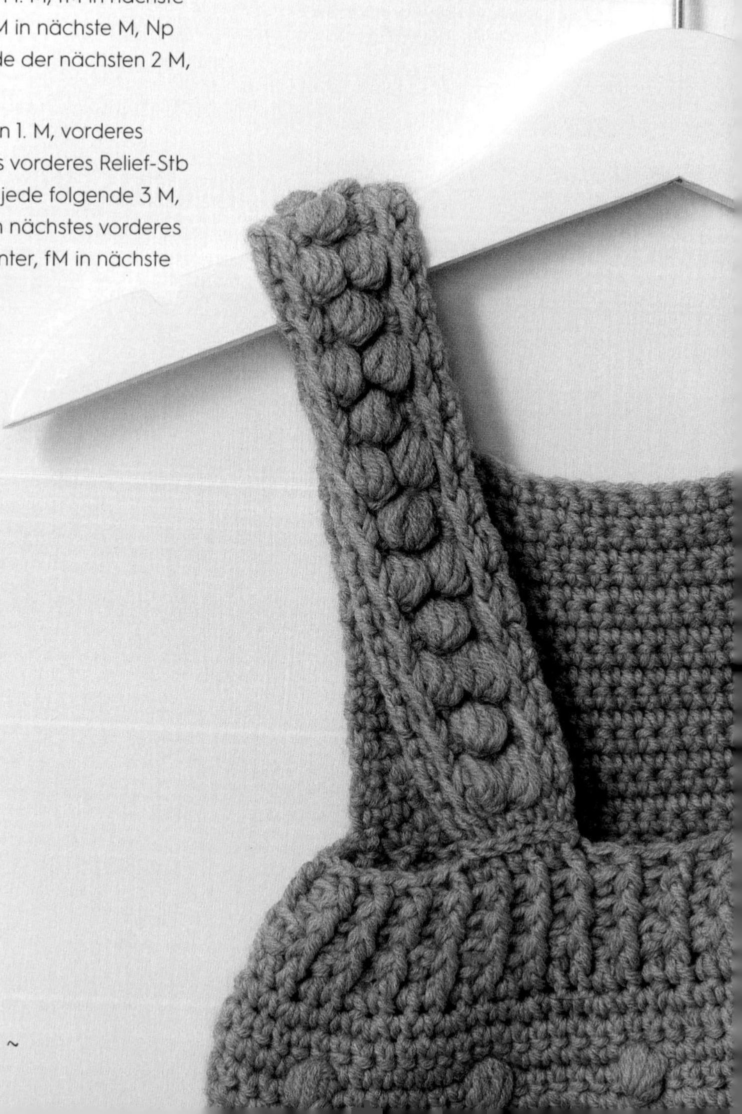

O
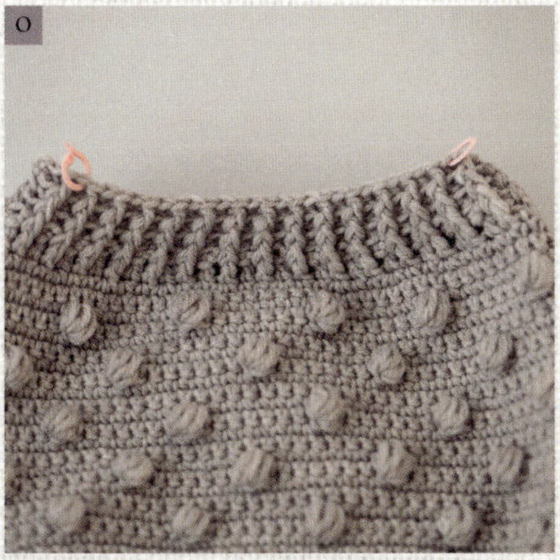

P
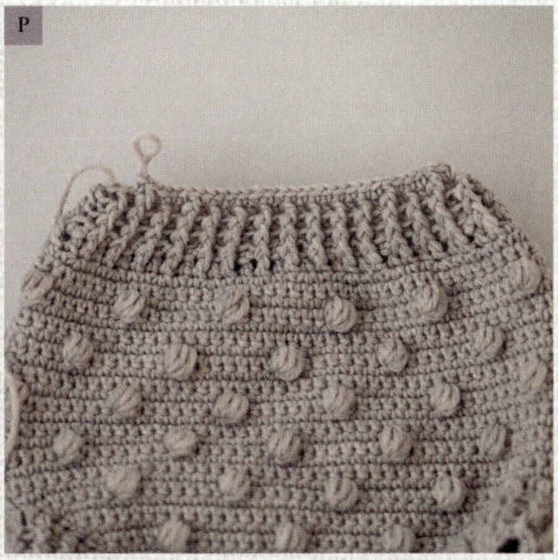

Q
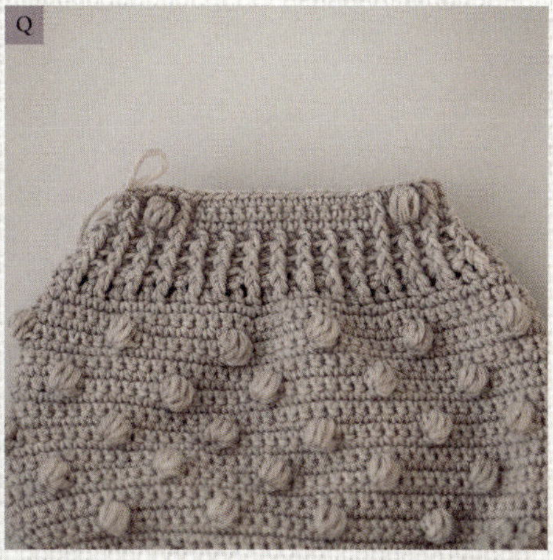

R
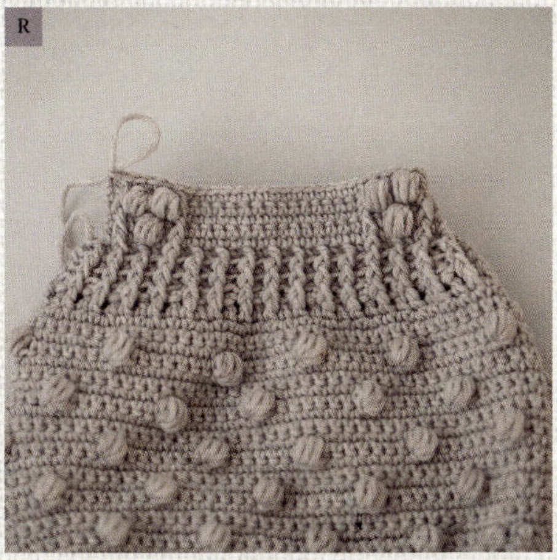

S
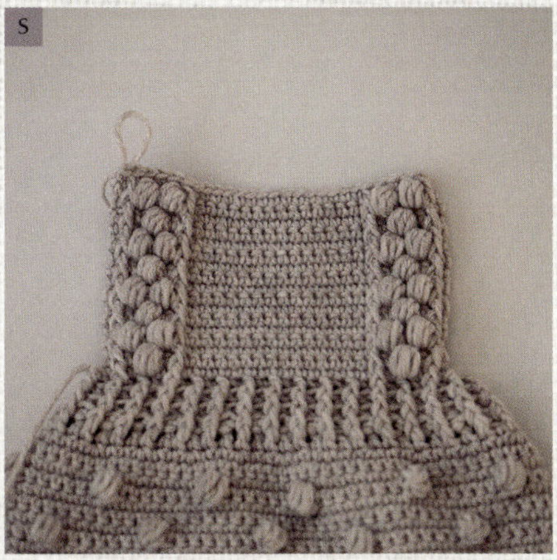

T
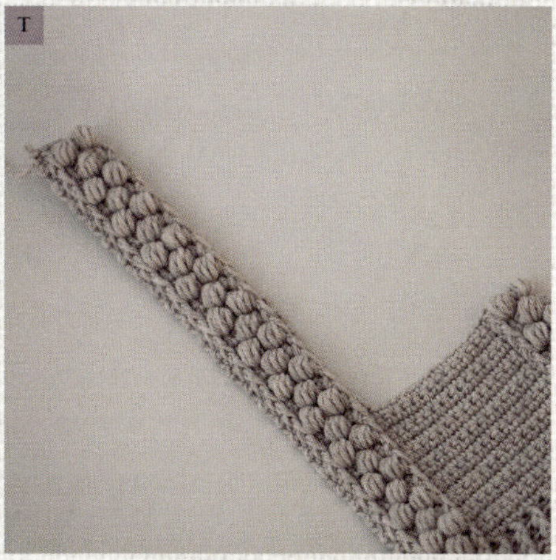

U
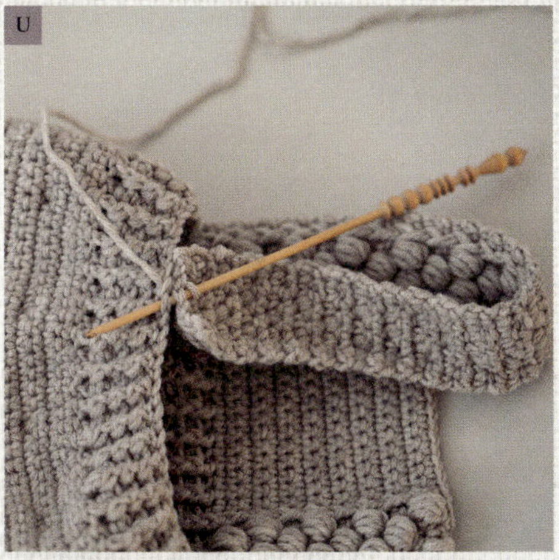

V
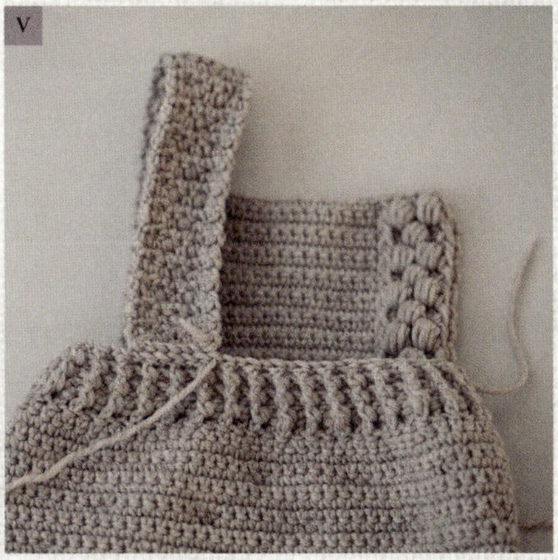

W
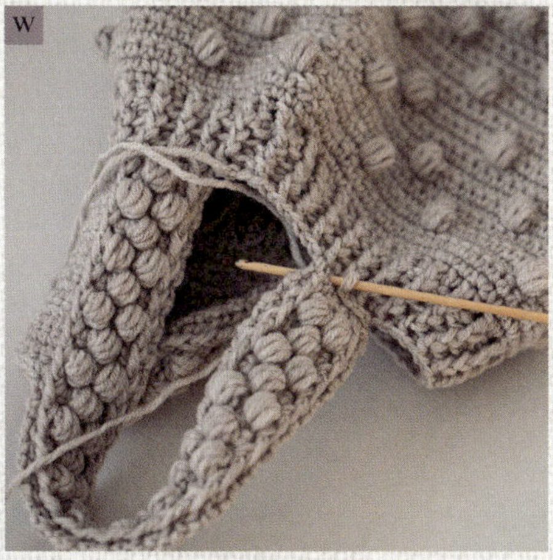

X
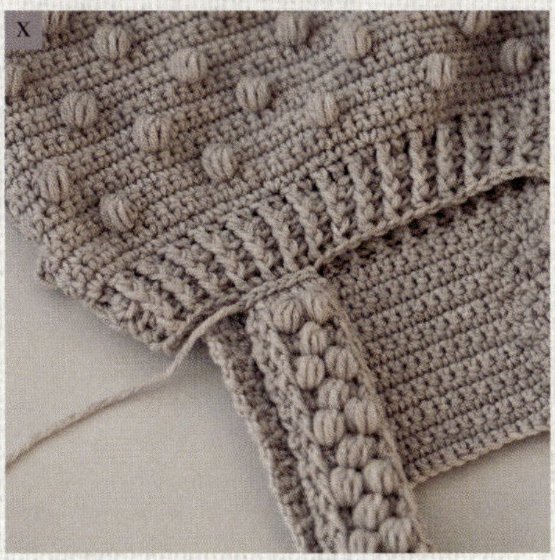

Y
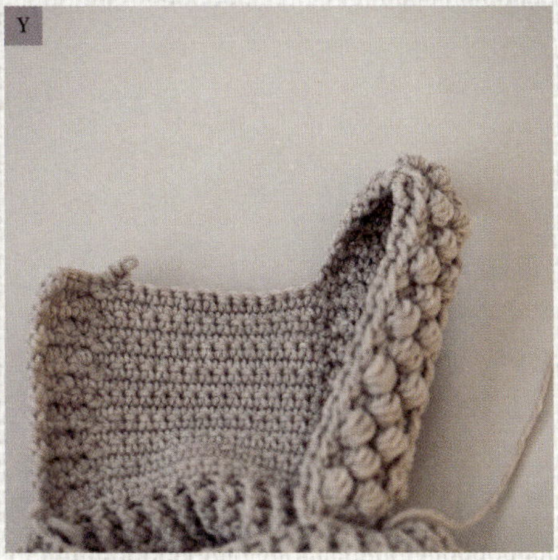

Z
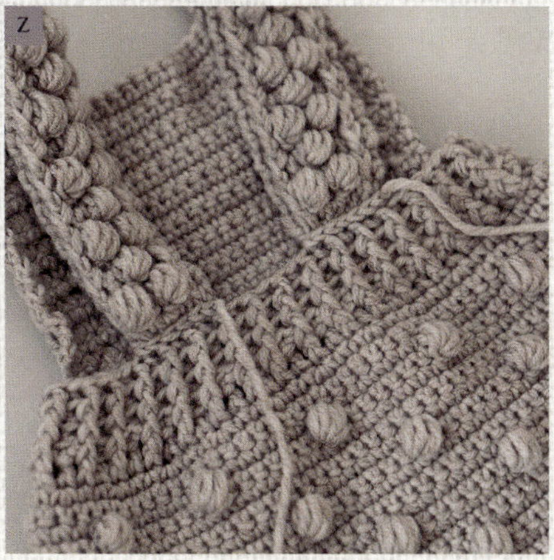

~★★☆~

RÜSCHEN-PULLI

Der Rüschen-Pulli wird ohne Nähte von oben nach unten gearbeitet und ist ganz schnell fertig. Die Rüsche kann auch weggelassen werden, aber ich empfehle, sie unbedingt mitzuarbeiten. Sie gibt den gewissen Touch, der den Pulli so besonders macht.

GRÖSSE UND MASSE DER FERTIGEN ARBEIT

Größe	Brust	Länge	Ärmellänge bis Achsel
0–6 Monate	48 cm	28 cm	15 cm
6–12 Monate	54 cm	31 cm	18 cm
1–2 Jahre	60 cm	35 cm	22 cm
3–4 Jahre	64 cm	39 cm	26 cm

MASCHENPROBE

18 M und 10 R = 10 x 10 cm mit Stb und 4-mm-Häkelnadel (oder Nadel anderer Stärke, um die richtige Maschenprobe zu erhalten)

BESONDERE MASCHEN

Vorderes Relief-Stb, hinteres Relief-Stb, Mg, überkreuzte Mg, 2 Stb zus (siehe Seiten 134–141)

MATERIAL

- Empfohlenes Garn: Laines du Nord Dolly 125, 100 % Wolle (LL 125 m/50 g), Fb 213, benötigte Menge 500 (550, 625, 750) m
- 4-mm-Häkelnadel (oder Nadel anderer Stärke, um die richtige Maschenprobe zu erhalten)

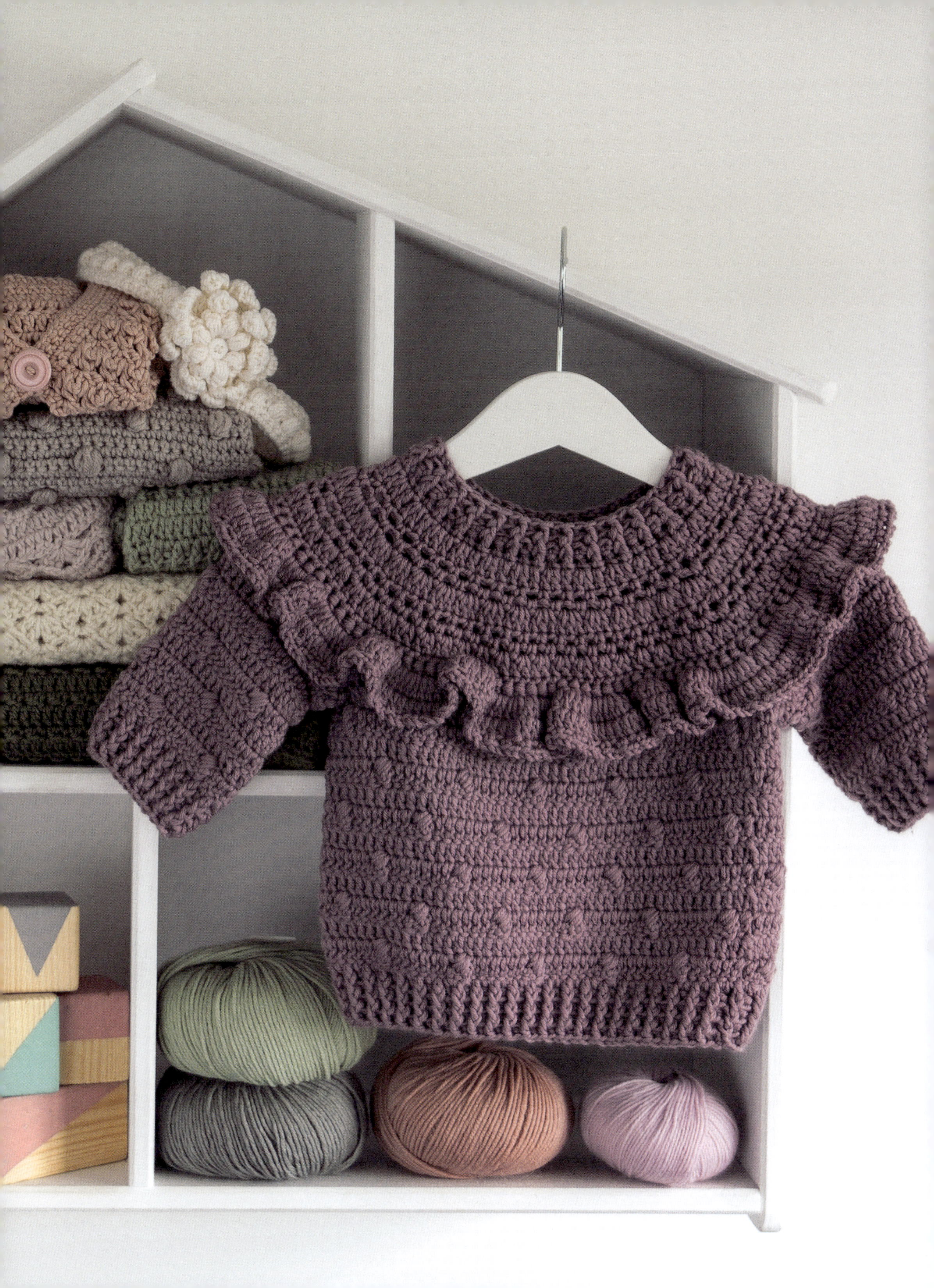

Die Anleitung ist für Größe 0–6 Monate geschrieben, abweichende Angaben für 6–12 Monate, 1–2 Jahre und 3–4 Jahre in Klammern.

1 Luft-M zu Beginn jeder Runde zählt nicht als Masche.

KRAGEN

Luftmaschenkette: Locker arbeiten, jede Luft-M etwas länger ziehen, Kragen muss über den Kopf des Kindes passen, 56 (58, 60, 64) Luft-M, mit Kett-M in 1. M verbinden.

1. Rd (RS): 1 Luft-M, hier und in Folge, wo nächste M ein Stb ist, jedoch bis Höhe des Stb ziehen, Stb in 1. und in jede folgende Luft-M bis Ende, mit Kett-M in 1. M verbinden = 56 (58, 60, 64) M.

2. Rd (RS): 1 Luft-M, Stb in 1. M, *2 Stb in nächste M, Stb in nächste M; von * bis letzte Masche wdh, 2 (1, 2, 2) Stb in letzte M, mit Kett-M in 1. M verbinden = 84 (86, 90, 96) M **A**.

3. Rd (RS): 1 Luft-M, fM in 1. M, *2 Luft-M, nächste M überspringen, fM in nächste M; von * bis Ende wdh, statt letzter fM mit Kett-M in 1. M verbinden = 42 (43, 45, 48) 2-Luft-M-Lck **B**.

4. Rd (RS): 1 Luft-M, fM in 2-Luft-M-Lck rechts, *2 Luft-M, nächste fM überspringen, fM in nächste 2-Luft-M-Lck; von * bis Ende wdh, statt letzter fM mit Kett-M in 1. M verbinden = 42 (43, 45, 48) 2-Luft-M-Lck **C**.

5. Rd (RS): 1 Luft-M, 1. M überspringen, *3 Stb in nächste 2-Luft-M-Lck, nächste fM überspringen; von * bis Ende wdh, für Größen 6-12 Monate und 1-2 Jahre in letzter Wdh 2 Stb in letzte 2-Luft-M-Lck arbeiten, mit Kett-M in 1. M verbinden = 126 (128, 134, 144) M **D**.

6. Rd (RS): 1 Luft-M, fM in 1. M, *2 Luft-M, nächste M überspringen, fM in nächste M; von * bis Ende wdh, statt letzter fM mit Kett-M in 1. M verbinden = 63 (64, 67, 72) 2-Luft-M-Lck.

7. Rd (RS): 1 Luft-M, fM in 2-Luft-M-Lck rechts, *2 Luft-M, nächste fM überspringen, fM in nächste 2-Luft-M-Lck; ab * bis Ende wdh, statt letzter fM mit Kett-M in 1. M verbinden = 63 (64, 67, 72) 2-Luft-M-Lck.

8. Rd (RS): 1 Luft-M, 1. M überspringen, *2 Stb in nächste 2-Luft-M-Lck, nächste fM überspringen; von * bis Ende wdh, mit Kett-M in 1. M verbinden = 126 (128, 134, 144) M **E**.

Für Größen 0-6 Monate und 6-12 Monate

9. Rd (RS): 1 Luft-M, Stb in 1. und in jede folgende M bis Ende, mit Kett-M in 1. M verbinden = 126 (128) M.

Für Größe 0-6 Monate

Mit letzter Rd fortfahren.

Für Größe 6-12 Monate

10. Rd (RS): 1 Luft-M, Stb in 1. M, *Stb in jede der nächsten 8 M, 2 Stb in nächste M; ab * bis letzte M wdh, Stb in letzte M, mit Kett-M in 1. M verbinden und mit letzter Rd fortfahren = 142 M.

Für Größen 1-2 Jahre und 3-4 Jahre.

9. Rd (RS): 1 Luft-M, fM in 1. M, *2 Luft-M, nächste M überspringen, fM in nächste M; von * bis Ende wdh, statt letzter fM mit Kett-M in 1. M verbinden = (67, 72) 2-Luft-M-Lck.

10. Rd (RS): 1 Luft-M, fM in 2-Luft-M-Lck rechts, *2 Luft-M, nächste fM überspringen, fM in nächste 2-Luft-M-Lck; von * bis Ende wdh, statt letzter fM mit Kett-M in 1. M verbinden = (67, 72) 2-Luft-M-Lck.

11. Rd (RS): 1 Luft-M, 1. M überspringen, *2 Stb in nächste 2-Luft-M-Lck, nächste fM überspringen; von * bis Ende wdh, mit Kett-M in 1. M verbinden = (134, 144) M.

12. Rd (RS): 1 Luft-M, Stb in 1. M, *Stb in jede der nächsten (5, 6) M, 2 Stb in nächste M; von * bis letzte (13, 3) M wdh, Stb in jede der nächsten (13, 3) M, mit Kett-M in 1. M verbinden und mit letzter Rd fortfahren = (154, 164) M.

Für alle Größen

Letzte Rd (RS): 1 Luft-M, hinteres Relief-Stb um 1. und um jede M bis Ende, mit Kett-M in 1. M verbinden = 126 (142, 154, 164) M, fortfahren mit »Teilen für Ärmel und Körper« **F**.

TEILEN FÜR ÄRMEL UND KÖRPER

1. Rd (RS): 1 Luft-M, Stb in 1. M, 5 (6, 7, 8) Luft-M, nächste 26 (28, 30, 32) M für ein Armloch überspringen, Stb in jede der nächsten 37 (43, 47, 50) M, 5 (6, 7, 8) Luft-M, nächste 26 (28, 30, 32) M für ein Armloch überspringen, Stb in jede folgende M bis Ende, mit Kett-M in 1. M verbinden = 84 (98, 108, 116) M einschl. aller Luft-M **G**.

2. Rd (RS): 1 Luft-M, Stb in 1. und in jede der nächsten 5 (5, 7, 6) M, *2 Stb in nächste M, Stb in jede der nächsten 6 (6, 8, 8) M; von * bis letzte M wdh, 2 (2, 2, 1) M, Stb in letzte M, mit Kett-M in 1. M verbinden, wenden und auf LS arbeiten = 96 (112, 120, 128) M **H**.

3. Rd (LS): 1 Luft-M, Stb in 1. M, *überkreuzte Mg über nächste 2 M, Stb in jede der nächsten 6 M; **I** von * bis Ende wdh, in letzter Wdh Stb in jede der nächsten 5 M arbeiten und mit Kett-M in 1. M verbinden, wenden und auf RS arbeiten = 96 (112, 120, 128) M.

4. Rd (RS): 1 Luft-M, Stb in 1. und in jede folgende M bis Ende, mit Kett-M in 1. M verbinden; wenden und auf LS arbeiten = 96 (112, 120, 128) M **J**.

5. Rd (LS): 1 Luft-M, Stb in 1. M, Stb in jede der nächsten 4 M, *überkreuzte Mg über nächste 2 M, Stb in jede der nächsten 6 M; ab * bis Ende wdh, in letzter Wdh Stb in letzte M und mit Kett-M in 1. M verbinden, wenden und auf RS arbeiten = 96 (112, 120, 128) M **K**.

6. Rd (RS): 1 Luft-M, Stb in 1. und in jede folgende M bis Ende, mit Kett-M in 1. M verbinden; wenden und auf LS arbeiten = 96 (112, 120, 128) M.

3.–6. Rd: Noch 2x (2x, 3x, 4x) wdh.

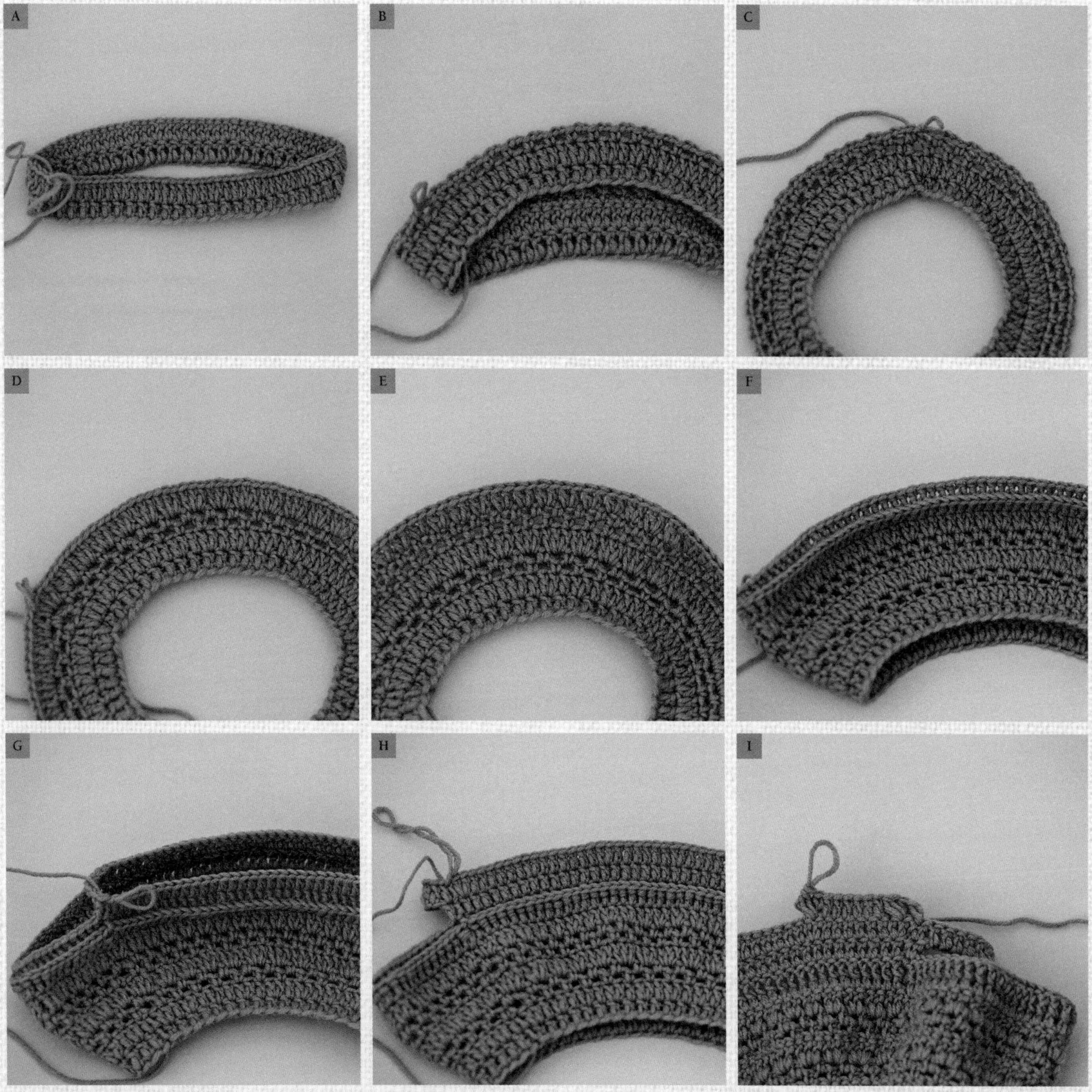

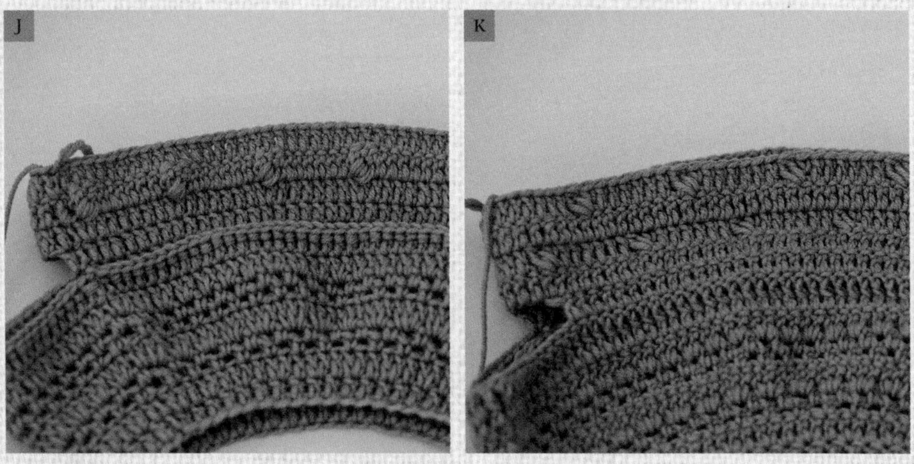

Die Struktur vom Hauptteil des Pullis wird an den Ärmeln fortgeführt.

Für Größen 0–6 Monate, 1–2 Jahre, 3–4 Jahre

Mit Bündchen fortfahren.

Für Größe 6–12 Monate

3. und 4. Rd noch 1x wdh und mit Bündchen fortfahren.

BÜNDCHEN

1. Rd (RS): 1 Luft-M, vorderes Relief-Stb um 1. Stb, *hinteres Relief-Stb um nächstes Stb, vorderes Relief-Stb um nächstes Stb; von * bis letztes Stb wdh, hinteres Relief-Stb um letztes Stb, mit Kett-M in 1. M verbinden = 96 (112, 120, 128) M.

2. Rd (RS): 1 Luft-M, vorderes Relief-Stb um 1. vorderes Relief-Stb, *hinteres Relief-Stb um nächstes hinteres Relief-Stb, vorderes Relief-Stb um nächstes vorderes Relief-Stb; von * bis letzte M wdh, hinteres Relief-Stb um letztes hinteres Relief-Stb, mit Kett-M in 1. M verbinden = 96 (112, 120, 128) M.

2. Rd noch 1x wdh und abmaschen.

ÄRMEL

Auf der RS Faden in der Mitte der Achsel anbringen L, nach jeder Rd wenden und auf RS und LS arbeiten.

Bei größeren Größen ist unter den Ärmeln keine Mg, das ist Teil des Designs, damit die Stofffülle nicht zu groß wird.

1. Rd (RS): 1 Luft-M, Stb in 1. M, 37 (41, 45, 49) Stb gleichmäßig arbeiten, mit Kett-M in 1. M verbinden, wenden = 38 (42, 46, 50) M.

2. Rd (LS): 1 Luft-M, Stb in 1. und in jede der nächsten 5 (7, 9, 11) M, überkreuzte Mg über nächste 2 M, *Stb in jede der nächsten 6 M, überkreuzte Mg über nächste 2 M; von * bis letzte 6 (8, 10, 12) M wdh, Stb in jede M bis Ende, mit Kett-M in 1. M verbinden, wenden = 38 (42, 46, 50) M.

3. Rd (RS): 1 Luft-M, Stb in 1. M, 2 Stb zus, Stb in jede folgende M bis letzte 2 M, 2 Stb zus, mit Kett-M in 1. M verbinden; wenden = 36 (40, 44, 48) M.

4. Rd (LS): 1 Luft-M, Stb in 1. M und in jede der nächsten 0 (2, 4, 6) M, *überkreuzte Mg über nächste 2 M, Stb in jede der nächsten 6 M; von * bis letzte 3 (5, 7, 9) M wdh, überkreuzte Mg über nächste 2 M, Stb in jede der nächsten 1 (3, 5, 7) M, mit Kett-M in 1. M verbinden, wenden = 36 (40, 44, 48) M.

5. Rd (RS): 1 Luft-M, Stb in 1. M, 2 Stb zus, Stb in jede folgende M bis letzte 2 M, 2 Stb zus, mit Kett-M in 1. M verbinden; wenden = 34 (38, 42, 46) M.

6. Rd (LS): 1 Luft-M, Stb in 1. M und in jede der nächsten 3 (5, 7, 9) M, *überkreuzte Mg über nächste 2 M, Stb in jede der nächsten 6 M; von * bis Ende wdh, in letzter Wdh Stb in jede der nächsten 4 (6, 8, 10) M und mit Kett-M in 1. M verbinden, wenden = 34 (38, 42, 46) M.

7. Rd (RS): 1 Luft-M, Stb in 1. und in jede folgende M bis Ende, mit Kett-M in 1. M verbinden; wenden = 34 (38, 42, 46) M.

8. Rd (LS): 1 Luft-M, Stb in 1. M und in jede der nächsten 7 (9, 11, 13) M, überkreuzte Mg über nächste 2 M, *Stb in jede der nächsten 6 M, überkreuzte Mg über nächste 2 M; von * bis letzte 8 (10, 12, 14) M wdh, Stb in jede der nächsten 8 (10, 12, 14) M, mit Kett-M in 1. M verbinden, wenden = 34 (38, 42, 46) M.

9. Rd (RS): 1 Luft-M, Stb in 1. und in jede folgende M bis Ende, mit Kett-M in 1. M verbinden; wenden = 34 (38, 42, 46) M.

Für Größe 0–6 Monate

6. und 7. Rd noch 1x oder bis gewünschte Länge wdh, nicht wenden und mit Ärmelbündchen fortfahren.

Für Größe 6–12 Monate

6.–9. Rd noch 1x oder bis gewünschte Länge wdh, nicht wenden und mit Ärmelbündchen fortfahren.

Für Größe 1–2 Jahre

6.–9. Rd noch 2x oder bis gewünschte Länge wdh, nicht wenden und mit Ärmelbündchen fortfahren.

Für Größe 3–4 Jahre

6.–9. Rd noch 3x oder bis gewünschte Länge wdh, nicht wenden und mit Ärmelbündchen fortfahren.

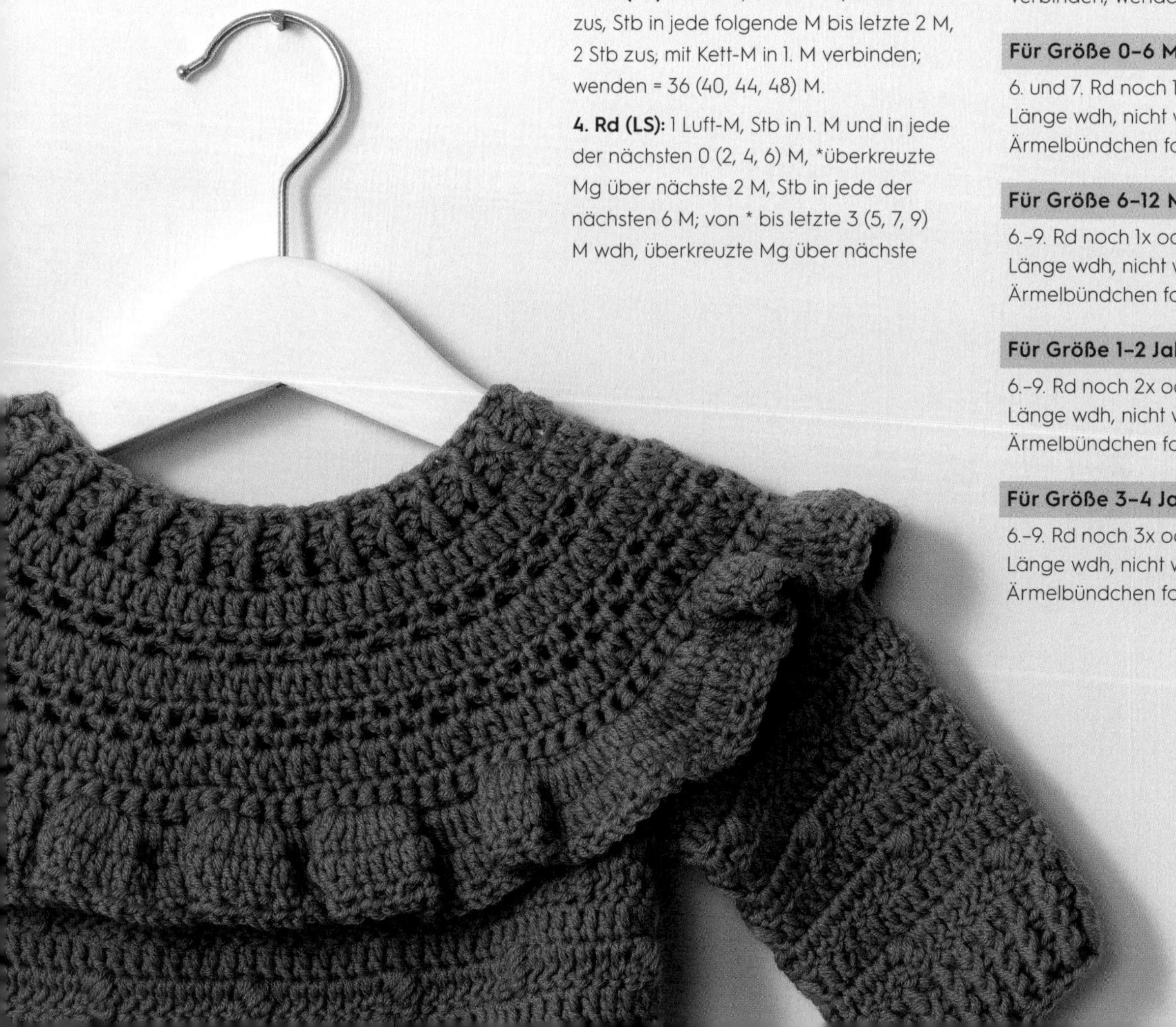

L

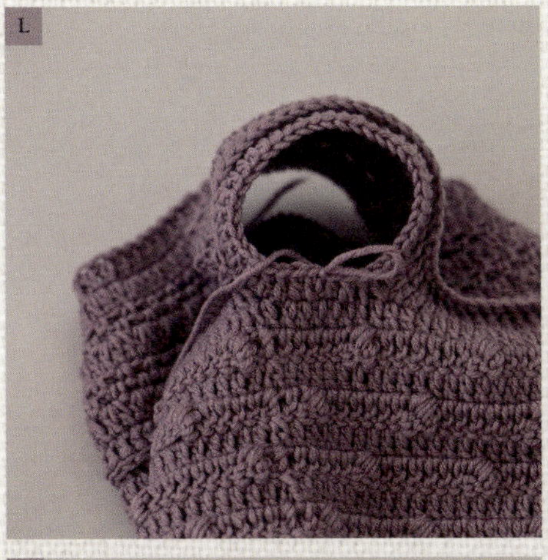

M

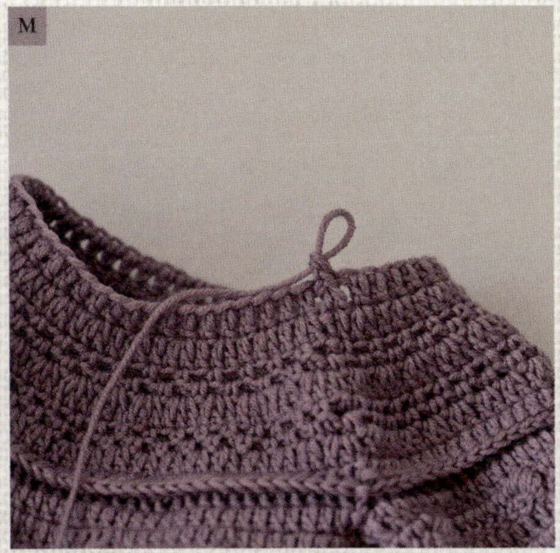

N

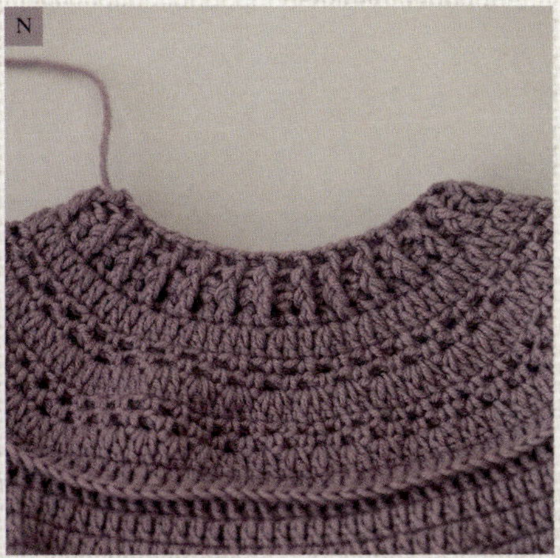

O

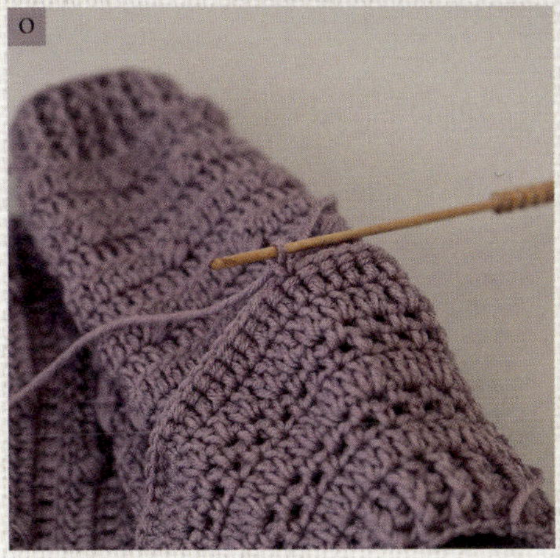

P

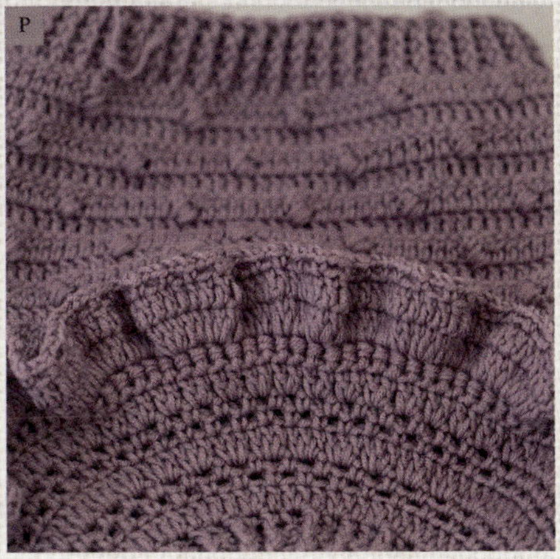

Die Rüsche kann weggelassen werden, aber ich empfehle, sie mitzuarbeiten.

Zweiter Ärmel

Wie den ersten Ärmel arbeiten.

ÄRMELBÜNDCHEN

1. Rd (RS): 1 Luft-M, vorderes Relief-Stb um 1. Stb, *hinteres Relief-Stb um nächstes Stb, vorderes Relief-Stb um nächstes Stb; von * bis letzte M wdh, hinteres Relief-Stb um letztes Stb, mit Kett-M in 1. M verbinden = 34 (38, 42, 46) M.

2. Rd (RS): 1 Luft-M, vorderes Relief-Stb um 1. vorderes Relief-Stb, *hinteres Relief-Stb um nächstes hinteres Relief-Stb, vorderes Relief-Stb um nächstes vorderes Relief-Stb; von * bis letzte M wdh, hinteres Relief-Stb um letztes hinteres Relief-Stb, mit Kett-M in 1. M verbinden = 34 (38, 42, 46) M.

2. Rd noch 1x wdh, abmaschen.

Zweites Ärmelbündchen

Am zweiten Ärmel ebenso arbeiten.

KRAGEN

1. Rd (RS): Faden in 1. M des Kragens anbringen, in verbleibende Schlaufe und 1 Luft-M arbeiten, vorderes Relief-Stb um 1. Stb **M**, *hinteres Relief-Stb um nächstes Stb, vorderes Relief-Stb um nächstes Stb*, von * bis letzte M wdh, hinteres Relief-Stb um nächste M, mit Kett-M in 1. M verbinden = 56 (58, 60, 64) M.

2. Rd (RS): 1 Luft-M, vorderes Relief-Stb um 1. vorderes Relief-Stb, *hinteres Relief-Stb um nächstes hinteres Relief-Stb, vorderes Relief-Stb um nächstes vorderes Relief-Stb; von * bis letzte M wdh, hinteres Relief-Stb um letztes hinteres Relief-Stb, mit Kett-M in 1. M verbinden = 56 (58, 60, 64) M.

2. Rd noch 1x wdh, abmaschen **N**.

RÜSCHE

Faden in der verbleibenden Schlaufe des Stb an der Passe auf der Schulter anbringen und fortfahren **O**.

1. Rd (RS): 1 Luft-M, 2 Stb in 1. M, *3 Stb in nächste M, 2 Stb in nächste M; von * bis Ende wdh, mit Kett-M in 1. M verbinden; Maschenzahl ist nicht wichtig, muss jedoch gerade sein.

2. Rd (RS): 1 Luft-M, Stb in 1. und in jede folgende M, mit Kett-M in 1. M verbinden.

3. Rd (RS): 1 Luft-M, fM in 1. M, *2 Luft-M, nächste M überspringen, fM in nächste M; von * bis Ende wdh, in letzter Wdh statt letzter fM mit Kett-M in 1. M verbinden, abmaschen **P**.

FERTIGSTELLEN

Fäden vernähen, waschen und spannen (siehe »Techniken zum Fertigstellen«, Seite 142).

~★★☆~

YAK-PULLI

Häkeln für Jungen kann schwierig sein, da viele Designs nicht das richtige Gleichgewicht zwischen niedlich, aber nicht zu verspielt finden. Das heißt aber nicht, dass ein Jungen-Pulli langweilig sein muss. Dieser eignet sich perfekt für Jungen und Mädchen. Er wird von oben nach unten ganz ohne Nähte gearbeitet. Die Länge des Körpers und der Ärmel sind leicht anzupassen und der Pulli ist außerdem ganz schnell fertig!

GRÖSSE UND MASSE DER FERTIGEN ARBEIT

Größe	Brust	Länge	Ärmellänge bis Achsel	Kragen
0-6 Monate	48 cm	28 cm	15 cm	11 cm
6-12 Monate	53 cm	31 cm	17 cm	12 cm
1-2 Jahre	58 cm	35 cm	20 cm	13 cm
3-4 Jahre	61 cm	40 cm	23 cm	15 cm

MASCHENPROBE

18 M und 10 R = 10 cm x 10 cm mit Stb und 3,75-mm-Häkelnadel (oder Nadel anderer Stärke, um die richtige Maschenprobe zu erhalten)

BESONDERE MASCHEN

Hinteres Relief-Stb, vorderes Relief-Stb, 2 Stb zus (siehe Seiten 134–141)

MATERIAL

- Empfohlenes Garn: Laines du Nord Merino Yak, 70 % Wolle, 15 % Alpaka, 15 % Yak (LL 115 m/50 g), Fb 02, benötigte Menge 345 (414, 506, 575) m
- 3,75-mm-Häkelnadel (oder Nadel anderer Stärke, um die richtige Maschenprobe zu erhalten)

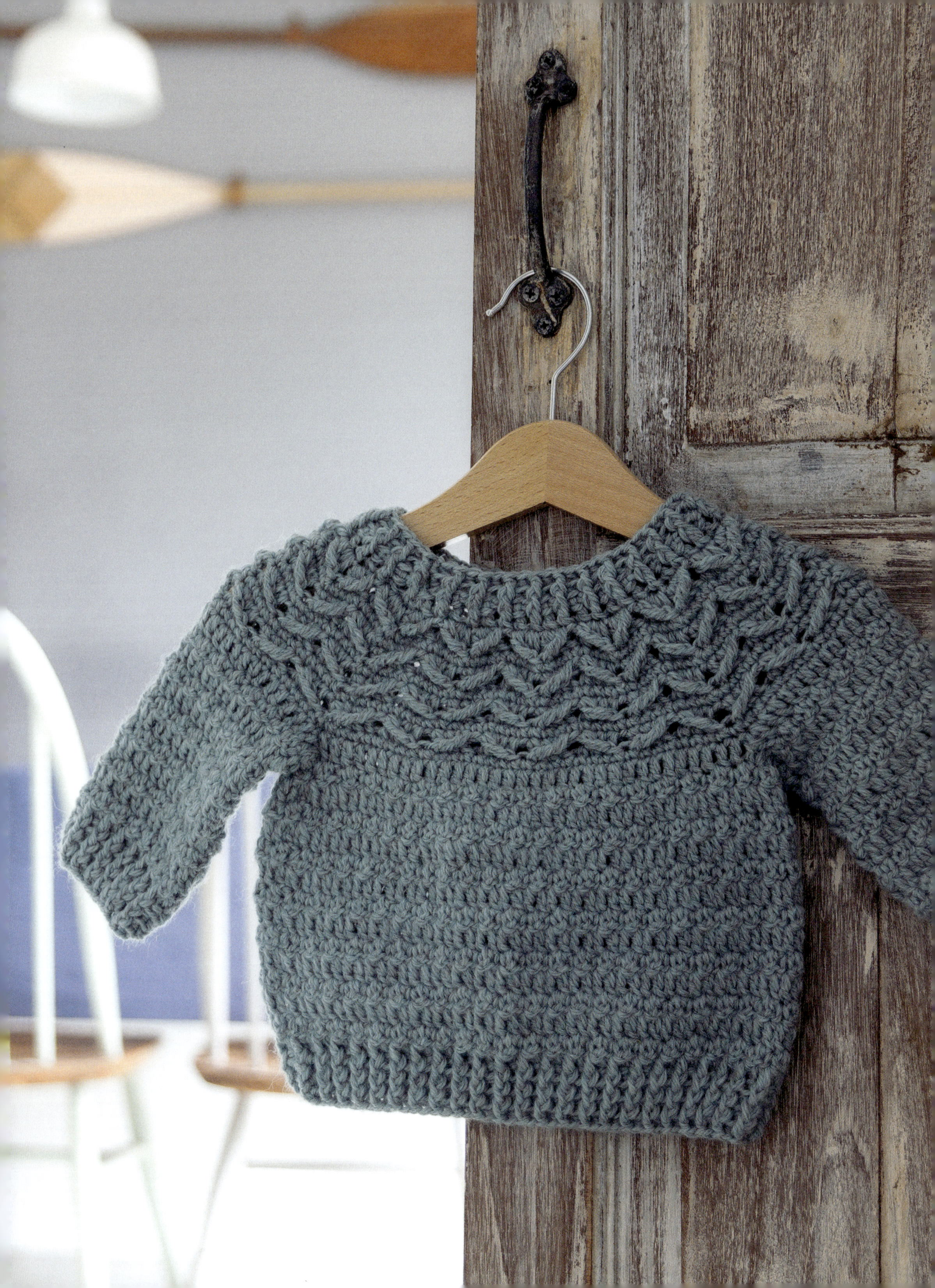

Die Anleitung ist für die Größe 0–6 Monate geschrieben, Angaben für 6–12 Monate, 1–2 Jahre und 3–4 Jahre stehen in Klammern.

1 Luft-M zu Beginn jeder Runde zählt nicht als Masche.

PASSE

Luftmaschenkette: Locker arbeiten (sie muss bequem über den Kopf des Kindes passen), ergibt 60 (64, 68, 72) Luft-M, mit Kett-M in 1. Luft-M verbinden.

1. Rd (RS): 1 Luft-M, aber hier und in Folge bis zur Höhe eines Stb ziehen, wenn die nächste M ein Stb oder Doppel-Stb, Stb in 1. und in jede folgende Luft-M, mit Kett-M in 1. M verbinden = 60 (64, 68, 72) M A.

2. Rd (RS): 1 Luft-M, 1. M überspringen, Doppel-Stb in nächste M, 3 Stb in übersprungene M hinter dem gerade gehäkelten Doppel-Stb B, *nächste M überspringen, 3 Stb in nächste M C, Doppel-Stb in übersprungene M vor den gerade gehäkelten 3 Stb D, nächste M überspringen, Doppel-Stb in nächste M, 3 Stb in übersprungene M hinter dem gerade gehäkelten Doppel-Stb E; von * bis letzte 2 M wdh, nächste M überspringen, 3 Stb in nächste M, Doppel-Stb in übersprungene M vor den gerade gehäkelten 3 Stb, mit Kett-M in 1. M verbinden = 120 (128, 136, 144) M F.

3. Rd (RS): 1 Luft-M, fM in 1. und in jede folgende M, mit Kett-M in 1. M verbinden = 120 (128, 136, 144) M G.

4. Rd (RS): 1 Luft-M, 1. und nächste 2 M überspringen, Doppel-Stb in nächste M H, Stb in jede der 3 übersprungenen M hinter dem gerade gehäkelten Doppel-Stb; I, *nächste M überspringen, Stb in jede der nächsten 3 M, Doppel-Stb in übersprungene M vor den gerade gehäkelten 3 Stb, nächste 3 M überspringen, Doppel-Stb in nächste M, Stb in jede der übersprungenen 3 M hinter den gerade gehäkelten Doppel-Stb; von * bis letzte 4 M wdh, nächste M überspringen, Stb in jede der nächsten 3 M, Doppel-Stb in übersprungene M vor den gerade gehäkelten 3 Stb, mit Kett-M in 1. M verbinden = 120 (128, 136, 144) M J.

3. und 4. Rd noch 2x (3x, 4x, 5x) wdh.

3. Rd noch 1x wdh.

TEILEN FÜR ÄRMEL UND KÖRPER

1. Rd (RS): 1 Luft-M, Stb in 1. und in jede der nächsten 33 (36, 39, 42) M, 5 (7, 8, 9) Luft-M, 26 (27, 28, 29) M für erstes Armloch überspringen, Stb in jede der nächsten 34 (37, 40, 43) M, 5 (7, 8, 9) Luft-M, 26 (27, 28, 29) M für zweites Armloch überspringen, mit Kett-M in 1. M verbinden, wenden und auf LS arbeiten = 78 (88, 96, 104) M K.

2. Rd (LS): 1 Luft-M, fM in 1. M, *Stb in nächste M, fM in nächste M; von * bis letzte M wdh, Stb in letzte M, mit Kett-M in 1. M verbinden, wenden und auf RS arbeiten = 78 (88, 96, 104) M.

3. Rd (RS): 1 Luft-M, 2 Stb in 1. M, *Stb in jede der nächsten 3 (4, 5, 6) M, 2 Stb in nächste M; von * bis letzte 1 (2, 5, 12) M wdh, Stb in jede folgende M, mit Kett-M in 1. M verbinden, wenden = 98 (106, 112, 118) M.

4. Rd (LS): 1 Luft-M, fM in 1. M, *Stb in nächste M, fM in nächste M; von * bis letzte M wdh, Stb in letzte M, mit Kett-M in 1. M verbinden, wenden = 98 (106, 112, 118) M.

5. Rd (RS): 1 Luft-M, Stb in 1. M, Stb in jede folgende M bis Ende, mit Kett-M in 1. M verbinden, wenden = 98 (106, 112, 118) M.

4. und 5. Rd noch 5x (6x, 7x, 8x) wdh oder bis 3 (3, 4, 4) cm vor der gewünschten Länge. Mit dem Bündchen fortfahren.

BÜNDCHEN

1. Rd (RS): 1 Luft-M, vorderes Relief-Stb um 1. Stb, *hinteres Relief-Stb um nächstes Stb, vorderes Relief-Stb um nächstes Stb; von * bis letzte M wdh, hinteres Relief-Stb um letztes Stb, mit Kett-M in 1. M verbinden = 98 (106, 112, 118) M.

2. Rd (RS): 1 Luft-M, vorderes Relief-Stb um 1. vorderes Relief-Stb, *hinteres Relief-Stb um nächstes hinteres Relief-Stb, vorderes Relief-Stb um nächstes vorderes Relief-Stb; von * bis letzte M wdh, hinteres Relief-Stb um letztes hinteres Relief-Stb, mit Kett-M in 1. M verbinden = 98 (106, 112, 118) M L.

2. Rd noch 1x (1x, 2x, 2x) wdh und abmaschen.

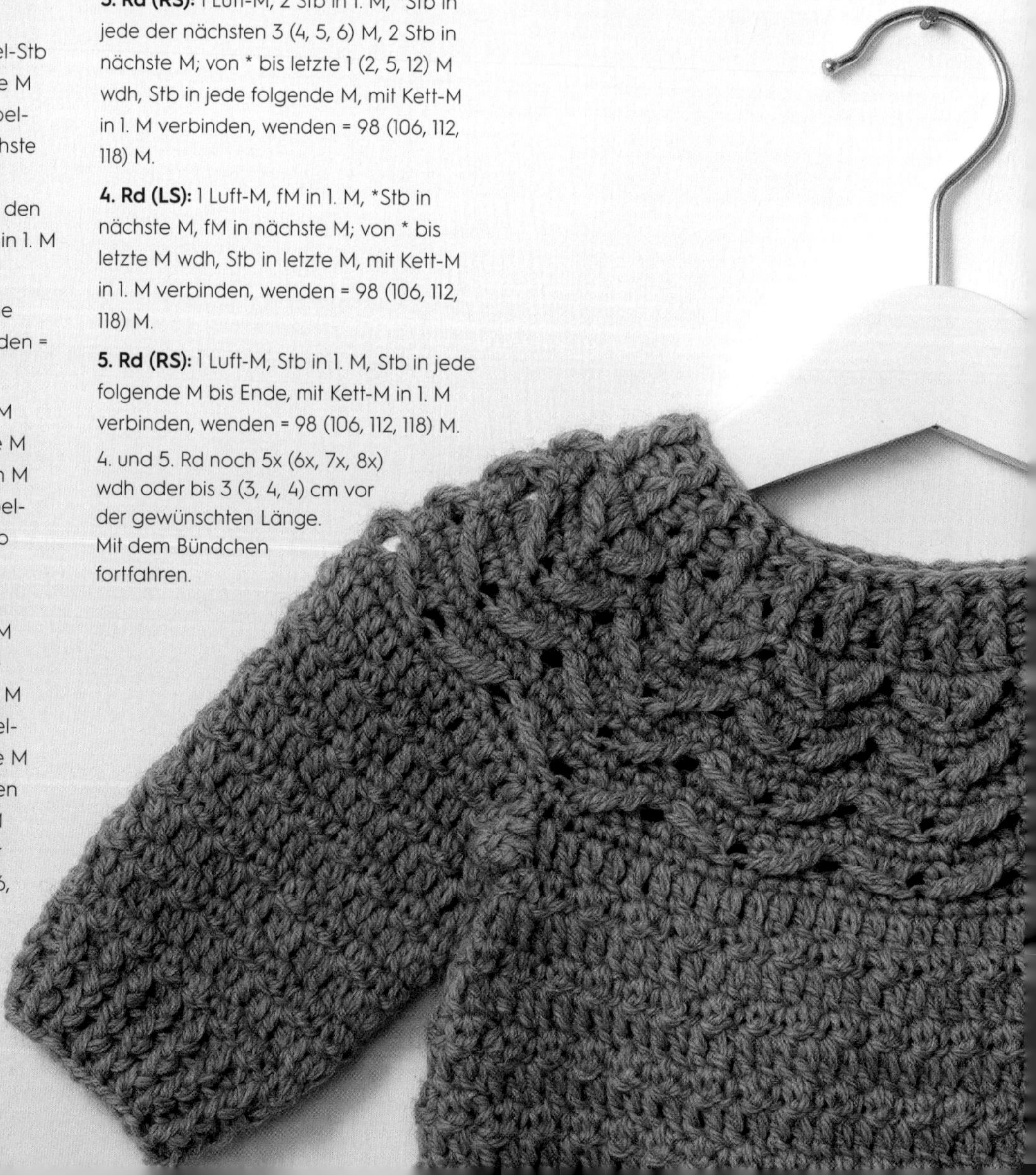

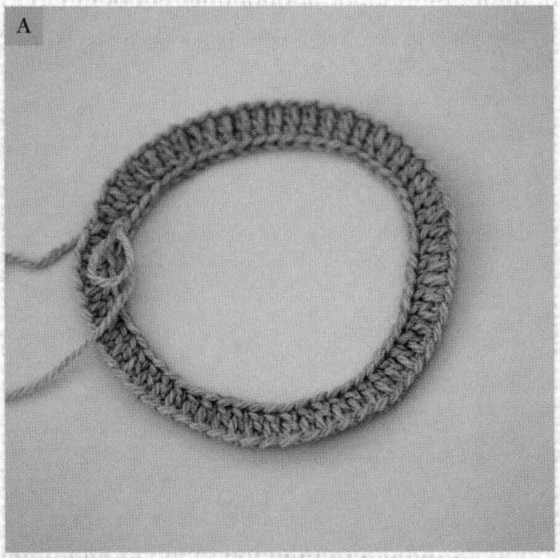
A

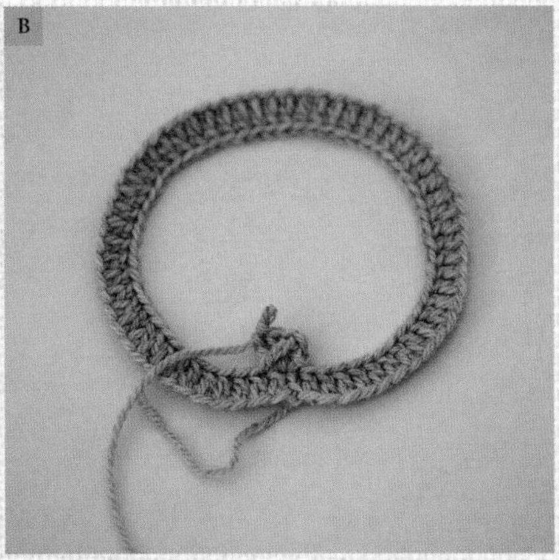
B

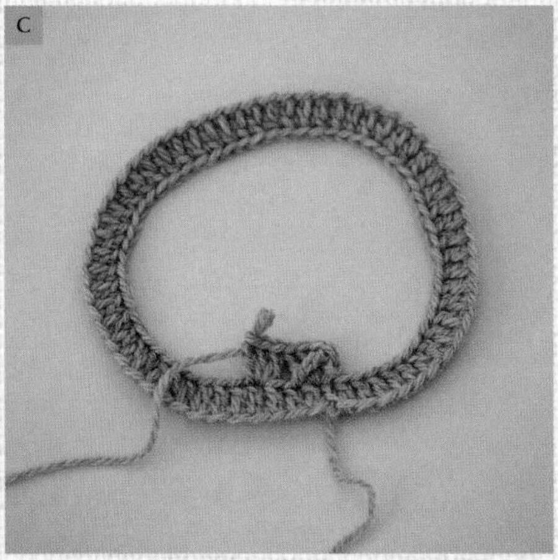
C

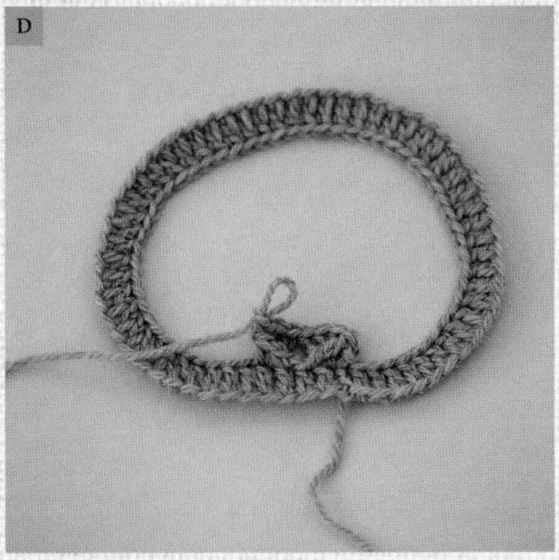
D

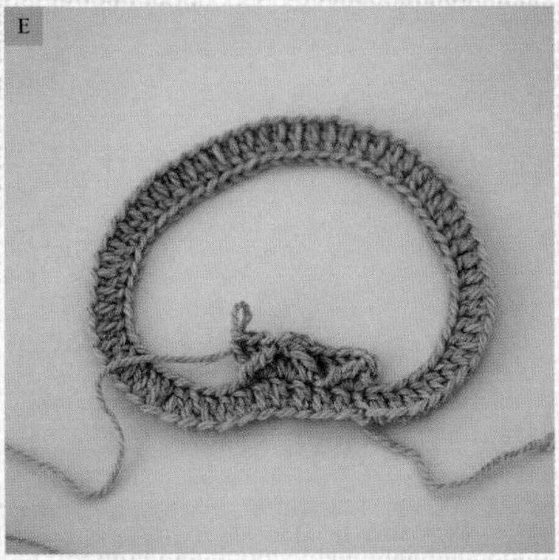
E

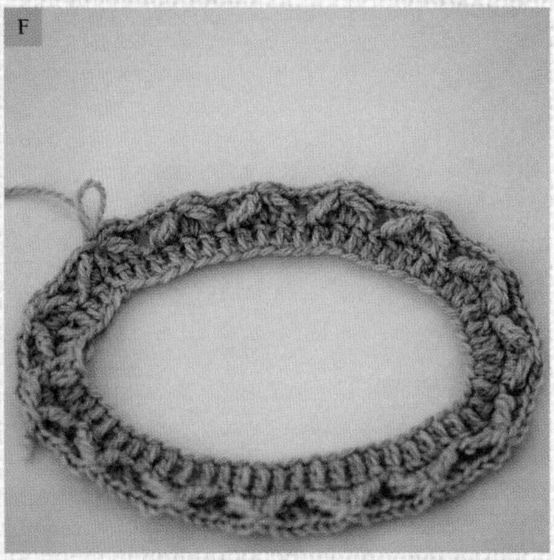
F

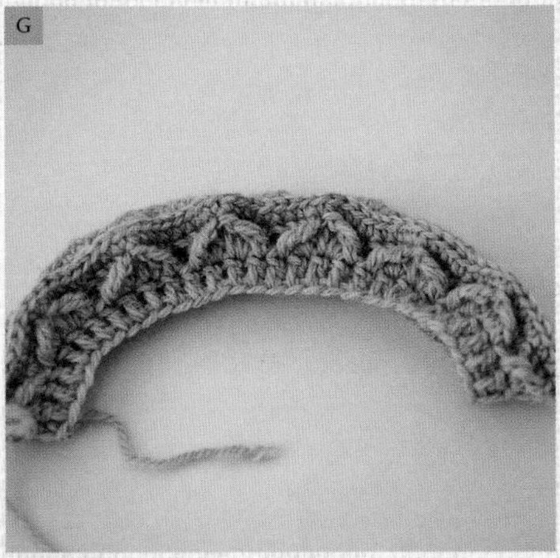
G

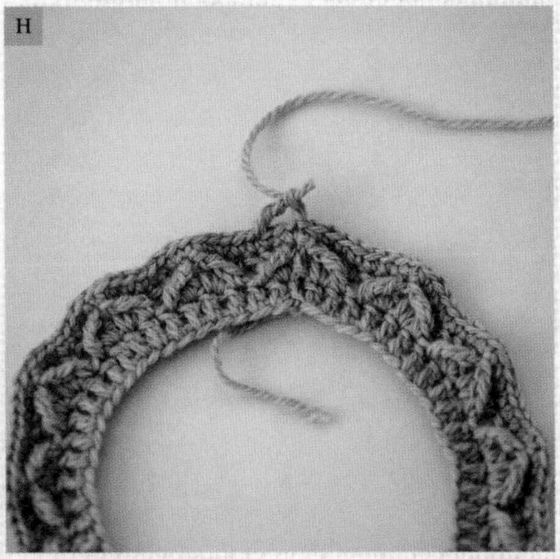
H

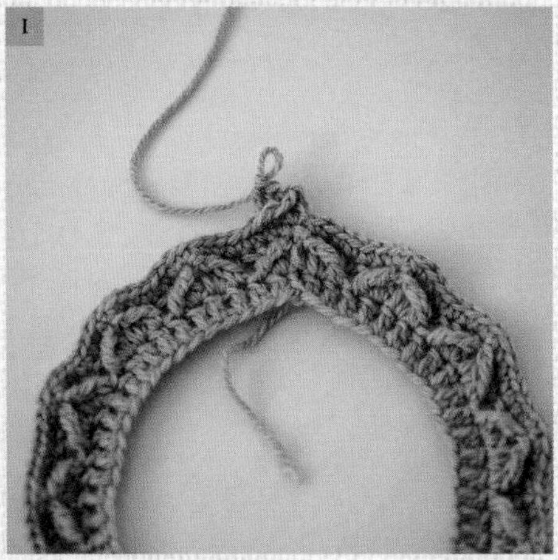
I

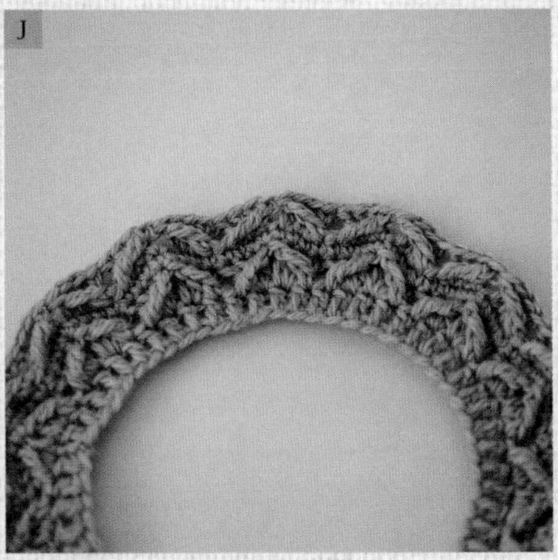
J

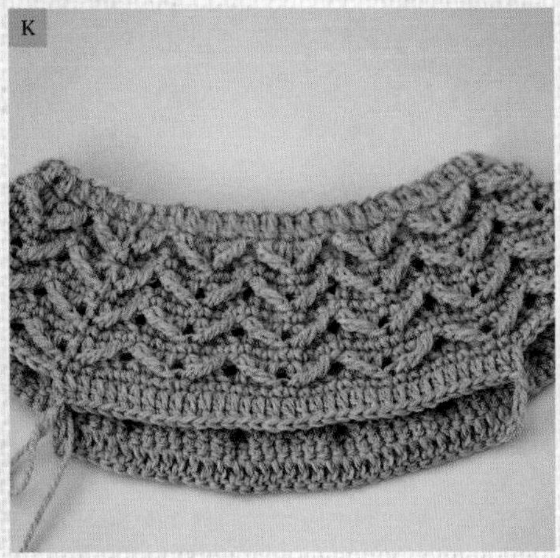
K

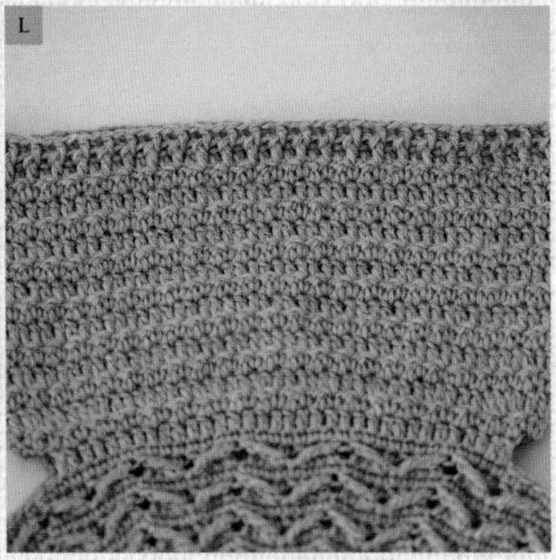
L

ÄRMEL

Auf der RS Faden in der Mitte der Achsel anbringen M.

1. Rd (RS): 1 Luft-M, 36 (38, 40, 42) Stb gleichmäßig um das Armloch arbeiten, mit Kett-M in 1. M verbinden, wenden = 36 (38, 40, 42) M L.

2. Rd (LS): 1 Luft-M, fM in 1. M, *Stb in nächste M, fM in nächste M; von * bis letzte M wdh, Stb in letzte M, mit Kett-M in 1. M verbinden, wenden = 36 (38, 40, 42) M.

3. Rd (RS): 1 Luft-M, Stb in 1. M, 2 Stb zus, Stb in jede folgende M bis letzte 2 M, 2 Stb zus, mit Kett-M in 1. M verbinden, wenden = 34 (36, 38, 40) M.

4. Rd (LS): 1 Luft-M, fM in 1. M, *Stb in nächste M, fM in nächste M; von * bis letzte M wdh, Stb in letzte M, mit Kett-M in 1. M verbinden, wenden = 34 (36, 38, 40) M.

5. Rd (RS): 1 Luft-M, Stb in 1. M, 2 Stb zus, Stb in jede folgende M bis letzte 2 M, 2 Stb zus, mit Kett-M in 1. M verbinden, wenden = 32 (34, 36, 38) M.

6. Rd (LS): 1 Luft-M, fM in 1. M, *Stb in nächste M, fM in nächste M; von * bis letzte M wdh, Stb in letzte M, mit Kett-M in 1. M verbinden, wenden = 32 (34, 36, 38) M.

7. Rd (RS): 1 Luft-M, Stb in 1. M und in jede folgende M bis Ende, mit Kett-M in 1. M verbinden, wenden = 32 (34, 36, 38) M.

6. und 7. Rd noch 3x (5x, 7x, 8x) wdh oder bis 3 (3, 4, 4) cm vor der gewünschten Länge. Mit dem Ärmelbündchen fortfahren.

Zweiter Ärmel

Genau wie den ersten Ärmel arbeiten.

ÄRMELBÜNDCHEN

1. Rd (RS): 1 Luft-M, vorderes Relief-Stb um 1. Stb, *hinteres Relief-Stb um nächstes Stb, vorderes Relief-Stb um nächstes Stb; von * bis letzte M wdh, hinteres Relief-Stb um letztes Stb, mit Kett-M in 1. M verbinden = 32 (34, 36, 38) M.

2. Rd (RS): 1 Luft-M, vorderes Relief-Stb um 1. vorderes Relief-Stb, *hinteres Relief-Stb um nächstes hinteres Relief-Stb, vorderes Relief-Stb um nächstes vorderes Relief-Stb; von * bis letzte M wdh, hinteres Relief-Stb um letztes hinteres Relief-Stb, mit Kett-M in 1. M verbinden = 32 (34, 36, 38) M.

2. Rd noch 1x (1x, 2x, 2x) wdh und abmaschen.

Zweites Ärmelbündchen

Am zwei

ten Ärmel ebenso arbeiten.

KRAGEN

1. Rd (RS): Faden in der verbleibenden Schlaufe der Luftmaschenkette anbringen und 1 Luft-M, vorderes Relief-Stb um 1. Stb O, *hinteres Relief-Stb um nächstes Stb, vorderes Relief-Stb um nächstes Stb; von * bis letzte M wdh, hinteres Relief-Stb um letztes Stb, mit Kett-M in 1. M verbinden = 60 (64, 68, 72) M.

2. Rd (RS): 1 Luft-M, vorderes Relief-Stb um 1. vorderes Relief-Stb, *hinteres Relief-Stb um nächstes hinteres Relief-Stb, vorderes Relief-Stb um nächstes vorderes Relief-Stb; von * bis letzte M wdh, hinteres Relief-Stb um letztes hinteres Relief-Stb, mit Kett-M in 1. M verbinden = 60 (64, 68, 72) M.

2. Rd noch 1x (1x, 2x, 2x) wdh und abmaschen.

FERTIGSTELLEN

Alle Fäden vernähen. Den Pulli waschen und flach trocknen lassen (siehe »Techniken zum Fertigstellen«, Seite 142).

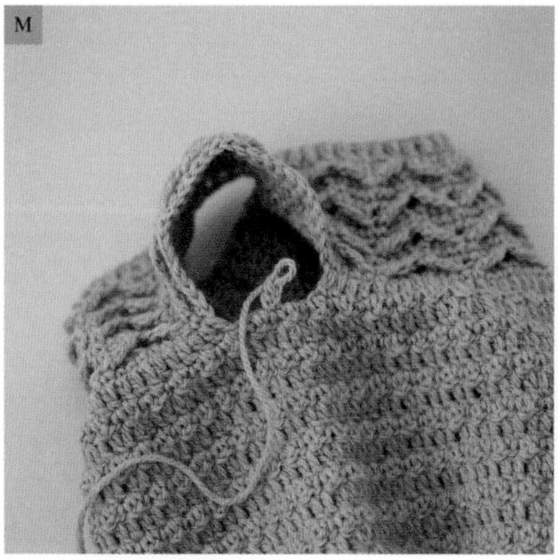
M

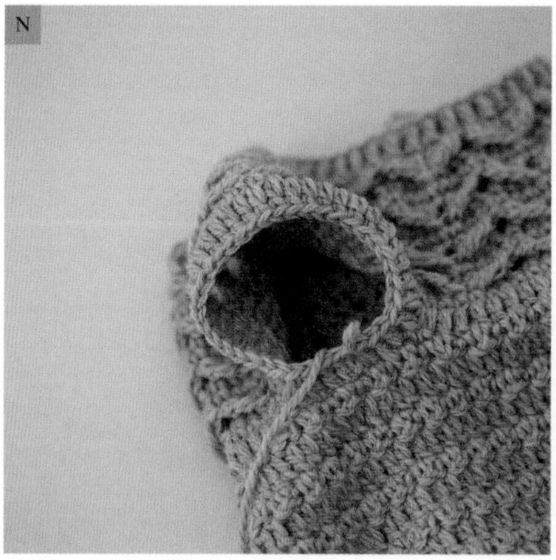
N

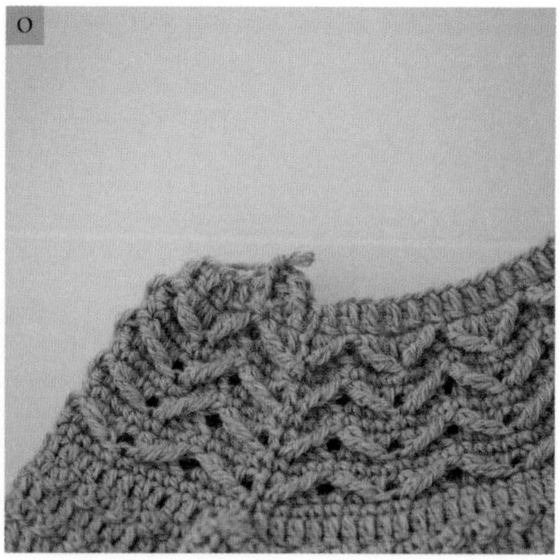
O

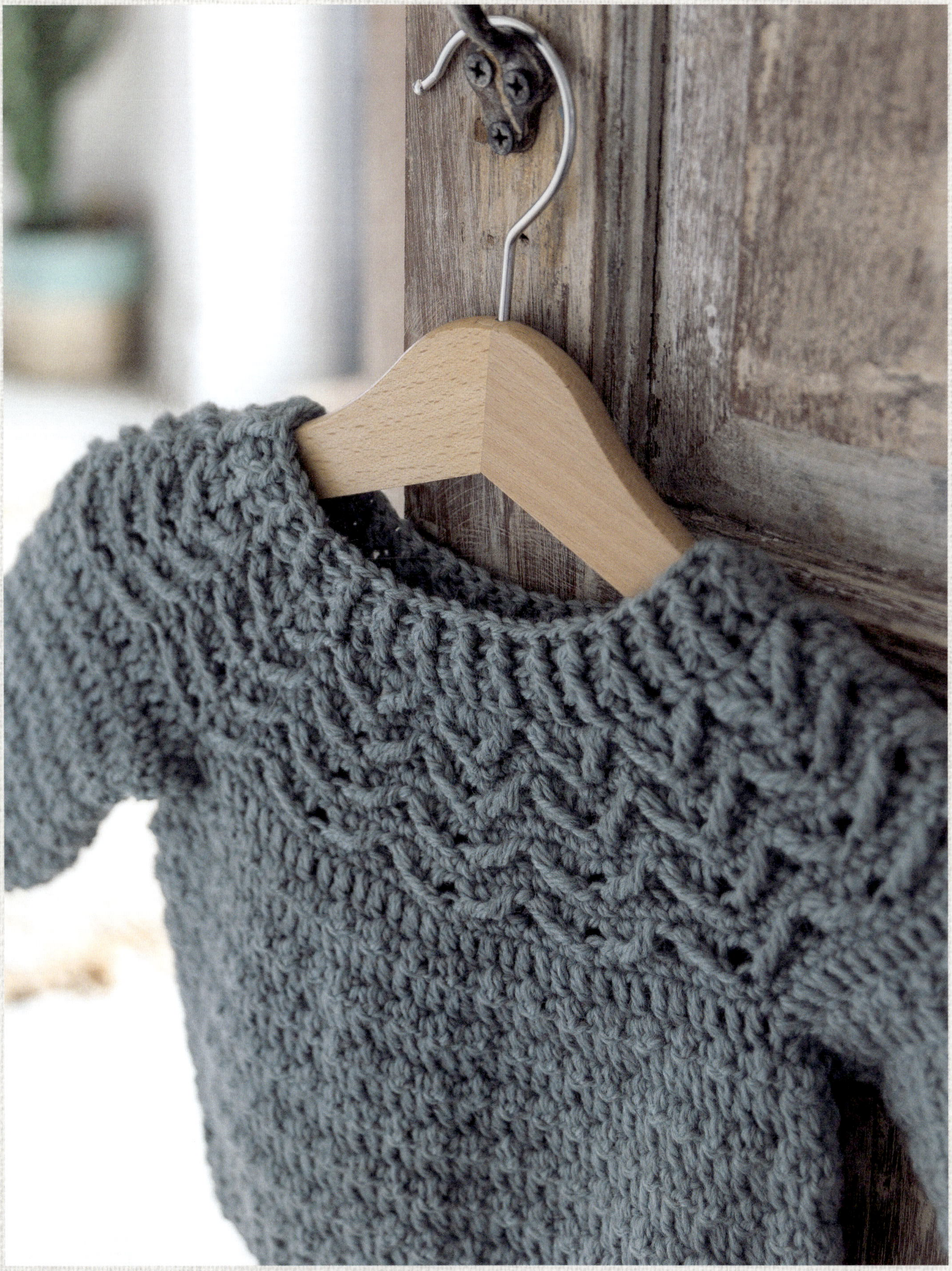

~ ★★☆ ~

HIMMLISCHER PULLI

Als ich die Passe für diesen Pulli entworfen habe, dachte ich, dass das Maschenmuster wie fliegende Engel aussieht, die sich wahrscheinlich auf wichtiger Mission befinden. Dieser nahtlose Pulli wird von oben nach unten mit einem leichten Garn gearbeitet, sodass er sehr schön fällt und unglaublich weich und angenehm zu tragen ist.

GRÖSSE UND MASSE DER FERTIGEN ARBEIT

Größe	Brust	Länge	Ärmellänge bis Achsel
0-6 Monate	48 cm	27 cm	14 cm
6-12 Monate	54 cm	31 cm	18 cm
1-2 Jahre	58 cm	35 cm	22 cm
3-4 Jahre	66 cm	39 cm	26 cm

MASCHENPROBE

18 M und 10 R = 10 cm x 10 cm mit Stb und 3,75-mm-Häkelnadel (oder Nadel anderer Stärke, um die richtige Maschenprobe zu erhalten)

BESONDERE MASCHEN

Hinteres Relief-Stb, vorderes Relief-Stb, 3 vordere Relief-Stb zus, Büschel-M (4-Stb-Büschelmasche) (siehe Seiten 134-141)

MATERIAL

- Empfohlenes Garn: Lana Gatto Royal Alpaca, 70 % Baby Alpaka, 30 % Nylon (LL 115 m/ 50 g), Fb 9164, benötigte Menge 325 (370, 460, 550) m
- 3,75-mm-Häkelnadel (oder Nadel anderer Stärke, um die richtige Maschenprobe zu erhalten)

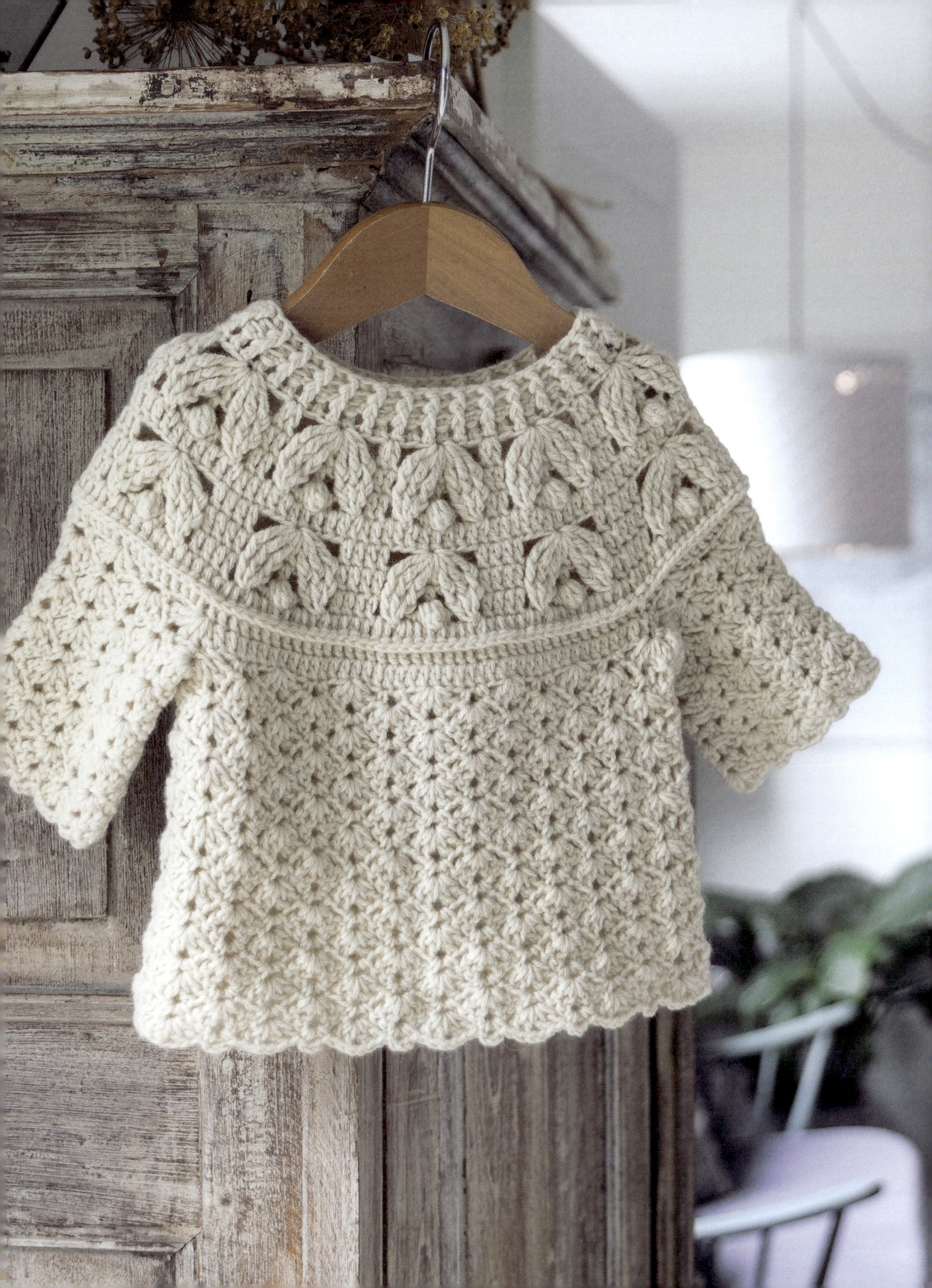

Anleitung ist für Größe 0–6 Monate geschrieben, Angaben für 6–12 Monate, 1–2 Jahre und 3–4 Jahre in Klammern.

1 Luft-M zu Beginn jeder Runde zählt nicht als Masche.

PASSE

Luftmaschenkette: Locker arbeiten (sie muss bequem über den Kopf des Kindes passen), 60 (60, 66, 72) Luft-M, mit Kett-M in 1. Luft-M verbinden.

1. Rd (RS): 1 Luft-M, aber hier und im Folgenden auf die Höhe eines Stb ziehen, wenn nächste M ein Stb ist, Stb in 1. und in jede der nächsten Luft-M, mit Kett-M in 1. M verbinden = 60 (60, 66, 72) M.

2. Rd (RS): 1 Luft-M, 2 Stb in 1. M, *nächste 2 M überspringen, (3 Doppel-Stb, 1 Luft-M, Stb, 1 Luft-M, 3 Doppel-Stb) in nächste M, nächste 2 M überspringen, 2 Stb in nächste M **A**; von * bis Ende wdh, aber in letzter Wdh statt letzte 2 Stb mit Kett-M in 1. M verbinden = 10 (10, 11, 12) Muscheln **B**.

3. Rd (RS): 1 Luft-M, Stb in 1. und in nächstes Stb, *vorderes Relief-Stb um jedes der nächsten 3 Doppel-Stb, 2 Luft-M, 1 Luft-M überspringen, Stb in nächstes Stb, 2 Luft-M, 1 Luft-M überspringen, vorderes Relief-Stb um jedes der nächsten 3 Doppel-Stb, Stb in jedes der nächsten 2 Stb; von * bis Ende wdh, aber in letzter Wdh statt letzte 2 Stb mit Kett-M in 1. M verbinden = 130 (130, 143, 156) M einschließlich aller Luft-M **C**.

4. Rd (RS): 1 Luft-M, Stb in 1. und nächstes Stb,*1 Luft-M, 3 vordere Relief-Stb zus um nächste 3 Doppel-Stb, 2 Luft-M, fM in nächste 2-Luft-M-Lck, Büschel-M in nächstes Stb (zur RS ziehen und nächste fM enger arbeiten, damit Büschel-M auf der RS bleibt), fM in nächste 2-Luft-M-Lck, 2 Luft-M, 3 vordere Relief-Stb zus um nächste 3 Doppel-Stb, 1 Luft-M, Stb in jedes der nächsten 2 Stb; von * bis Ende wdh, aber in letzter Wdh statt der letzten 2 Stb mit Kett-M in 1. M verbinden = 130 (130, 143, 156) M einschließlich aller Luft-M **D**.

Für Größe 0–6 Monate

5. Rd (RS): (für diese Größe fM statt Stb arbeiten, damit die Passe kürzer wird) 1 Luft-M, fM in 1. und in jede der nächsten M, fM in jedes Stb, fM in jede 1-Luft-M-Lck, fM in jede fM, 1 fM in jede 2-Luft-M-Lck, fM in jede Büschel-M, fM oben in die vorderen Relief-Stb zus bis Ende, mit Kett-M in 1. M verbinden = 110 M.

Für Größen 6–12 Monate, 1–2 Jahre und 3–4 Jahre

5. Rd (RS): 1 Luft-M, Stb in 1. und in jede der nächsten M, Stb in jedes Stb, Stb in jede 1-Luft-M-Lck, Stb in jede fM, 1 Stb in jede 2-Luft-M-Lck, Stb in jede Büschel-M, Stb oben in jede 3 vordere Relief-Stb zus bis Ende, mit Kett-M in 1. M verbinden = (110, 121, 132) M **E**.

Für alle Größen

6. Rd (RS): 1 Luft-M, Stb in 1. und in jede der nächsten 2 M, *nächste 3 M überspringen, (3 Doppel-Stb, 1 Luft-M, Stb, 1 Luft-M, 3 Doppel-Stb) in nächste M, nächste 3 M überspringen, Stb in jede der nächsten 4 M; von * bis Ende wdh, aber in letzter Wdh Stb in jede verbleibende M arbeiten und mit Kett-M in 1. M verbinden = 130 (130, 143, 156) M einschließlich aller Luft-M **F**.

7. Rd (RS): 1 Luft-M, Stb in 1. und in jede der nächsten 2 M, *vorderes Relief-Stb um jedes der nächsten 3 Doppel-Stb, 2 Luft-M, 1 Luft-M überspringen, Stb in nächstes Stb, 2 Luft-M, 1 Luft-M überspringen, vorderes Relief-Stb um jedes der nächsten 3 Doppel-Stb, Stb in jedes der nächsten 4 Stb; von * bis Ende wdh, aber in letzter Wdh Stb in letzte M und mit Kett-M in 1. M verbinden = 150 (150, 165, 180) M einschließlich aller Luft-M **G**.

8. Rd (RS): 1 Luft-M, Stb in 1. und in jede der nächsten 2 M, *1 Luft-M, 3 vordere Relief-Stb zus um nächste 3 Doppel-Stb, 2 Luft-M, fM in nächste 2-Luft-M-Lck, Büschel-M in nächstes Stb (auf die RS ziehen und nächste fM enger arbeiten, damit die Büschel-M auf der RS bleibt), fM in nächste 2-Luft-M-Lck, 2 Luft-M, 3 vordere Relief-Stb zus um nächste 3 Doppel-Stb, 1 Luft-M, Stb in jedes der nächsten 4 Stb; ab * bis Ende wdh, aber bei letzter Wdh Stb in letzte M arbeiten und mit Kett-M in 1. M verbinden = 150 (150, 165, 180) M einschließlich aller Luft-M **H**.

9. Rd (RS): 1 Luft-M, Stb in 1. und in jede der nächsten M, Stb in jedes Stb, Stb in jede 1-Luft-M-Lck, Stb in jede fM, 1 (2, 2, 2) Stb in jede 2-Luft-M-Lck, Stb oben in 3 vordere Relief-Stb zus bis Ende, (für Größe 1-2 Jahre 1x 1 Stb in 2-Luft-M-Lck arbeiten), mit Kett-M in 1. M verbinden = 130 (150, 164, 180) M; **I**.

Für Größen 0–6 Monate und 6–12 Monate

Letzte Rd arbeiten.

Für Größen 1–2 Jahre und 3–4 Jahre

10. Rd (RS): 1 Luft-M, Stb in 1. und in jede nächste M, mit Kett-M in 1. M verbinden = (164, 180) M.

Für Größe 1–2 Jahre

Letzte Rd arbeiten.

Für Größe 3–4 Jahre

10. Rd noch 1x wdh und mit letzter Rd fortfahren.

Für alle Größen

Letzte Rd (RS): 1 Luft-M, hinteres Relief-Stb um jedes nächste Stb, mit Kett-M in 1. M verbinden = 130 (150, 164, 180) M **J**.

Mit »Teilen für Ärmel und Körper« fortfahren.

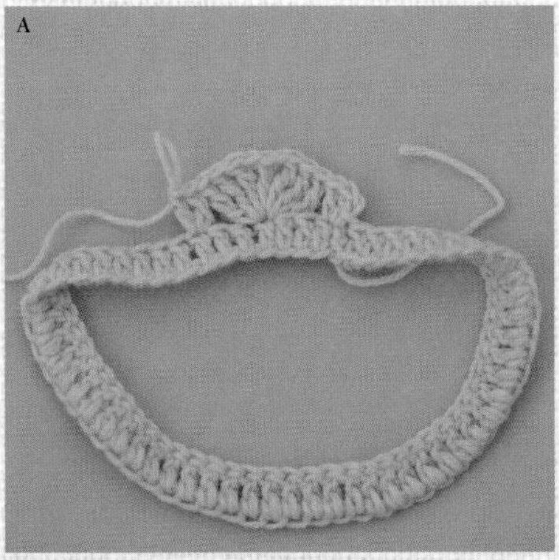
A

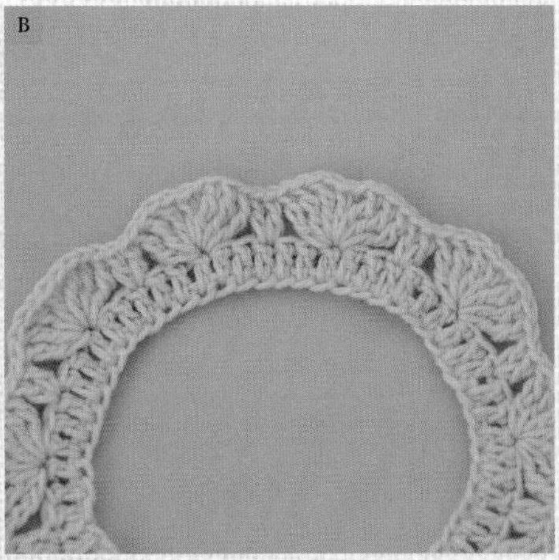
B

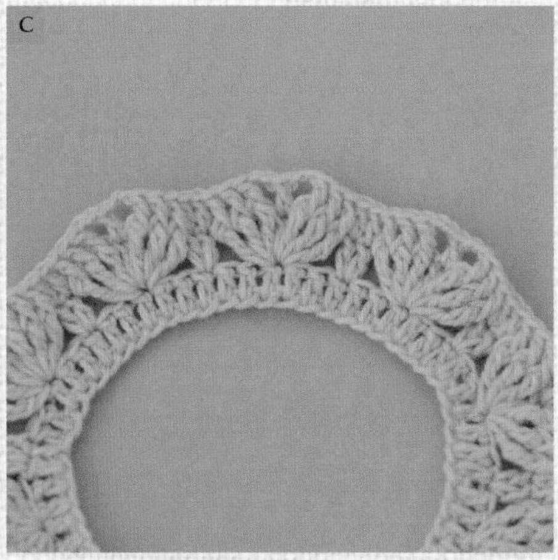
C

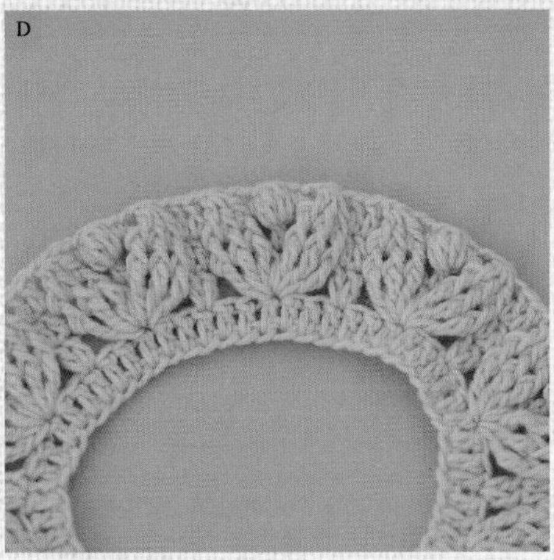
D

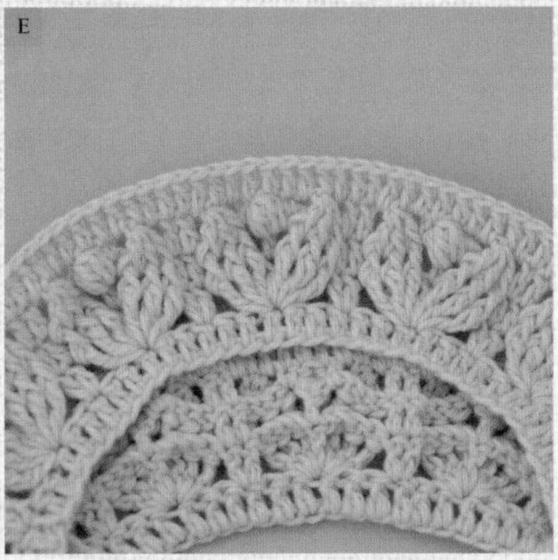
E

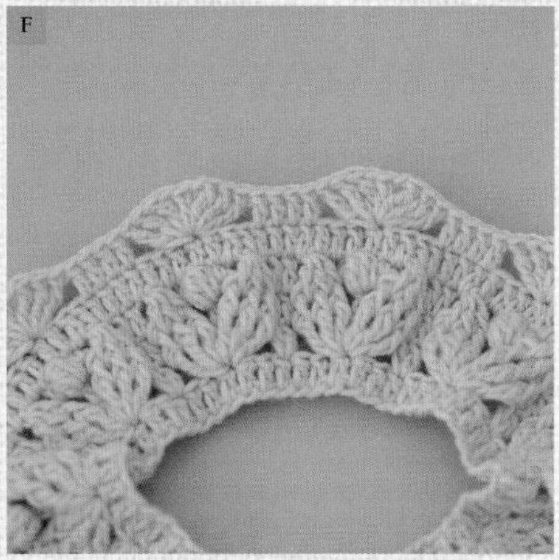
F

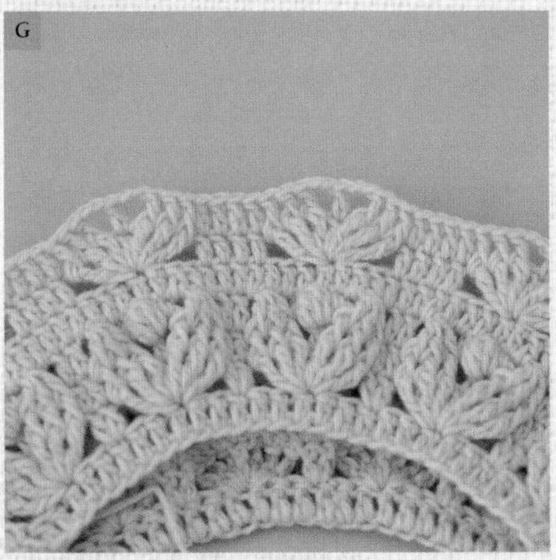
G

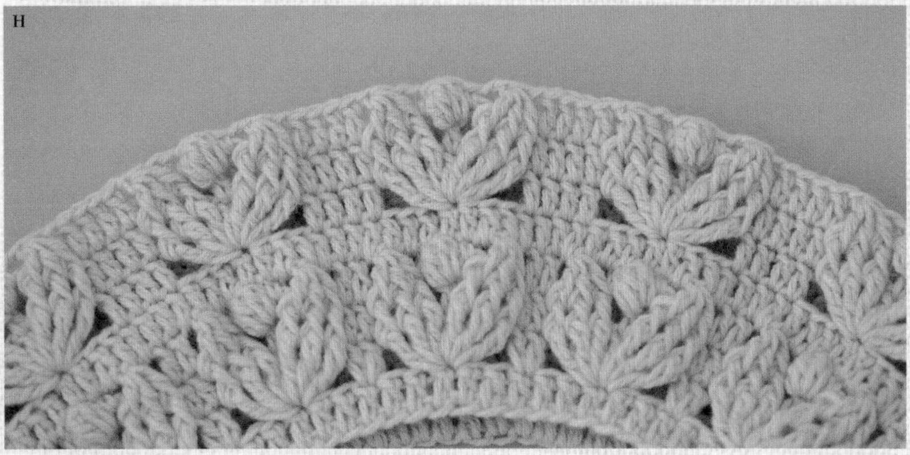
H

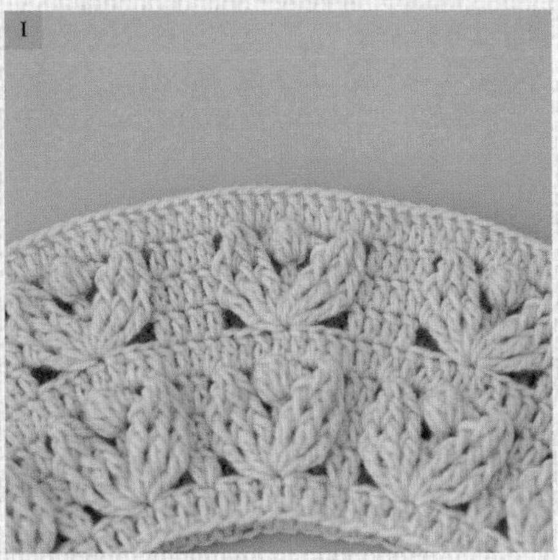
I

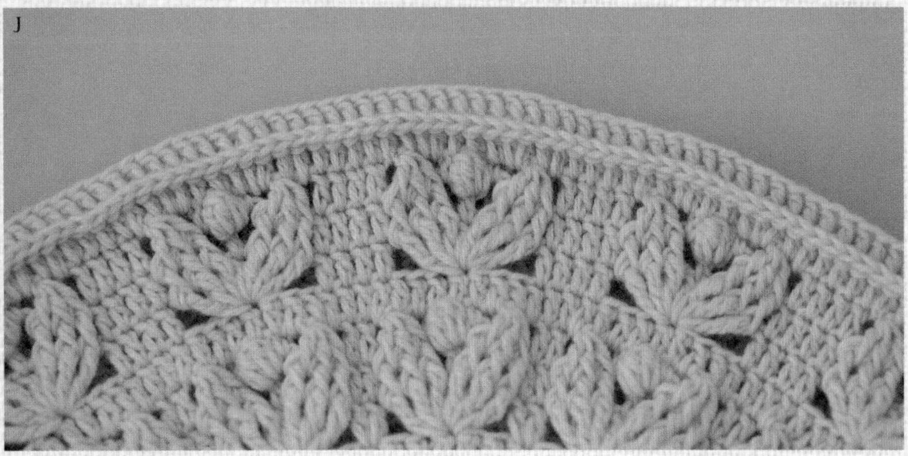
J

TEILEN FÜR ÄRMEL UND KÖRPER

1. Rd (RS): 1 Luft-M, 1 (1, 2, 2) Stb in 1. M, 4 (5, 5, 6) Luft-M, nächste 27 (31, 35, 37) M für ein Armloch überspringen, Stb in jede der nächsten 38 (44, 47, 53) M, 4 (5, 5, 6) Luft-M, nächste 27 (31, 35, 37) M für ein Armloch überspringen, Stb in jede nächste M bis Ende, mit Kett-M in 1. M verbinden = 84 (98, 105, 119) M einschließlich aller Luft-M **K**.

2. Rd (RS): 1 Luft-M, 2 Stb in 1. M, *nächste 2 M überspringen, fM in nächste M, 3 Luft-M, fM in nächste M, nächste 2 M überspringen, (2 Stb, 2 Luft-M, 2 Stb) in nächste M; von * bis Ende wdh, aber in letzter Wdh (2 Stb, 2 Luft-M) in dieselbe M wie erste 2 Stb arbeiten und mit Kett-M 1. M verbinden, wenden und auf LS arbeiten = 12 (14, 15, 17) Muscheln und 12 (14, 15, 17) Gruppen aus (fM, 3 Luft-M, fM); **L**.

3. Rd (LS): 1 Luft-M, *(fM, 3 Luft-M, fM) in nächste 2-Luft-M-Lck, nächste 3 M überspringen, (2 Stb, 2 Luft-M, 2 Stb) in nächste 3-Luft-M-Lck, nächste 3 M überspringen; von * bis Ende wdh, mit Kett-M in 1. M verbinden, wenden und auf RS arbeiten = 12 (14, 15, 17) Muscheln und 12 (14, 15, 17) Gruppen aus (fM, 3 Luft-M, fM) **M**.

4. Rd (RS): 1 Luft-M, 2 Stb in 3-Luft-M-Lck rechts, *nächste 3 M überspringen, (fM, 3 Luft-M, fM) in nächste 2-Luft-M-Lck **N**, nächste 3 M überspringen, (2 Stb, 2 Luft-M, 2 Stb) in nächste 3-Luft-M-Lck; von * bis Ende wdh, aber bei letzter Wdh (2 Stb, 2 Luft-M) in gleiche 3-Luft-M-Lck wie erste 2 Stb arbeiten und mit Kett-M in 1. M verbinden, wenden = 12 (14, 15, 17) Muscheln und 12 (14, 15, 17) Gruppen aus (fM, 3 Luft-M, fM).

3. und 4. Rd noch 6x (8x, 9x, 10x) oder bis gewünschte Länge wdh, abmaschen **O**.

ÄRMEL

Auf RS Faden in der Mitte der Achsel anbringen **P**, nach jeder Rd wenden und auf RS und LS arbeiten.

1. Rd (RS): 1 Luft-M, 2 Stb in 1. M, 2 M (oder Lck entsprechend 2 M) überspringen, fM in nächste M **Q**, 3 Luft-M, nächste M überspringen, fM in nächste M, nächste 3 M überspringen, *(2 Stb, 2 Luft-M, 2 Stb) in nächste M, nächste 3 M überspringen, fM in nächste M, 3 Luft-M, nächste M überspringen, fM in nächste M, nächste 3 M überspringen; von * noch 2x (3x, 3x, 4x) wdh, (2 Stb, 2 Luft-M) in gleiche M wie erste 2 Stb arbeiten und mit Kett-M in 1. M verbinden, wenden = 4 (5, 5, 6) Muscheln und 4 (5, 5, 6) Gruppen aus (fM, 3 Luft-M, fM) **R**.

2. Rd (LS): 1 Luft-M, *(fM, 3 Luft-M, fM) in nächste 2-Luft-M-Lck, nächste 3 M überspringen, (2 Stb, 2 Luft-M, 2 Stb) in nächste 3-Luft-M-Lck, nächste 3 M überspringen; von * bis Ende wdh, mit Kett-M in 1. M verbinden, wenden = 4 (5, 5, 6) Muscheln und 4 (5, 5, 6) Gruppen aus (fM, 3 Luft-M, fM) **S**.

3. Rd (RS): 1 Luft-M, 2 Stb in 3-Luft-M-Lck rechts, *nächste 3 M überspringen, (fM, 3 Luft-M, fM) in nächste 2-Luft-M-Lck, nächste 3 M überspringen, (2 Stb, 2 Luft-M, 2 Stb) in nächste 3-Luft-M-Lck; von * bis Ende wdh, aber in letzter Wdh (2 Stb, 2 Luft-M) in gleiche 3-Luft-M-Lck wie erste 2 Stb arbeiten und mit Kett-M in 1. M verbinden, wenden = 4 (5, 5, 6) Muscheln und 4 (5, 5, 6) Gruppen aus (fM, 3 Luft-M, fM).

2. und 3. Rd noch 4x (6x, 7x, 8x) oder bis zur gewünschten Länge wdh, abmaschen.

Zweiter Ärmel

Wie den ersten Ärmel arbeiten.

KRAGEN

Auf der RS einen Faden in der 1. M des Kragens, in der verbleibenden Schlaufe anbringen, und wie folgt arbeiten:

1. Rd (RS): 1 Luft-M, vorderes Relief-Stb um 1. Stb **T**, *hinteres Relief-Stb um nächstes Stb, vorderes Relief-Stb um nächstes Stb*, von * bis letzte M wdh, hinteres Relief-Stb um nächste M, mit Kett-M in 1. M verbinden = 60 (60, 66, 72) M.

2. Rd (RS): 1 Luft-M, vorderes Relief-Stb um 1 vorderes Relief-Stb, *hinteres Relief-Stb um nächstes hinteres Relief-Stb, vorderes Relief-Stb um nächstes vorderes Relief-Stb; von * bis letzte M wdh, hinteres Relief-Stb um letztes hinteres Relief-Stb, mit Kett-M in 1. M verbinden = 60 (60, 66, 72) M.

2. Rd noch 1x wdh, abmaschen **U**.

FERTIGSTELLEN

Fäden vernähen. Den Pulli waschen und spannen (siehe »Techniken zum Fertigstellen«).

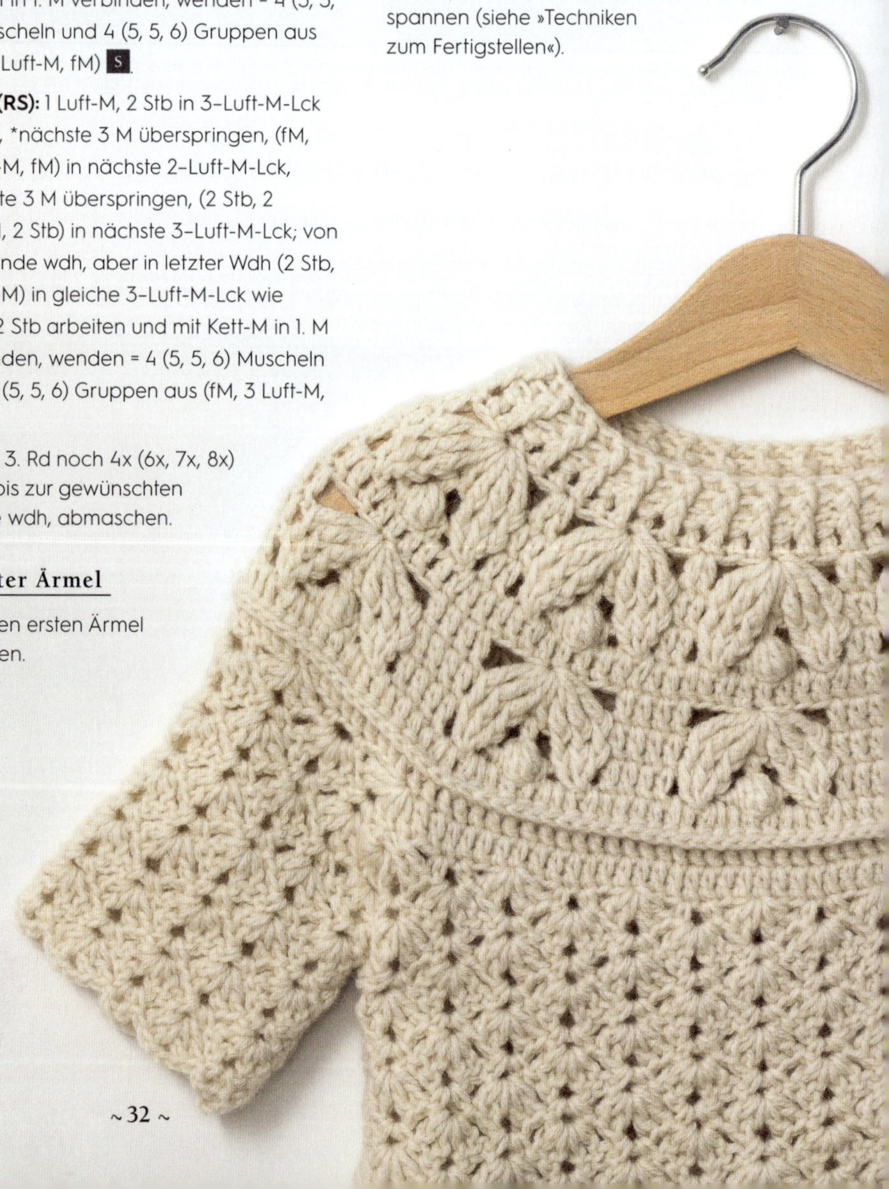

K
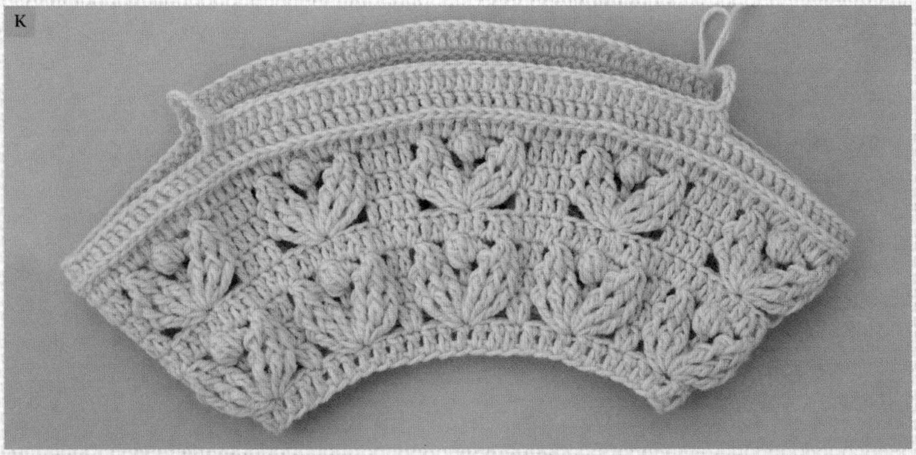

L
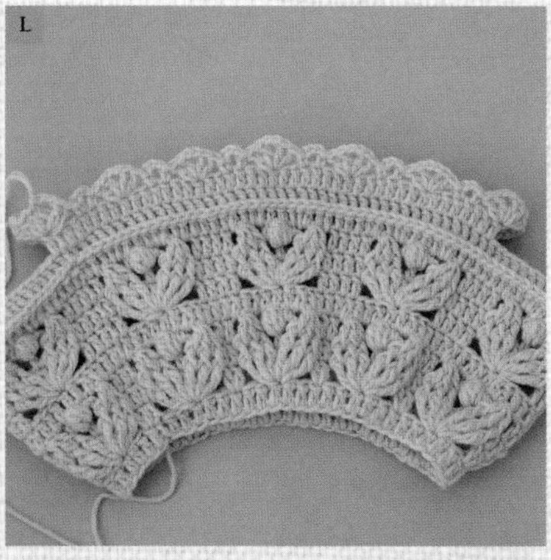

M
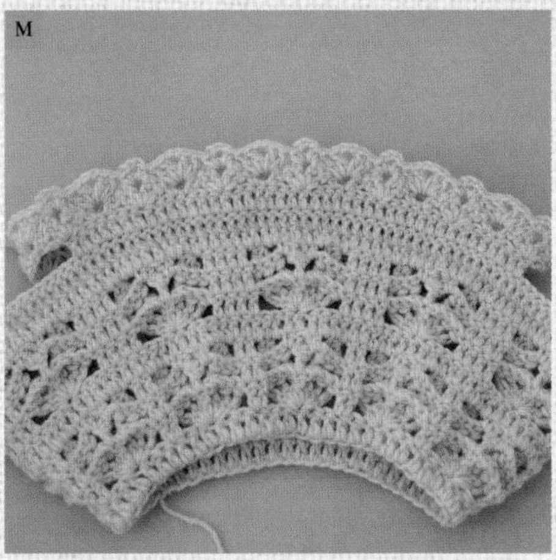

N
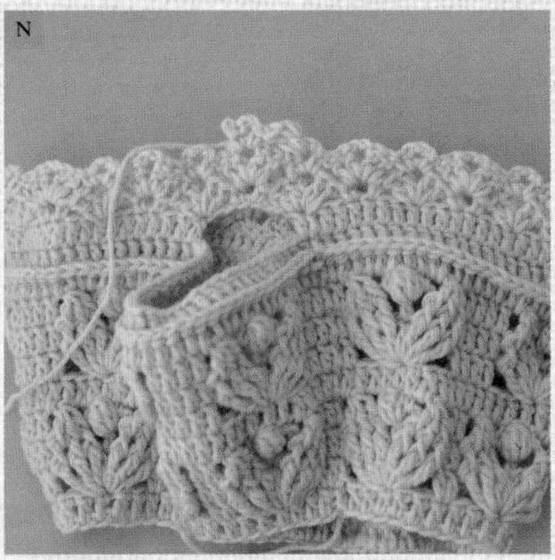

O
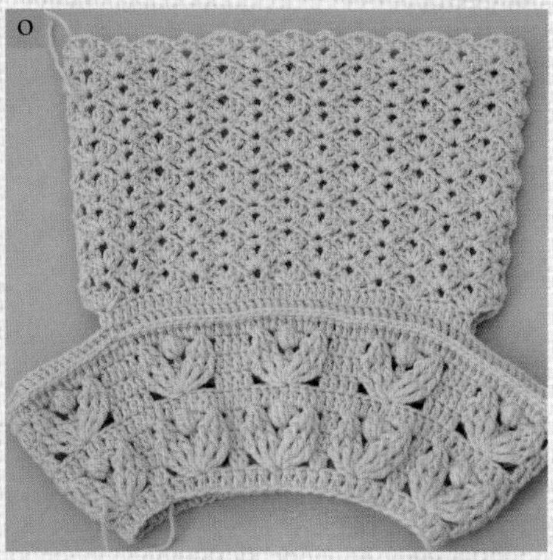

P
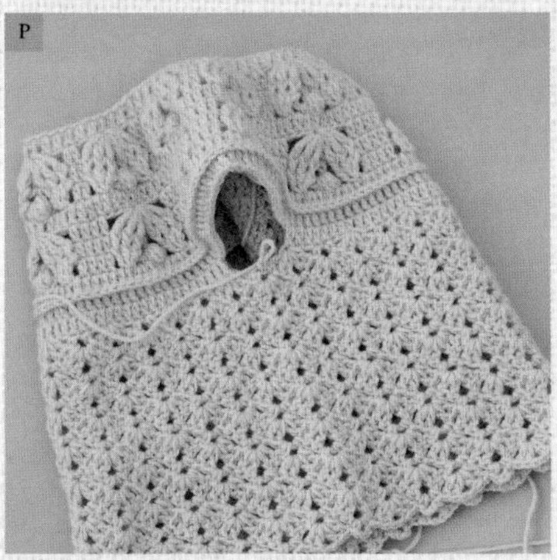

Q
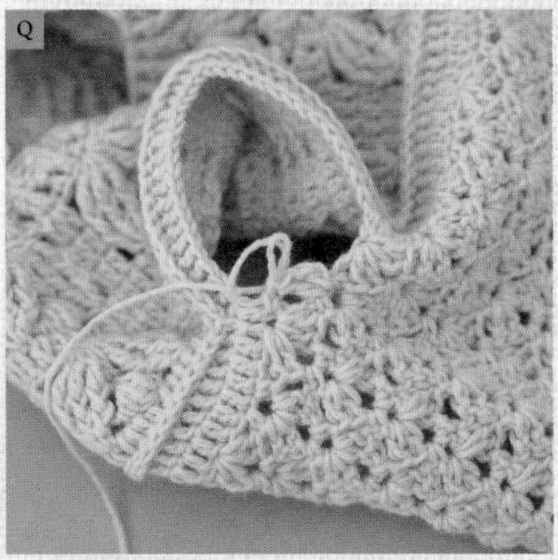

R
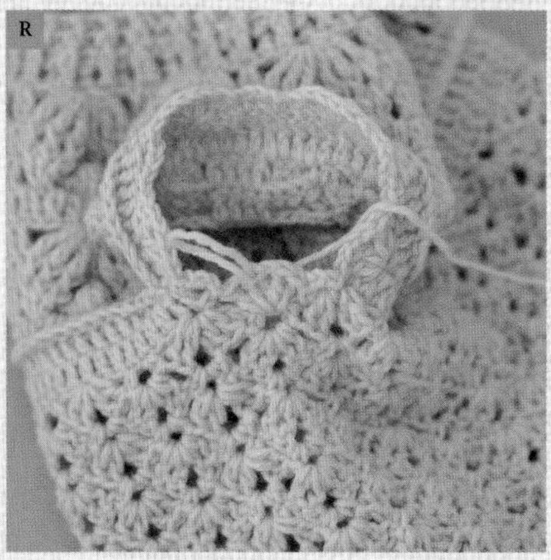

S
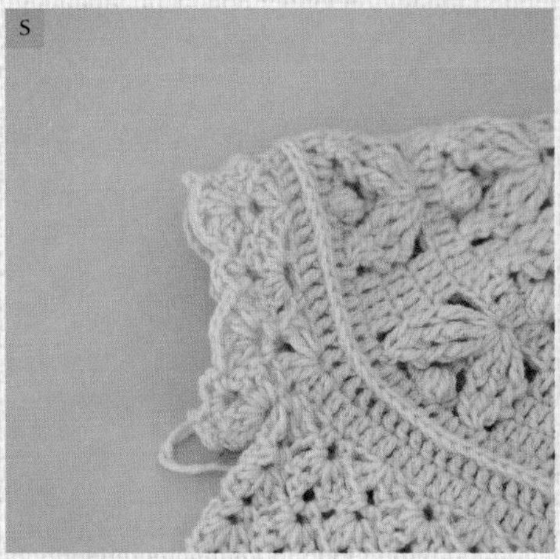

T
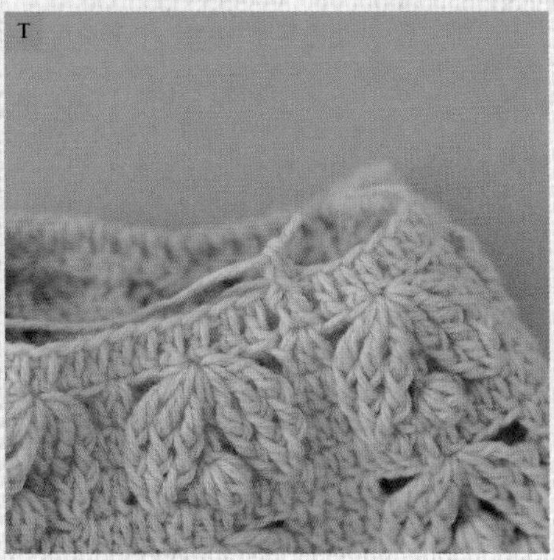

U
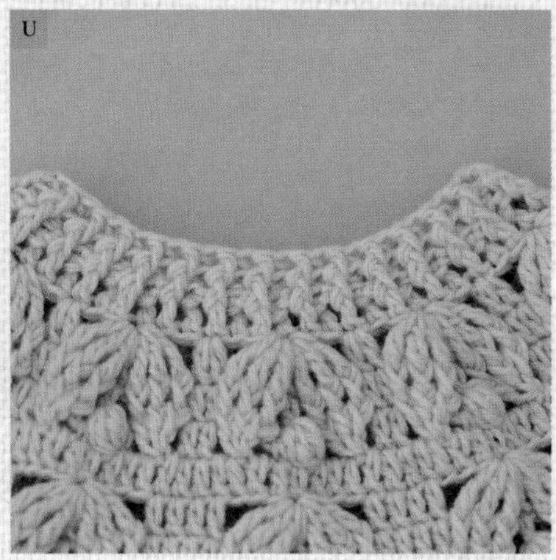

~★★☆~

KURZER BOLERO

Ein Bolero ist das Niedlichste, was man für die Garderobe der Kleinen häkeln kann. Er kann über einem Kleid getragen werden oder ein Outfit aus T-Shirt und Rock noch eine Nummer hübscher machen. Am Rücken fällt er schön, und nach Belieben kann man ihn auch mit langen Ärmeln versehen.

GRÖSSE UND MASSE DER FERTIGEN ARBEIT

Größe	Brust	Länge ab Schultern
0-6 Monate	47 cm	20 cm
6-12 Monate	50 cm	23 cm
1-2 Jahre	55 cm	26 cm
3-4 Jahre	58 cm	29 cm

MASCHENPROBE

18 M und 9 R = 10 cm x 10 cm mit Stb und 4-mm-Häkelnadel (oder Nadel anderer Stärke, um die richtige Maschenprobe zu erhalten)

BESONDERE MASCHEN

Vordere Relief-M, 2-Stb-Mg (siehe Seiten 134-141)

MATERIAL

- Empfohlenes Garn: Lana Gatto Flamingo, 90 % Baumwolle, 10 % Kaschmir (LL 100 m/50 g), Fb 7860, benötigte Menge 200 (250, 300, 350) m
- 4-mm-Häkelnadel (oder Nadel anderer Stärke, um die richtige Maschenprobe zu erhalten)
- 1 Knopf, etwa 2cm ø
- Stopfnadel

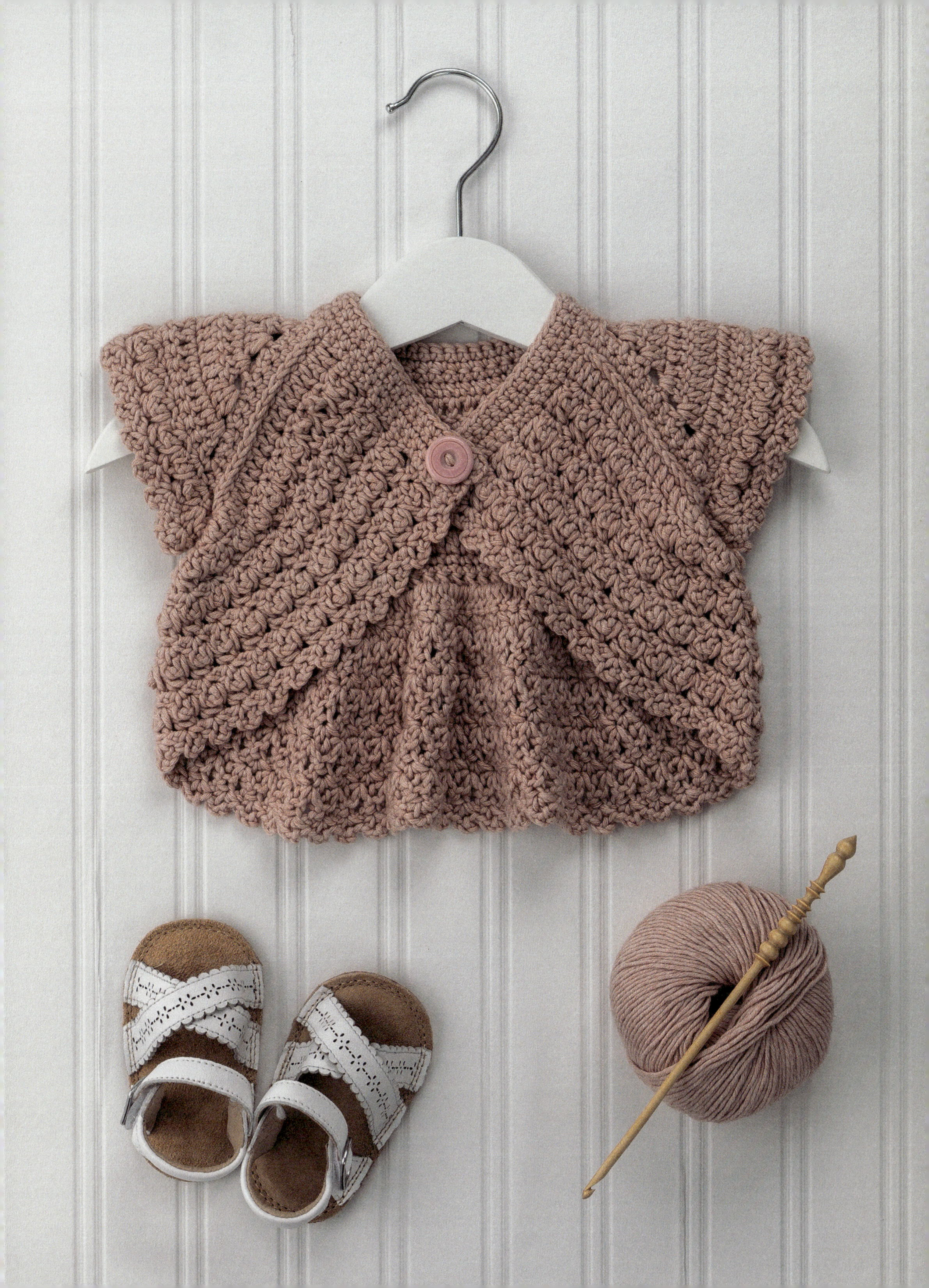

Anleitung ist für Größe 0–6 Monate geschrieben, Angaben für 6–12 Monate, 1–2 Jahre und 3–4 Jahre in Klammern.

PASSE

1. R: 23 (27, 31, 37) Luft-M, fM in 2. Luft-M ab Häkelnadel und in jede der nächsten Luft-M, wenden = 22 (26, 30, 36) M.

2. R: 4 Luft-M (zählt hier und im Folgenden als 1. Stb und 1 Luft-M), 2 Stb in nächste M, Stb in jede der nächsten 3 (4, 5, 7) M, (2 Stb, 1 Luft-M, 2 Stb) in nächste M, Stb in jede der nächsten 10 (12, 14, 16) M, (2 Stb, 1 Luft-M, 2 Stb) in nächste M, Stb in jede der nächsten 3 (4, 5, 7) M, 2 Stb in nächste M, 1 Luft-M, Stb in letzte M, wenden = 34 (38, 42, 48) M einschließlich aller Luft-M [A].

3. R: 4 Luft-M, 2 Stb in nächste 1-Luft-M-Lck, Stb in jede der nächsten 7 (8, 9, 11) M, (2 Stb, 1 Luft-M, 2 Stb) in nächste 1-Luft-M-Lck, Stb in jede der nächsten 14 (16, 18, 20) M, (2 Stb, 1 Luft-M, 2 Stb) in nächste 1-Luft-M-Lck, Stb in jede der nächsten 7 (8, 9, 11) M, 2 Stb in nächste 1-Luft-M-Lck, 1 Luft-M, Stb in letzte M, wenden = 46 (50, 54, 60) M einschließlich aller Luft-M [B].

4. R: 4 Luft-M, 2 Stb in nächste 1-Luft-M-Lck, Stb in jede der nächsten 11 (12, 13, 15) M, (2 Stb, 1 Luft-M, 2 Stb) in nächste 1-Luft-M-Lck, Stb in jede der nächsten 18 (20, 22, 24) M, (2 Stb, 1 Luft-M, 2 Stb) in nächste 1-Luft-M-Lck, Stb in jede der nächsten 11 (12, 13, 15) M, 2 Stb in nächste 1-Luft-M-Lck, 1 Luft-M, Stb in letzte M, wenden = 58 (62, 66, 72) M einschließlich aller Luft-M.

5. R: 4 Luft-M, 2 Stb in nächste 1-Luft-M-Lck, Stb in jede der nächsten 15 (16, 17, 19) M, (2 Stb, 1 Luft-M, 2 Stb) in nächste 1-Luft-M-Lck, Stb in jede der nächsten 22 (24, 26, 28) M, (2 Stb, 1 Luft-M, 2 Stb) in nächste 1-Luft-M-Lck, Stb in jede der nächsten 15 (16, 17, 19) M, 2 Stb in nächste 1-Luft-M-Lck, 1 Luft-M, Stb in letzte M, wenden = 70 (74, 78, 84) M einschließlich aller Luft-M.

6. R: 4 Luft-M, 2 Stb in nächste 1-Luft-M-Lck, Stb in jede der nächsten 19 (20, 21, 23) M, (2 Stb, 1 Luft-M, 2 Stb) in nächste 1-Luft-M-Lck, Stb in jede der nächsten 26 (28, 30, 32) M, (2 Stb, 1 Luft-M, 2 Stb) in nächste 1-Luft-M-Lck, Stb in jede der nächsten 19 (20, 21, 23) M, 2 Stb in nächste 1-Luft-M-Lck, 1 Luft-M, Stb in letzte M, wenden = 82 (86, 90, 96) M einschließlich aller 1 Luft-M.

7. R: 4 Luft-M, 2 Stb in nächste 1-Luft-M-Lck, Stb in jede der nächsten 23 (24, 25, 27) M, (2 Stb, 1 Luft-M, 2 Stb) in nächste 1-Luft-M-Lck, Stb in jede der nächsten 30 (32, 34, 36) M, (2 Stb, 1 Luft-M, 2 Stb) in nächste 1-Luft-M-Lck, Stb in jede der nächsten 23 (24, 25, 27) M, 2 Stb in nächste 1-Luft-M-Lck, 1 Luft-M, Stb in letzte M, wenden = 94 (98, 102, 108) M einschließlich aller Luft-M [C].

Für Größe 0–6 Monate

Abmaschen und mit unterem Teil fortfahren.

Für Größe 6–12 Monate

8. R: 4 Luft-M, 2 Stb in nächste 1-Luft-M-Lck, Stb in jede der nächsten 28 M, (2 Stb, 1 Luft-M, 2 Stb) in nächste 1-Luft-M-Lck, Stb in jede der nächsten 36 M, (2 Stb, 1 Luft-M, 2 Stb) in nächste 1-Luft-M-Lck, Stb in jede der nächsten 28 M, 2 Stb in nächste 1-Luft-M-Lck, 1 Luft-M, Stb in letzte M, wenden = 110 M einschließlich aller Luft-M.

Abmaschen und mit unterem Teil fortfahren.

Für Größen 1–2 Jahre und 3–4 Jahre

8. R: 4 Luft-M, 2 Stb in nächste 1-Luft-M-Lck, Stb in jede der nächsten (29, 31) M, (2 Stb, 1 Luft-M, 2 Stb) in nächste 1-Luft-M-Lck, Stb in jede der nächsten (38, 40) M, (2 Stb, 1 Luft-M, 2 Stb) in nächste 1-Luft-M-Lck, Stb in jede der nächsten (29, 31) M, 2 Stb in nächste 1-Luft-M-Lck, 1 Luft-M, Stb in letzte M, wenden = (114, 120) M einschließlich aller Luft-M.

9. R: 4 Luft-M, 2 Stb in nächste 1-Luft-M-Lck, Stb in jede der nächsten (33, 35) M, (2 Stb, 1 Luft-M, 2 Stb) in nächste 1-Luft-M-Lck, Stb in jede der nächsten (42, 44) M, (2 Stb, 1 Luft-M, 2 Stb) in nächste 1-Luft-M-Lck, Stb in jede der nächsten (33, 35) M, 2 Stb in nächste 1-Luft-M-Lck, 1 Luft-M, Stb in letzte M, wenden = (126, 132) M einschließlich aller Luft-M.

Abmaschen und mit unterem Teil fortfahren.

UNTERER TEIL

LS zeigt zu dir, Faden in der verbleibenden Schlaufe der Luftmaschenkette am Kragen anbringen und wie folgt arbeiten [D]:

1. R (LS): 1 Luft-M, 13 (16, 18, 18) fM gleichmäßig über die vordere diagonale Linie arbeiten, fM in nächste 1-Luft-M-Lck, 4 Luft-M, nächste 27 (32, 37, 39) Stb für ein Armloch überspringen [E], fM in nächste 1-Luft-M-Lck, fM in nächste 34 (40, 46, 48) Stb, fM in nächste 1-Luft-M-Lck, 4 Luft-M, nächste 27 (32, 37, 39) Stb für ein Armloch überspringen, fM in nächste 1-Luft-M-Lck und 13 (16, 18, 18) fM über die diagonale Linie der anderen Vorderteilseite arbeiten, wenden = 72 (84, 94, 96) M [F].

2. R (RS): 1 Luft-M, fM in 1. M und in jede der nächsten M, einschließlich aller Luft-M, die für die Achseln gearbeitet wurden, wenden = 72 (84, 94, 96) M.

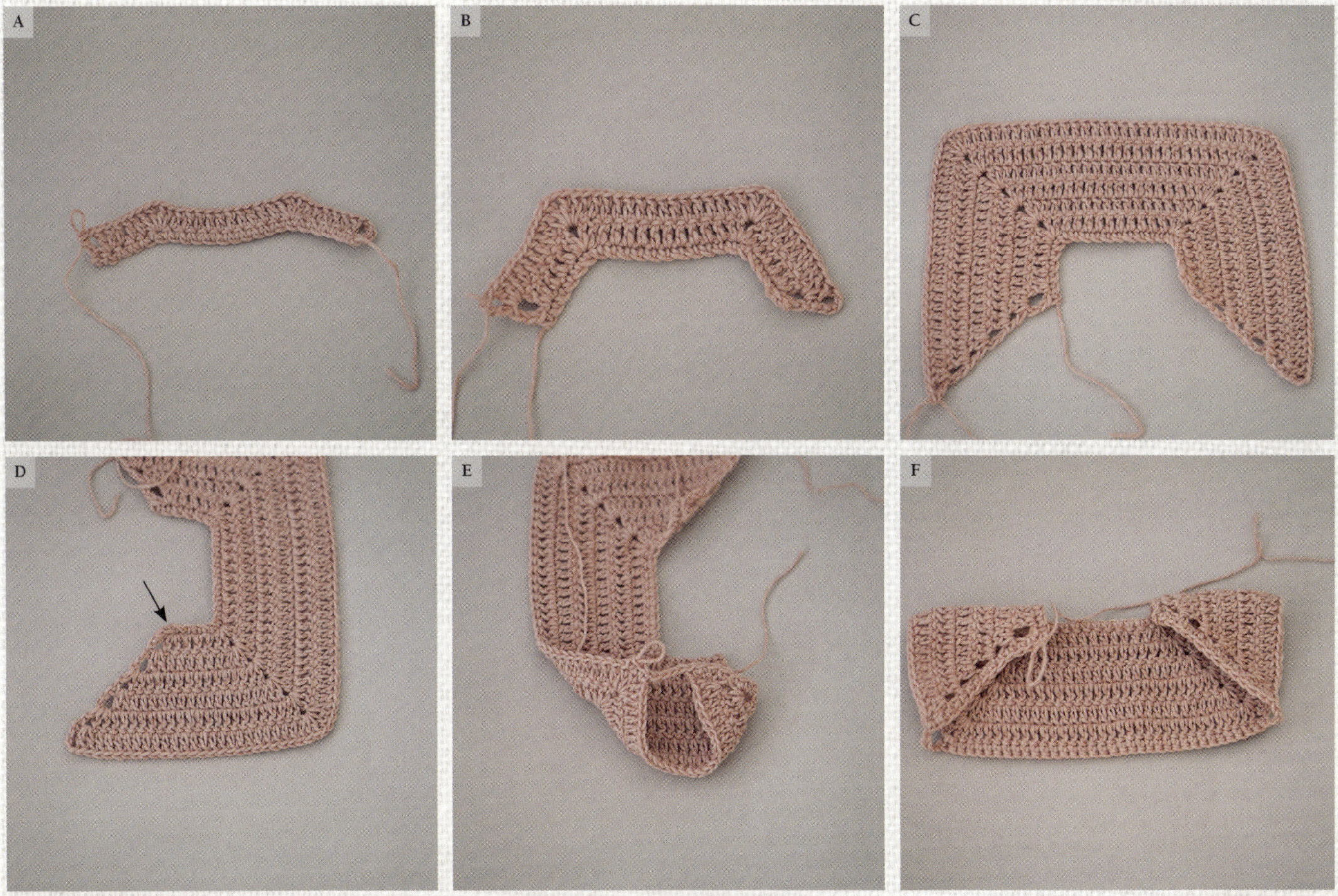
A
B
C
D
E
F

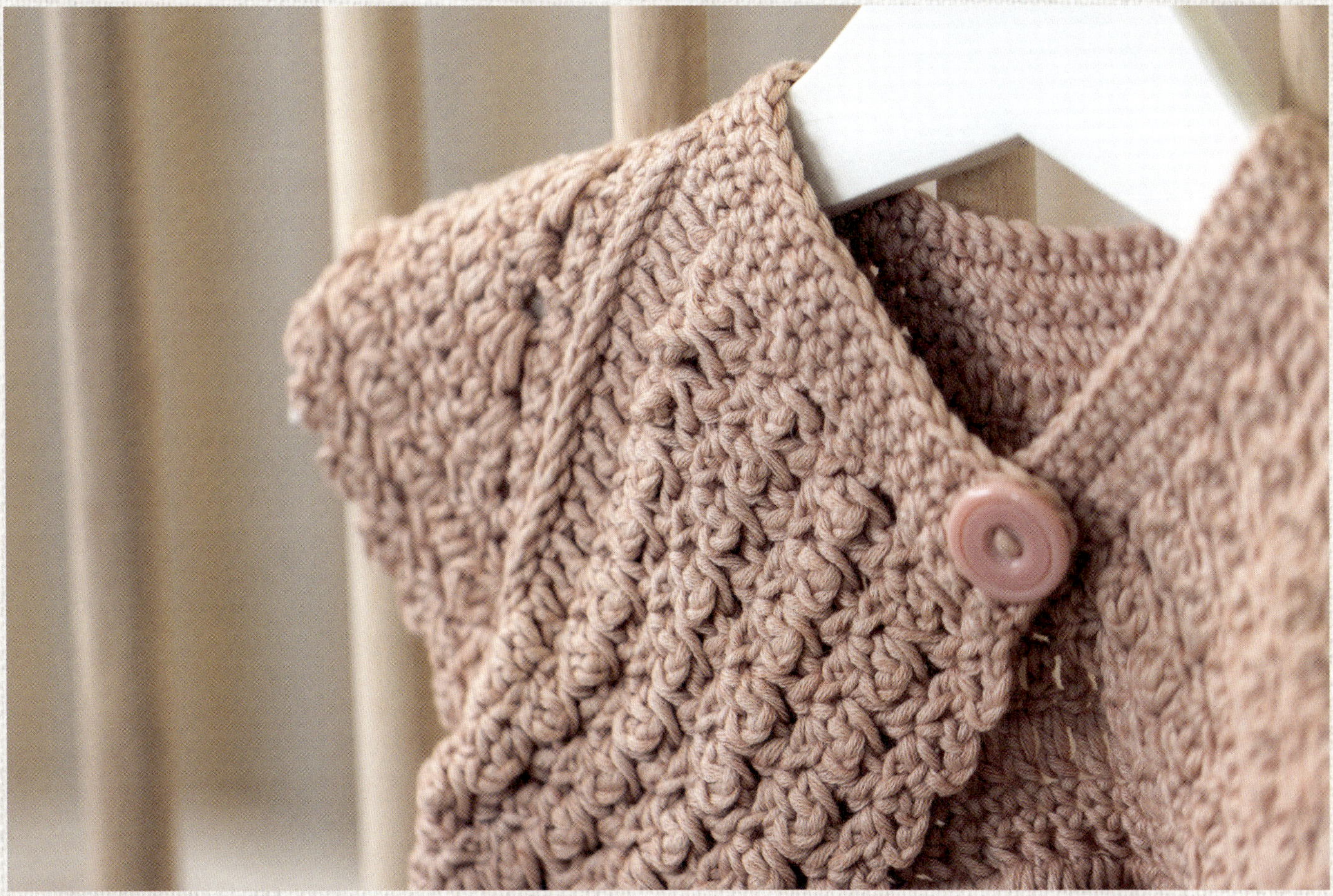

3. R (LS): 1 Luft-M, vordere Relief-M um jede fM, fM in letzte M, wenden = 72 (84, 94, 96) M G.

4. R (RS): 1 Luft-M, Stb in 1. M, Stb in nächste 16 (22, 26, 27) M, 2 Stb in jede der nächsten 38 (38, 40, 40) M, Stb in nächste 17 (23, 27, 28) M, wenden = 110 (122, 134, 136) M H.

5. R (LS): 1 Luft-M, fM in 1. M, *(fM, 3 Luft-M, fM) in nächste M, nächste M überspringen; von * bis letzte M wdh, fM in letzte M, wenden = 54 (60, 66, 67) 3-Luft-M-Lck I.

6. R (RS): 1 Luft-M, Stb in 1. M, 2-Stb-Mg wie in »Besondere Maschen« beschrieben arbeiten, dazu 1. halb geschlossenes Stb in dieselbe M wie 1. Stb häkeln J K, *2 Luft-M, 2-Stb-Mg, dazu 1. halb geschlossenes Stb in dieselbe fM wie letztes Stb der letzten Mg arbeiten, nächste fM überspringen und 3 Luft-M überspringen, 2. halb geschlossenes Stb in nächste fM arbeiten, 2-Stb-Mg fertigstellen L; von * bis letzte M wdh, Stb in letzte M, wenden = 54 (60, 66, 67) Mg.

7. R (LS): 1 Luft-M, fM in 1. M, *(fM, 3 Luft-M, fM) oben in nächste Mg, nächste 2-Luft-M-Lck überspringen; von * bis letzte Mg wdh, fM in letzte M, wenden = 54 (60, 66, 67) 3-Luft-M-Lck M.

6. und 7. R noch 3x (4x, 5x, 6x) wdh N. Nicht abmaschen, sondern mit dem Kragen fortfahren.

KRAGEN

1. R (LS): 1 Luft-M, fM gleichmäßig über die Vorderteile und den Rücken arbeiten, wenden; die Maschenzahl ist nicht wichtig, muss jedoch an beiden Vorderteilen gleich sein.

2. R (RS): 1 Luft-M, fM in jede M, wenden.

3. R (LS): 1 Luft-M, fM in jede folgende M bis letzte 3 M, 2 Luft-M, nächste 2 M überspringen, fM in letzte M, wenden.

4. R (RS): 1 Luft-M, fM in 1. M, 2 fM in 2-Luft-M-Lck, fM in jede folgende M bis Ende, abmaschen O.

ÄRMEL

RS zeigt zu dir, Faden in der Mitte der Achsel anbringen und wie folgt arbeiten P:

1. Rd (RS): 1 Luft-M, 32 (36, 42, 44) fM gleichmäßig um das Armloch arbeiten, mit Kett-M in 1. M verbinden, wenden.

2. Rd (LS): 1 Luft-M, fM in 1. M, *(fM, 3 Luft-M, fM) in nächste M, nächste M überspringen; von * bis Ende wdh, mit Kett-M in 1. M verbinden, wenden = 16 (18, 21, 22) 3-Luft-M-Lck.

3. Rd (RS): 1 Luft-M, Stb in 1. M, 2-Stb-Mg, dazu 1. halb geschlossenes Stb in dieselbe M wie 1. Stb arbeiten, nächste fM überspringen und 3 Luft-M überspringen, 2. halb geschlossenes Stb in nächste fM arbeiten, 2-Stb-Mg fertigstellen, *2 Luft-M, 2-Stb-Mg, dazu 1. halb geschlossenes Stb in dieselbe fM wie letztes Stb der letzten Mg arbeiten, nächste fM überspringen und 3 Luft-M überspringen, 2. halb geschlossenes Stb in nächste fM arbeiten, 2-Stb-Mg fertigstellen; von * bis Ende wdh, mit Kett-M in 1. M verbinden, wenden = 16 (18, 21, 22) Mg.

4. Rd (LS): 1 Luft-M, fM in 1. M, *(fM, 3 Luft-M, fM) oben in nächste Mg, nächste 2-Luft-M-Lck überspringen; von * bis Ende wdh, mit Kett-M in 1. M verbinden, wenden = 16 (18, 21, 22) 3-Luft-M-Lck, abmaschen Q.

Für einen längeren Ärmel

3. und 4. Rd bis zur gewünschten Länge wdh.

Zweiter Ärmel

Wie den ersten Ärmel arbeiten.

FERTIGSTELLEN

Den Knopf annähen und alle Fäden vernähen (siehe »Techniken zum Fertigstellen«, Seite 142).

Der Schnitt sorgt dafür, dass der Bolero am Rücken sehr schön fällt.

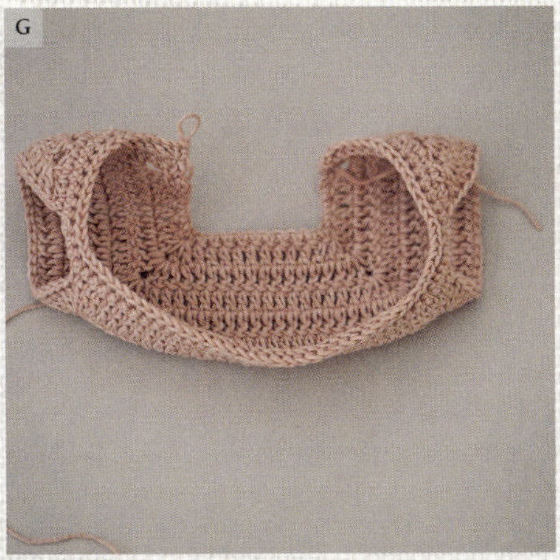
G

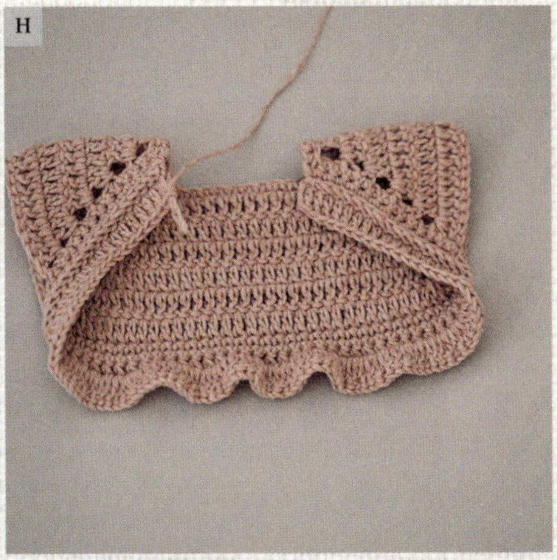
H

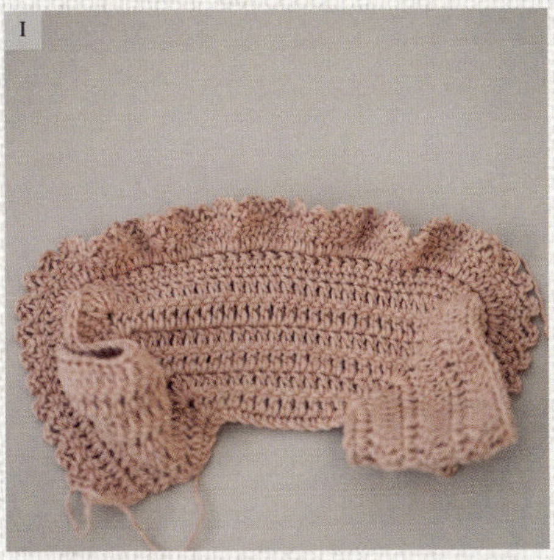
I

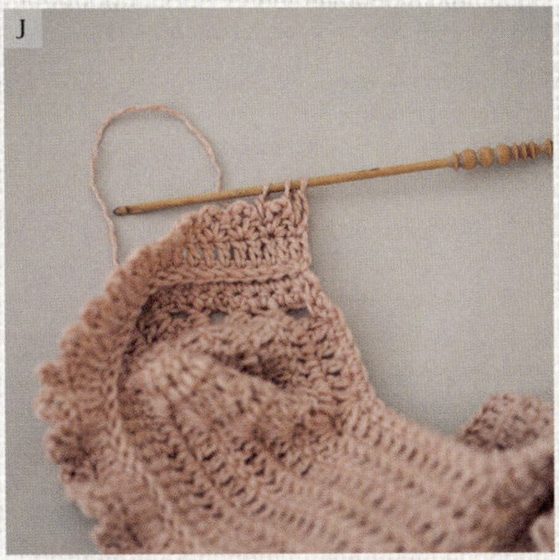
J

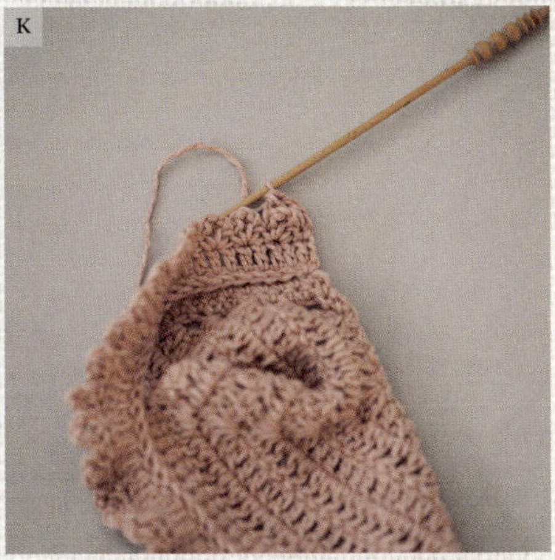
K

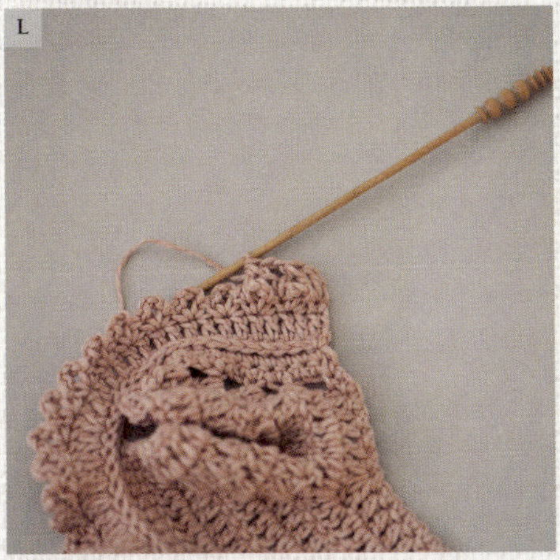
L

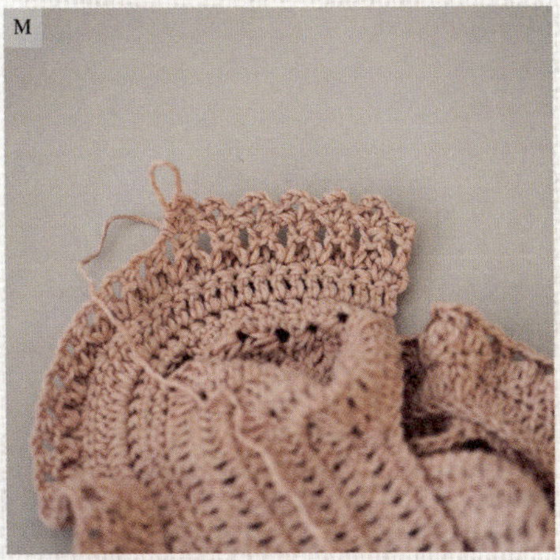
M

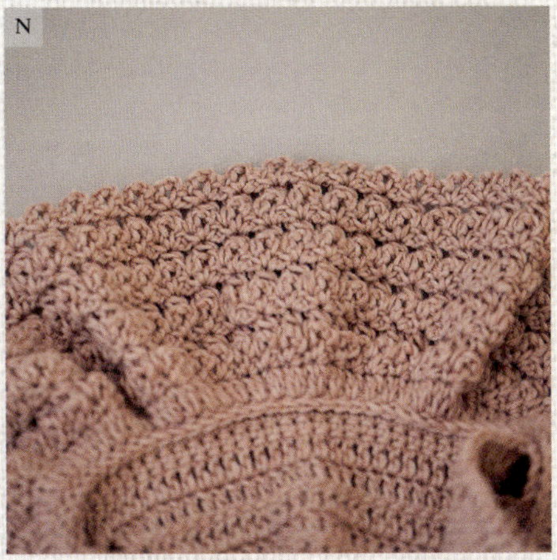
N

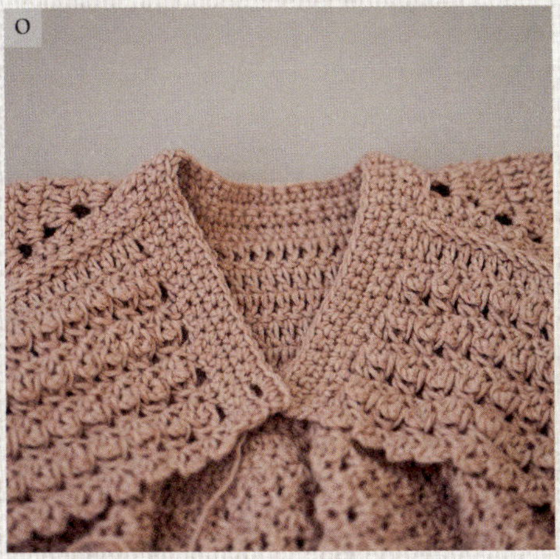
O

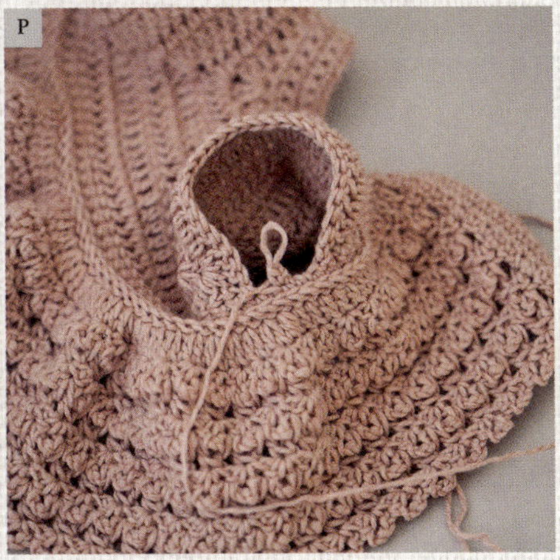
P

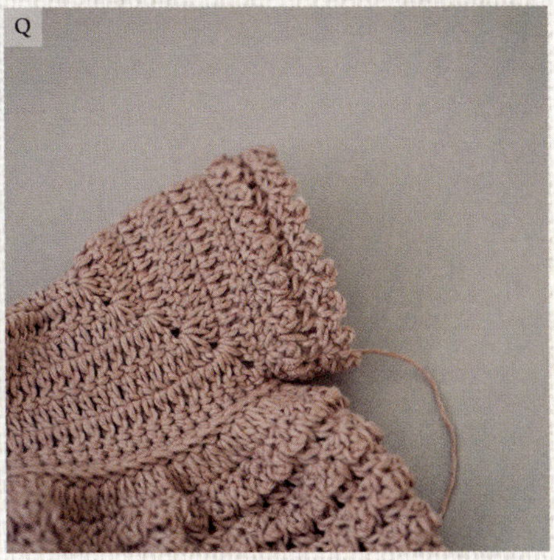
Q

~★★☆~

HERBSTJACKE

Das Muster in der Passe erinnert an Blätter und Kirschen – und damit verbinde ich den Herbst. Arbeite die festen Maschen dort nicht zu eng. Wenn die Jacke im fertigen Zustand etwas ungleichmäßig wirkt, wasche sie einfach und lass sie im Liegen trocknen. Sie wird von oben nach unten gehäkelt und kann uni oder in zwei Farben gearbeitet werden, auch die Anzahl der Knöpfe lässt sich variieren.

GRÖSSE UND MASSE DER FERTIGEN ARBEIT

Größe	Brust	Länge	Ärmellänge bis Achsel
0-6 Monate	50 cm	27 cm	14 cm
6-12 Monate	54 cm	30 cm	18 cm
1-2 Jahre	60 cm	33 cm	22 cm
3-4 Jahre	64 cm	40 cm	26 cm

MASCHENPROBE

19 M und 19 R = 10 cm x 10 cm mit fM und 4-mm-Häkelnadel (oder Nadel anderer Stärke, um die richtige Maschenprobe zu erhalten)

BESONDERE MASCHEN

Vorderes Relief-Stb, hinteres Relief-Stb, vordere Relief-M, 2 vordere Relief-Stb zus, Büschel-M (4-Stb-Büschel-M), VM, Muschel (Muschel für Herbstjacke), hintere Relief-M, 2 hintere Relief-Stb zus (siehe Seiten 134–141)

MATERIAL

- Empfohlenes Garn: Rowan Alpaca Soft DK, 70 % Schurwolle, 30 % Alpaka (LL 125 m/50 g), HF in Fb 210, benötigte Menge 105 (155, 205, 255) m und KF in Fb 211, benötigte Menge 320 (345, 370, 445) m
- 4-mm-Häkelnadel (oder Nadel anderer Stärke, um die richtige Maschenprobe zu erhalten)
- 2 oder mehr Knöpfe, etwa 2 cm ø
- Stopfnadel

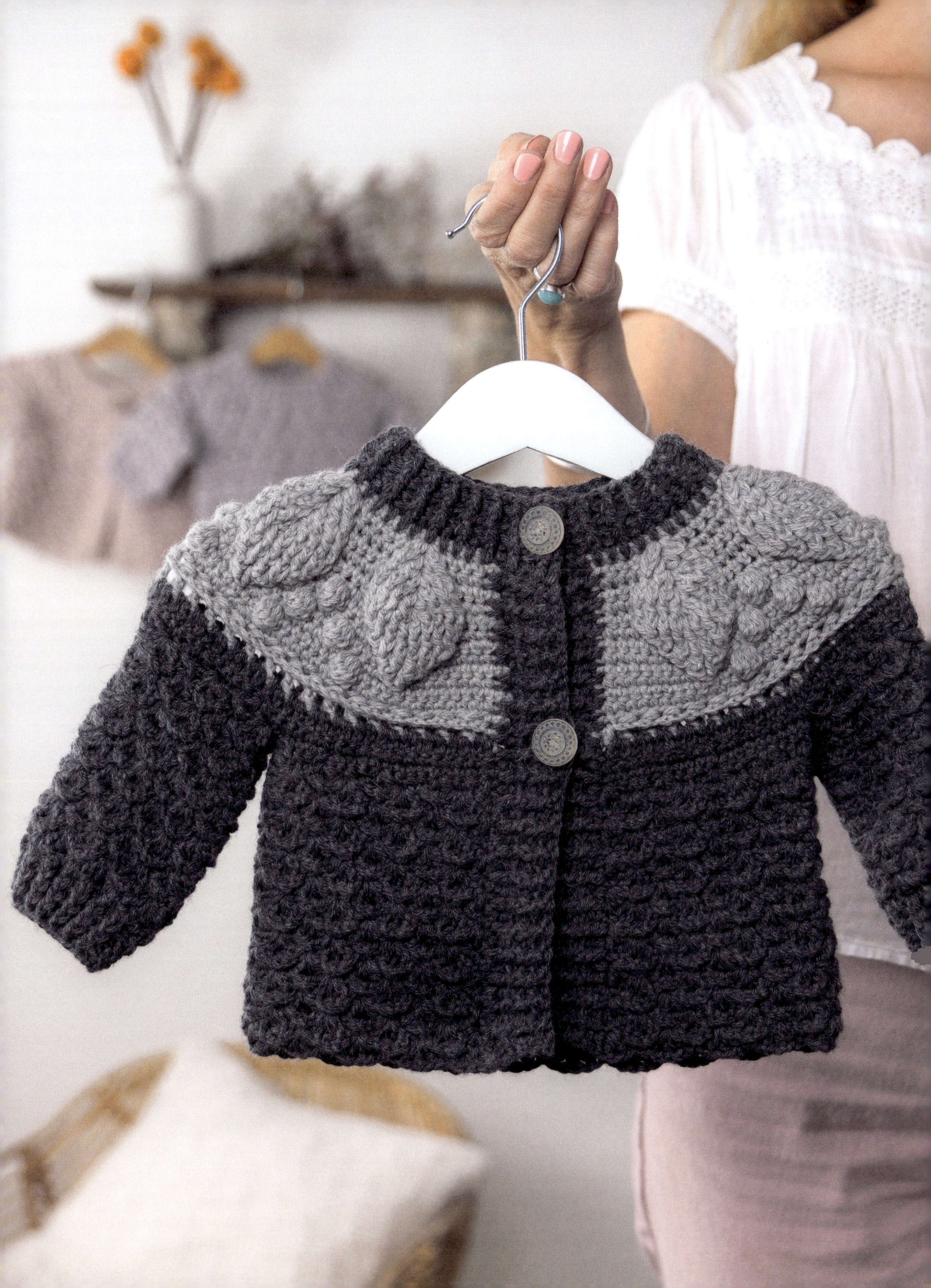

Anleitung ist für Größe 0–6 Monate geschrieben, Angaben für 6–12 Monate, 1–2 Jahre und 3–4 Jahre in Klammern.

1 Luft-M zu Beginn jeder Runde zählt nicht als Masche.

Alle Farbwechsel sind optional.

PASSE

Wenn zwei Farben verwendet werden, mit der KF beginnen.

1. R (RS): 52 (56, 60, 64) Luft-M, fM in 2. Luft-M ab Häkelnadel, fM in jede der nächsten Luft-M, wenden = 51 (55, 59, 63) fM.

2. R (LS): 1 Luft-M, fM in 1. M, fM in jede der nächsten 3 (2, 4, 6) M, *VM in nächste M, fM in jede der nächsten 5 M; von * noch 6x (7x, 7x, 7x) wdh, VM in nächste M, fM in jede der nächsten 4 (3, 5, 7) M, wenden = 8 (9, 9, 9) VM **A**.

3. R (RS): 1 Luft-M, fM in 1. M, fM in jede der nächsten 3 (2, 4, 6) M, *vorderes Relief-Stb um nächstes Stb, VM in nächste 1-Luft-M-Lck, vorderes Relief-Stb um nächstes Stb, fM in jede der nächsten 5 M; ab * noch 6x (7x, 7x, 7x) wdh, vorderes Relief-Stb um nächstes Stb, VM in nächste 1-Luft-M-Lck, vorderes Relief-Stb um nächstes Stb, fM in jede der nächsten 4 (3, 5, 7) M, wenden = 83 (91, 95, 99) M einschließlich aller Luft-M **B**.

4. R (LS): 1 Luft-M, fM in 1. M, fM in jede der nächsten 3 (2, 4, 6) M, *hinteres Relief-Stb um jede der nächsten 2 M, VM in nächste 1-Luft-M-Lck, hinteres Relief-Stb um jede der nächsten 2 M, fM in jede der nächsten 5 M; ab * noch 6x (7x, 7x, 7x) wdh, hinteres Relief-Stb um jede der nächsten 2 M, VM in nächste 1-Luft-M-Lck, hinteres Relief-Stb um jede der nächsten 2 M, fM in jede der nächsten 4 (3, 5, 7) M, wenden = 99 (109, 113, 117) M **C**.

5. R (RS): 1 Luft-M, fM in 1. M, fM in jede der nächsten 3 (2, 4, 6) M, *vorderes Relief-Stb um jede der nächsten 3 M, VM in nächste 1-Luft-M-Lck, vorderes Relief-Stb um jede der nächsten 3 M, fM in jede der nächsten 5 M; von * noch 6x (7x, 7x, 7x) wdh, vorderes Relief-Stb um jede der nächsten 3 M, VM in nächste 1-Luft-M-Lck, vorderes Relief-Stb um jede der nächsten 3 M, fM in jede der nächsten 4 (3, 5, 7) M, wenden = 115 (127, 131,135) M **D**.

6. R (LS): 1 Luft-M, fM in 1. M, fM in jede der nächsten 3 (2, 4, 6) M, *hinteres Relief-Stb um jede der nächsten 4 M, VM in nächste 1-Luft-M-Lck, hinteres Relief-Stb um jede der nächsten 4 M, fM in jede der nächsten 5 M; von * noch 6x (7x, 7x, 7x) wdh, hinteres Relief-Stb um jede der nächsten 4 M, VM in nächste 1-Luft-M-Lck, hinteres Relief-Stb um jede der nächsten 4 M, fM in jede der nächsten 4 (3, 5, 7) M, wenden = 131 (145, 149, 153) M **E**.

7. R (RS): In dieser R alle 1-Luft-M-Lck der Blätter überspringen, 1 Luft-M, fM in 1. M, fM in jede der nächsten 2 (1, 3, 5) M, 2 fM in nächste M, *2 vordere Relief-Stb zus, vorderes Relief-Stb um jede der nächsten 6 M, 2 vordere Relief-Stb zus, 2 fM in nächste M, fM in jede der nächsten 3 M, 2 fM in nächste M; von * noch 6x (7x, 7x, 7x) wdh, 2 vordere Relief-Stb zus, vorderes Relief-Stb um jede der nächsten 6 M, 2 vordere Relief-Stb zus, 2 fM in nächste M, fM in jede der nächsten 3 (2, 4, 6) M, wenden = 123 (136, 140, 144) M **F**.

8. R (LS): 1 Luft-M, fM in 1. M, fM in jede der nächsten 3 (2, 4, 6) M, 2 fM in nächste M, *2 hintere Relief-Stb zus, hinteres Relief-Stb um jede nächste 4 M, 2 hintere Relief-Stb zus, 2 fM in nächste M, fM in jede der nächsten 2 M, Büschel-M in nächste M, fM in jede der nächsten 2 M, 2 fM in nächste M; von * noch 6x (7x, 7x, 7x) wdh, 2 hintere Relief-Stb zus, hinteres Relief-Stb um jede der nächsten 4 M, 2 hintere Relief-Stb zus, 2 fM in nächste M, fM in jede der nächsten 4 (3, 5, 7) M, wenden = 123 (136, 140, 144) M **G**.

9. R (RS): 1 Luft-M, fM in 1. M, fM in jede der nächsten 4 (3, 5, 7) M, 2 fM in nächste M, *2 vordere Relief-Stb zus, vorderes Relief-Stb um jede der nächsten 2 M, 2 vordere Relief-Stb zus, 2 fM in nächste M, fM in jede der nächsten 7 M, 2 fM in nächste M; von * noch 6x (7x, 7x, 7x) wdh, 2 vordere Relief-Stb zus, vorderes Relief-Stb um jede der nächsten 2 M, 2 vordere Relief-Stb zus, 2 fM in nächste M, fM in jede der nächsten 5 (4, 6, 8) M, wenden = 123 (136, 140, 144) M **H**.

10. R (LS): 1 Luft-M, fM in 1. M, fM in jede der nächsten 5 (4, 6, 8) M, 2 fM in nächste M, *2x 2 hintere Relief-Stb zus, 2 fM in nächste M, fM in nächste 2 M, Büschel-M in nächste M, fM in nächste 3 M, Büschel-M in nächste M, fM in nächste 2 M, 2 fM in nächste M; von * noch 6x (7x, 7x, 7x) wdh, 2x 2 hintere Relief-Stb zus, 2 fM in nächste M, fM in jede der nächsten 6 (5, 7, 9) M, wenden = 123 (136, 140, 144) M **I**.

11. R (RS): 1 Luft-M, fM in 1. M, fM in jede der nächsten 6 (5, 7, 9) M, 2 fM in nächste M, *2 vordere Relief-Stb zus, 2 fM in nächste M, fM in jede der nächsten 11 M, 2 fM in nächste M; von * noch 6x (7x, 7x, 7x) wdh, 2 vordere Relief-Stb zus, 2 fM in nächste M, fM in jede der nächsten 7 (6, 8, 10) M, wenden = 131 (145, 149, 153) M **J**.

12. R (LS): 1 Luft-M, fM in 1. M, fM in jede der nächsten 12 (11, 13, 15) M, *Büschel-M in nächste M, fM in nächste 7 M, Büschel-M in nächste M, fM in nächste 7 M; von * noch 6x (7x, 7x, 7x) wdh, fM in jede der nächsten 6 (5, 7, 9) M, wenden = 131 (145, 149, 153) M **K**.

13. R (RS): 1 Luft-M, fM in 1. M, fM in jede der nächsten 10 (4, 4, 12) M, *2 fM in nächste M, fM in jede der nächsten 11 (13, 7, 9) M; von * bis Ende wdh, wenden = 141 (155, 167, 167) M.

Für Größe 0-6 Monate

Mit R A fortfahren.

Für Größen 6-12 Monate, 1-2 Jahre und 3-4 Jahre

14. R (LS): 1 Luft-M, fM in 1. und in jede der nächsten M, wenden = (155, 167, 167) M.

15. R (RS): 1 Luft-M, fM in 1. und in jede der nächsten M, wenden = (155, 167, 167) M.

15. R noch (0x, 2x, 4x) wdh; in der 3. R für Größe 3-4 Jahre gleichmäßig 14 M zunehmen, dazu etwa jede 11. M 2 fM arbeiten = (155, 167, 181) M.

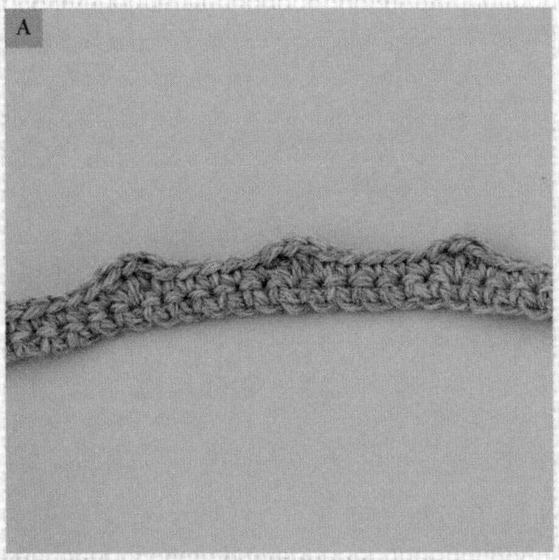
A

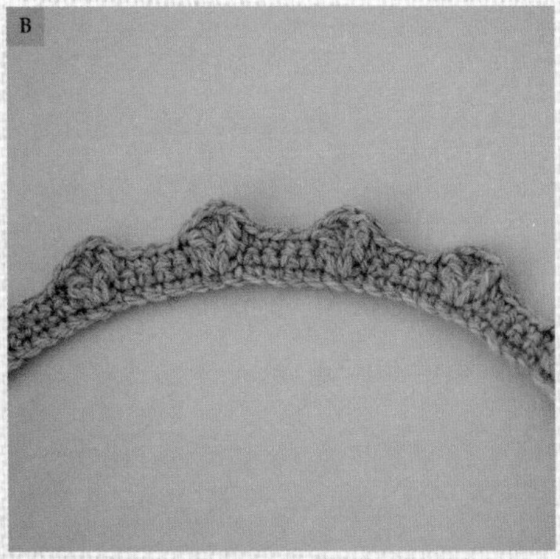
B

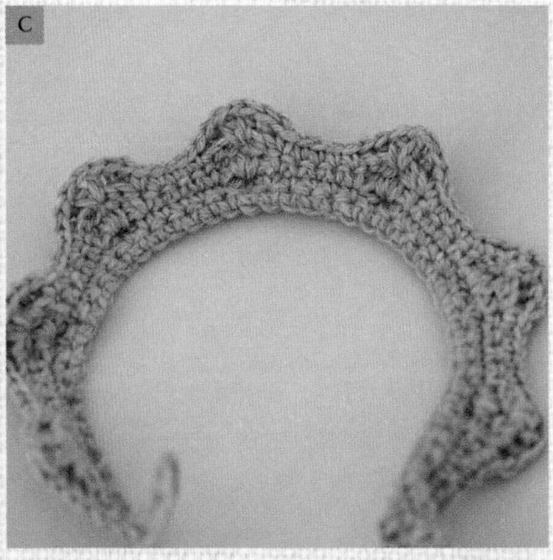
C

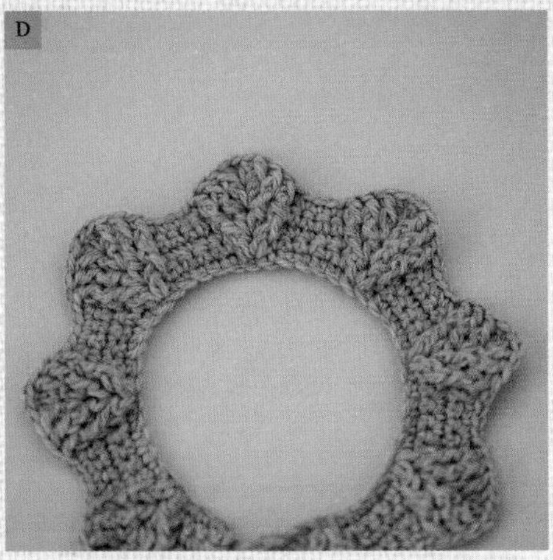
D

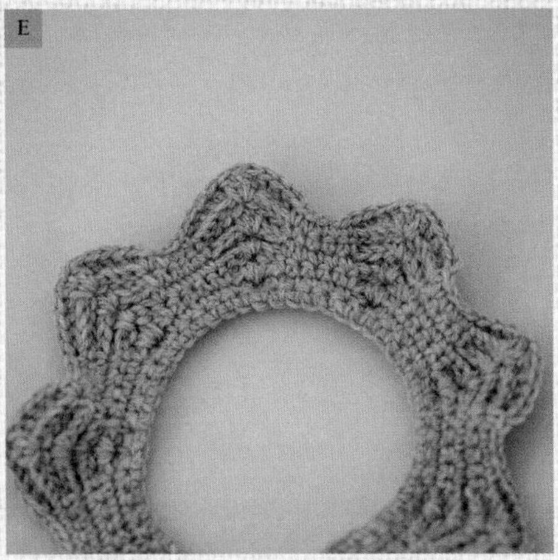
E

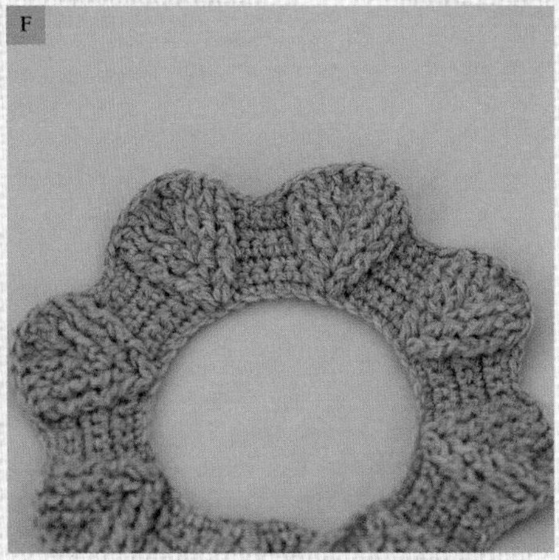
F

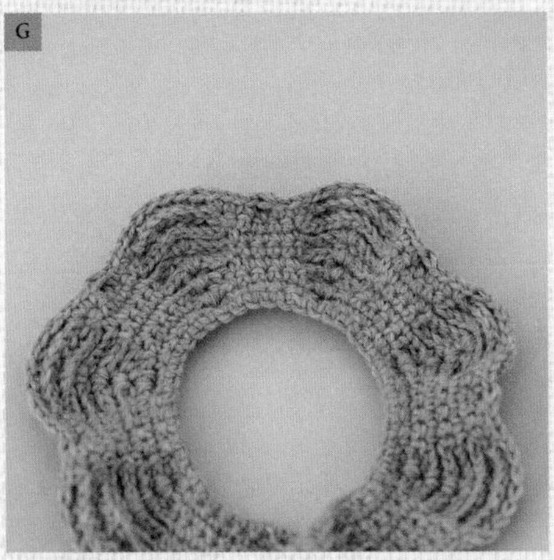
G

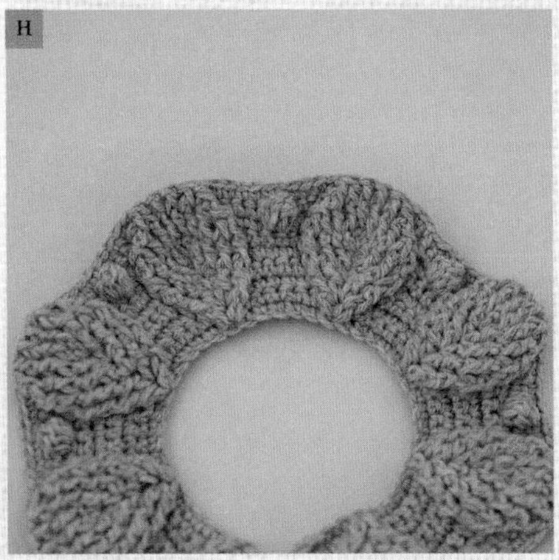
H

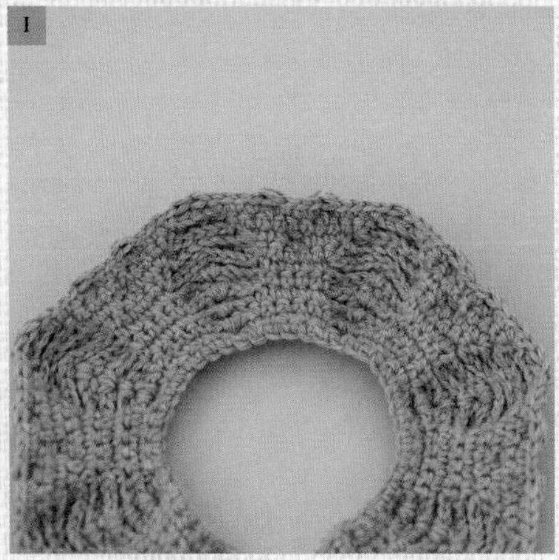
I

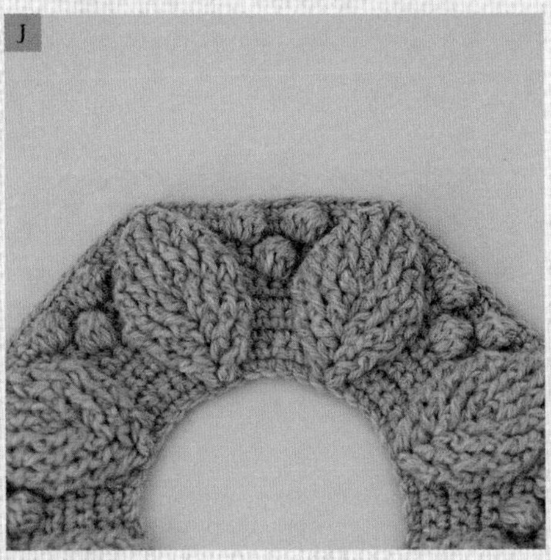
J

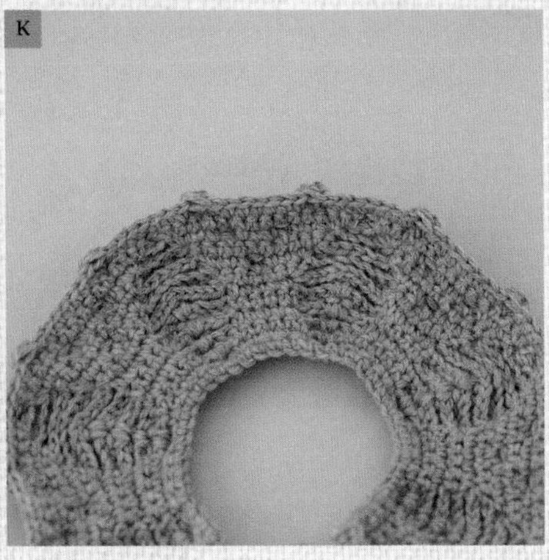
K

Wenn man möchte, kann man die Jacke auch einfarbig häkeln.

An diesem Punkt ist die Passe etwa 7 (8, 9, 10) cm lang. Die 15. R noch wdh, wenn sie länger sein soll. Aber darauf achten, die nächste R, R A, auf der LS zu beginnen.

Für alle Größen

R A (LS): 1 Luft-M, fM in 1. M, *1 Luft-M, nächste M überspringen, fM in nächste M; von * bis Ende wdh, wenden = 141 (155, 167, 181) M.

R B (RS): 1 Luft-M, fM in 1. fM, *1 Luft-M, nächste Luft-M überspringen, hinteres Relief-Stb um nächste fM; von * bis Ende wdh, aber statt letztem hinterem Relief-Stb fM in letzte fM, wenden = 141 (155, 167, 181) M L M.

Zur HF wechseln, wenn mit 2 Farben gearbeitet wird.

R C (LS): 1 Luft-M, Stb in 1. M, Stb in jede 1-Luft-M-Lck und in jedes hintere Relief-Stb, Stb in letzte fM, wenden = 141 (155, 167, 181) M.

Mit »Teilen für Ärmel und Körper« fortfahren.

TEILEN FÜR ÄRMEL UND KÖRPER

1. R (RS): 1 Luft-M, fM in 1. und in jede der nächsten 18 (20, 22, 24) M, 4 Luft-M (4, 5, 6), nächste 30 (33, 35, 38) M für ein Armloch überspringen, fM in jede der nächsten 43 (47, 51, 55) M, 4 Luft-M (4, 5, 6), nächste 30 (33, 35, 38) M für ein Armloch überspringen, fM in jede der nächsten 19 (21, 23, 25) M, wenden = 89 (97, 107, 117) M N.

2. R (LS): 1 Luft-M, fM in 1. M, *fM in jede der nächsten 12 (10, 11, 12) M, 2 fM in nächste M; von * bis letzte 10 (8, 10, 12) M wdh, fM in jede der nächsten 10 (8, 10, 12) M, wenden = 95 (105, 115, 125) M.

3. R (RS): 1 Luft-M, (Stb, 1 Luft-M, Stb) in 1. M, *nächste M überspringen, fM in nächste M, nächste 2 M überspringen, Muschel in nächste M; von * bis letzte 4 M wdh, nächste M überspringen, fM in nächste M, nächste M überspringen und (Stb, 1 Luft-M, Stb) in letzte M arbeiten, wenden = 18 (20, 22, 24) Muscheln und 2 halbe Muscheln O P.

4. R (LS): 1 Luft-M, fM in 1. Stb, *nächstes Stb überspringen, Muschel in nächste fM, nächstes Stb überspringen, vordere Relief-M um nächstes Stb; von * bis Ende wdh, aber bei der letzten Wdh statt letzte vordere Relief-M fM in letzte M, wenden = 19 (21, 23, 25) Muscheln Q.

5. R (RS): 1 Luft-M, (Stb, 1 Luft-M, Stb) in 1. M, *nächstes Stb überspringen, hintere Relief-M um nächstes Stb, nächstes Stb überspringen, Muschel in nächste vordere Relief-M der vorherigen R; von * bis Ende wdh, aber in letzter Wdh statt letzter Muschel (Stb, 1 Luft-M, Stb) in letzte M arbeiten und wenden = 18 (20, 22, 24) Muscheln und 2 halbe Muscheln R.

6. R (LS): 1 Luft-M, fM in 1. Stb, *nächstes Stb überspringen, Muschel in nächste hintere Relief-M der vorherigen R, nächstes Stb überspringen, vordere Relief-M um nächstes Stb; von * bis Ende wdh, aber in letzter Wdh statt vordere Relief-M eine fM in letzte M häkeln, wenden = 19 (21, 23, 25) Muscheln.

5. und 6. R noch 6x (8x, 10x, 12x) oder bis zur gewünschten Länge wdh.

5. R noch 1x wdh, nicht abmaschen, sondern mit vorderem Rand fortfahren.

VORDERER RAND

Rechtes Vorderteil

1. R (RS): 1 Luft-M, 40 (50, 62, 72) Stb gleichmäßig am rechten Vorderteil arbeiten, wenden; Maschenzahl ist beliebig, M jedoch gleichmäßig verteilen und für das linke Vorderteil dieselbe Maschenzahl häkeln S.

2. R (LS): 1 Luft-M, hStb in 1. M, *hinteres Relief-Stb um nächste M, vorderes Relief-Stb um nächste M; von * bis letzte Masche wdh, hStb in letzte M, wenden = 40 (50, 62, 72) M.

Auf RS die hinteren Relief-Stb für die Knopflöcher markieren; dabei sollte das 1. Knopfloch am Kragen sein; die Anzahl der Knopflöcher ist beliebig.

3. R (RS): 1 Luft-M, hStb in 1. M, *(hinteres Relief-Stb um nächstes hinteres Relief-Stb, vorderes Relief-Stb um nächstes vorderes Relief-Stb) bis zur nächsten markierten M für ein Knopfloch, 1 Luft-M, nächstes hinteres Relief-Stb überspringen, vorderes Relief-Stb um nächstes vorderes Relief-Stb; von * so oft wdh wie erforderlich, wo keine Knopflöcher gehäkelt werden; vorderes Relief-Stb um jedes vordere Relief-Stb, hinteres Relief-Stb um jedes hintere Relief-Stb bis zur letzten M, hStb in letzte M, wenden = 40 (50, 62, 72) M T.

4. R (LS): 1 Luft-M, hStb in 1. M, hinteres Relief-Stb um jedes hintere Relief-Stb, vorderes Relief-Stb um jedes vordere Relief-Stb, fM in jede 1-Luft-M-Lck, bis letzte M, hStb in letzte M = 40 (50, 62, 72) M, abmaschen.

Linkes Vorderteil

Auf der RS Faden in der 1. M des Kragens anbringen und über das linke Vorderteil arbeiten.

1. R (RS): 1 Luft-M, 40 (50, 62, 72) Stb gleichmäßig über das linke Vorderteil arbeiten, wenden.

2. R (LS): 1 Luft-M, hStb in 1. M, *vorderes Relief-Stb um nächste M, hinteres Relief-Stb um nächste M; von * bis letzte M wdh, hStb in letzte M, wenden = 40 (50, 62, 72) M.

3. R (RS): 1 Luft-M, hStb in 1. M, *vorderes Relief-Stb um nächstes vorderes Relief-Stb, hinteres Relief-Stb um nächstes hinteres Relief-Stb; von * bis letzte M wdh, hStb in letzte M, wenden = 40 (50, 62, 72) M.

4. R (LS): 1 Luft-M, hStb in 1. M, *vorderes Relief-Stb um nächstes vorderes Relief-Stb, hinteres Relief-Stb um nächstes hinteres Relief-Stb; von * bis letzte M wdh, hStb in letzte M = 40 (50, 62, 72) M.

Nicht abmaschen, sondern mit dem Kragen fortfahren.

KRAGEN

1. R (LS): 1 Luft-M, 61 (67, 71, 75) Stb gleichmäßig in jede M am Kragen arbeiten, einschließlich an den vorderen Rändern, nicht in die verbleibenden Schlaufen der Luftmaschenkette, sondern in fM der 1. R arbeiten U, wenden.

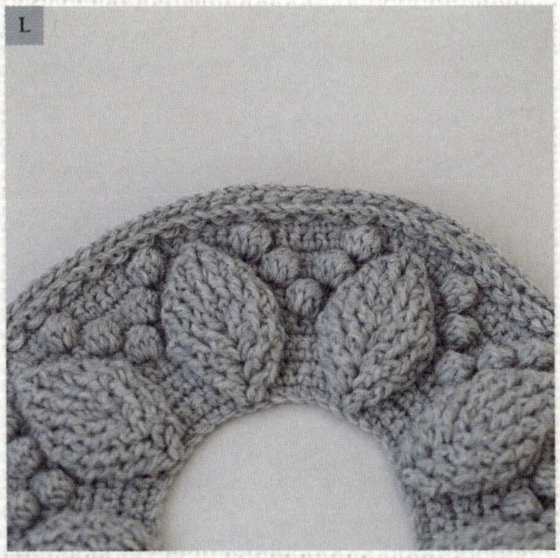
L

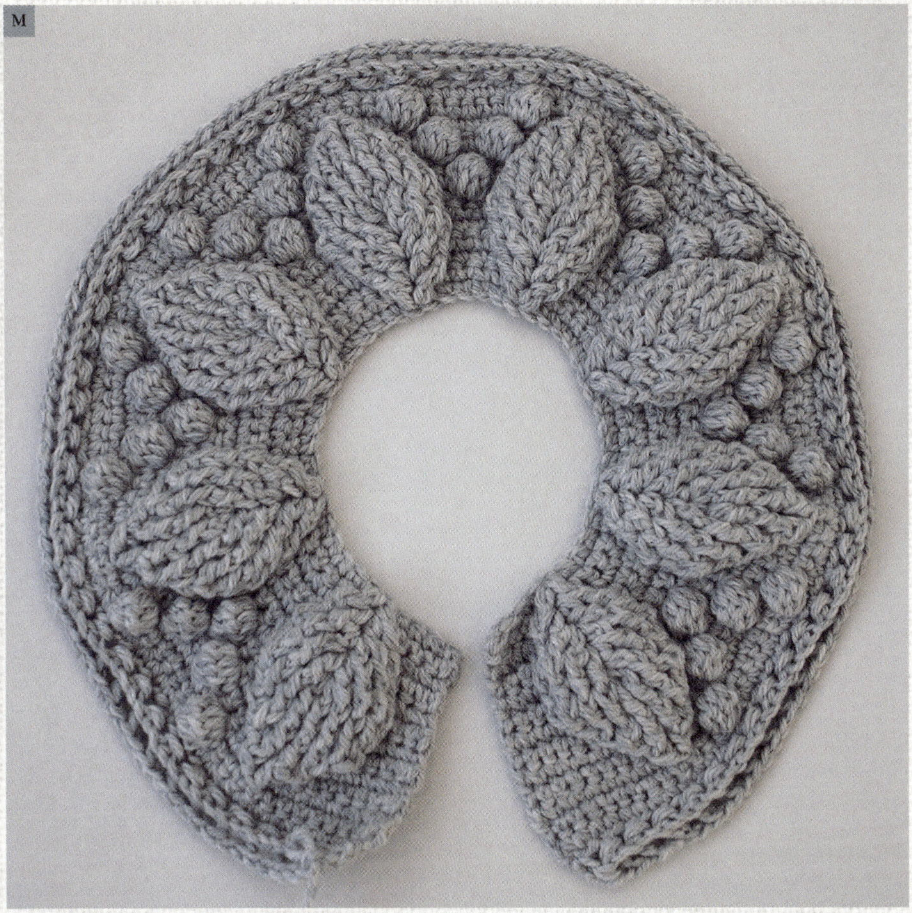
M

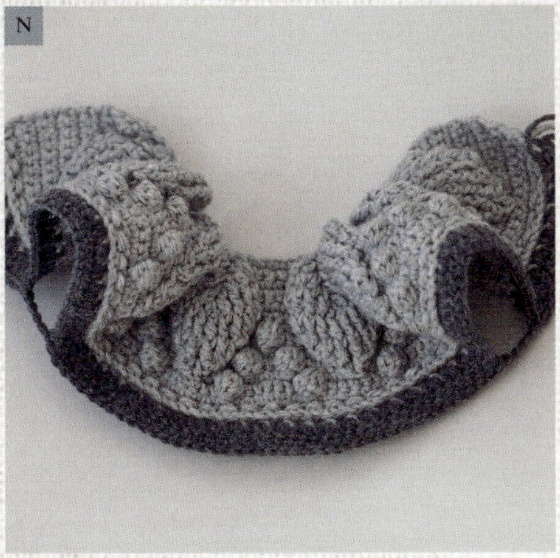
N

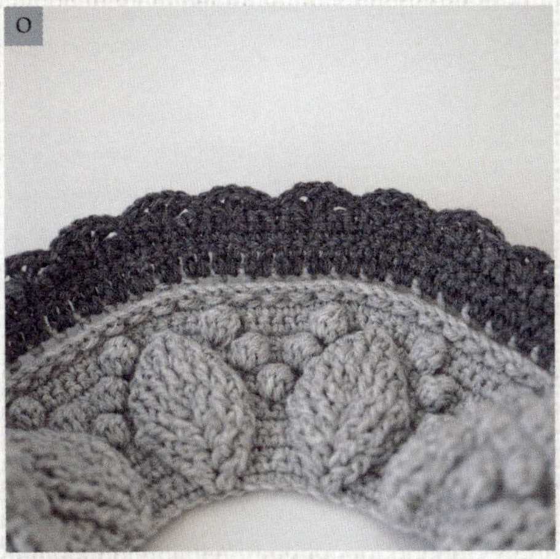
O

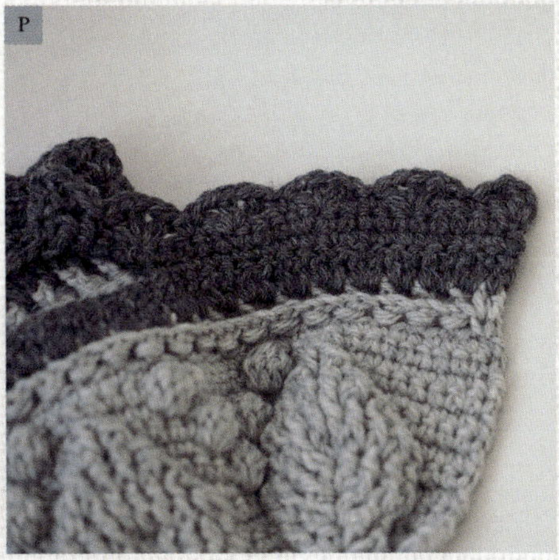
P

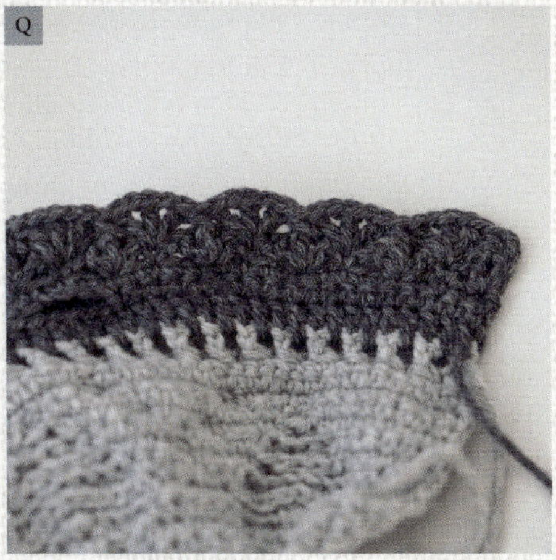
Q

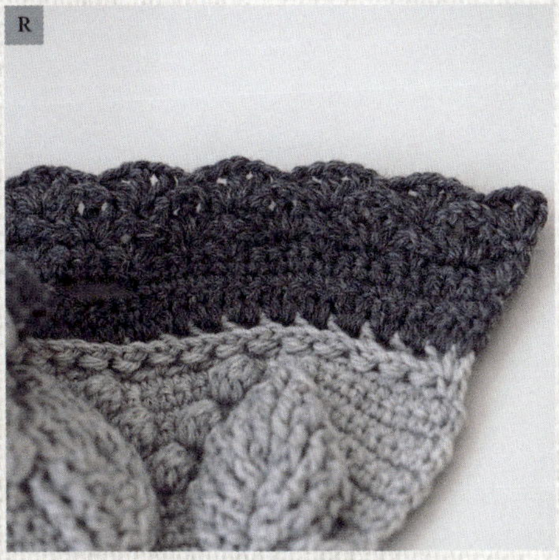
R

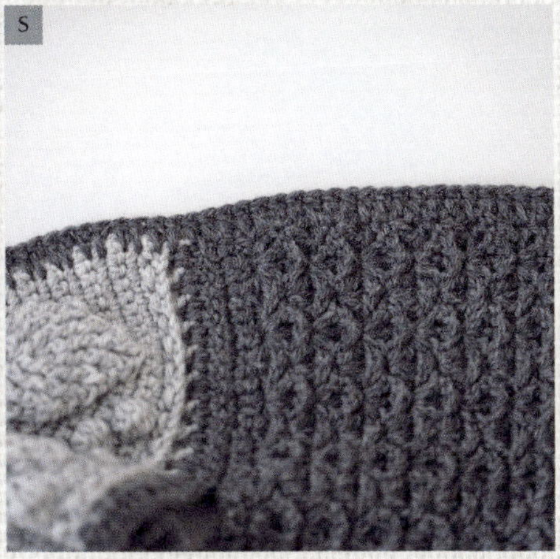
S

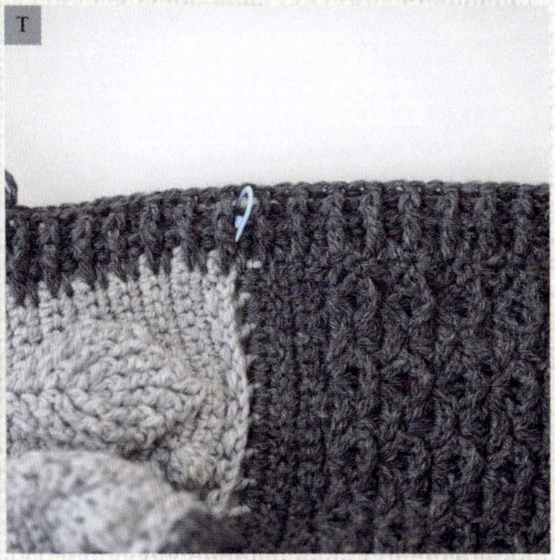
T

2. R (RS): 1 Luft-M, hStb in 1. M, vorderes Relief-Stb um 1. Stb, *hinteres Relief-Stb um nächstes Stb, vorderes Relief-Stb um nächstes Stb; von * bis letzte M wdh, hStb in letzte M, wenden = 61 (67, 71, 75) M.

3. R (LS): 1 Luft-M, hStb in 1. M, hinteres Relief-Stb um 1. hinteres Relief-Stb, *vorderes Relief-Stb um nächstes vorderes Relief-Stb, hinteres Relief-Stb um nächstes hinteres Relief-Stb; von * bis letzte 3 M wdh, 1 Luft-M, nächstes vorderes Relief-Stb überspringen (für ein Knopfloch), hinteres Relief-Stb um nächstes hinteres Relief-Stb, hStb in letzte M, wenden = 61 (67, 71, 75) M.

4. R (RS): 1 Luft-M, hStb in 1. M, vorderes Relief-Stb um jedes vordere Relief-Stb, hinteres Relief-Stb um jedes hintere Relief-Stb, fM in 1-Luft-M-Lck arbeiten, bis letzte M, hStb in letzte M, abmaschen V.

ÄRMEL

Wenn in zwei Farben gehäkelt wird, in der HF arbeiten; Faden auf der RS in der Mitte der Achsel anbringen W.

1. Rd (RS): 1 Luft-M, fM in 1. M, * nächste 2 M überspringen, Muschel in nächste M, nächste 2 M überspringen, fM in nächste M; von * noch 6x (6x, 7x, 8x) wdh, aber in letzter Wdh statt letzter fM mit Kett-M in 1. fM verbinden, wenden; wo keine M ist, Lck entsprechend 2 M überspringen = 7 (7, 8, 9) Muscheln X.

2. Rd (LS): 1 Luft-M, (Stb, 1 Luft-M, Stb) in 1. M, *nächstes Stb überspringen, vordere Relief-M um nächstes Stb, nächstes Stb überspringen, Muschel in nächste fM; von * bis Ende wdh, aber bei letzter Wdh statt letzter Muschel Stb in gleiche M wie erste 2 Stb arbeiten, 1 Luft-M und mit Kett-M in 1. M verbinden, wenden = 7 (7, 8, 9) Muscheln.

3. Rd (RS): 1 Luft-M, hintere Relief-M um 1. Stb, *nächstes Stb überspringen, Muschel in nächste vordere Relief-M der vorherigen Rd, nächstes Stb überspringen, hintere Relief-M um nächstes Stb; von * bis Ende wdh, aber bei letzter Wdh statt letzter hinterer Relief-M mit Kett-M in 1. hinterer Relief-M verbinden, wenden = 7 (7, 8, 9) Muscheln Y.

2. und 3. Rd noch 6x (8x, 10x, 12x) oder bis zur gewünschten Länge wdh und mit Armbündchen fortfahren.

Zweiter Ärmel

Wie den ersten Ärmel arbeiten.

ÄRMELBÜNDCHEN

1. Rd (RS): 1 Luft-M, Stb in jede hintere Relief-M und in jedes Stb, Luft-M überspringen, mit Kett-M in 1. M verbinden = 28 (28 (32, 36) M; Maschenzahl ändert sich im gesamten Armbündchen nicht Z.

2. Rd (RS): 1 Luft-M, vorderes Relief-Stb um 1. Stb, *hinteres Relief-Stb um nächstes Stb, vorderes Relief-Stb um nächstes Stb; von * bis letzte M wdh, hinteres Relief-Stb um letztes Stb und mit Kett-M in 1. M verbinden.

3. Rd (RS): 1 Luft-M, vorderes Relief-Stb um 1. vorderes Relief-Stb, *hinteres Relief-Stb um nächstes hinteres Relief-Stb, vorderes Relief-Stb um nächstes vorderes Relief-Stb; von * bis letzte M wdh, hinteres Relief-Stb um letztes hinteres Relief-Stb und mit Kett-M in 1. M verbinden.

3. Rd noch 1x oder bis gewünschte Länge wdh, abmaschen AA.

Zweites Armbündchen

Am zweiten Ärmel ebenso arbeiten.

FERTIGSTELLEN

Alle Fäden vernähen. Waschen und spannen (siehe »Techniken zum Fertigstellen«, Seite 142).

U

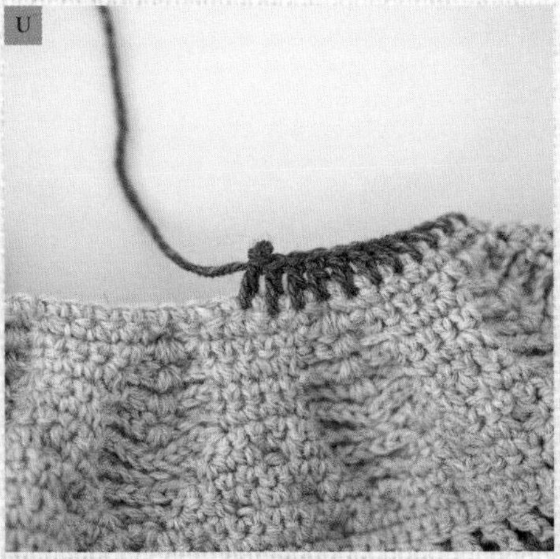

V

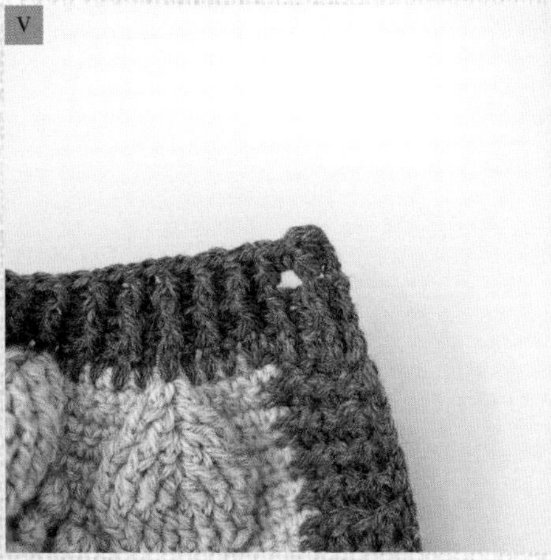

W

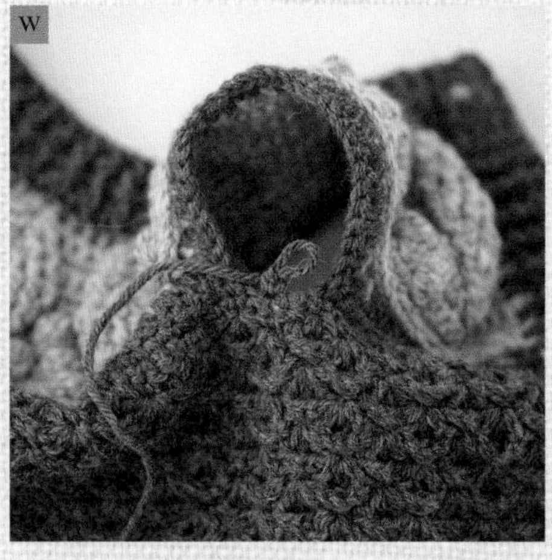

X

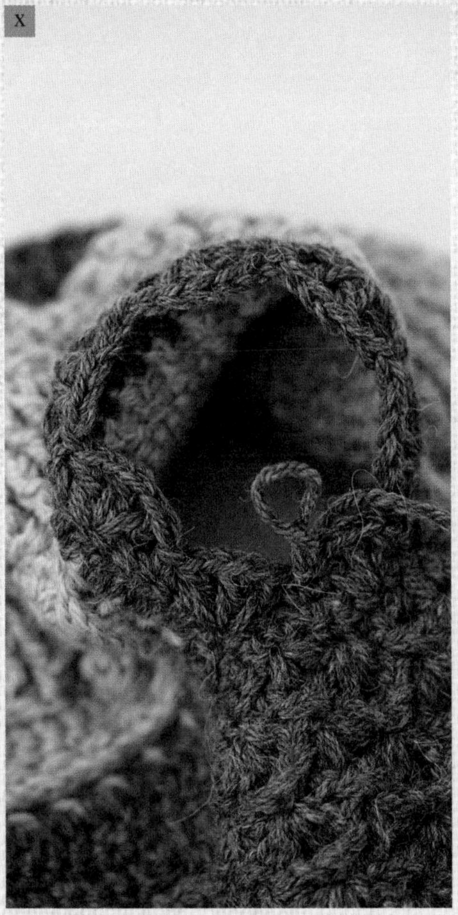

Y

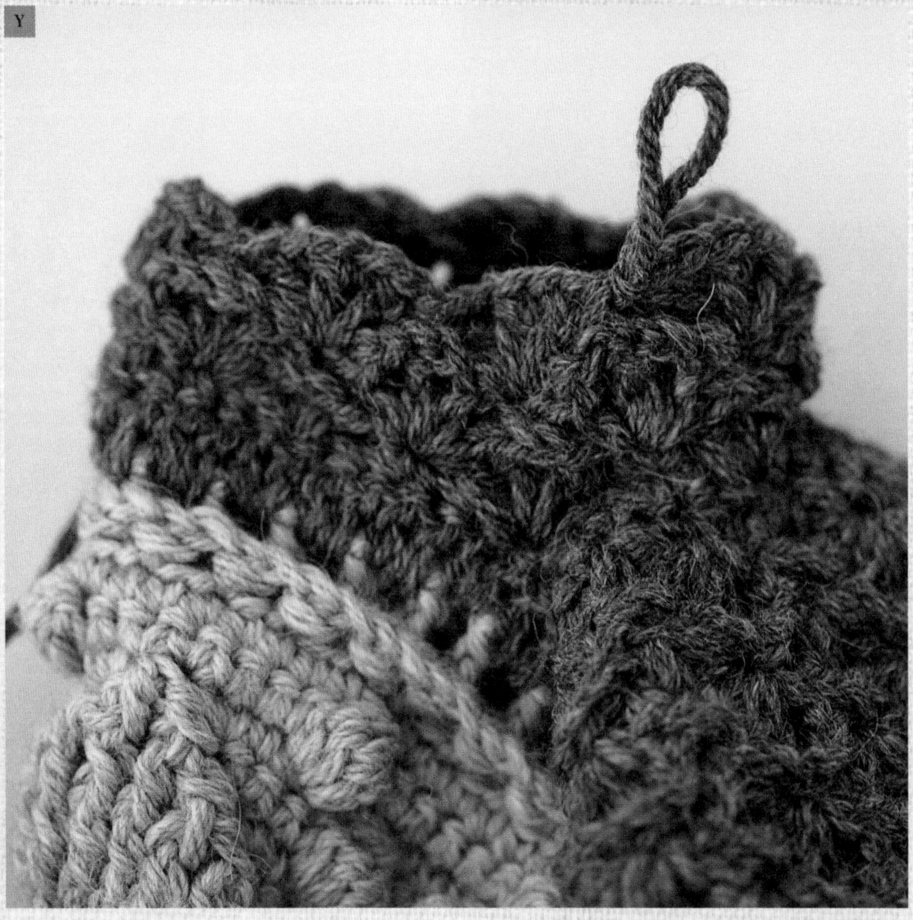

Z

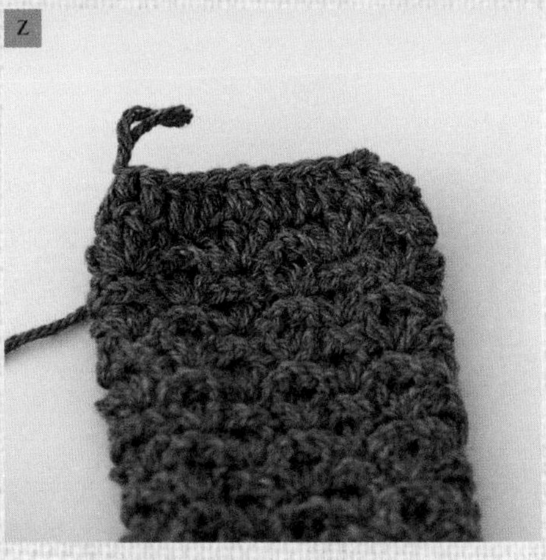

AA

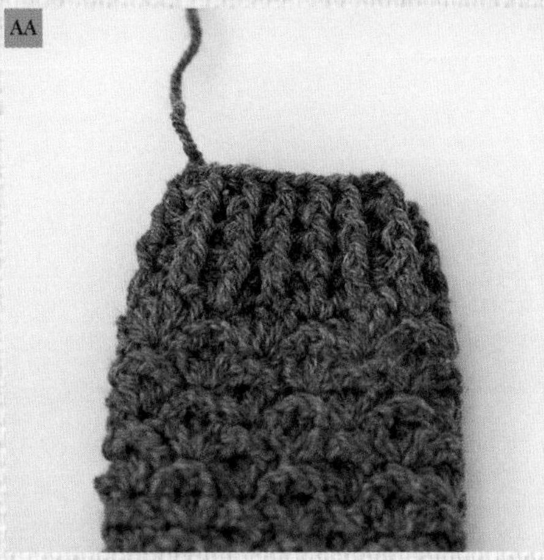

Diese Jacke kann man nach Belieben mit ein bis vier Knöpfen versehen.

ZARTE JACKE

Das Muster am unteren Teil der Jacke zu arbeiten, macht Spaß. Es entsteht eine wunderschöne Struktur. Ich empfehle ein 5-fädiges bzw. feines Garn, damit das Häkelstück schön fällt. Wenn du ein etwas dickeres Garn nimmst, sollte es sehr leicht sein. Diese zarte Jacke wird von oben nach unten gearbeitet.

GRÖSSE UND MASSE DER FERTIGEN ARBEIT

Größe	Brust	Länge	Ärmellänge bis Achsel
0-6 Monate	51 cm	26 cm	14 cm
6-12 Monate	57 cm	29 cm	16 cm
1-2 Jahre	66 cm	33 cm	20 cm
3-4 Jahre	69 cm	37 cm	24 cm

MASCHENPROBE

21 M und 10 R = 10 cm x 10 cm mit Stb und 3,5-mm-Häkelnadel (oder Nadel anderer Stärke, um die richtige Maschenprobe zu erhalten)

BESONDERE MASCHEN

Vorderes Relief-Stb, hinteres Relief-Stb, vordere Relief-M, Muschel (Muschel für Zarte Jacke), 2 Stb zus, 2 hintere Relief-Stb zus (siehe Seiten 134–141)

MATERIAL

- Empfohlenes Garn: Laines du Nord Ciliegia, 100 % Baby Alpaka superfein (LL 150 m/50 g), Fb 03, benötigte Menge 375 (495, 600, 750) m
- 3,5-mm-Häkelnadel (oder Nadel anderer Stärke, um die richtige Maschenprobe zu erhalten)
- 3-5 Knöpfe, etwa 2 cm ø
- Stopfnadel

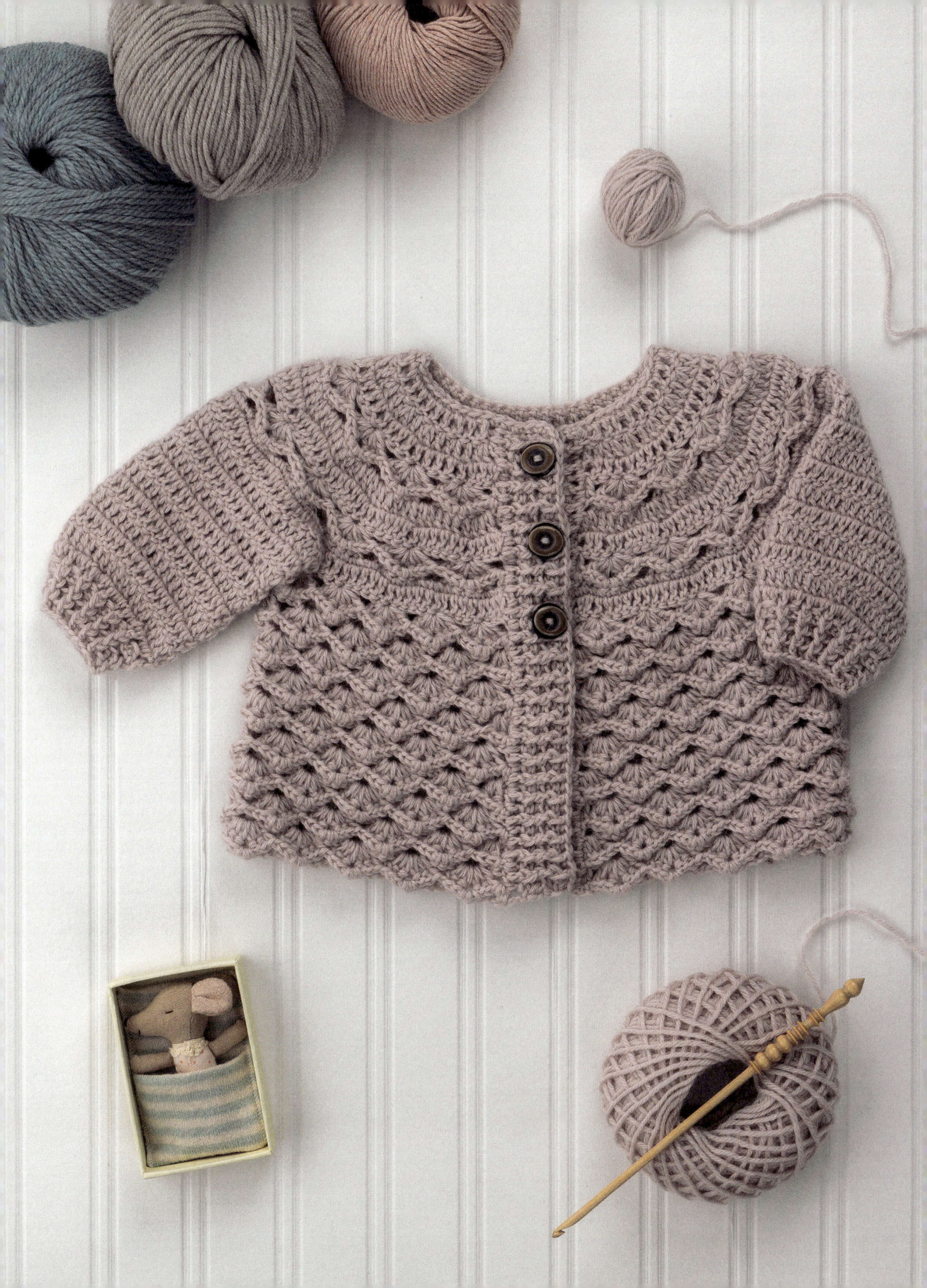

Anleitung ist für Größe 0–6 Monate geschrieben, Angaben für 6–12 Monate, 1–2 Jahre und 3–4 Jahre in Klammern.

1 Luft-M zu Beginn jeder Runde zählt nicht als Masche.

PASSE

1. R (LS): recht locker arbeiten, 49 (53, 57, 61) Luft-M, Stb in 4. Luft-M ab Häkelnadel (3 Luft-M zählen als 1. Stb), Stb in jede nächste Luft-M, wenden = 47 (51, 55, 59) Stb.

2. R (RS): 1 Luft-M, auf die Höhe eines Stb ziehen (hier und im Folgenden, wo die nächste M ein Stb ist), Stb in 1. M, *2 Stb in nächste M, Stb in nächste M; von * bis Ende wdh, wenden = 70 (76, 82, 88) Stb **A**.

3. R (LS): 1 Luft-M, Stb in 1. und in jede nächste M bis Ende, für Größen 0–6 Monate und 1–2 Jahre um 1 M zun, wenden = 71 (76, 83, 88) Stb.

4. R (RS): 1 Luft-M, Stb in 1. M, nächste 2 M überspringen, Muschel in nächste M, * nächste 3 M überspringen, Muschel in nächste M; von * noch 15x (16x, 18x, 19x) wdh, nächste 2 (3, 2, 3) M überspringen, Stb in letzte M, wenden = 17 (18, 20, 21) Muscheln **B** **C**.

5. R (LS): 1 Luft-M, Stb in 1. M, 1 Luft-M, nächstes Stb überspringen, *vordere Relief-M um jedes der nächsten 2 Stb, 2 fM in nächste 2-Luft-M-Lck, vordere Relief-M um jedes der nächsten 2 Stb, 2 Luft-M, nächste 2 Stb überspringen; von * noch 15 (16, 18, 19) wdh, vordere Relief-M um jedes der nächsten 2 Stb, 2 fM in nächste 2-Luft-M-Lck, vordere Relief-M um jedes der nächsten 2 Stb, 1 Luft-M, nächstes Stb überspringen, Stb in letzte M, wenden **D**.

6. R (RS): 1 Luft-M, Stb in 1. M, Stb in jede M und in jede 1-Luft-M-Lck, 2 Stb in jede 2-Luft-M-Lck, wenden = 138 (146, 162, 170) M **E**.

7. R (LS): 1 Luft-M, Stb in 1. M und in jede nächste M bis Ende, für Größen 0–6 Monate und 1–2 Jahre um 1 M zun, wenden = 139 (146, 163, 170) M.

8. R (RS): 1 Luft-M, Stb in 1. M, nächste 2 M überspringen, Muschel in nächste M, *nächste 5 M überspringen, Muschel in nächste M; von * bis letzte 3 (4, 3, 4) M wdh, nächste 2 (3, 2, 3) M überspringen, Stb in letzte M, wenden = 23 (24, 27, 28) Muscheln **F**.

9. R (LS): 1 Luft-M, Stb in 1. M, 1 Luft-M, nächstes Stb überspringen, *vordere Relief-M um jedes der nächsten 2 Stb, 2 fM in nächste 2-Luft-M-Lck, vordere Relief-M um jedes der nächsten 2 Stb, 2 Luft-M, nächste 2 Stb überspringen; von * noch 21x (22x, 25x, 26x) wdh, vordere Relief-M um jedes der nächsten 2 Stb, 2 fM in nächste 2-Luft-M-Lck, vordere Relief-M um jedes der nächsten 2 Stb, 1 Luft-M, nächstes Stb überspringen, Stb in letzte M, wenden.

Für Größe 0–6 Monate

10. R (RS): (in dieser R für diese Größe fM statt Stb arbeiten, um die Passe zu verkürzen):

1 Luft-M, fM in 1. M, fM in nächste 1-Luft-M-Lck, *fM in jede der nächsten 6 M, 1 fM in nächste 2-Luft-M-Lck; von * noch 21x wdh, bei der letzten Wdh 2 fM in 2-Luft-M-Lck, fM in jede der nächsten 6 M, fM in nächste 1-Luft-M-Lck, fM in letzte M, wenden = 165 M **G** **H**.

Für Größen 6–12 Monate und 3–4 Jahre

10. R (RS): 1 Luft-M, Stb in 1. M, Stb in nächste 1-Luft-M-Lck, *Stb in jede der nächsten 6 M, 2 Stb in nächste 2-Luft-M-Lck, Stb in jede der nächsten 6 M, 1 Stb in nächste 2-Luft-M-Lck; von * noch (11x, 13x) wdh (bei letzter Wdh letztes Stb in 1-Luft-M-Lck arbeiten; für Größe 3–4 Jahre bei letzter Wdh 1 Stb in beide 2-Luft-M-Lck arbeiten), Stb in letzte M, wenden = (183, 212) M.

Für Größe 1–2 Jahre

10. R (RS): 1 Luft-M, Stb in 1. M, Stb in nächste 1-Luft-M-Lck, *Stb in jede der nächsten 6 M, 2 Stb in nächste 2-Luft-M-Lck, Stb in jede der nächsten 6 M, 1 Stb in nächste 2-Luft-M-Lck; von * noch 12x wdh, Stb in jede der nächsten 6 M, 1 Stb in nächste 1-Luft-M-Lck, Stb in letzte M, wenden = 205 M.

Für Größen 0–6 Monate und 6–12 Monate

Mit »Teilen für Ärmel und Körper« fortfahren.

Für Größen 1–2 Jahre und 3–4 Jahre

11. R (LS): 1 Luft-M, Stb in 1. M und in jede nächste M bis Ende, wenden = (205, 212) M.

12. R (RS): 1 Luft-M, Stb in 1. M, nächste 3 M überspringen, Muschel in nächste M, * nächste 6 M überspringen, Muschel in nächste M; von * bis letzte 4 M wdh, nächste 3 M überspringen, Stb in letzte M, wenden = (29, 30) Muscheln.

13. R (LS): 1 Luft-M, Stb in 1. M, 1 Luft-M, nächstes Stb überspringen, *vordere Relief-M um jedes der nächsten 2 Stb, 2 fM in nächste 2-Luft-M-Lck, vordere Relief-M um jedes der nächsten 2 Stb, 2 Luft-M, nächste 2 Stb überspringen; von * noch (27x, 28x) wdh, vordere Relief-M um jedes der nächsten 2 Stb, 2 fM in nächste 2-Luft-M-Lck, vordere Relief-M um jedes der nächsten 2 Stb, 1 Luft-M, nächstes Stb überspringen, Stb in letzte M, wenden.

Für Größe 1–2 Jahre

14. R (RS): (in dieser R für diese Größe fM statt Stb arbeiten, um die Passe zu verkürzen): 1 Luft-M, fM in 1. M, fM in nächste 1-Luft-M-Lck, *fM in jede der nächsten 6 M, 1 fM in nächste 2-Luft-M-Lck; von * bis Ende wdh (bei letzter Wdh fM in 1-Luft-M-Lck arbeiten), fM in letzte M, wenden = (206) M.

Mit »Teilen für Ärmel und Körper« fortfahren.

Für Größe 3–4 Jahre

14. R (RS): 1 Luft-M, Stb in 1. M, Stb in nächste 1-Luft-M-Lck, *Stb in jede der nächsten 6 M, 1 Stb in nächste 2-Luft-M-Lck; von * bis Ende wdh, (bei letzter Wdh Stb in 1-Luft-M-Lck arbeiten), Stb in letzte M, wenden = (213) M.

Mit »Teilen für Ärmel und Körper« fortfahren.

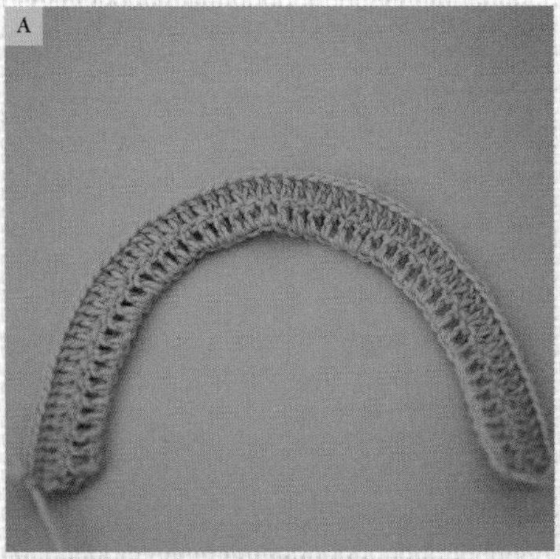

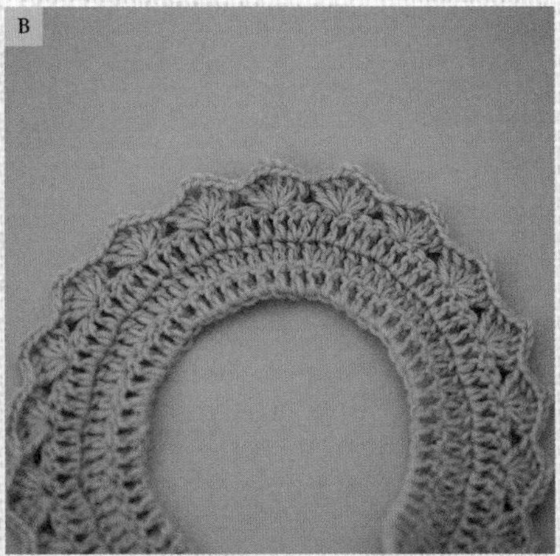

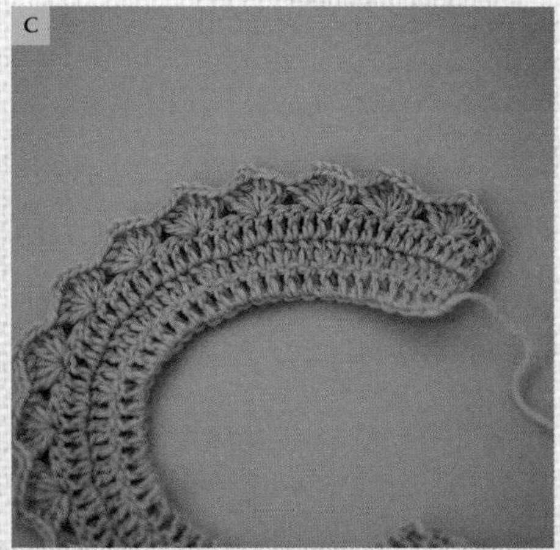

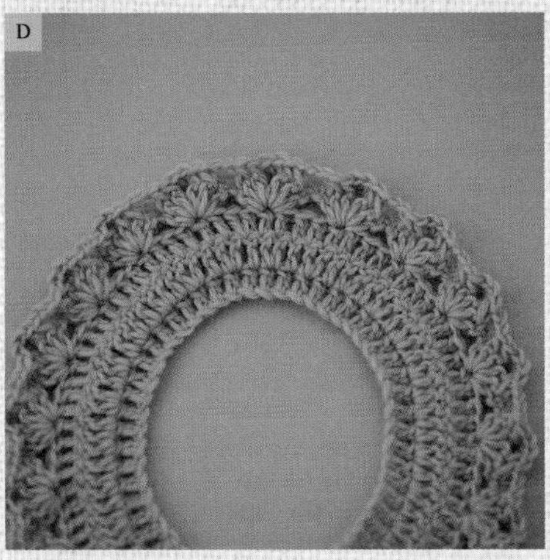

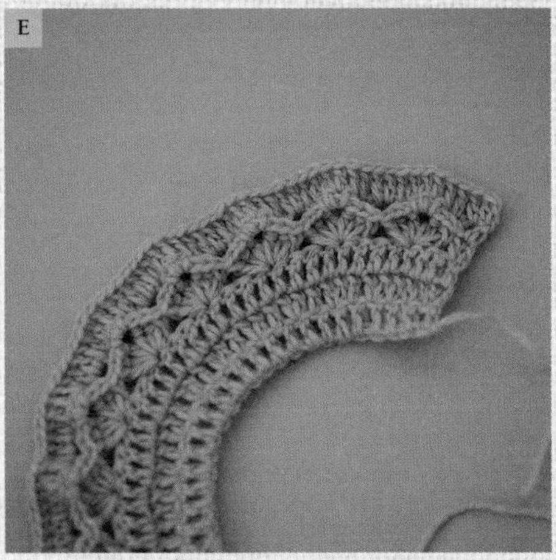

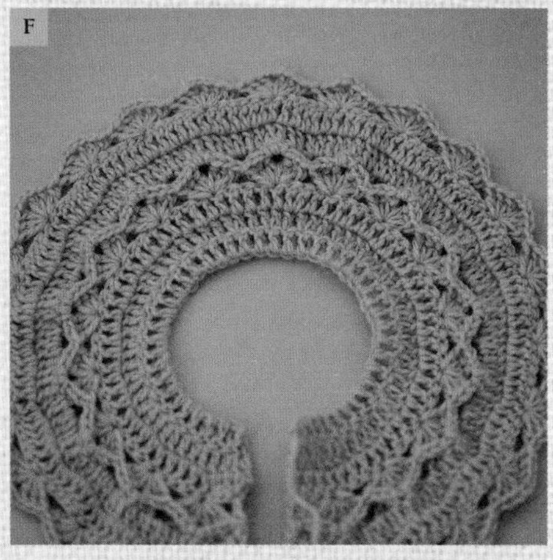

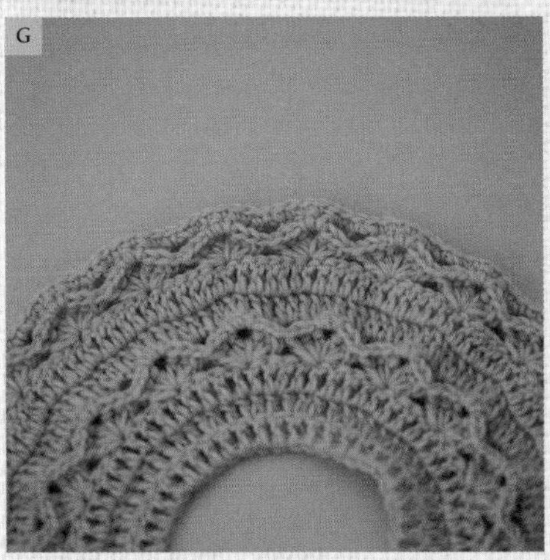

Mit dünnem Garn kommt das Maschenbild gut zur Geltung.

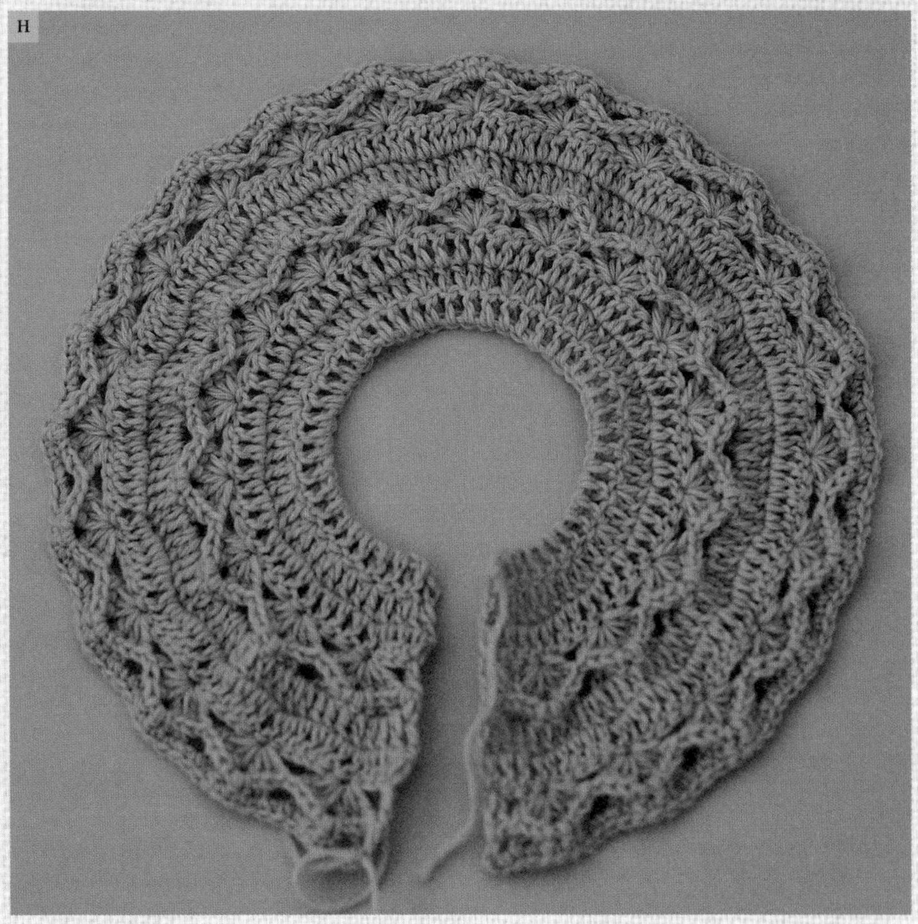

TEILEN FÜR ÄRMEL UND KÖRPER

1. R (LS): 1 Luft-M, Stb in 1. und in jede der nächsten 22 (25, 30, 31) M, 4 (5, 6, 6) Luft-M, nächste 33 (36, 38, 39) M für ein Armloch überspringen, Stb in jede der nächsten 53 (59, 68, 71) M, 4 (5, 6, 6) Luft-M, nächste 33 (36, 38, 39) M für ein Armloch überspringen, Stb in jede der nächsten 23 (26, 31, 32) M, wenden = 107 (121, 142, 147) M; [I].

2. R (RS): (jede Luft-M in der Achsel zählt als M) 1 Luft-M, Stb in 1. M, nächste 2 M überspringen, Muschel in nächste M, *nächste 4 M überspringen, Muschel in nächste M; von * bis letzte 3 (2, 3, 3) M wdh, nächste 2 (1, 2, 2) M überspringen, Stb in letzte M, wenden = 21 (24, 28, 29) Muscheln; [J].

3. R (LS): 1 Luft-M, Stb in 1. M, 1 Luft-M, nächstes Stb überspringen, *vordere Relief-M um jedes der nächsten 2 Stb, 2 fM in nächste 2-Luft-M-Lck, vordere Relief-M um jedes der nächsten 2 Stb, 2 Luft-M, nächste 2 Stb überspringen; von * noch 19x (22x, 26x, 27x) wdh, vordere Relief-M um jedes der nächsten 2 Stb, 2 fM in nächste 2-Luft-M-Lck, vordere Relief-M um jedes der nächsten 2 Stb, 1 Luft-M, nächstes Stb überspringen, Stb in letzte M, wenden.

4. R (RS): 1 Luft-M, Stb in 1. M, 3 Stb in nächste 1-Luft-M-Lck, *nächste 6 M überspringen, Muschel in nächste 2-Luft-M-Lck; von * noch 19x (22x, 26x, 27x) wdh, nächste 6 M überspringen, 3 Stb in nächste 1-Luft-M-Lck, Stb in letzte M, wenden = 20 (23, 27, 28) Muscheln; [K].

5. R (LS): 1 Luft-M, fM in 1. M, vordere Relief-M um jedes der nächsten 2 Stb, *2 Luft-M, nächste 2 Stb überspringen, vordere Relief-M um jedes der nächsten 2 Stb, 2 fM in nächste 2-Luft-M-Lck, vordere Relief-M um jedes der nächsten 2 Stb; von * noch 19x (22x, 26x, 27x) wdh, 2 Luft-M, nächste 2 Stb überspringen, vordere Relief-M um jedes der nächsten 2 Stb, fM in letzte M, wenden.

6. R (RS): 1 Luft-M, Stb in 1. M, nächste 2 M überspringen, Muschel in nächste 2-Luft-M-Lck, *nächste 6 M überspringen, Muschel in nächste 2-Luft-M-Lck; von * noch 19x (22x, 26x, 27x) wdh, nächste 2 M überspringen, Stb in letzte M, wenden = 21 (24, 28, 29) Muscheln.

3.–6. R noch 2x (3x, 4x, 5x) oder bis zur gewünschten Länge wdh.

3.–5. R noch 1x wdh, mit vorderem Rand fortfahren.

VORDERER RAND

Linkes Vorderteil

1. R (LS): 1 Luft-M, 46 (52, 58, 66) Stb gleichmäßig entlang dem linken Vorderteil arbeiten, wenden; [L].

2. R (RS): 1 Luft-M, hStb in 1. M, *vorderes Relief-Stb um nächste M, hinteres Relief-Stb um nächste M; von * bis letzte M wdh, hStb in letzte M, wenden = 46 (52, 58, 66) M.

3. R (LS): 1 Luft-M, hStb in 1. M, *vorderes Relief-Stb um nächstes vorderes Relief-Stb, hinteres Relief-Stb um nächstes hinteres Relief-Stb; von * bis letzte M wdh, hStb in letzte M, wenden = 46 (52, 58, 66) M.

4. R (RS): 1 Luft-M, hStb in 1. M, *vorderes Relief-Stb um nächstes vorderes Relief-Stb, hinteres Relief-Stb um nächstes hinteres Relief-Stb; von * bis letzte M wdh, hStb in letzte M, abmaschen = 46 (52, 58, 66) M; [M].

Rechtes Vorderteil

Auf der LS Garn an der 1. M des Kragens anbringen und das rechte Vorderteil arbeiten.

1. R (LS): 1 Luft-M, 46 (52, 58, 66) Stb gleichmäßig verteilen, wenden.

2. R (RS): 1 Luft-M, hStb in 1. M, *hinteres Relief-Stb um nächste M, vorderes Relief-Stb um nächste M; von * bis letzte M wdh, hStb in letzte M, wenden = 46 (52, 58, 66) M.

3. R (LS): 1 Luft-M, hStb in 1. M, hinteres Relief-Stb um nächstes hinteres Relief-Stb, *1 Luft-M, nächstes vorderes Relief-Stb überspringen, 3x [hinteres Relief-Stb um nächstes hinteres Relief-Stb, vorderes Relief-Stb um nächstes vorderes Relief-Stb], hinteres Relief-Stb um nächstes hinteres Relief-Stb; von * noch 2x (2x, 2x, 3x) wdh (oder bis Ende, wenn mehr Knöpfe angebracht werden sollen), weiter vorderes Relief-Stb um nächstes vorderes Relief-Stb, hinteres Relief-Stb um nächstes hinteres Relief-Stb, bis letzte M, hStb in letzte M, wenden = 46 (52, 58, 66) M.

4. R (RS): 1 Luft-M, hStb in 1. M, (hinteres Relief-Stb um jedes hintere Relief-Stb und vorderes Relief-Stb um jedes vordere Relief-Stb, hStb in jede 1-Luft-M-Lck) bis letzte M arbeiten, hStb in letzte M = 46 (52, 58, 66) M; [N].

1 Luft-M häkeln und fM gleichmäßig um den Kragen (einschließlich beider Ränder) arbeiten, abmaschen.

ÄRMEL

Auf der LS Faden in der Mitte der Achsel anbringen; [O].

Die Ärmel werden in Rd, jedoch auf der RS und LS gearbeitet, nach jeder Rd wenden.

1. Rd (LS): 1 Luft-M, aber (hier und im Folgenden) auf die Höhe eines Stb ziehen, Stb in M unten an 1. Luft-M, und 41 (46, 48, 49) Stb gleichmäßig um das Armloch arbeiten, mit Kett-M in 1. M verbinden und wenden = 42 (47, 49, 50) Stb; [P].

2. Rd (RS): 1 Luft-M, Stb in M unten an 1 Luft-M, 2 Stb zus, Stb in jede M bis letzte 2 M, 2 Stb zus, mit Kett-M in 1. M verbinden, wenden = 40 (45, 47, 48) Stb.

2. Rd noch 2x (3x, 4x, 3x) oder bis zur gewünschten Breite wdh, nach jeder Rd wenden und auf RS und LS arbeiten = 36 (39, 39, 42) Stb.

Nächste Rd: 1 Luft-M, Stb in 1. und in jede der nächsten M, mit Kett-M in 1. M verbinden, wenden = 36 (39, 39, 42) Stb.

Nächste Rd noch 6x (8x, 10x, 13x) oder bis zur gewünschten Länge wdh, nach jeder Rd wenden und auf RS und LS arbeiten = 36 (39, 39, 42) Stb.

Mit dem Ärmelbündchen fortfahren.

Zweiter Ärmel

Wie den ersten Ärmel arbeiten.

I
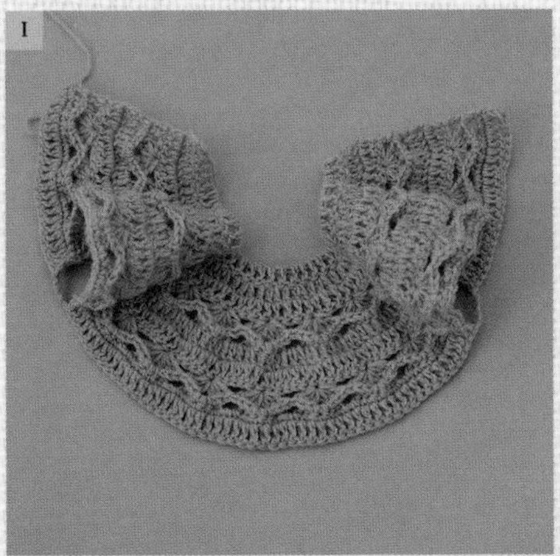
J
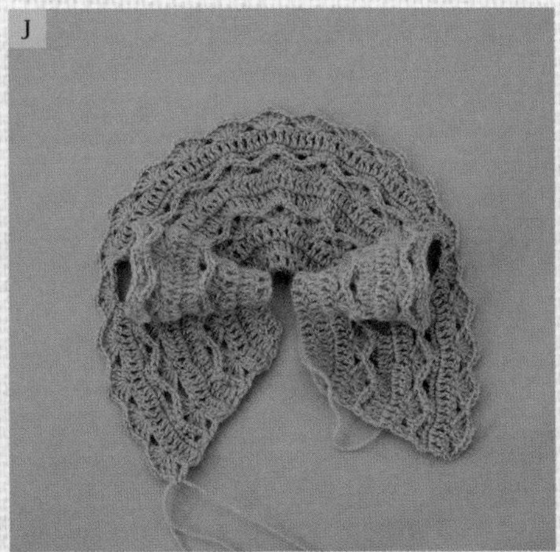
K
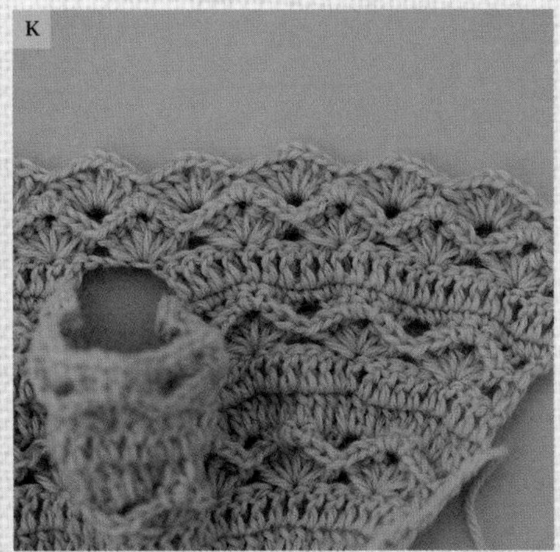
L
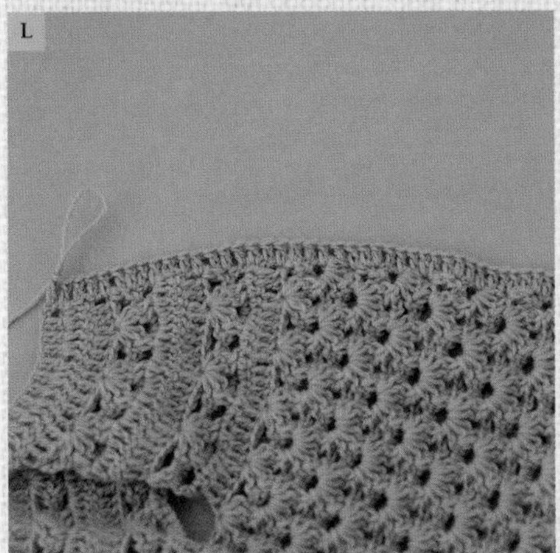
M
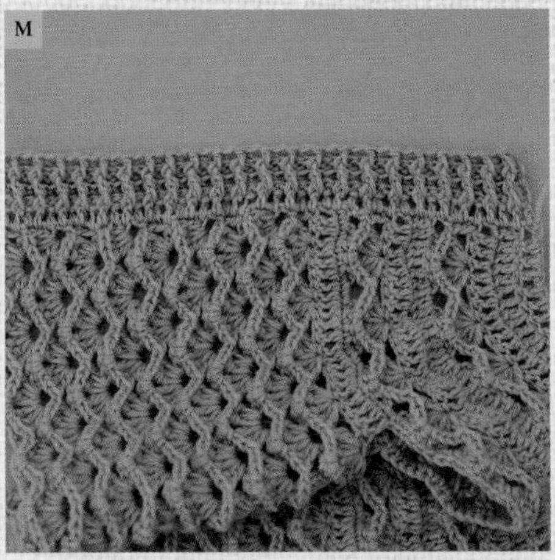
N
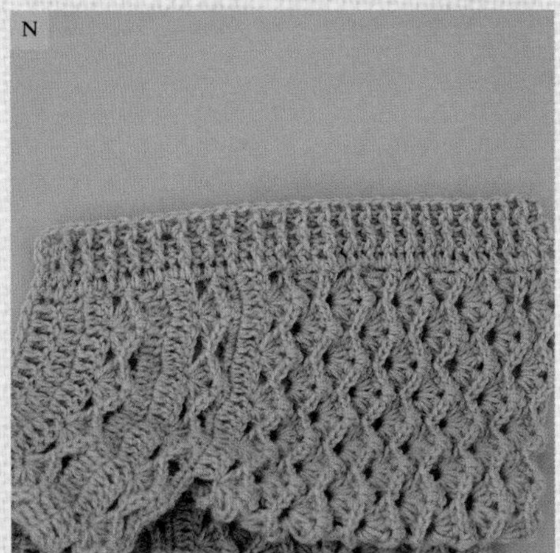
O
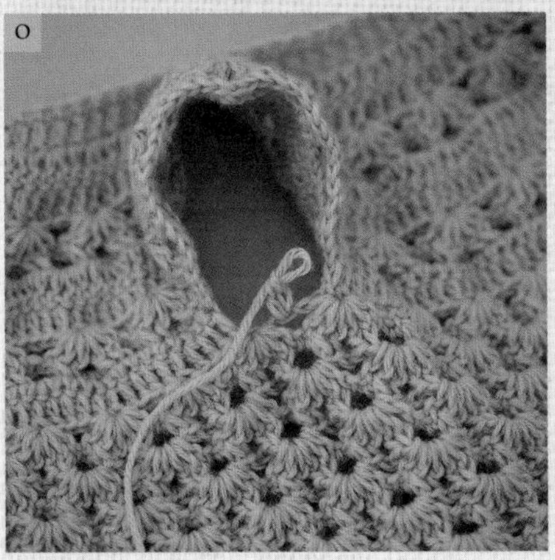
P
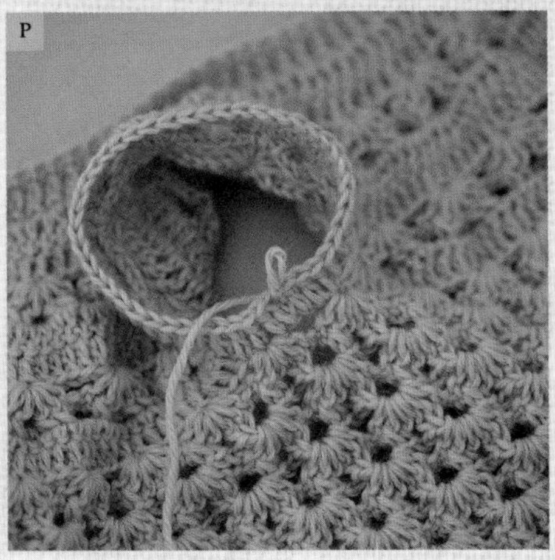
Q
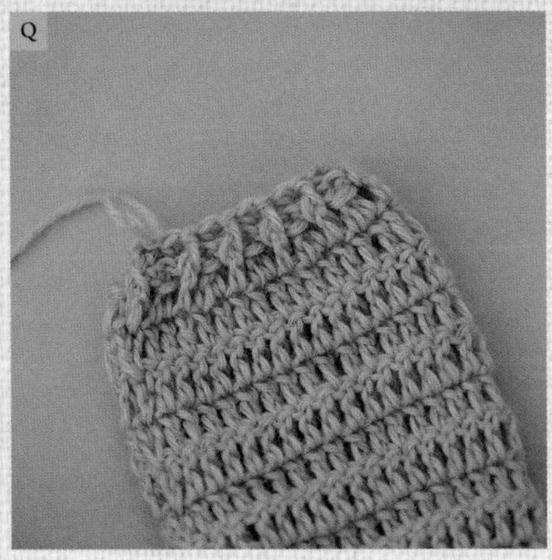

ÄRMELBÜNDCHEN

1. Rd (RS): 1 Luft-M, vorderes Relief-Stb um 1. M, *2 hintere Relief-Stb zus um nächste 2 M, vorderes Relief-Stb um nächste M; von * bis Ende wdh, aber bei letzter Wdh statt letztem vorderen Relief-Stb mit Kett-M in 1. vorderem Relief-Stb verbinden = 24 (26, 26, 28) M.

2. Rd (RS): 1 Luft-M, *vorderes Relief-Stb um nächstes vorderes Relief-Stb, hinteres Relief-Stb um nächstes hinteres Relief-Stb; von * bis Ende wdh, mit Kett-M in 1. vorderes Relief-Stb verbinden = 24 (26, 26, 28) M; Q.

2. Rd 2x (3x, 3x, 3x) oder bis zur gewünschten Länge wdh, abmaschen.

Zweites Ärmelbündchen

Am zweiten Ärmel ebenso arbeiten.

FERTIGSTELLEN

Alle Fäden vernähen und Knöpfe annähen (siehe »Techniken zum Fertigstellen«, Seite 142).

~ ★★☆ ~

WELLEN-PULLI

Dieser Pulli wird in Runden von unten nach oben gearbeitet und dann für Vorder- und Rückenteil geteilt. Dadurch ist er fast nahtlos – du musst nur die Schultern zusammennähen. Er sieht sowohl in dickerem als auch dünnerem Garn toll aus. Du könntest sogar aus ganz dünnem Garn und mit lockereren Maschen einen leichten, zarten Sommerpullover häkeln.

GRÖSSE UND MASSE DER FERTIGEN ARBEIT

Größe	Brust	Länge	Ärmellänge bis Unterarm
0-6 Monate	50 cm	30 cm	16 cm
6-12 Monate	56 cm	33 cm	19 cm
1-2 Jahre	61 cm	36 cm	22 cm
3-4 Jahre	67 cm	42 cm	26 cm

MASCHENPROBE

18 M und 10 R = 10 cm x 10 cm mit Stb und 3,5-mm-Häkelnadel (oder Nadel anderer Stärke, um die richtige Maschenprobe zu erhalten)

BESONDERE MASCHEN

Büschel-M (4-Stb-Noppe), vorderes Relief-Stb, hinteres Relief-Stb, 2 hintere Relief-Stb zus, hintere Relief-M (siehe Seiten 134–141)

MATERIAL

- Empfohlenes Garn: Laines du Nord Holiday, 70 % Wolle, 30 % Acryl (LL 125 m/ 50 g), Fb 610, benötigte Menge 450 (550, 625, 750) m
- 3,5-mm-Häkelnadel (oder Nadel anderer Stärke, um die richtige Maschenprobe zu erhalten)

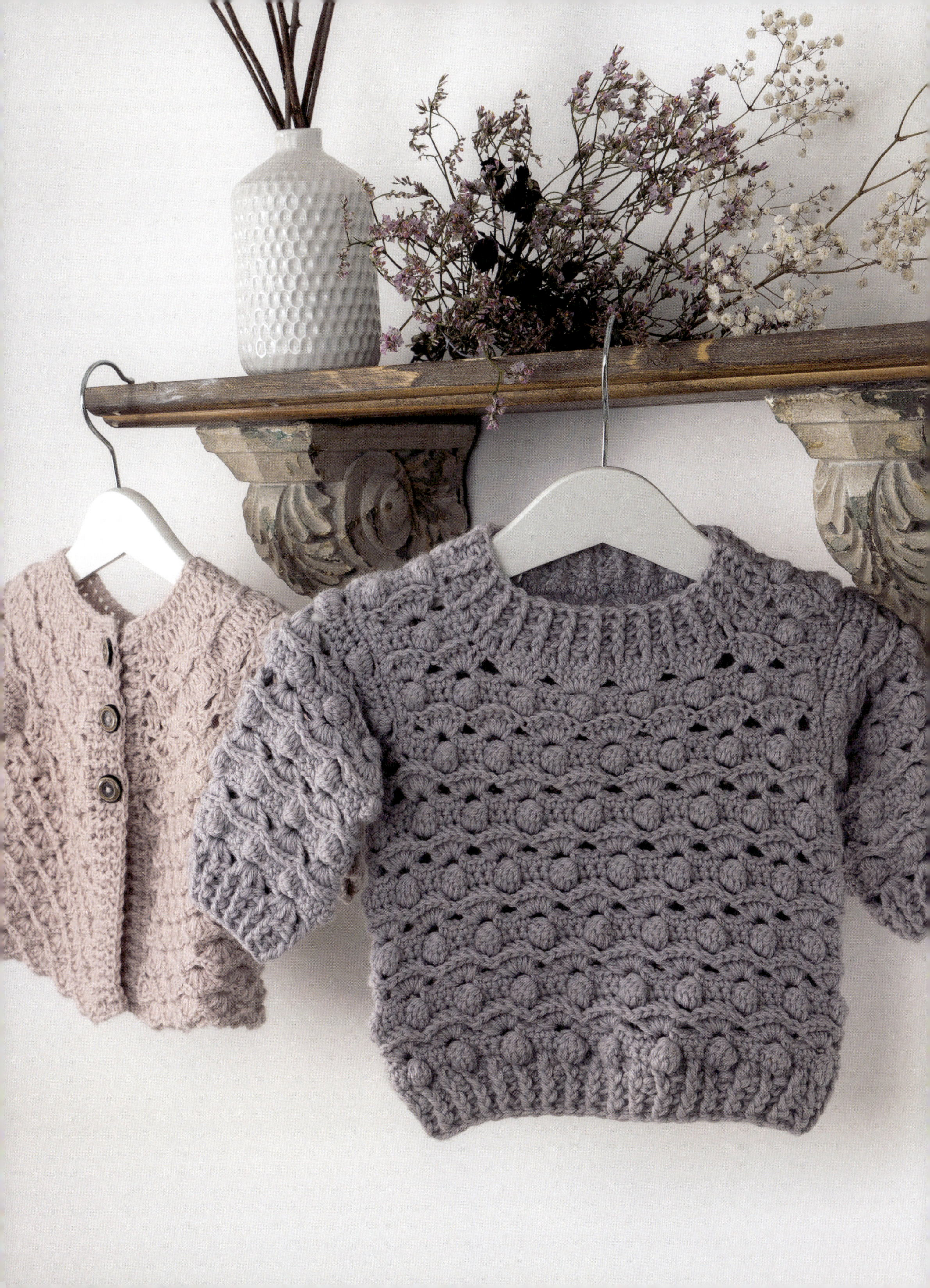

Anleitung ist für Größe 0–6 Monate geschrieben, Angaben für 6–12 Monate, 1–2 Jahre und 3–4 Jahre in Klammern.

1 Luft-M zu Beginn jeder Runde zählt nicht als Masche.

Achtung: Manche Runden werden auf der LS, manche auf der RS gearbeitet, die Angaben zum Wenden befolgen.

KÖRPER

Luftmaschenkette: Luftmaschenkette: 90 (100, 110, 120) Luft-M, mit Kett-M in 1. Luft-M verbinden.

1. Rd (RS): 1 Luft-M, aber (hier und im Folgenden, wenn die nächste M ein Stb ist) länger ziehen, Stb in 1. Luft-M, Stb in jede nächste Luft-M, mit Kett-M in 1. M verbinden, wenden und auf der LS arbeiten = 90 (100, 110, 120) M.

2. Rd (LS): 1 Luft-M, fM in 1. M, *Büschel-M in nächste M, fM in jede der nächsten 4 M; von * bis Ende wdh, bei letzter Wdh fM in jede der nächsten 3 M arbeiten, mit Kett-M in 1. M verbinden, wenden und auf der RS arbeiten = 90 (100, 110, 120) M **A**.

3. Rd (RS): 1 Luft-M, fM in 1. M, fM in jede der nächsten 3 M, *2 Luft-M, nächste Büschel-M überspringen, fM in jede der nächsten 4 fM; von * bis letzte M wdh, 2 Luft-M, nächste Büschel-M überspringen, mit Kett-M in 1. M verbinden = 18 (20, 22, 24) 2-Luft-M-Lck **B**.

4. Rd (RS): 1 Luft-M, *nächste 4 fM überspringen, 6 Stb in nächste 2-Luft-M-Lck; von * bis Ende wdh, mit Kett-M in 1. M verbinden = 18 (20, 22, 24) 6-Stb-Muscheln **C**.

5. Rd (RS): 1 Luft-M, 1. Stb überspringen, *hintere Relief-M um jede der nächsten 4 Stb, 2 Luft-M, nächste 2 Stb überspringen; von * bis Ende wdh, mit Kett-M in 1. M verbinden, wenden = 18 (20, 22, 24) 2-Luft-M-Lck **D**.

6. Rd (LS): 1 Luft-M, fM in 1. M, *Büschel-M in nächste 2-Luft-M-Lck, fM in jede der nächsten 4 fM; von * bis Ende wdh, bei letzter Wdh fM in jede der nächsten 3 M arbeiten, mit Kett-M in 1. M verbinden, wenden = 18 (20, 22, 24) Büschel-M **E**.

3.–6. Rd noch 4x (5x, 6x, 6x) oder bis zur gewünschten Länge (bis Achsel) wdh; die Verbindungslinie verschiebt sich, aber sie ist praktisch unsichtbar.

3.–5. Rd noch 1x wdh und mit dem Rücken fortfahren.

RÜCKENTEIL

1. R (LS): 1 Luft-M, 2-Luft-M-Lck überspringen (nur für das erste Mal, nicht bei Wdh), fM in 1. und in jede der nächsten 3 M, *Büschel-M in nächste 2-Luft-M-Lck, fM in jede der nächsten 4 fM; von * noch 6x (7x, 8x, 9x) wdh, wenden = 7 (8, 9, 10) Büschel-M **F**.

2. R (RS): 1 Luft-M, fM in 1. und in jede der nächsten 3 M, *2 Luft-M, nächste Büschel-M überspringen, fM in jede der nächsten 4 fM; von * noch 6x (7x, 8x, 9x) wdh, wenden = 7 (8, 9, 10) 2-Luft-M-Lck.

3. R (LS): 1 Luft-M, Stb in 1. M, nächste 3 fM überspringen, *6 Stb in nächste 2-Luft-M-Lck, nächste 4 fM überspringen; von * noch 6x (7x, 8x, 9x) wdh, bei letzter Wdh 3 fM überspringen und Stb in letzte fM arbeiten, wenden = 7 (8, 9, 10) 6-Stb-Muscheln **G**.

4. R (RS): 1 Luft-M, fM in 1. M, 1 Luft-M, nächstes Stb überspringen, *hintere Relief-M um jedes der nächsten 4 Stb, 2 Luft-M, nächste 2 Stb überspringen; von * noch 6x (7x, 8x, 9x) wdh, bei letzter Wdh 1 Stb überspringen, 1 Luft-M, fM in letztes Stb, wenden **H**.

5. R (LS): 1 Luft-M, fM in 1. M, Büschel-M in nächste 1-Luft-M-Lck, *fM in jede der nächsten 4 fM, Büschel-M in nächste 2-Luft-M-Lck; von * bis Ende wdh, aber bei letzter Wdh Büschel-M in 1-Luft-M-Lck arbeiten, fM in letzte fM, wenden = 8 (9, 10, 11) Büschel-M.

6. R (RS): 1 Luft-M, fM in 1. M, 1 Luft-M, *nächste Büschel-M überspringen, fM in jede der nächsten 4 fM, 2 Luft-M; von * bis Ende wdh, aber bei letzter Wdh 1 Luft-M arbeiten, nächste Büschel-M überspringen, fM in letzte M, wenden **I**.

7. R (LS): 1 Luft-M, Stb in 1. M, 4 Stb in nächste 1-Luft-M-Lck, *nächste 4 fM überspringen, 6 Stb in nächste 2-Luft-M-Lck; von * bis Ende wdh, aber bei letzter Wdh 4 Stb in 1-Luft-M-Lck arbeiten, Stb in letzte M, wenden **J**.

8. R (RS): 1 Luft-M, fM in 1. M, hintere Relief-M um jedes der nächsten 3 Stb, *2 Luft-M, nächste 2 Stb überspringen, hintere Relief-M um jedes der nächsten 4 Stb; von * bis Ende wdh, aber bei letzter Wdh hintere Relief-M um jedes der nächsten 3 Stb arbeiten, fM in letztes Stb, wenden = 8 (9, 10, 11) 2-Luft-M-Lck.

Für Größen 0–6 Monate, 6–12 Monate und 1–2 Jahre

1.–7. R noch 1x wdh, abmaschen **K**.

Für Größe 3–4 Jahre

1.–8. R noch 1x wdh; dann 1.–7. R noch 1x wdh, abmaschen.

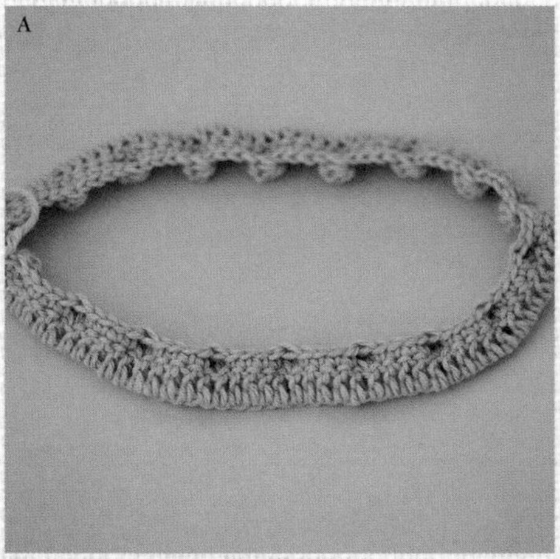
A

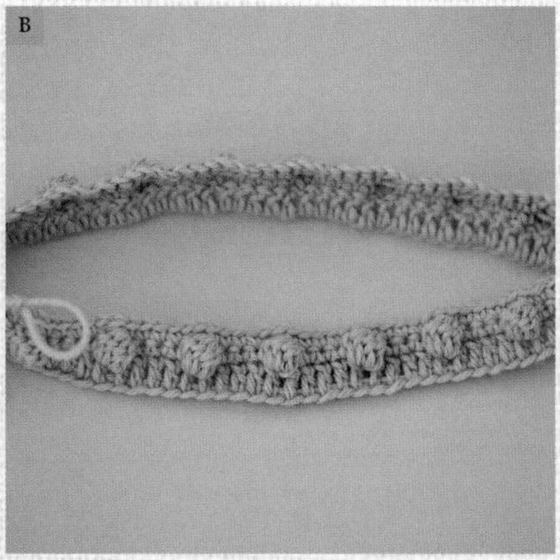
B

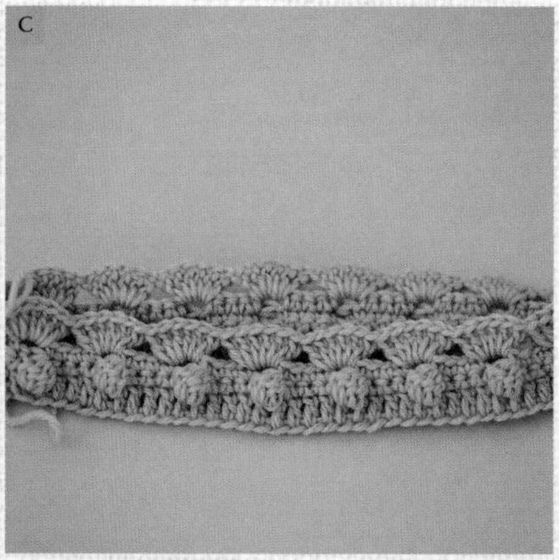
C

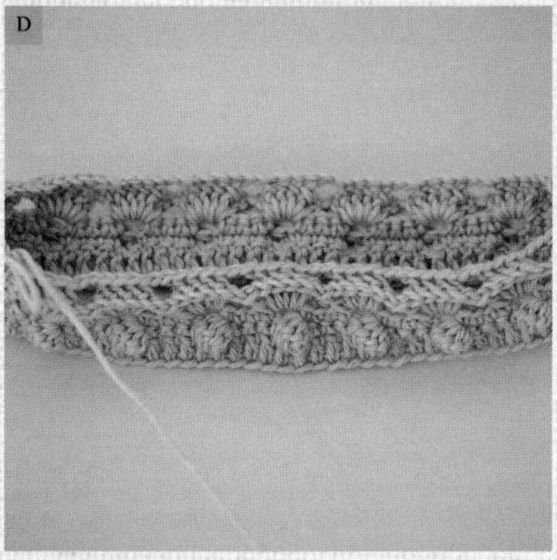
D

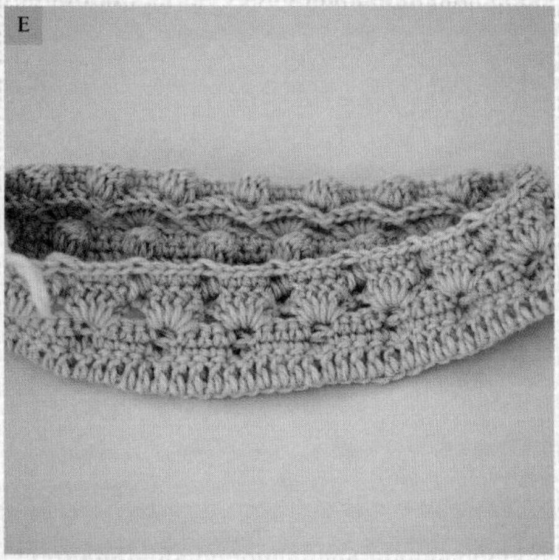
E

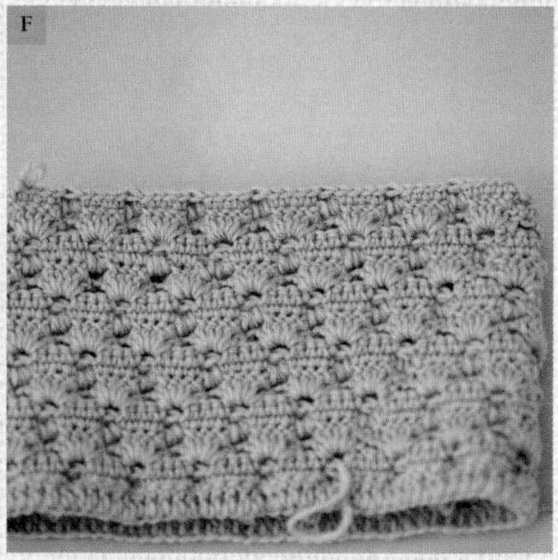
F

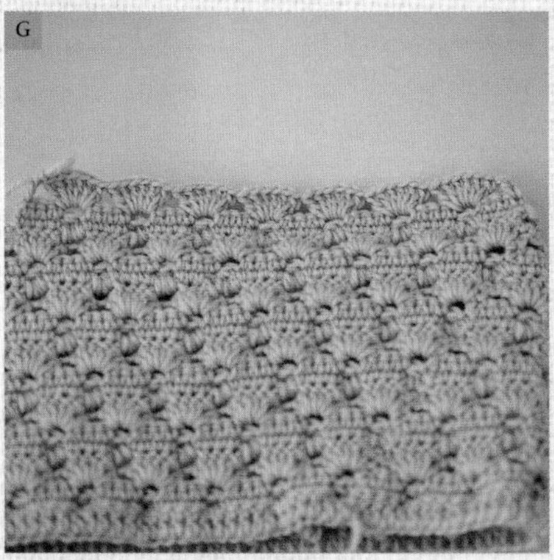
G

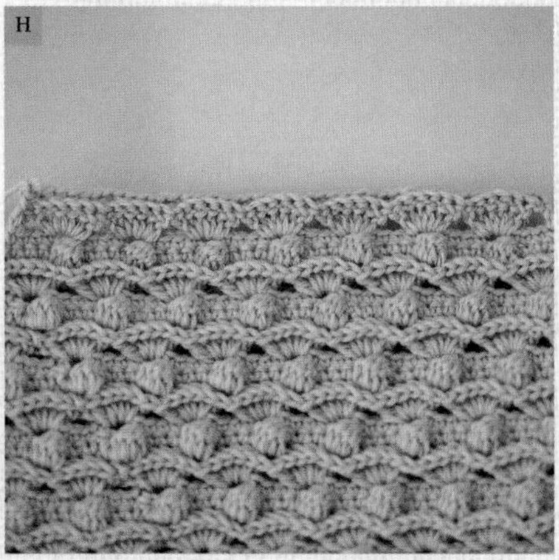
H

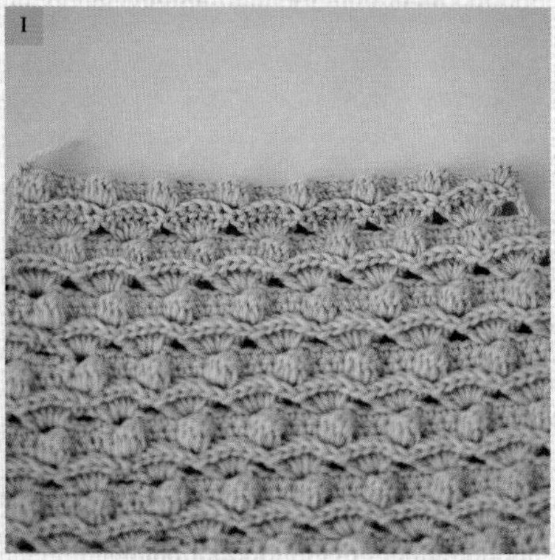
I

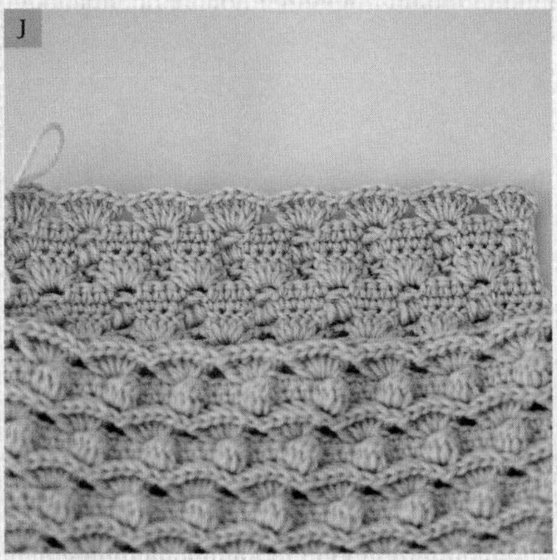
J

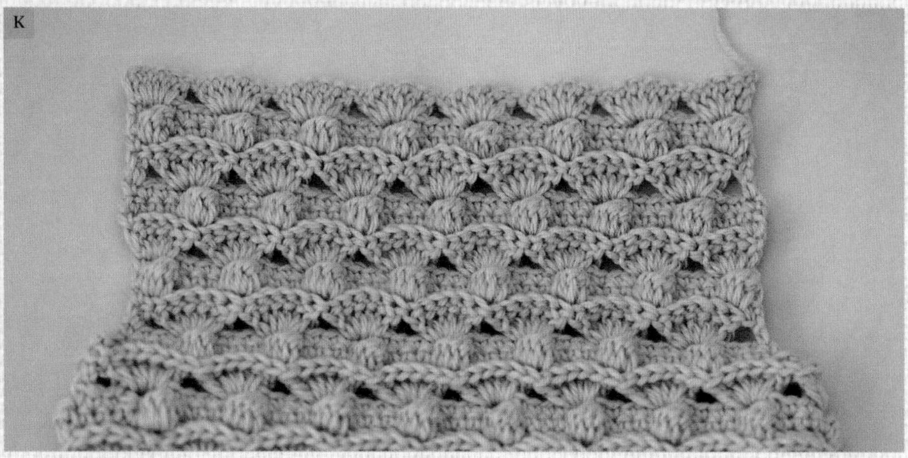
K

VORDERTEIL

Mit zu dir zeigender LS nächste 2-Luft-M-Lck vom Rückenteil überspringen, 4 fM und nächste 2-Luft-M-Lck überspringen, Faden in der nächsten fM anbringen; L.

1. R (LS): 1 Luft-M, fM in 1. und in jede der nächsten 3 M, *Büschel-M in nächste 2-Luft-M-Lck, fM in jede der nächstes 4 fM; von * noch 6x (7x, 8x, 9x) wdh, wenden = 7 (8, 9, 10) Büschel-M.

2.–7. R wie für das Rückenteil wdh.

Für Größen 0–6 Monate, 6–12 Monate und 1–2 Jahre

Nicht abmaschen. Mit linkem Vorderteil fortfahren.

Für Größe 3–4 Jahre

8. R des Rückenteils wdh und 1.–7. R des Rückenteils noch 1x wdh, nicht abmaschen, sondern mit dem linken Vorderteil fortfahren.

Linkes Vorderteil

1. R (RS): 1 Luft-M, fM in 1. M, hintere Relief-M um jedes der nächsten 3 Stb, *2 Luft-M, nächste 2 Stb überspringen, hintere Relief-M um jedes der nächsten 4 Stb; nur für Größe 3–4 Jahre von * noch 1x wdh, wenden M.

2. R (LS): 1 Luft-M, fM in 1. und in jede der nächsten 3 M, *Büschel-M in nächste 2-Luft-M-Lck, fM in jede der nächsten 4 fM; nur für Größe 3–4 Jahre von * noch 1x wdh, wenden.

3. R (RS): 1 Luft-M, fM in 1. und in jede der nächsten 3 M, *2 Luft-M, nächste Büschel-M überspringen, fM in jede der nächsten 4 fM; nur für Größe 3–4 Jahre von * noch 1x wdh, wenden.

Für Größen 0–6 Monate, 6–12 Monate und 1–2 Jahre

4. R (LS): 1 Luft-M, Stb in 1. M, nächste 3 fM überspringen, 6 Stb in nächste 2-Luft-M-Lck, nächste 3 fM überspringen, Stb in letzte fM, wenden.

5. R (RS): 1 Luft-M, fM in 1. M, 1 Luft-M, nächstes Stb überspringen, hintere Relief-M um jedes der nächsten 4 Stb, 1 Luft-M, nächstes Stb überspringen, fM in letztes Stb, wenden.

6. R (LS): 1 Luft-M, fM in 1. M, Büschel-M in nächste 1-Luft-M-Lck, fM in jede der nächsten 4 fM, Büschel-M in nächste 1-Luft-M-Lck, fM in letzte fM, wenden.

7. R (RS): 1 Luft-M, fM in 1. M, 1 Luft-M, nächste Büschel-M überspringen, fM in jede der nächsten 4 fM, 1 Luft-M, nächste Büschel-M überspringen, fM in letzte fM, wenden.

8. R (LS): 1 Luft-M, Stb in 1. M, 4 Stb in nächste 1-Luft-M-Lck, nächste 4 fM überspringen, 4 Stb in nächste 1-Luft-M-Lck, Stb in letzte fM, wenden N.

Nicht abmaschen, sondern auf der LS mit Kett-M durch beide Lagen das Vorderteil mit dem Rückenteil verbinden O, abmaschen.

Für Größe 3–4 Jahre

4. R (LS): 1 Luft-M, Stb in 1. M, nächste 3 fM überspringen, *6 Stb in nächste 2-Luft-M-Lck, nächste 4 fM überspringen; von * noch 1x wdh, aber bei letzter Wdh 3 fM überspringen und Stb in letzte fM arbeiten, wenden.

5. R (RS): 1 Luft-M, fM in 1. M, 1 Luft-M, nächstes Stb überspringen, *hintere Relief-M um jedes der nächsten 4 Stb, 2 Luft-M, 2 Stb überspringen; von * noch 1x wdh, aber bei letzter Wdh 1 Luft-M, nächste Stb überspringen, fM in letzte Stb, wenden.

6. R (LS): 1 Luft-M, fM in 1. M, Büschel-M in nächste 1-Luft-M-Lck, *fM in jede der nächsten 4 fM, Büschel-M in nächste 2-Luft-M-Lck; von * noch 1x wdh, aber bei letzter Wdh Büschel-M in 1-Luft-M-Lck, fM in letzte fM, wenden.

7. R (RS): 1 Luft-M, fM in 1. M, 1 Luft-M, nächste Büschel-M überspringen, *fM in jede der nächsten 4 fM, 2 Luft-M, nächste Büschel-M überspringen; von * noch 1x wdh, aber bei letzter Wdh 1 Luft-M, nächste Büschel-M überspringen, fM in letzte fM, wenden.

8. R (LS): 1 Luft-M, Stb in 1. M, 4 Stb in nächste 1-Luft-M-Lck, *nächste 4 fM überspringen, 6 Stb in nächste 2-Luft-M-Lck; von * noch 1x wdh, aber bei letzter Wdh 4 Stb in 1-Luft-M-Lck, Stb in letzte fM, wenden N.

Nicht abmaschen, sondern auf der LS mit Kett-M durch beide Lagen das Vorderteil mit dem Rückenteil verbinden O, abmaschen.

Rechtes Vorderteil

Auf der RS nächste 4 (5, 6, 5) Muscheln überspringen, nächstes Stb überspringen, Faden in nächstem Stb anbringen P und 1.–8. R wie für linkes Vorderteil wdh Q.

KRAGEN

Auf der RS Faden in der Mitte des Halsausschnitts hinten anbringen R und wie folgt arbeiten:

1. Rd (RS): 1 Luft-M, Stb gleichmäßig um den Ausschnitt arbeiten, mit Kett-M in 1. M verbinden (Maschenzahl ist nicht wichtig, muss jedoch durch 3 teilbar sein; gleichmäßig platzieren, der Kragen wirkt jetzt evtl. zu weit, aber in der nächsten Rd werden M abgenommen) S.

2. Rd (RS): 1 Luft-M, vorderes Relief-Stb um 1 Stb, *2 hintere Relief-Stb zus, vorderes Relief-Stb um nächstes Stb; von * bis Ende wdh, mit Kett-M in 1. M verbinden T.

3. Rd (RS): 1 Luft-M, vorderes Relief-Stb um 1. vorderes Relief-Stb, *hinteres Relief-Stb um nächstes hinteres Relief-Stb, vorderes Relief-Stb um nächstes vorderes Relief-Stb; von * bis letzte M wdh, hinteres Relief-Stb um nächstes hinteres Relief-Stb, mit Kett-M in 1. M verbinden.

3. Rd noch 1x wdh, abmaschen U.

L
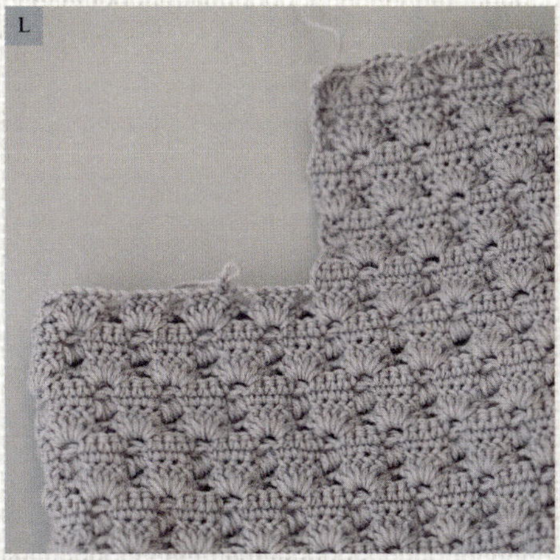

M
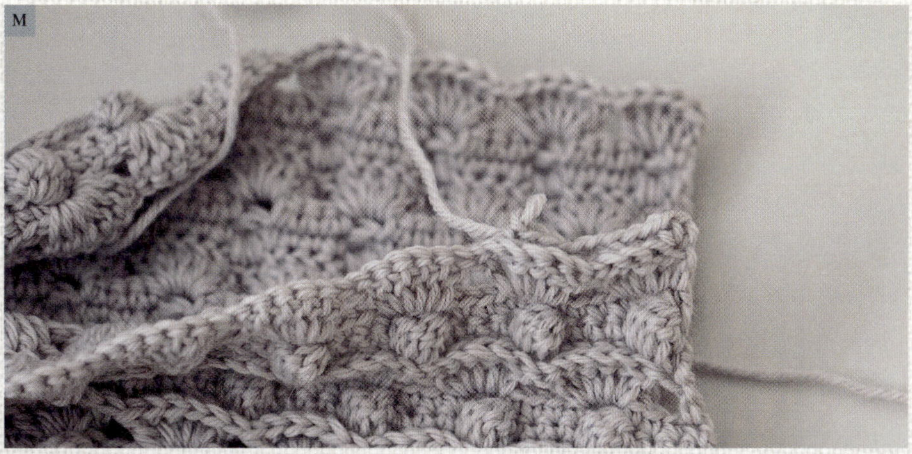

N
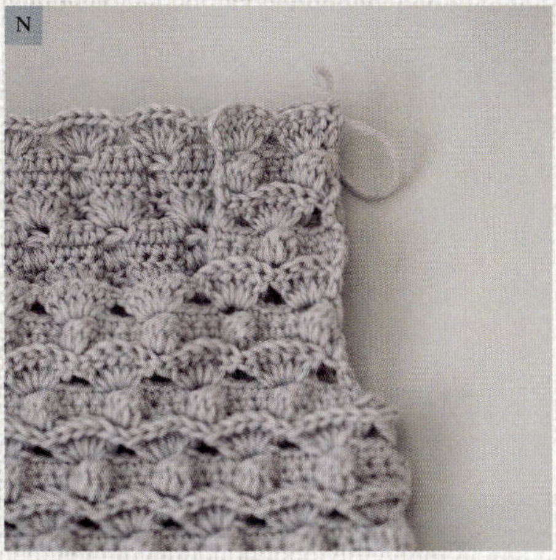

O
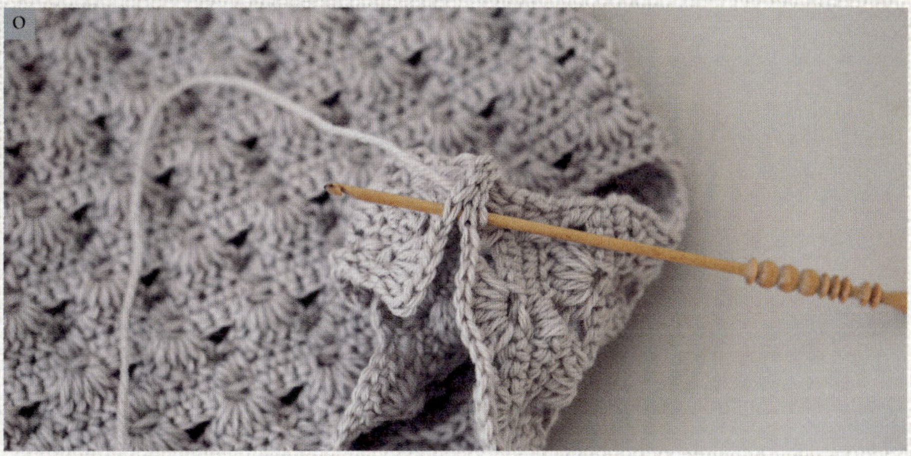

P
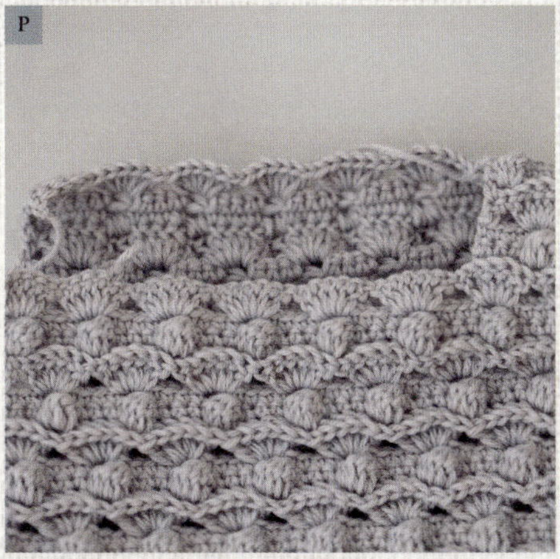

Q
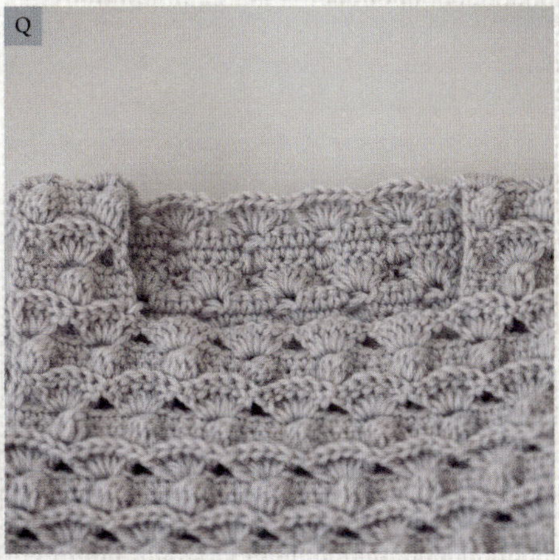

R
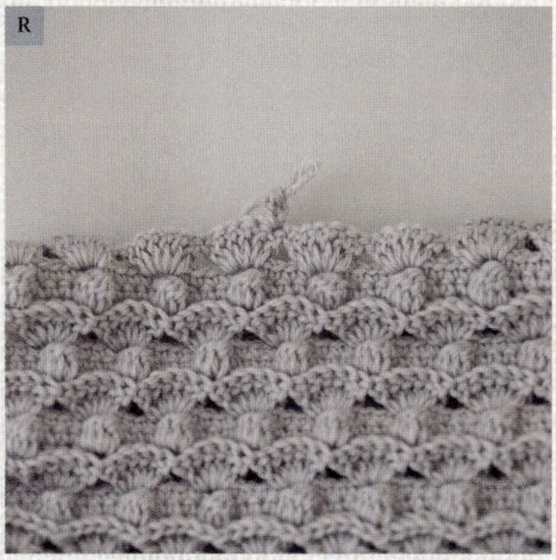

S
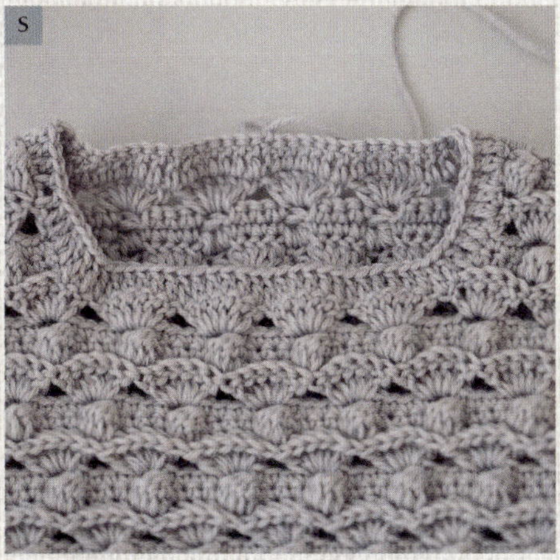

T
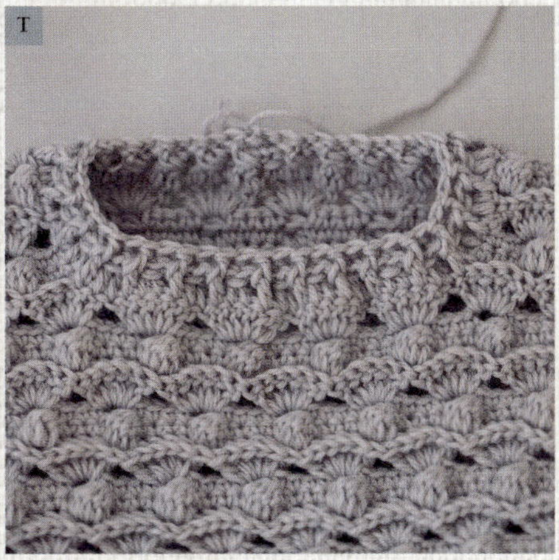

U
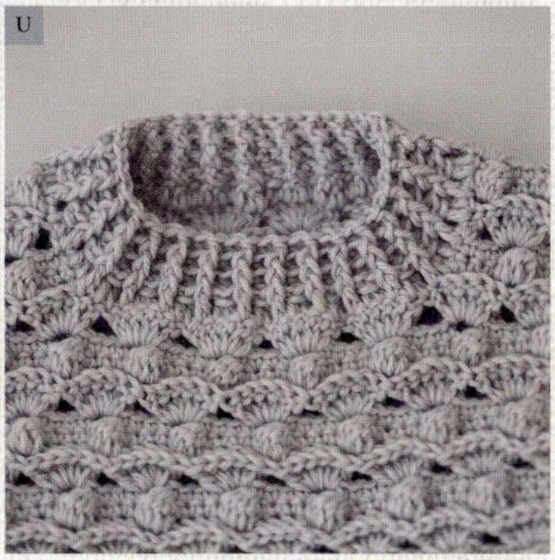

ÄRMEL

1. Rd (RS): Faden in der ersten 2-Luft-M-Lck in der Achsel anbringen [V] und gleichmäßig 42 (48, 54, 60) fM um das Armloch arbeiten, mit Kett-M in 1. M verbinden [W].

2. Rd (RS): 1 Luft-M, fM in 1. und jede der nächsten 3 fM, *2 Luft-M, nächste 2 fM überspringen, fM in nächste 4 fM; von * bis letzte 2 M wdh, 2 Luft-M, nächste 2 M überspringen, mit Kett-M in 1. M verbinden, wenden und auf der LS arbeiten = 7 (8, 9, 10) 2-Luft-M-Lck.

3. Rd (LS): 1 Luft-M, fM in 1. M, *Büschel-M in nächste 2-Luft-M-Lck, fM in jede der nächsten 4 fM; von * bis Ende wdh, bei letzter Wdh fM in jede der nächsten 3 M arbeiten, mit Kett-M in 1. M verbinden, wenden und auf der RS arbeiten = 7 (8, 9, 10) Büschel-M.

4. Rd (RS): 1 Luft-M, fM in 1. und in jede der nächsten 3 M, *2 Luft-M, nächste Büschel-M überspringen, fM in jede der nächsten 4 fM; von * bis letzte M wdh, 2 Luft-M, nächste Büschel-M überspringen, mit Kett-M in 1. M verbinden = 7 (8, 9, 10) 2-Luft-M-Lck.

5. Rd (RS): 1 Luft-M, *nächste 4 fM überspringen, 6 Stb in nächste 2-Luft-M-Lck; von * bis Ende wdh, mit Kett-M in 1. M verbinden = 7 (8, 9, 10) Muscheln.

6. Rd (RS): 1 Luft-M, 1. Stb überspringen, *hintere Relief-M um jedes der nächsten 4 Stb, 2 Luft-M, nächste 2 Stb überspringen; von * bis Ende wdh, mit Kett-M in 1. M verbinden, wenden und auf der LS arbeiten = 7 (8, 9, 10) 2-Luft-M-Lck [X].

Für Größen 0–6 Monate, 6–12 Monate und 1–2 Jahre

3.–6. Rd noch 4x (5x, 6x) oder bis zur gewünschten Länge wdh; bei letzter Wdh mit 5. Rd beenden und mit dem Ärmelbündchen fortfahren.

Für Größe 3–4 Jahre

3.–6. Rd noch 1x wdh; dann 3. und 4. Rd noch 1x wdh und mit dem Ärmelbündchen fortfahren.

Zweiter Ärmel

Wie den ersten Ärmel arbeiten.

ÄRMELBÜNDCHEN

1. Rd (RS): 1 Luft-M, vorderes Relief-Stb um nächstes Stb, *2 hintere Relief-Stb zus, vorderes Relief-Stb um nächstes Stb; von * bis letzte 2 M wdh, 2 hintere Relief-Stb zus, mit Kett-M in 1. M verbinden = 28 (32, 36, 40) M [Y].

2. Rd (RS): 1 Luft-M, vorderes Relief-Stb um 1. vorderes Relief-Stb, *hinteres Relief-Stb um nächstes hinteres Relief-Stb, vorderes Relief-Stb um nächstes vorderes Relief-Stb; von * bis letzte M wdh, hinteres Relief-Stb um nächstes hinteres Relief-Stb, mit Kett-M in 1. M verbinden = 28 (32, 36, 40) M.

2. Rd noch 2x wdh, abmaschen [Z].

Zweites Ärmelbündchen

Den zweiten Ärmel ebenso arbeiten.

UNTERES BÜNDCHEN

1. Rd (RS): Faden in der verbleibenden Schlaufe der Luftmaschenkette an der Seite des Pullis anbringen, 1 Luft-M, vorderes Relief-Stb um nächstes Stb [AA], *hinteres Relief-Stb um nächste 2 Stb, vorderes Relief-Stb um nächstes Stb, hinteres Relief-Stb um nächstes Stb, vorderes Relief-Stb um nächstes Stb; von * bis Ende wdh, aber statt letztem vorderem Relief-Stb mit Kett-M in 1. vorderes Relief-Stb verbinden = 72 (80, 88, 96) M.

2. Rd (RS): 1 Luft-M, vorderes Relief-Stb um 1. vorderes Relief-Stb, *hinteres Relief-Stb um nächstes hinteres Relief-Stb, vorderes Relief-Stb um nächstes vorderes Relief-Stb [AB]; von * bis letzte M wdh, hinteres Relief-Stb um nächstes hinteres Relief-Stb, mit Kett-M in 1. vorderes Relief-Stb verbinden = 72 (80, 88, 96) M.

2. Rd noch 2x wdh, abmaschen.

FERTIGSTELLEN

Alle Fäden vernähen (siehe »Techniken zum Fertigstellen«, Seite 142).

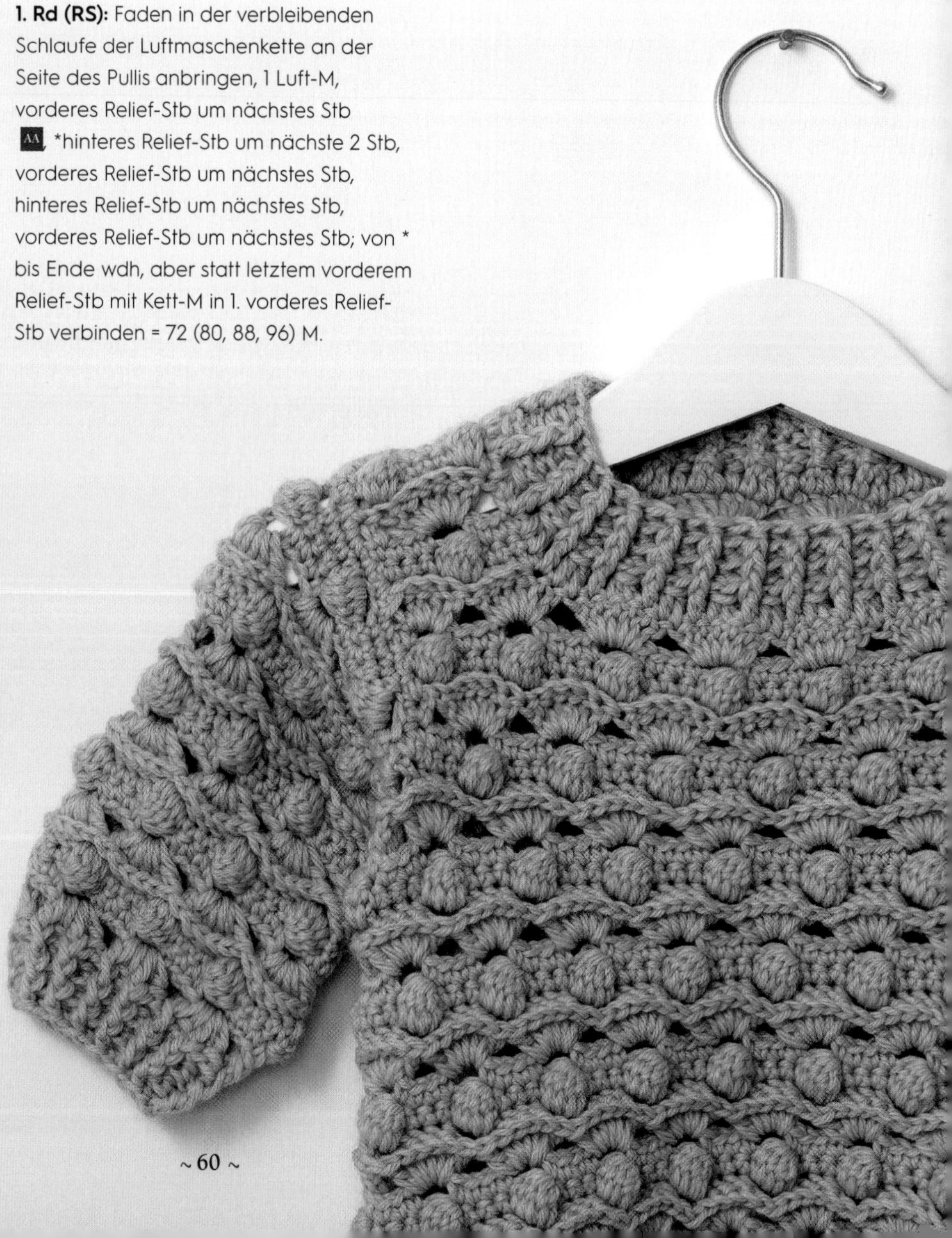

V
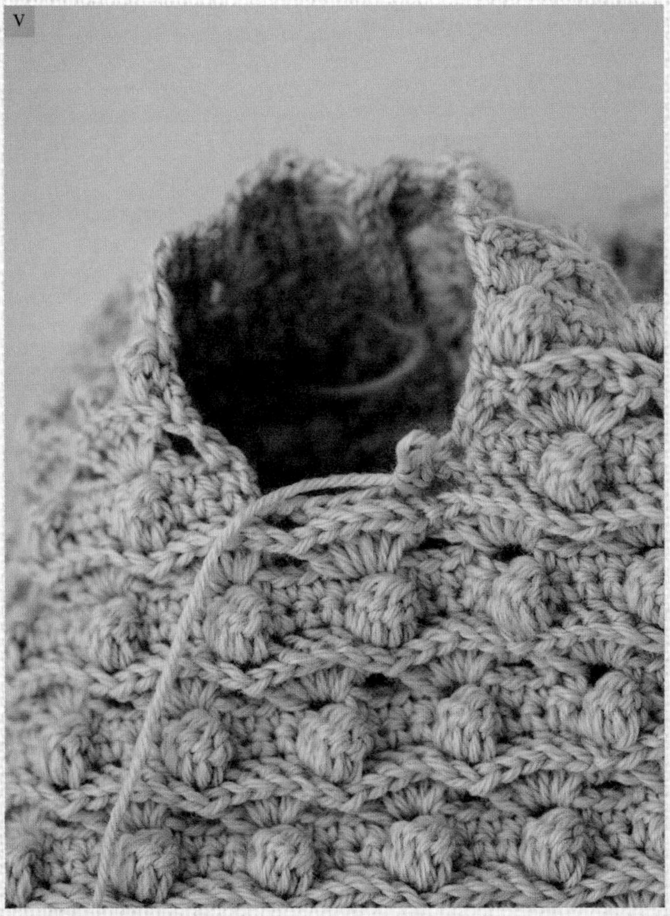

W
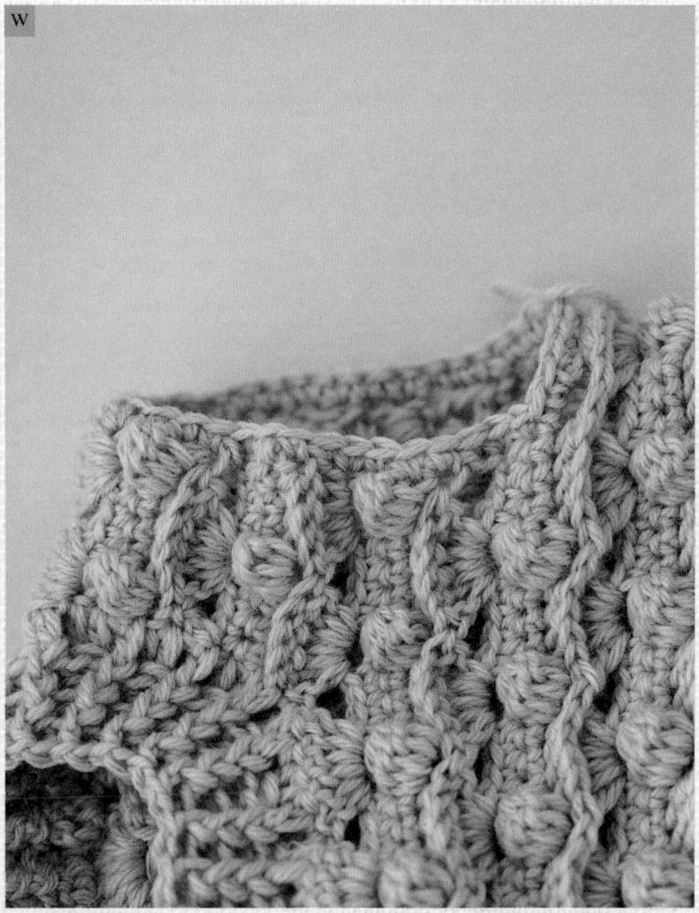

X
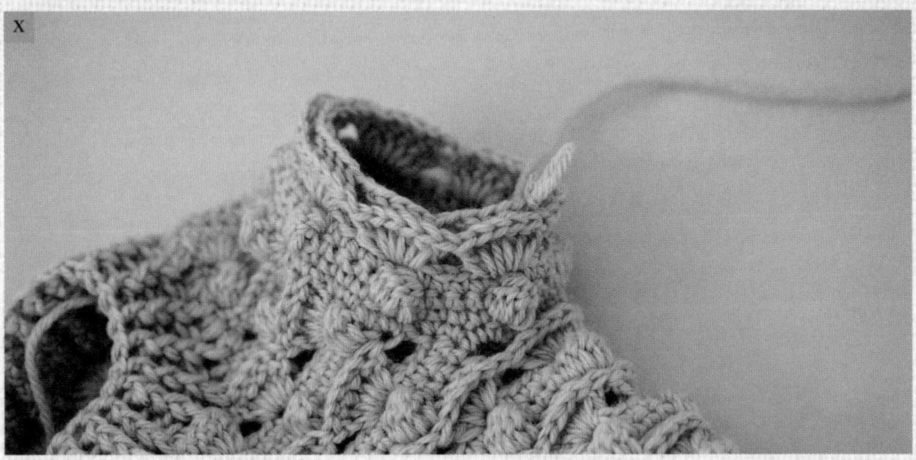

Y
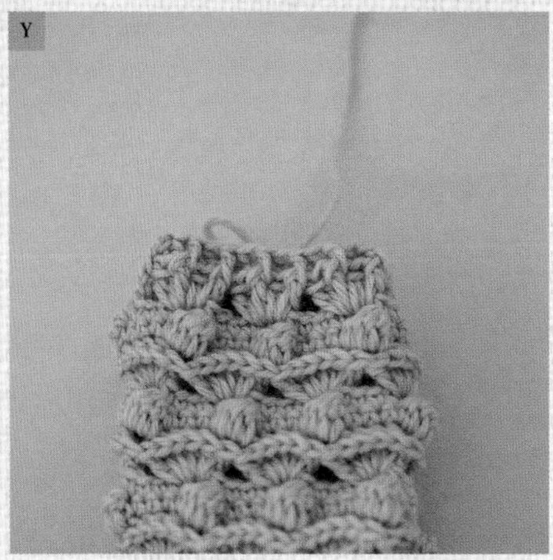

Z
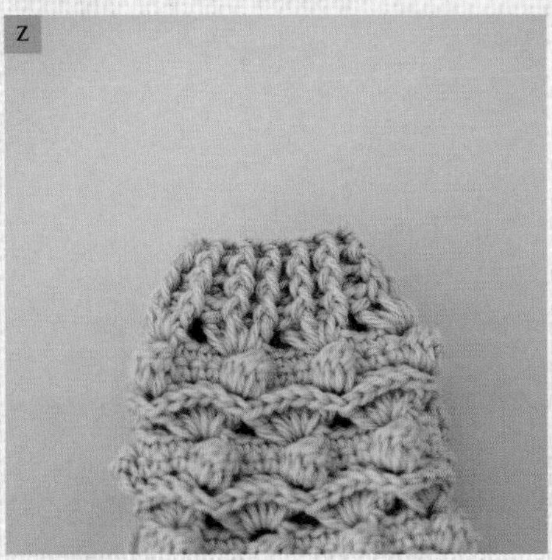

AA
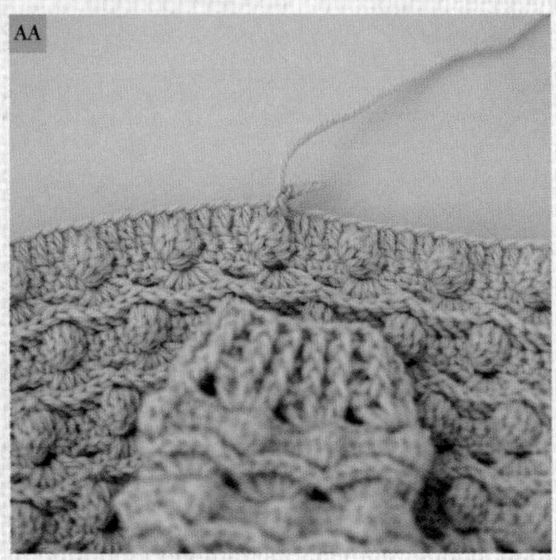

AB
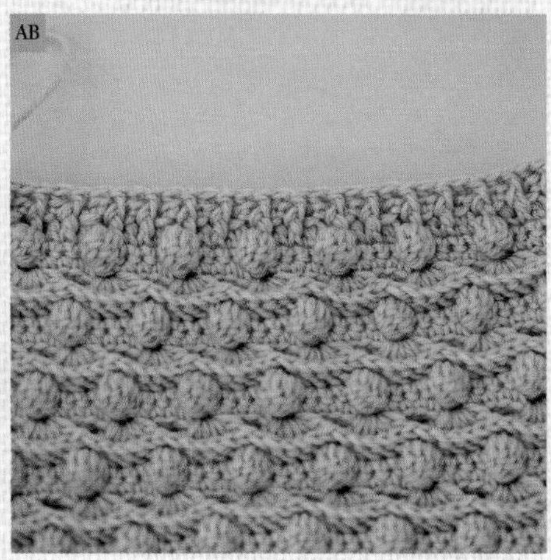

~★★☆~

GOLDIGER STRAMPLER

Strampler sehen nicht nur auf Fotos süß aus, sondern halten die Kleinen auch angenehm warm. Dieser hier kann an kälteren Tagen über einen langärmligen Body und an heißen Tagen sogar als Badeanzug getragen werden. Wenn du eine Version für den Sommer häkelst, empfehle ich ein Baumwollmischgarn, da es in der Regel bequemer und dehnbarer als reine Baumwolle ist.

GRÖSSE UND MASSE DER FERTIGEN ARBEIT

Größe	Brust	Länge von Schultern bis unten
0–6 Monate	44 cm	35 cm
6–12 Monate	47 cm	41 cm
12–18 Monate	51 cm	43 cm
18–24 Monate	53 cm	45 cm

MASCHENPROBE

19 M und 10 R = 10 cm x 10 cm
mit Stb und 3,5-mm-Häkelnadel (oder Nadel anderer Stärke, um die richtige Maschenprobe zu erhalten)

BESONDERE MASCHEN

Vorderes Relief-Stb, hinteres Relief-Stb, vorderes doppeltes Relief-Stb, 3 vordere doppelte Relief-Stb zus, Büschel-M (4-Stb-Noppe), 2 Stb zus (siehe Seiten 134–141)

MATERIAL

- Empfohlenes Garn: Lana Gatto Super Soft DK, 100 % Merinowolle (LL 125 m/50 g), Fb 14393, benötigte Menge 360 (420, 480, 540) m
- 3,5-mm-Häkelnadel (oder Nadel anderer Stärke, um die richtige Maschenprobe zu erhalten)
- Maschenmarkierer
- 4 Knöpfe, etwa 2 cm ø

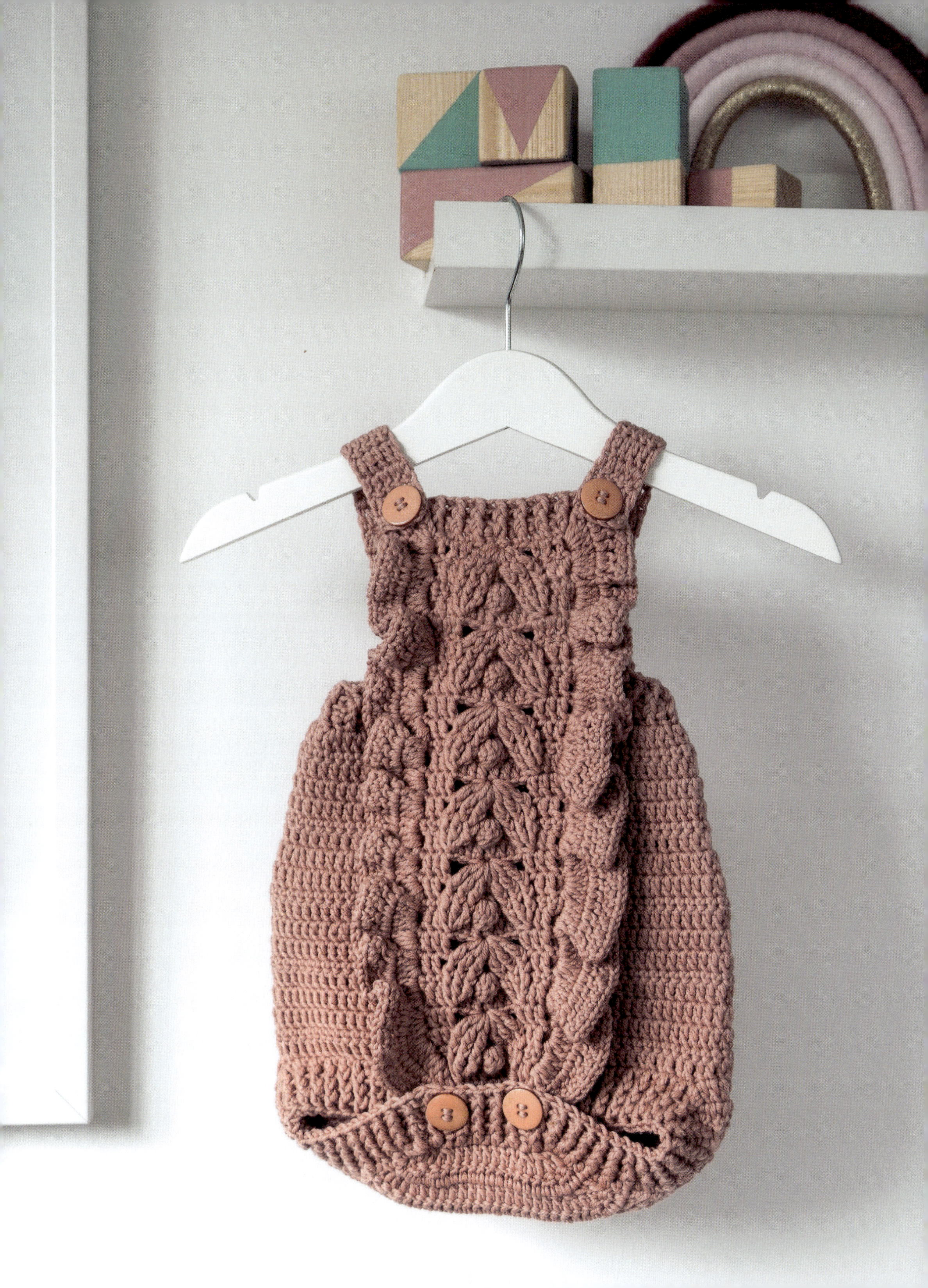

Die Anleitung ist für Größe 0–6 Monate geschrieben, Angaben für 6–12 Monate, 12–18 Monate und 18–24 Monate stehen in Klammern.

1 Luft-M zu Beginn jeder Runde zählt nicht als Masche.

VORDERER LATZ

1. R (RS): 21 (21, 23, 23) Luft-M, Stb in 4. Luft-M ab Häkelnadel (3 Luft-M zählen als 1. Stb) und in jede nächste Luft-M, wenden = 19 (19, 21, 21) M.

2. R (LS): 1 Luft-M, aber (hier und im Folgenden, wenn die 1. M ein Stb ist) auf die Höhe eines Stb ziehen, Stb in 1. und in jede der nächsten 6 (6, 7, 7) M, nächste 2 M überspringen, (3 Doppel-Stb, 1 Luft-M, Stb, 1 Luft-M, 3 Doppel-Stb) in nächste M, nächste 2 M überspringen, Stb in jede der nächsten 7 (7, 8, 8) M, wenden = 23 (23, 25, 25) M einschließlich aller Luft-M hier und im Folgenden.

3. R (RS): 1 Luft-M, Stb in 1. und in jede der nächsten 2 (2, 3, 3) M, vorderes Relief-Stb um nächstes Stb, Stb in jede der nächsten 2 M, nächstes Stb überspringen, vorderes Relief-Stb um jedes der nächsten 3 Doppel-Stb, 2 Luft-M, nächste Luft-M überspringen, fM in nächstes Stb, 2 Luft-M, nächste Luft-M überspringen, vorderes Relief-Stb um jedes der nächsten 3 Doppel-Stb, nächstes Stb überspringen, Stb in jede der nächsten 2 M, vorderes Relief-Stb um nächstes Stb, Stb in jede der nächsten 3 (3, 4, 4) M, wenden = 23 (23, 25, 25) M **A**.

4. R (LS): 1 Luft-M, fM in 1. M und in jede der nächsten 8 (8, 9, 9) M, fM in nächste 2-Luft-M-Lck, Büschel-M in nächste M, fM in nächste 2-Luft-M-Lck, fM in jede der nächsten 9 (9, 10, 10) M, wenden = 21 (21, 23, 23) M.

5. R (RS): 1 Luft-M, Stb in 1. und in jede der nächsten 2 (2, 3, 3) M, vorderes doppeltes Relief-Stb um nächstes vorderes Relief-Stb eine R darunter, Stb in jede der nächsten 2 M, 3 vordere doppelte Relief-Stb zus um nächste 3 vordere Relief-Stb eine R darunter, Stb in jede der nächsten 7 M, 3 vordere doppelte Relief-Stb zus um nächste 3 vordere Relief-Stb eine R darunter, Stb in jede der nächsten 2 M, vorderes doppeltes Relief-Stb um nächstes vorderes Relief-Stb eine R darunter, Stb in jede der nächsten 3 (3, 4, 4) M, wenden = 21 (21, 23, 23) M **B**

6. R (LS): 1 Luft-M, Stb in 1. und in jede der nächsten 2 (2, 3, 3) M, hinteres Relief-Stb um nächste M, Stb in jede der nächsten 3 M, nächste 3 M überspringen, (3 Doppel-Stb, 1 Luft-M, Stb, 1 Luft-M, 3 Doppel-Stb) in nächste M, nächste 3 M überspringen, Stb in jede der nächsten 3 M, hinteres Relief-Stb um nächste M, Stb in jede der nächsten 3 (3, 4, 4) M, wenden = 23 (23, 25, 25) M **C**.

7. R (RS): 1 Luft-M, Stb in 1. und in jede der nächsten 2 (2, 3, 3) M, vorderes Relief-Stb um nächstes vorderes Relief-Stb, Stb in jede der nächsten 2 M, nächstes Stb überspringen, vorderes Relief-Stb um jedes der nächsten 3 Doppel-Stb, 2 Luft-M, nächste Luft-M überspringen, fM in nächstes Stb, 2 Luft-M, nächste Luft-M überspringen, vorderes Relief-Stb um jedes der nächsten 3 Doppel-Stb, nächstes Stb überspringen, Stb in jede der nächsten 2 M, vorderes Relief-Stb um nächstes vorderes Relief-Stb, Stb in jede der nächsten 3 (3, 4, 4) M, wenden = 23 (23, 25, 25) M.

Für Größen 0–6 Monate und 6–12 Monate

4. und 5. R noch 1x wdh und mit dem Körper fortfahren.

Für Größen 12–18 Monate und 18–24 Monate

4.–7. R noch 1x wdh, 4. und 5. R noch 1x wdh und mit dem Körper fortfahren.

KÖRPER

1. Rd (RS): Locker arbeiten, 44 (48, 52, 54) Luft-M und mit Kett-M in 1. Stb der letzten R des vorderen Latzes verbinden = 65 (69, 75, 77) M einschließlich M des vorderen Latzes **D**.

2. Rd (RS): 1 Luft-M, Stb in 1. und in jede der nächsten 2 (2, 3, 3) M, vorderes Relief-Stb um nächstes vorderes doppeltes Relief-Stb, Stb in jede der nächsten 3 M, nächste 3 M überspringen, (3 Doppel-Stb, 1 Luft-M, Stb, 1 Luft-M, 3 Doppel-Stb) in nächste M, nächste 3 M überspringen, Stb in jede der nächsten 3 M, vorderes Relief-Stb um nächstes vorderes doppeltes Relief-Stb, Stb in jede der nächsten 47 (51, 56, 58) M, mit Kett-M in 1. M verbinden = 67 (71, 77, 79) M **E**.

3. Rd (RS): 1 Luft-M, Stb in 1. und in jede der nächsten 2 (2, 3, 3) M, vorderes Relief-Stb um nächstes vorderes Relief-Stb, Stb in jede der nächsten 2 M, nächstes Stb überspringen, vorderes Relief-Stb um jedes der nächsten 3 Doppel-Stb, 2 Luft-M, nächste Luft-M überspringen, fM in nächstes Stb, 2 Luft-M, nächste Luft-M überspringen, vorderes Relief-Stb um jedes der nächsten 3 Doppel-Stb, nächstes Stb überspringen, Stb in jede der nächsten 2 M, vorderes Relief-Stb um nächstes vorderes Relief-Stb, Stb in jede der nächsten 3 (3, 4, 4) M, *2 Stb in nächste M, Stb in nächste M; von * bis Ende wdh, mit Kett-M in 1. M verbinden, wenden = 89 (95, 103, 106) M **F**.

4. Rd (LS): 1 Luft-M, fM in 1. M und in jede der nächsten 75 (81, 88, 91) M, fM in nächste 2-Luft-M-Lck, Büschel-M in nächste fM, fM in nächste 2-Luft-M-Lck, fM in jede der nächsten 8 (8, 9, 9) M, mit Kett-M in 1. M verbinden, wenden = 87 (93, 101, 104) M **G**.

5. Rd (RS): 1 Luft-M, Stb in 1. und in jede der nächsten 2 (2, 3, 3) M, vorderes doppeltes Relief-Stb um nächstes vorderes Relief-Stb eine R darunter, Stb in jede der nächsten 2 M, 3 vordere Relief-Stb zus in nächste 3 vordere Relief-Stb eine R darunter, Stb in jede der nächsten 7 M, 3 vordere doppelte Relief-Stb zus um nächste 3 vordere Relief-Stb eine R darunter, Stb in jede der nächsten 2 M, vorderes doppeltes Relief-Stb um nächstes vorderes Relief-Stb eine R darunter, Stb in jede der nächsten 69 (75, 82, 85) M, mit Kett-M in 1. M verbinden = 87 (93, 101, 104) M.

A

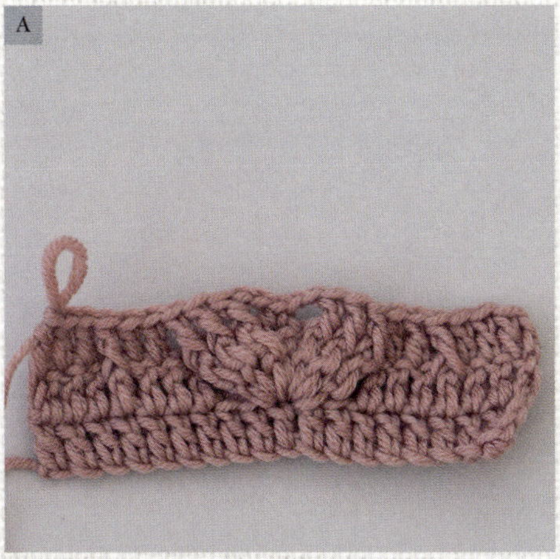

B

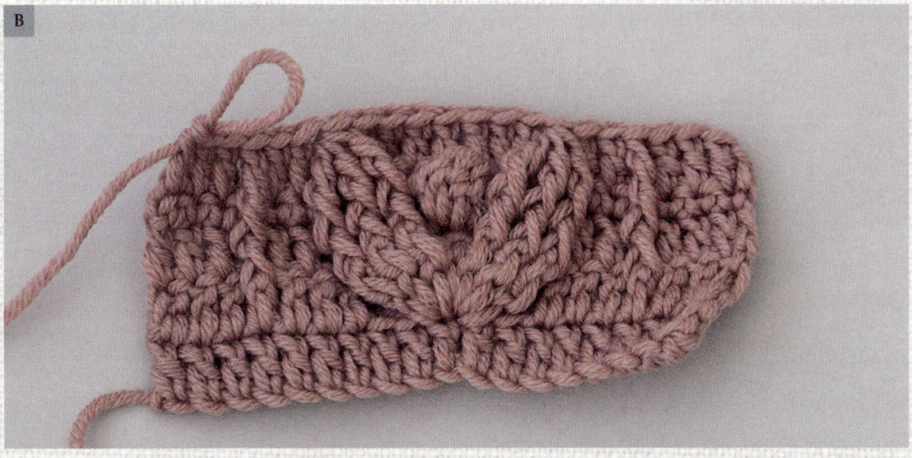

C

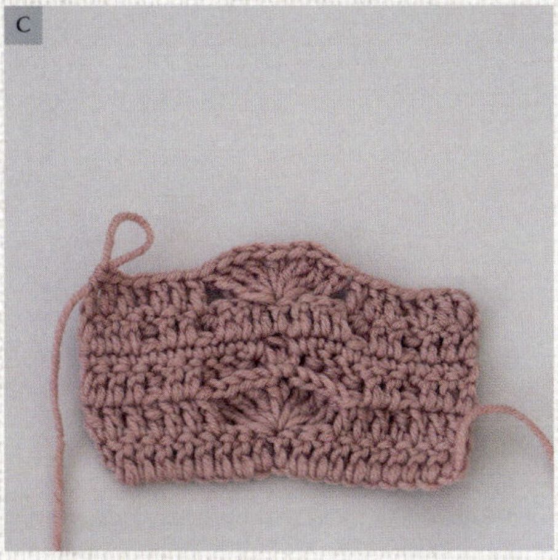

D

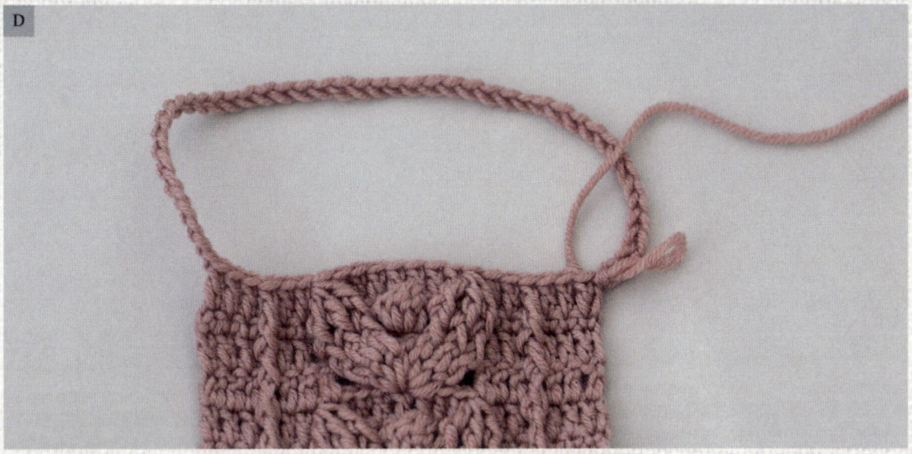

E

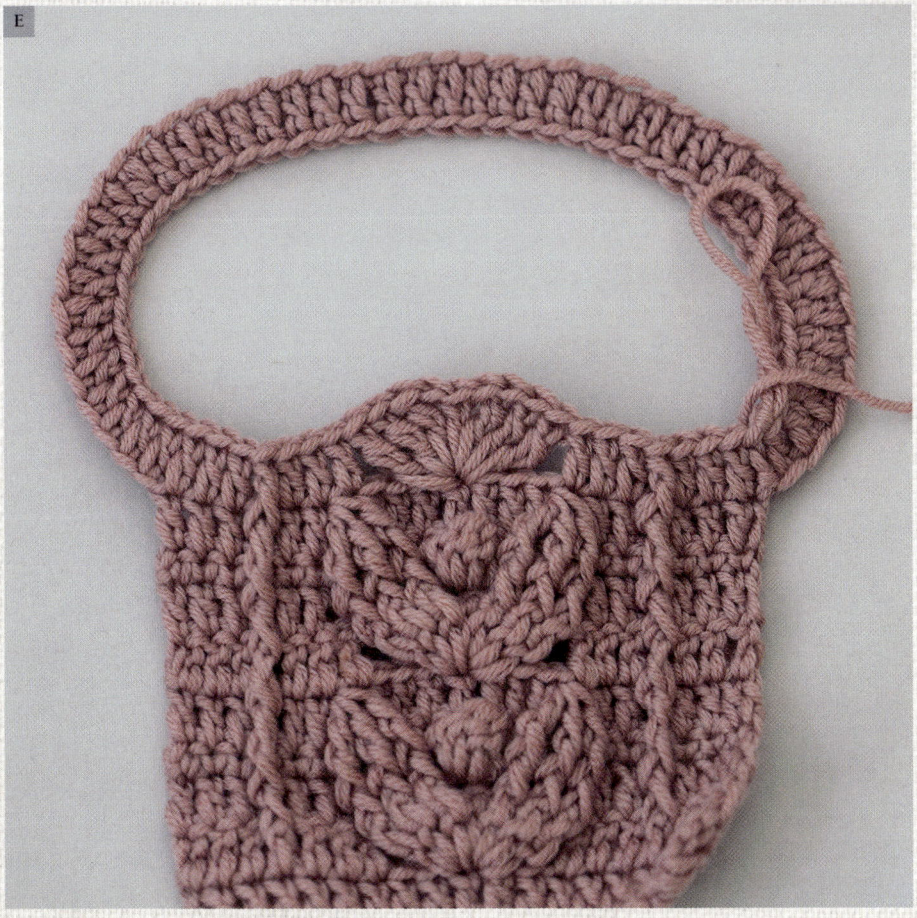

F

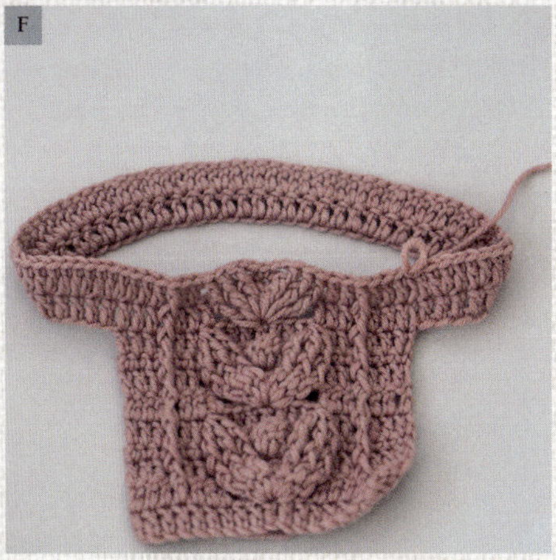

G

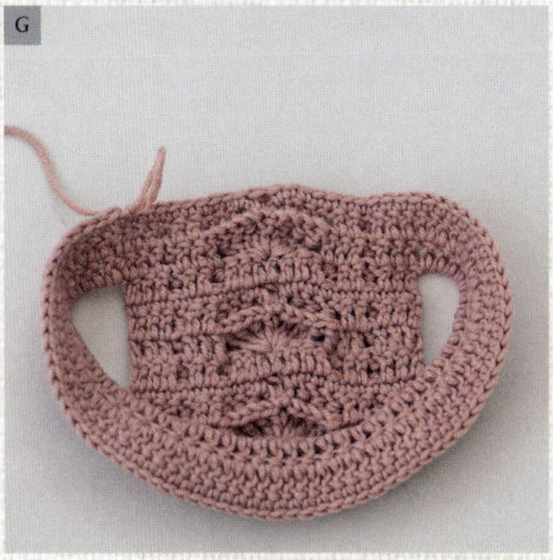

6. Rd (RS): 1 Luft-M, Stb in 1. und in jede der nächsten 2 (2, 3, 3) M, vorderes Relief-Stb um nächstes vorderes doppeltes Relief-Stb, Stb in jede der nächsten 3 M, nächste 3 M überspringen, (3 Doppel-Stb, 1 Luft-M, Stb, 1 Luft-M, 3 Doppel-Stb) in nächste M, nächste 3 M überspringen, Stb in jede der nächsten 3 M, vorderes Relief-Stb um nächstes vorderes doppeltes Relief-Stb, Stb in jede der nächsten 69 (75, 82, 85) M, mit Kett-M in 1. M verbinden = 89 (95, 103, 106) M.

7. Rd (RS): 1 Luft-M, Stb in 1. und in jede der nächsten 2 (2, 3, 3) M, vorderes Relief-Stb um nächstes vorderes Relief-Stb, Stb in jede der nächsten 2 M, nächstes Stb überspringen, vorderes Relief-Stb um jedes der nächsten 3 Doppel-Stb, 2 Luft-M, nächste Luft-M überspringen, fM in nächstes Stb, 2 Luft-M, nächste Luft-M überspringen, vorderes Relief-Stb um jedes der nächsten 3 Doppel-Stb, nächstes Stb überspringen, Stb in jede der nächsten 2 M, vorderes Relief-Stb um nächstes vorderes Relief-Stb, Stb in jede der nächsten 69 (75, 82, 85) M, wenden = 89 (95, 103, 106) M.

8. Rd (RS): 4. Rd wdh.

9. Rd (RS): 5. Rd wdh.

10. Rd (RS): 1 Luft-M, Stb in 1. und in jede der nächsten 2 (2, 3, 3) M, vorderes Relief-Stb um nächstes vorderes doppeltes Relief-Stb, Stb in jede der nächsten 3 M, nächste 3 M überspringen, (3 Doppel-Stb, 1 Luft-M, Stb, 1 Luft-M, 3 Doppel-Stb) in nächste M, nächste 3 M überspringen, Stb in jede der nächsten 3 M, vorderes Relief-Stb um nächstes vorderes doppeltes Relief-Stb, *Stb in jede der nächsten 4 M, 2 Stb in nächste M; von * bis letzte 4 (0, 2, 0) M wdh, Stb in jede der nächsten 4 (0, 2, 0) M, mit Kett-M in 1. M verbinden = 102 (110, 119, 123) M.

11. Rd (RS): 1 Luft-M, Stb in 1. und in jede der nächsten 2 (2, 3, 3) M, vorderes Relief-Stb um nächstes vorderes Relief-Stb, Stb in jede der nächsten 2 M, nächstes Stb überspringen, vorderes Relief-Stb um jedes der nächsten 3 Doppel-Stb, 2 Luft-M, nächste Luft-M überspringen, fM in nächstes Stb, 2 Luft-M, nächste Luft-M überspringen, vorderes Relief-Stb um jedes der nächsten 3 Doppel-Stb, nächstes Stb überspringen, Stb in jede der nächsten 2 M, vorderes Relief-Stb um nächstes vorderes Relief-Stb, Stb in jede der nächsten 82 (90, 98, 102) M, mit Kett-M in 1. M verbinden, wenden = 102 (110, 119, 123) M.

12. Rd (LS): 1 Luft-M, fM in 1. M und in jede der nächsten 88 (96, 104, 108) M, fM in nächste 2-Luft-M-Lck, Büschel-M in nächste M, fM in nächste 2-Luft-M-Lck, fM in jede der nächsten 8 (8, 9, 9) M, mit Kett-M in 1. M verbinden, wenden = 100 (108, 117, 121) M.

13. Rd (RS): 1 Luft-M, Stb in 1. und in jede der nächsten 2 (2, 3, 3) M, vorderes doppeltes Relief-Stb um nächstes vorderes Relief-Stb eine R darunter, Stb in jede der nächsten 2 M, 3 vordere doppelte Relief-Stb zus um nächste 3 vordere Relief-Stb eine R darunter, Stb in jede der nächsten 7 M, 3 vordere doppelte Relief-Stb zus um nächste 3 vordere Relief-Stb eine R darunter, Stb in jede der nächsten 2 M, vorderes doppeltes Relief-Stb um nächstes vorderes Relief-Stb eine R darunter, Stb in jede der nächsten 82 (90, 98, 102) M, mit Kett-M in 1. M verbinden = 100 (108, 117, 121) M.

14. Rd (RS): 1 Luft-M, Stb in 1. und in jede der nächsten 2 (2, 3, 3) M, vorderes Relief-Stb um nächstes vorderes doppeltes Relief-Stb, Stb in jede der nächsten 3 M, nächste 3 M überspringen, (3 Doppel-Stb, 1 Luft-M, Stb, 1 Luft-M, 3 Doppel-Stb) in nächste M, nächste 3 M überspringen, Stb in jede der nächsten 3 M, vorderes Relief-Stb um nächstes vorderes doppeltes Relief-Stb, Stb in jede der nächsten 82 (90, 98, 102) M, mit Kett-M in 1. M verbinden = 102 (110, 119, 123) M.

11.–14. Rd noch 1x wdh.

11.–13. Rd noch 1x wdh, abmaschen und mit Rückenteil unten und Schritt fortfahren **H**.

RÜCKENTEIL UNTEN UND SCHRITT

16 (18, 20, 21) Stb vom 1. vorderen doppelten Relief-Stb des Vorderteils rechts überspringen und MM in der nächsten M anbringen, 16 (18, 20, 21) Stb vom zweiten vorderen doppelten Relief-Stb des Vorderteils links überspringen und MM in der nächsten M anbringen; **I**.

1. R (RS): 1 Luft-M, Stb in 1. markierte M und in jede M bis zur nächsten markierten M, Stb in markierte M, wenden = 53 (57, 62, 64) M **J**.

2. R (LS): 1 Luft-M, Stb in 1. M, 2x 2 Stb zus, Stb in jede nächste M bis letzte 5 M, 2x 2 Stb zus, Stb in letzte M, wenden = 49 (53, 58, 60) M.

2. R noch 9x (10x, 11x, 12x) wdh = 13 (13, 14, 12) M.

Nicht abmaschen, sondern mit dem Rand fortfahren **K**.

RAND

1. Rd (RS): 1 Luft-M, 3 Stb in 1. M, Stb gleichmäßig um das Unterteil arbeiten, Stb in jede M am Vorderteil arbeiten und Stb gleichmäßig an der anderen Seite des Unterteils arbeiten, 4 Stb an der Ecke des Schritts und in jede M des Schritts, Stb in die gleiche M wie die ersten 3 Stb und mit Kett-M in 1. M verbinden; (Maschenzahl ist hier nicht wichtig, muss jedoch gerade sein); **L**.

2. Rd (RS): 1 Luft-M, (vorderes Relief-Stb um nächstes Stb, hinteres Relief-Stb um nächstes Stb) bis Ende, mit Kett-M in 1. M verbinden.

3. Rd (RS): Im unteren Bereich des Schritts zwei Knopflöcher arbeiten, zwei hintere Relief-Stb wie im Foto **M** markieren, 1 Luft-M, vorderes Relief-Stb um 1. vorderes Relief-Stb, hinteres Relief-Stb um nächstes hinteres Relief-Stb, vorderes Relief-Stb um nächstes vorderes Relief-Stb, *1 Luft-M, markiertes hinteres Relief-Stb überspringen, (vorderes Relief-Stb um nächstes vorderes Relief-Stb, hinteres Relief-Stb um nächstes hinteres Relief-Stb) bis zum nächsten markierten hinteren Relief-Stb; von * noch 1x wdh, weiter (vorderes Relief-Stb um nächstes vorderes Relief-Stb, hinteres Relief-Stb um nächstes hinteres Relief-Stb) bis Ende arbeiten, mit Kett-M in 1. M verbinden.

4. Rd (RS): 1 Luft-M, vorderes Relief-Stb um jedes vordere Relief-Stb, hinteres Relief-Stb um jedes hintere Relief-Stb bis Ende, fM in jede Luft-M für Knopflöcher, mit Kett-M in 1. M verbinden, abmaschen **N**.

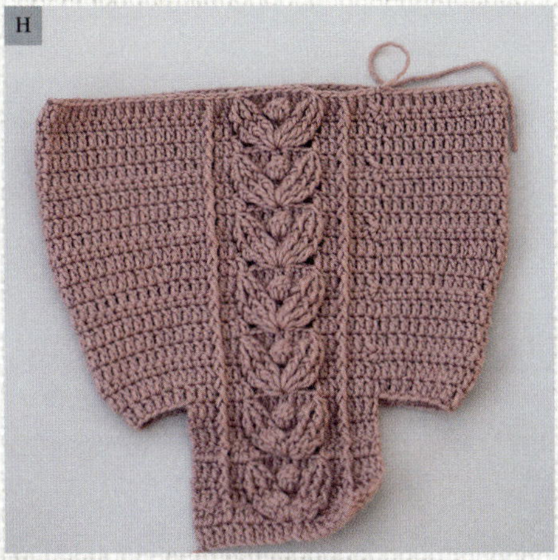

H

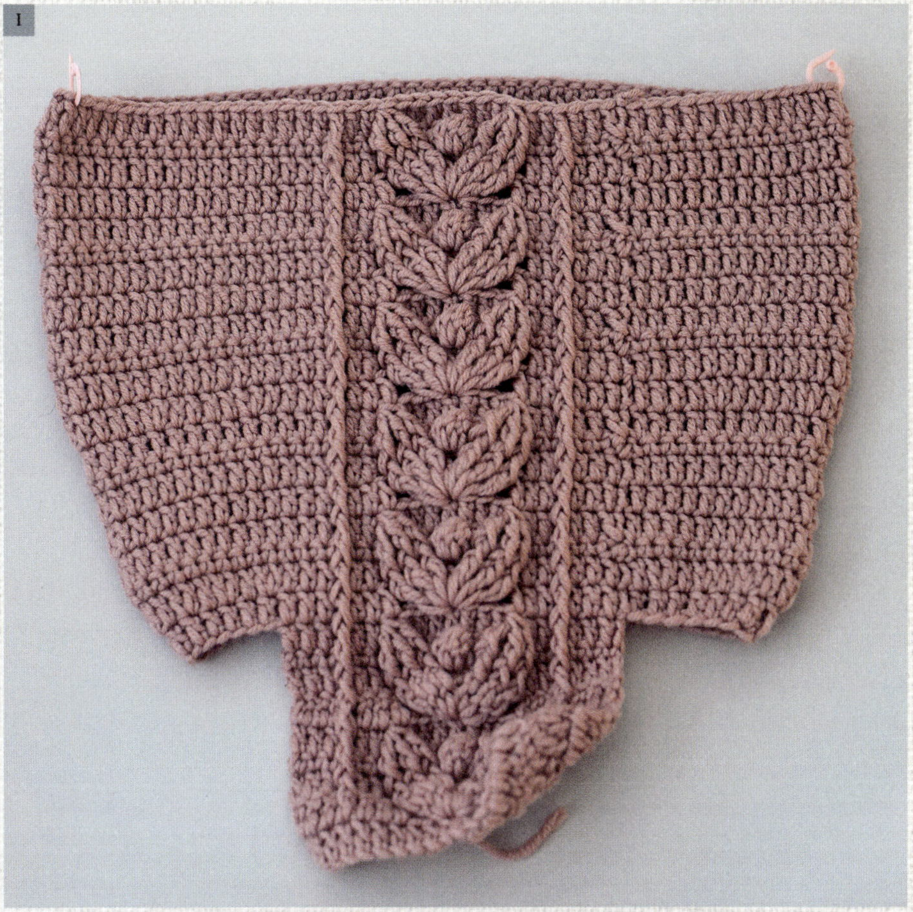

I

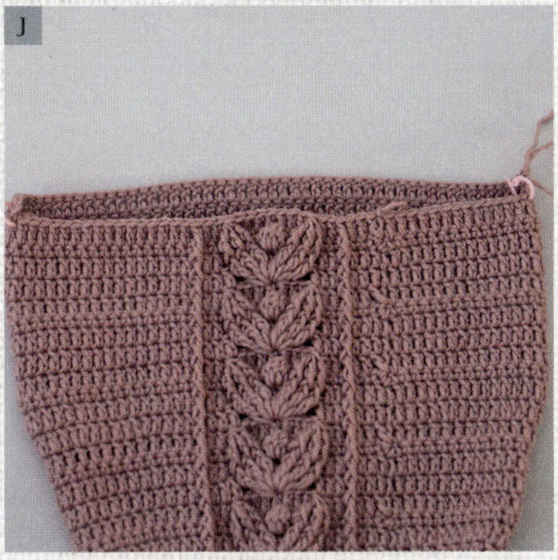

J

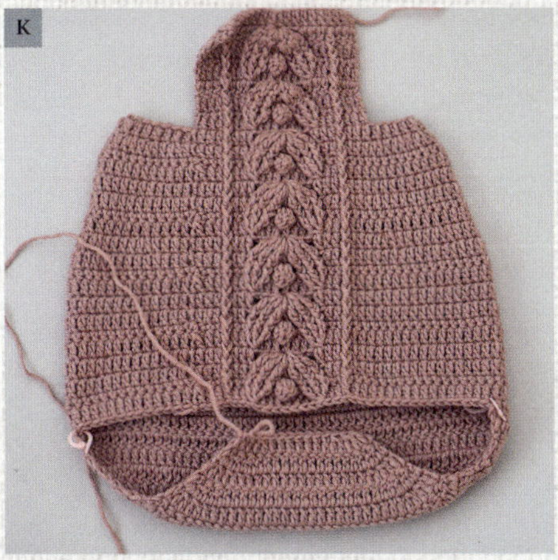

K

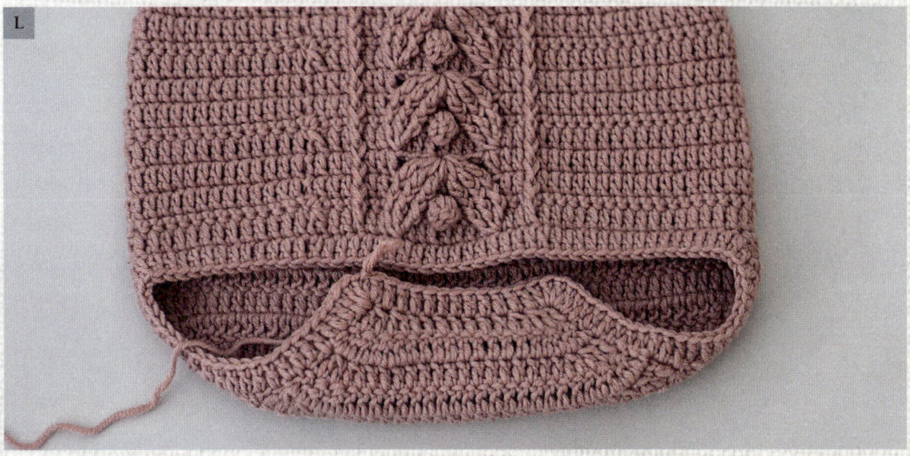

L

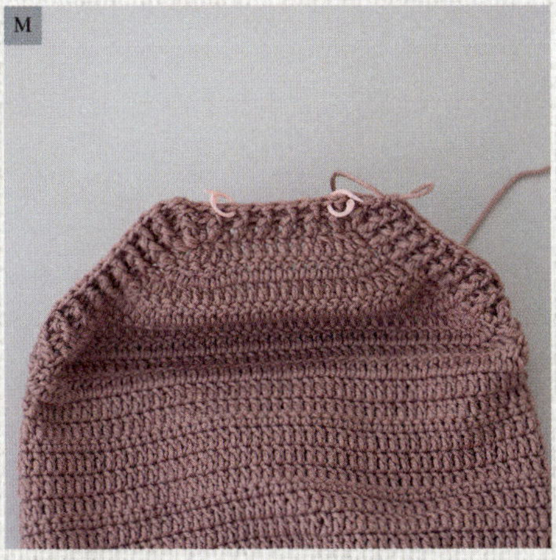

M

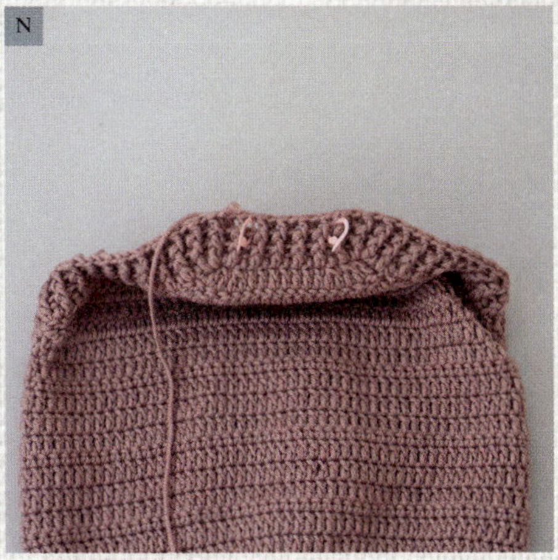

N

Die Stäbchen am Rand dicht arbeiten, damit sich die Arbeit leicht wellt.

VORDERER RAND

Garn in der 1. M des vorderen Latzes anbringen und wie folgt arbeiten:

1. Rd (RS): 1 Luft-M, 3 Stb in 1. M, *vorderes Relief-Stb um nächste M, hinteres Relief-Stb um nächste M; von * bis letzte 2 M wdh, vorderes Relief-Stb um nächste M, 4 Stb in letzte M, 15 (15, 20, 20) Stb gleichmäßig an der Seite des Latzes arbeiten; von * entlang dem Rückenteil wdh, 15 (15, 20, 20) Stb gleichmäßig an der anderen Seite des Latzes arbeiten, dabei letzte M in gleiche M wie erste 3 Stb arbeiten, mit Kett-M in 1. M verbinden = 98 (102, 118, 120) M **O**.

2. Rd (RS): 1 Luft-M, hinteres Relief-Stb um 1. Stb, *vorderes Relief-Stb um nächstes Stb, hinteres Relief-Stb um nächstes Stb; von * bis Ende wdh, mit Kett-M in 1. M verbinden, abmaschen.

TRÄGER

14 (16, 16, 16) M vom vorderen Latz überspringen, Faden in nächster M anbringen und wie folgt arbeiten **P**.

1. R: 1 Luft-M, Stb in 1. und in jede der nächsten 4 (4, 6, 6) M, wenden = 5 (5, 7, 7) M **Q**.

1. R noch 13x (14x, 17x, 18x) oder bis zur gewünschten Länge wdh.

Nächste R: 1 Luft-M, Stb in 1. und in nächste 1 (1, 2, 2) M, 1 Luft-M, nächste M überspringen, Stb in jede der nächsten 2 (2, 3, 3) M, wenden = 5 (5, 7, 7) M.

Letzte R: 1 Luft-M, fM in 1. und in jede der nächsten M einschließlich 1-Luft-M-Lck, abmaschen **R**.

7 (7, 7, 9) M vom ersten Träger überspringen, Faden in nächster M anbringen und den zweiten Träger wie den 1. arbeiten, abmaschen **S**.

RÜSCHE

Faden im 1. vorderen Relief-Stb des vorderen Latzes anbringen und wie folgt arbeiten:

1. R (RS): Stb in 1. M **T**, 3 Stb um gleiches vorderes Relief-Stb, 4 Stb um jedes nächste vordere Relief-Stb oder vorderes doppeltes Relief-Stb bis Ende, wenden **U**.

2. R (LS): 1 Luft-M, Stb in 1. M, *1 Luft-M, Stb in nächste M; von * bis Ende wdh, wenden.

3. R (RS): 1 Luft-M, fM in 1. Stb, *1 Luft-M, nächste 1 Luft-M überspringen, fM in nächstes Stb; von * bis Ende wdh, abmaschen **V**.

Für zweite Rüsche Faden in 1. vorderen Relief-Stb unten am Strampler anbringen und 1.–3. R wie für die erste Rüsche wdh, abmaschen **W** **X**.

FERTIGSTELLEN

Alle Fäden vernähen (siehe »Techniken zum Fertigstellen«, Seite 142).

Die Knöpfe am vorderen Latz annähen (siehe »Techniken zum Fertigstellen«), dabei wie auf Foto **Y** durch den Latz und das Ende der Rüsche arbeiten. Unten ebenso vorgehen, siehe Foto **Z**.

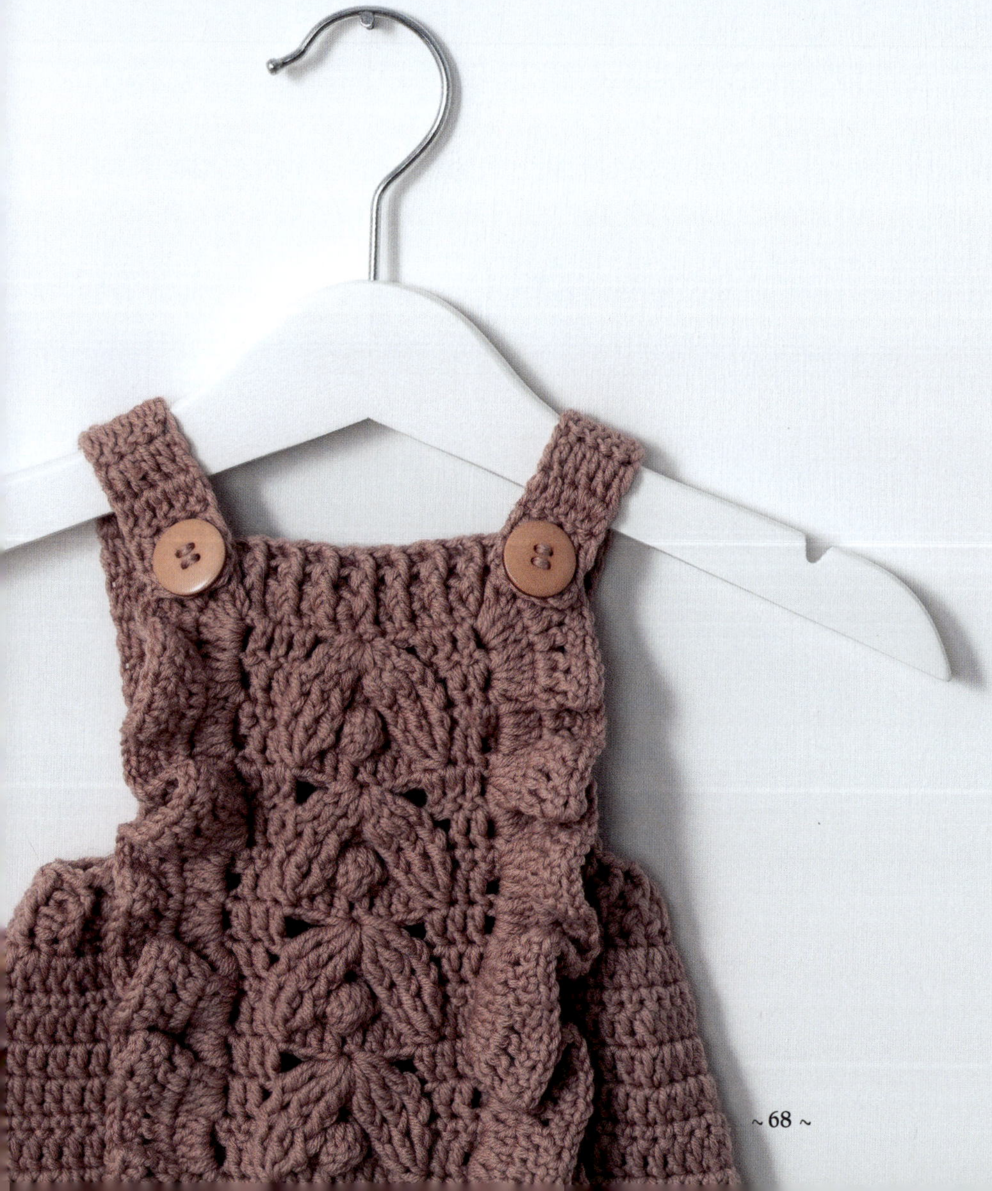

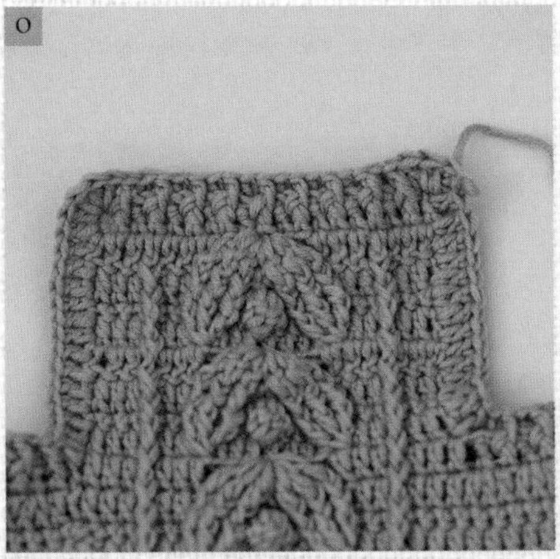
O

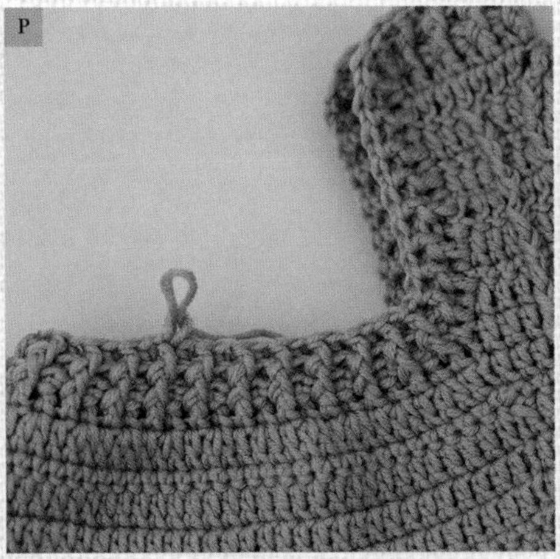
P

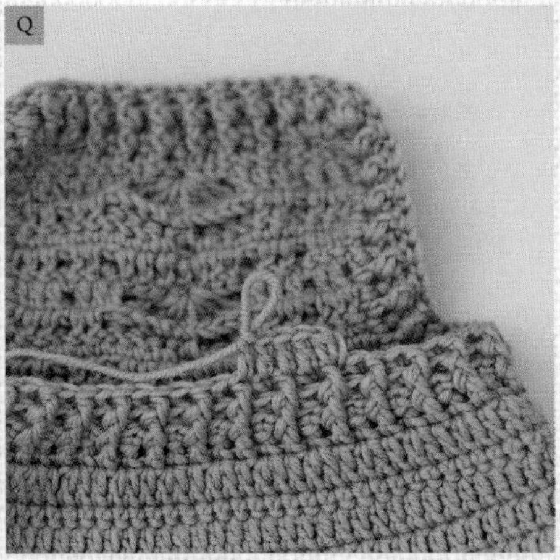
Q

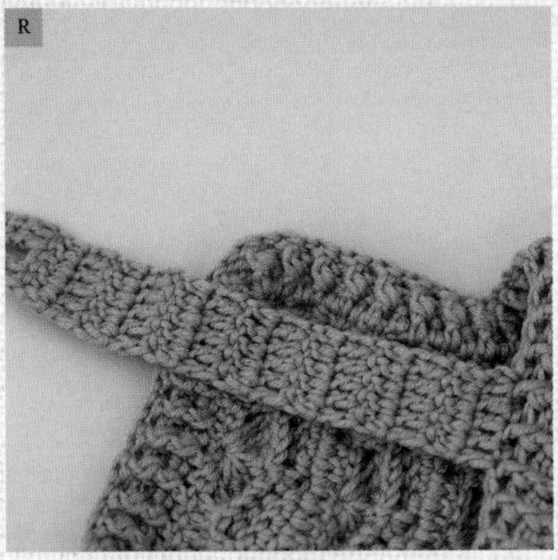
R

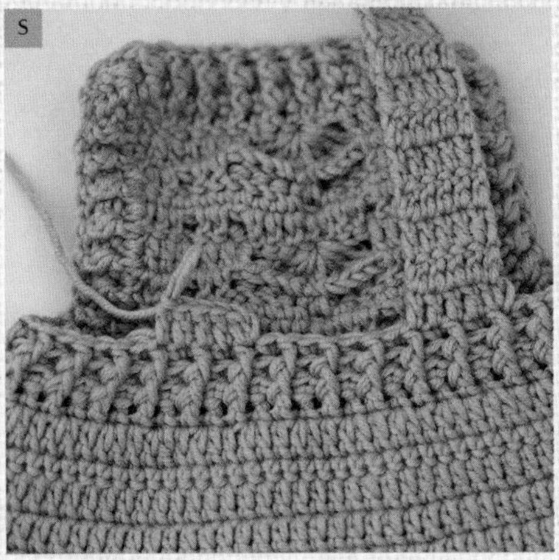
S

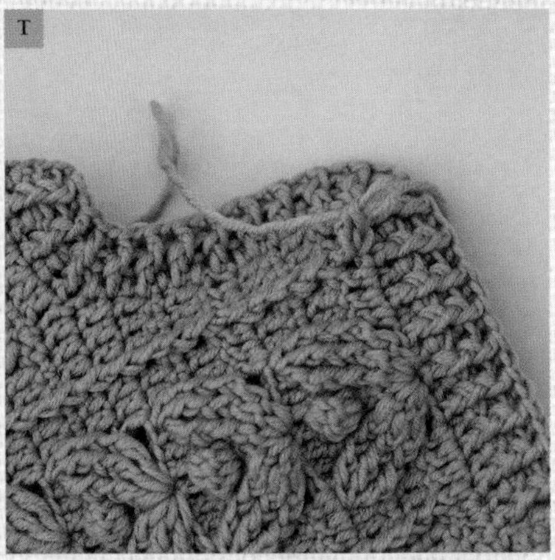
T

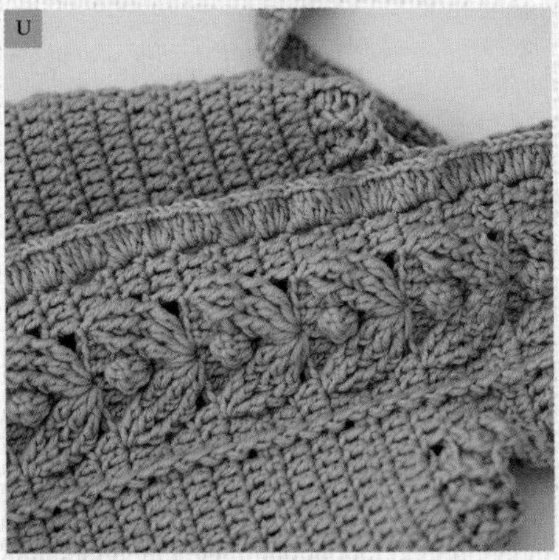
U

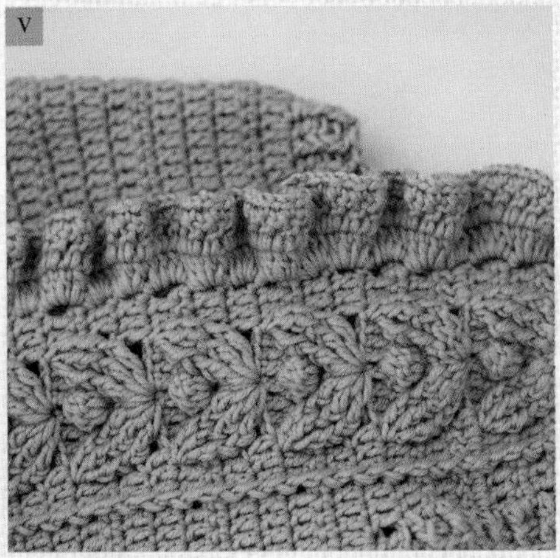
V

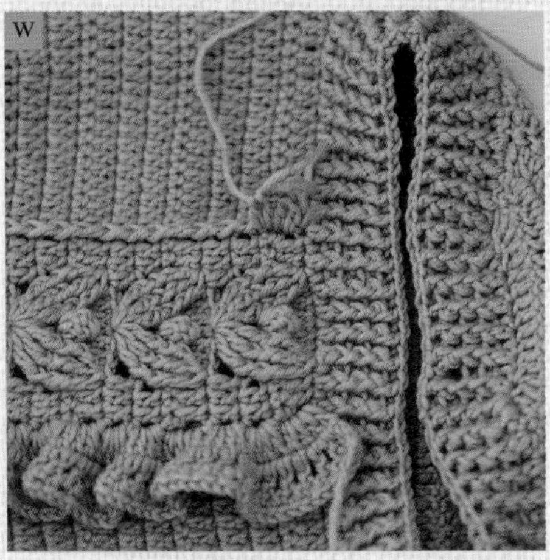
W

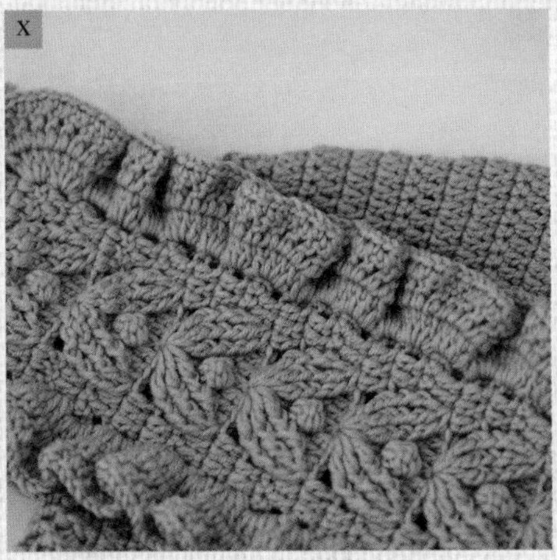
X

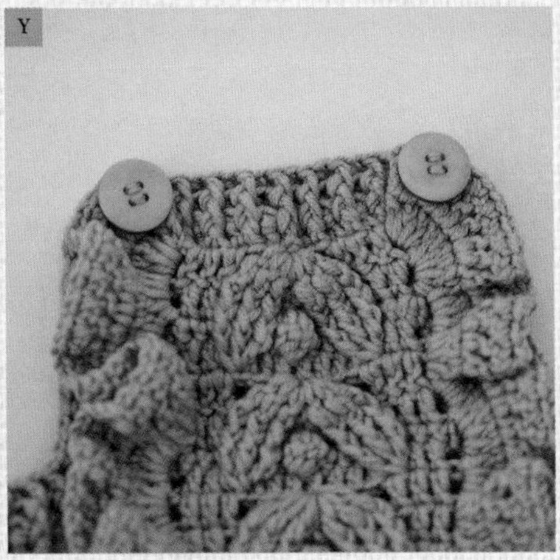
Y

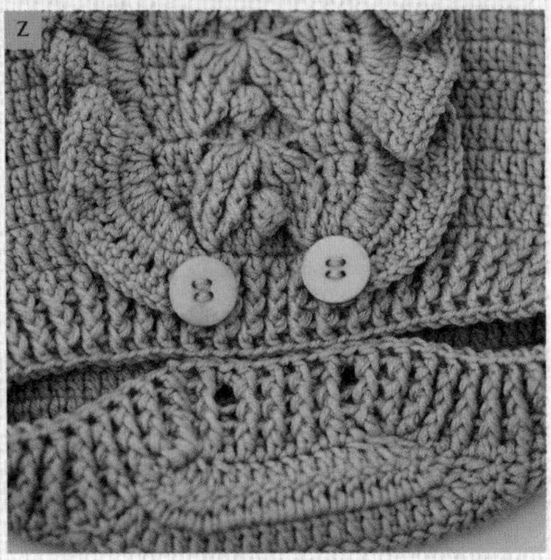
Z

~★★☆~

KLASSISCHES MÜTZCHEN

Ein Mützchen ist ein sehr niedliches Accessoire für die Garderobe deines Babys, kann aber auch bei Kleinkindern süß aussehen. Ich habe dafür Sockengarn verwendet, damit es leicht und kuschelig wird. Man kann natürlich für ein dickeres, wärmeres Mützchen dickeres Garn nehmen. Dann muss man nur daran denken, die Maschenprobe zu überprüfen.

GRÖSSE UND MASSE DER FERTIGEN ARBEIT

Größe	Kopfumfang	Tiefe	Höhe
0-6 Monate	38 cm	14 cm	15 cm
6-12 Monate	43 cm	16 cm	17 cm
1-2 Jahre	45 cm	17 cm	18 cm
3-4 Jahre	48 cm	18 cm	20 cm

MASCHENPROBE

22 M und 10 R = 10 cm x 10 cm mit Stb und 3-mm-Häkelnadel (oder Nadel anderer Stärke, um die richtige Maschenprobe zu erhalten)

BESONDERE MASCHEN

Vorderes Relief-Stb, hinteres Relief-Stb, Büschel-M (4-Stb-Noppe), vordere Relief-M, 3 vordere Relief-Stb zus (siehe Seiten 134–141)

MATERIAL

- Empfohlenes Garn: Katia United Socks, 75 % Wolle, 25 % Polyamid (LL 100 m/25 g), Fb 14, benötigte Menge 120 (160, 200, 240) m
- 3-mm-Häkelnadel (oder Nadel anderer Stärke, um die richtige Maschenprobe zu erhalten)

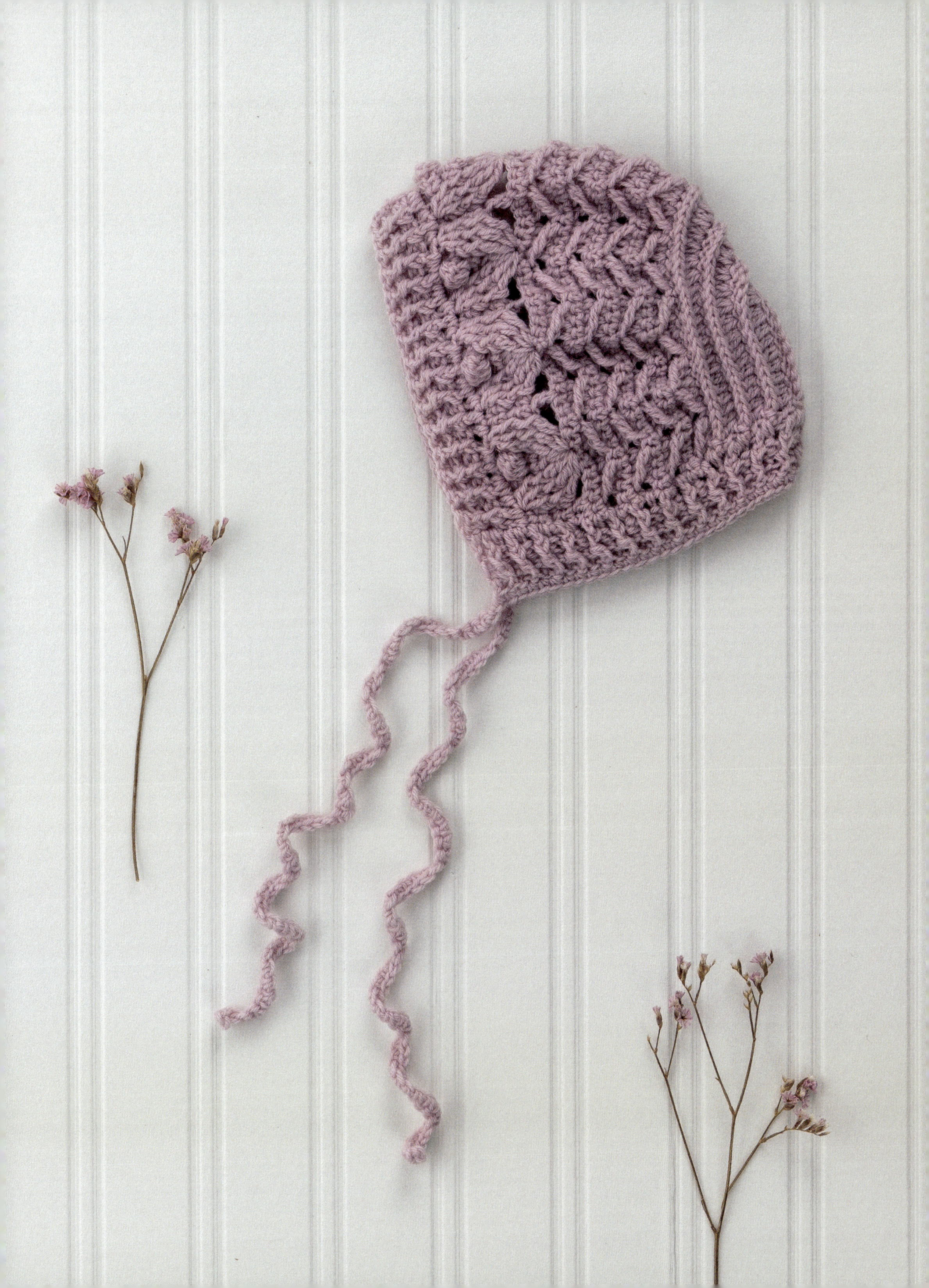

Anleitung ist für Größe 0–6 Monate geschrieben, Angaben für 6–12 Monate, 1–2 Jahre und 3–4 Jahre in Klammern.

1 Luft-M zu Beginn jeder Runde zählt nicht als Masche.

HINTERKOPF UND ERSTER ABSCHNITT

1. R (RS): 11 (13, 15, 17) Luft-M, Stb in 4. Luft-M ab Häkelnadel (3 Luft-M zählen hier und im Folgenden als 1. Stb), Stb in jede nächste Luft-M bis letzte Luft-M, 7 Stb in letzte Luft-M, Arbeit drehen und auf der gegenüberliegenden Seite in verbleibende Schlaufe der Luftmaschenkette arbeiten, Stb in jede der nächsten 8 (10, 12, 14) M, wenden = 23 (27, 31, 35) M **A**.

2. R (LS): 1 Luft-M, fM in 1. M, vordere Relief-M um jede der nächsten M bis letzte M, fM in letzte M, wenden = 23 (27, 31, 35) M **B**.

3. R (RS): 1 Luft-M, aber auf Höhe eines Stb ziehen (hier und im Folgenden, wenn die nächste M ein Stb ist), Stb in 1. M und in jede der nächsten 7 (9, 11, 13) M, 2 Stb in jede der nächsten 7 M, Stb in jede der nächsten 8 (10, 12, 14) M, wenden = 30 (34, 38, 42) M **C**.

4. R (LS): 1 Luft-M, fM in 1. M, vordere Relief-M um jede nächste M bis letzte M, fM in letzte M, wenden = 30 (34, 38, 42) M.

5. R (RS): 1 Luft-M, Stb in 1. M und in jede der nächsten 7 (9, 11, 13) M, 2 Stb in jede der nächsten 14 M, Stb in jede der nächsten 8 (10, 12, 14) M, wenden = 44 (48, 52, 56) M **D**.

6. R (LS): 1 Luft-M, fM in 1. M, vordere Relief-M um jede nächste M bis letzte M, fM in letzte M, wenden = 44 (48, 52, 56) M.

7. R (RS): 1 Luft-M, Stb in 1. M und in jede der nächsten 15 (16, 17, 18) M, 2 Stb in jede der nächsten 12 (14, 16, 18) M, Stb in jede der nächsten 16 (17, 18, 19) M, wenden = 56 (62, 68, 74) M **E**.

8. R (LS): 1 Luft-M, fM in 1. M, vordere Relief-M um jede nächste M bis letzte M, fM in letzte M, wenden = 56 (62, 68, 74) M.

9. R (RS): 1 Luft-M, Stb in 1. M, *nächste 2 M überspringen, Doppel-Stb in nächste M **F**, hinter gerade gearbeitetem Doppel-Stb 2 Stb in 1. übersprungene M arbeiten, Stb in nächste übersprungene M **G**, nächste M überspringen, 2 Stb in nächste M, Stb in nächste M **H**, Doppel-Stb in übersprungene M vor gerade gearbeitete 3 Stb; **I**; von * bis letzte M wdh, Stb in letzte M, wenden = 74 (82, 90, 98) M **J**.

10. R (LS): 1 Luft-M, fM in 1. M und in jede nächste M bis Ende, wenden = 74 (82, 90, 98) M.

11. R (RS): 1 Luft-M, Stb in 1. M, * nächste 3 M überspringen, Doppel-Stb in nächste M, hinter gerade gearbeitetem Doppel-Stb Stb in jede übersprungene M arbeiten, nächste M überspringen, Stb in jede der nächsten 3 M, Doppel-Stb in übersprungene M vor gerade gearbeitete 3 Stb; von * bis letzte M wdh, Stb in letzte M, wenden = 74 (82, 90, 98) M **K**.

12. R (LS): 1 Luft-M, fM in 1. M und in jede nächste M bis Ende, wenden = 74 (82, 90, 98) M.

11. und 12. R noch 2x (3x, 3x, 4x) wdh, in letzter R für Größe 0-6 Monate um 1 M abn, für Größen 6-12 Monate, 1-2 Jahre und 3-4 Jahre gleichmäßig um (1, 3, 5) M abn = 73 (83, 93, 103) M, mit zweitem Abschnitt und Bündchen vorn fortfahren.

A
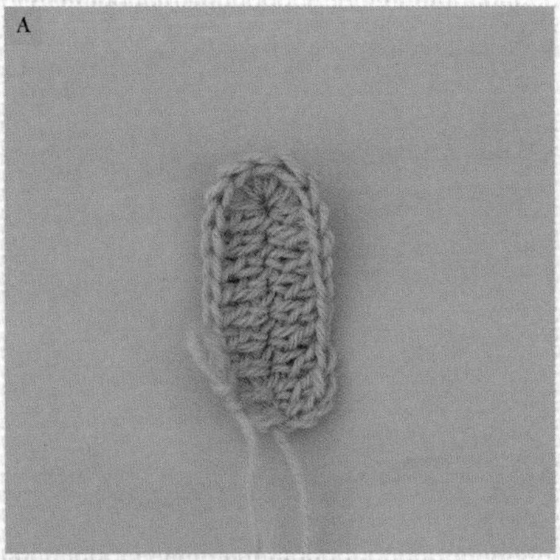

B
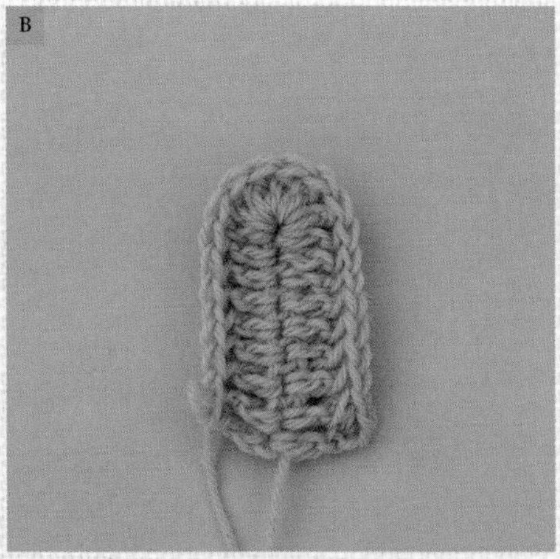

C
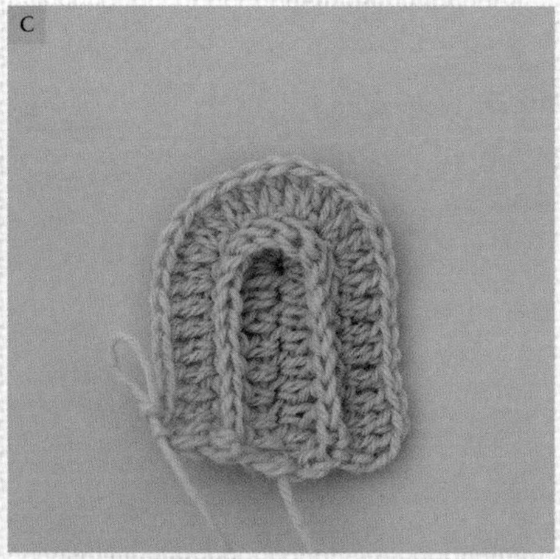

D
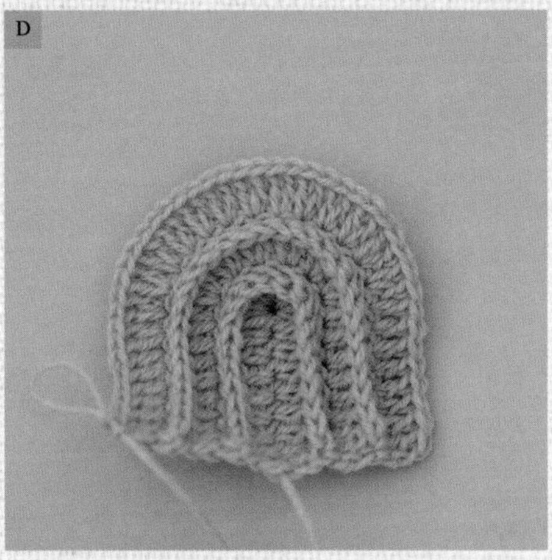

E
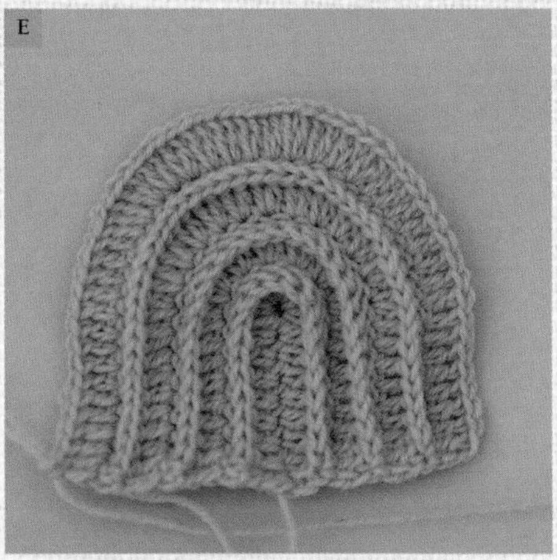

F
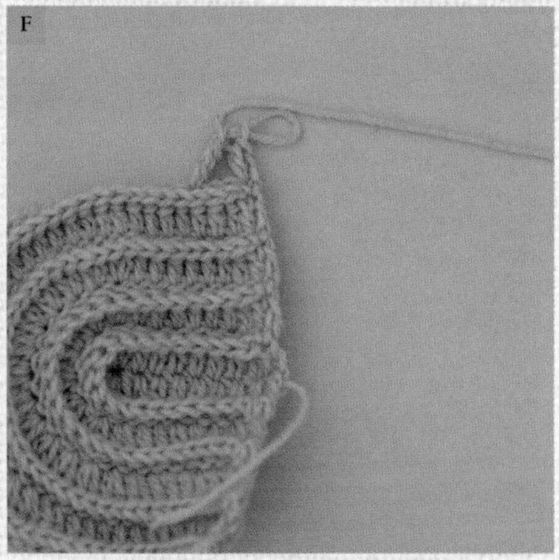

G
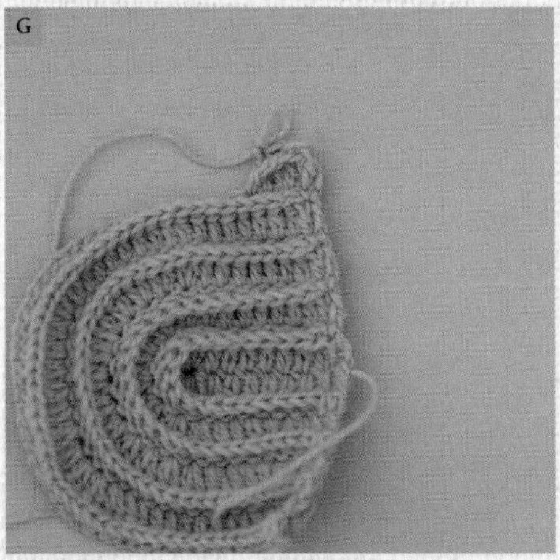

H
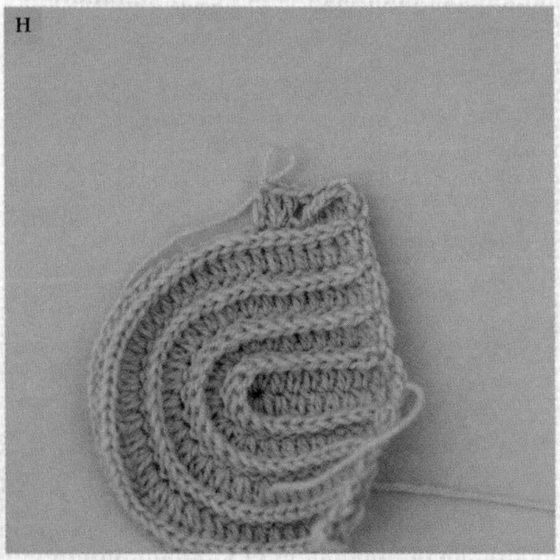

I
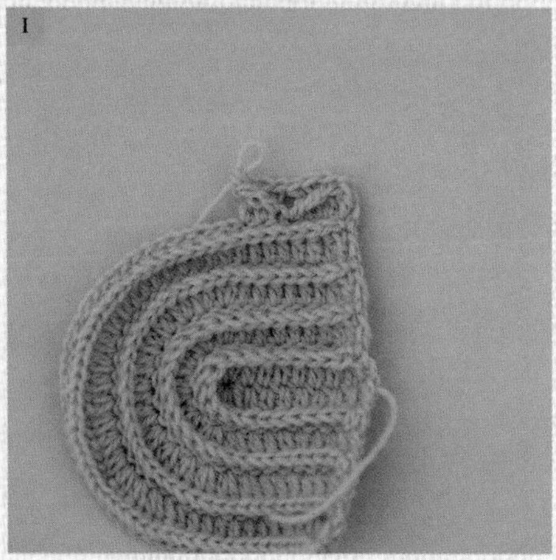

J
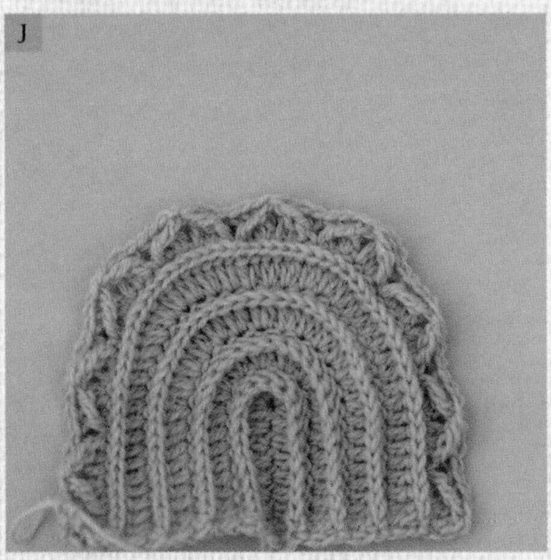

K
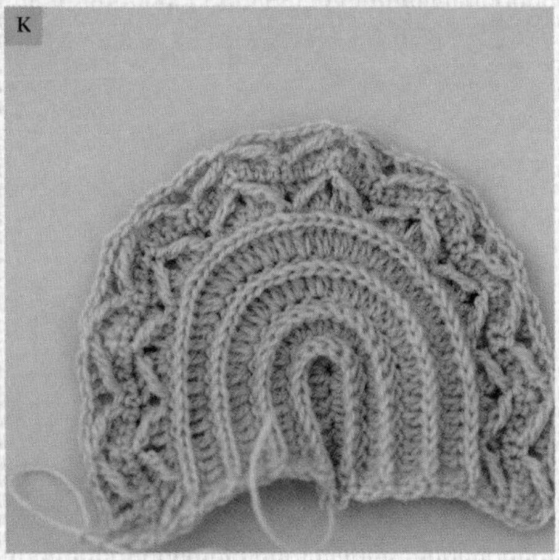

Das Mützchen ist schnell fertig und ein hübsches Geschenk für ein Neugeborenes.

ZWEITER ABSCHNITT UND VORDERES BÜNDCHEN

1. R (RS): 1 Luft-M, Stb in 1. und in nächste M, * nächste 4 M überspringen, (3 Doppel-Stb, 1 Luft-M, Stb, 1 Luft-M, 3 Doppel-Stb) in nächste M, nächste 4 M überspringen, Stb in nächste M; L; von * bis letzte M wdh, Stb in letzte M, wenden = 7 (8, 9, 10) Muscheln M;.

2. R (LS): 1 Luft-M, fM in 1. und in jede nächste M, fM in jede 1-Luft-M-Lck, wenden = 73 (83, 93, 103) M.

3. R (RS): 1 Luft-M, fM in 1. und in nächste M, *vorderes Relief-Stb um jedes der nächsten 3 Doppel-Stb eine R darunter, 1 Luft-M, nächste M überspringen, fM in nächste M, 1 Luft-M, nächste fM überspringen, vorderes Relief-Stb um jedes der nächsten 3 Doppel-Stb eine R darunter, fM in nächste M N;von * bis letzte M wdh, fM in letzte M, wenden = 73 (83, 93, 103) M einschließlich aller Luft-M.

4. R (LS): 1 Luft-M, fM in 1. und in jede der nächsten 4 M, *fM in nächste 1-Luft-M-Lck, Büschel-M in nächste fM, fM in nächste 1-Luft-M-Lck, fM in jede der nächsten 7 M; von * bis Ende wdh, aber bei letzter Wdh fM in jede der nächsten 5 M, wenden = 73 (83, 93, 103) M O.

5. R (RS): 1 Luft-M, fM in 1. und in nächste M, *3 vordere Relief-Stb zus um nächste 3 Doppel-Stb eine R darunter, 2 Luft-M, nächste 3 M überspringen, fM in nächste Büschel-M, 2 Luft-M, nächste 3 M überspringen, 3 vordere Relief-Stb zus um nächste 3 Doppel-Stb eine R darunter, fM in nächste M P;von * bis letzte M wdh, fM in letzte M, wenden = 73 (83, 93, 103) M einschließlich aller Luft-M.

6. R (LS): 1 Luft-M, Stb in 1. und in jede nächste M, 2 Stb in jede 2-Luft-M-Lck bis Ende, wenden = 59 (67, 75, 83) M Q;.

7. R (RS): 1 Luft-M, hStb in 1. M, *vorderes Relief-Stb um nächstes Stb, hinteres Relief-Stb um nächstes Stb; von * bis letzte 2 M wdh, vorderes Relief-Stb um nächste M, hStb in letzte M, wenden = 59 (67, 75, 83) M.

8. R (LS): 1 Luft-M, hStb in 1. M, vorderes Relief-Stb um jedes vordere Relief-Stb und hinteres Relief-Stb um jedes hintere Relief-Stb bis letzte M, hStb in letzte M = 59 (67, 75, 83) M, drehen und mit dem unteren Rand fortfahren.

UNTERER RAND

1. R (LS): 1 Luft-M, 55 (63, 63, 71) Stb gleichmäßig entlang häkeln, wenden. R, evtl. weniger M arbeiten, damit der untere Rand enger wird.

2. R (RS): 1 Luft-M, hStb in 1. M, *vorderes Relief-Stb um nächstes Stb, hinteres Relief-Stb um nächstes Stb; von * bis letzte 2 M wdh, vorderes Relief-Stb um nächstes Stb, hStb in letzte M, wenden = 55 (63, 63, 71) M.

3. R (LS): 1 Luft-M, hStb in 1. M, vorderes Relief-Stb um jedes vordere Relief-Stb und hinteres Relief-Stb um jedes hintere Relief-Stb bis letzte M, hStb in letzte M = 55 (63, 63, 71) M.

4. R (RS): 61 Luft-M, fM in 2. Luft-M von Häkelnadel und in jede der nächsten Luft-M, fM in jede der nächsten M entlang dem unteren Rand S; 61 Luft-M, fM in 2. Luft-M ab Häkelnadel und in jede der nächsten Luft-M, Kett-M unten in letzte fM des unteren Teils T; abmaschen.

FERTIGSTELLEN

Alle Fäden vernähen (siehe »Techniken zum Fertigstellen«, Seite 142).

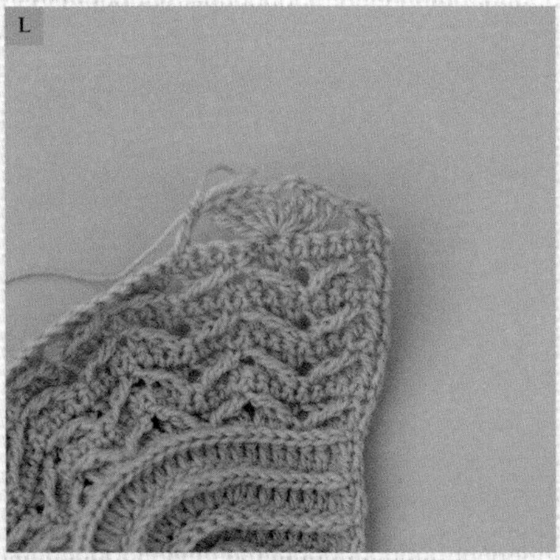
L

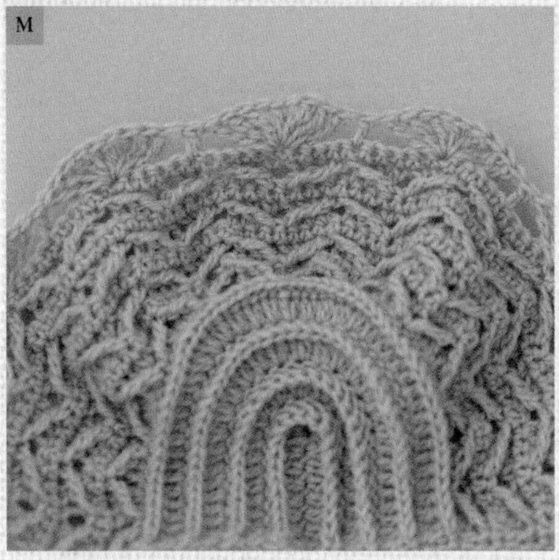
M

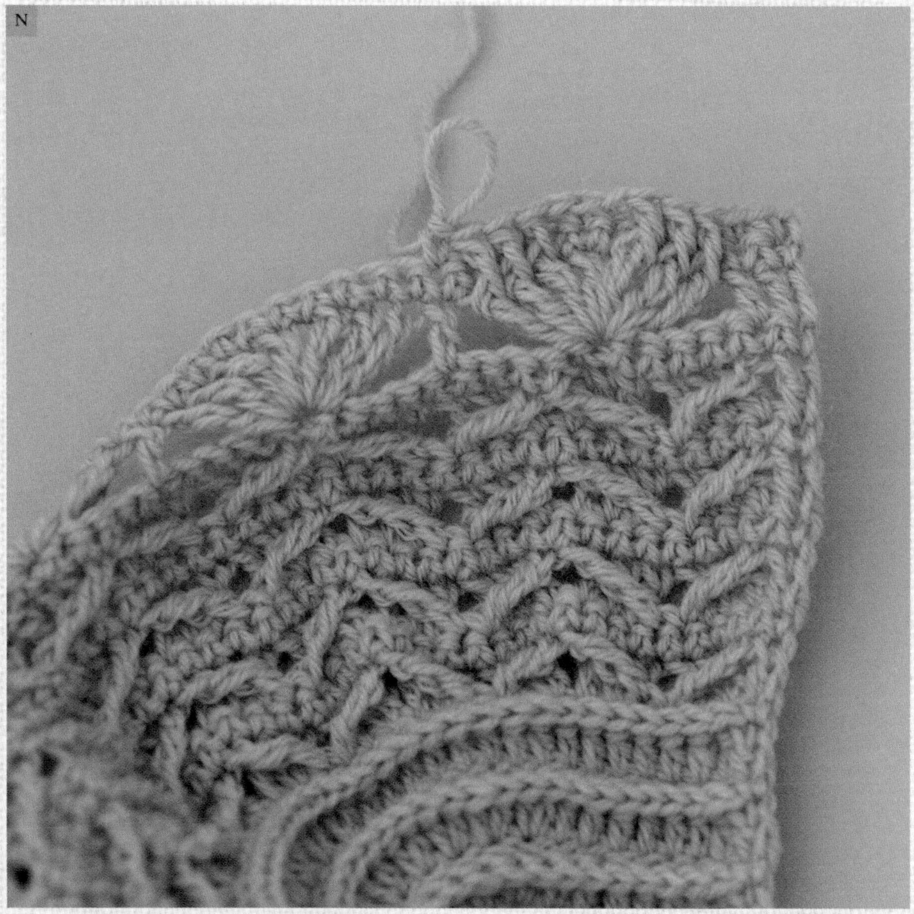
N

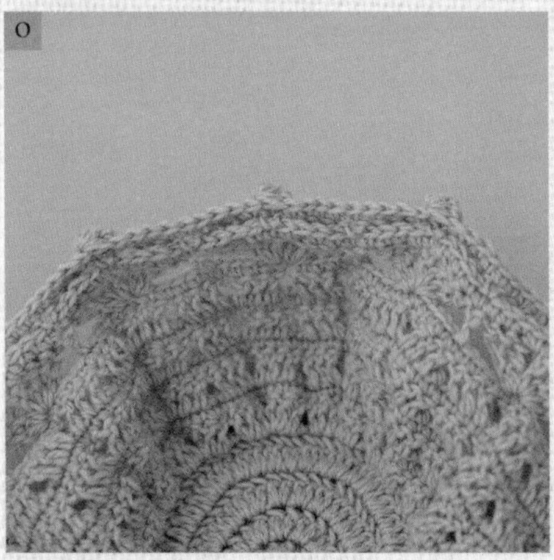
O

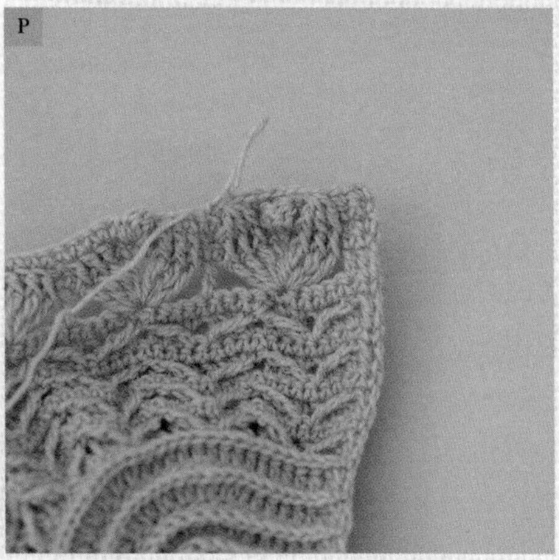
P

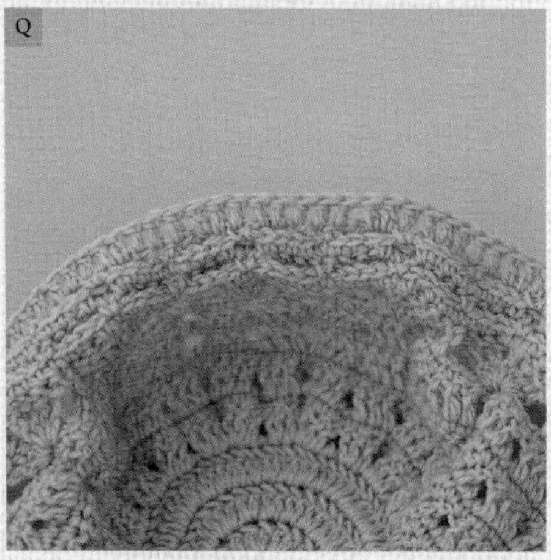
Q

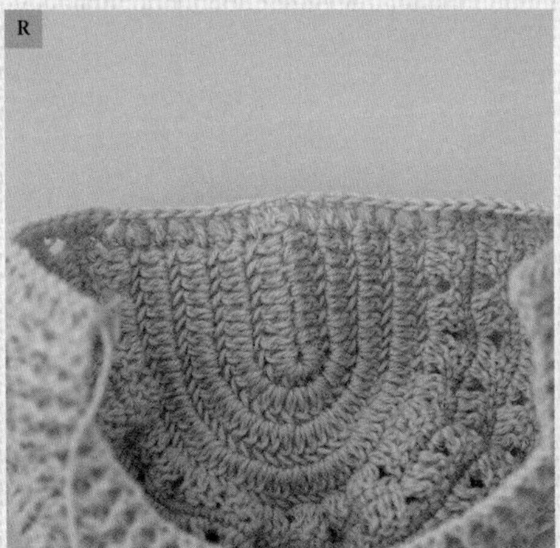
R

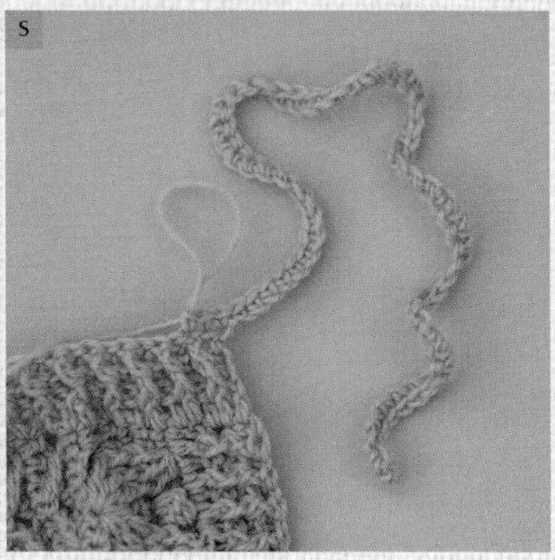
S

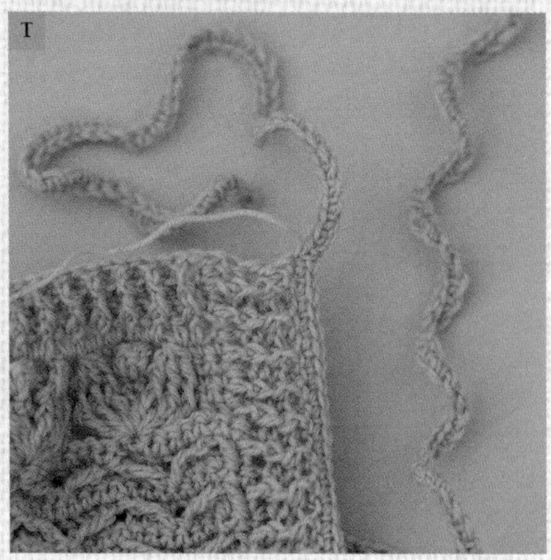
T

~★★☆~

GEMÜTLICHE DECKE

Bei dieser warmen, kuscheligen Decke kombiniere ich Maschen, die ich für andere Modelle in diesem Buch verwendet habe, weshalb sie eine wunderbare Ergänzung dazu ist. Wenn die Decke größer werden soll, brauchst du nur Maschen zur folgenden Anleitung hinzuzufügen - die Maschenzahl muss lediglich durch 8 teilbar sein.

GRÖSSE UND MASSE DER FERTIGEN ARBEIT

Größe	Länge x Breite
Einheitsgröße	80 x 80 cm

MASCHENPROBE

19 M und 9 R = 10 cm x 10 cm mit Stb und 3,5-mm-Häkelnadel (oder Nadel anderer Stärke, um die richtige Maschenprobe zu erhalten)

BESONDERE MASCHEN

Vorderes Relief-Stb, hinteres Relief-Stb, Büschel-M (4-Stb-Noppe), VM, überkreuzte Stb (siehe Seiten 134-141)

MATERIAL

- Empfohlenes Garn: Laines du Nord Holiday, 70 % Wolle, 30 % Acryl (LL 125 m/50 g), Fb 610, benötigte Menge 1250 m
- 3,5-mm-Häkelnadel (oder Nadel anderer Stärke, um die richtige Maschenprobe zu erhalten)

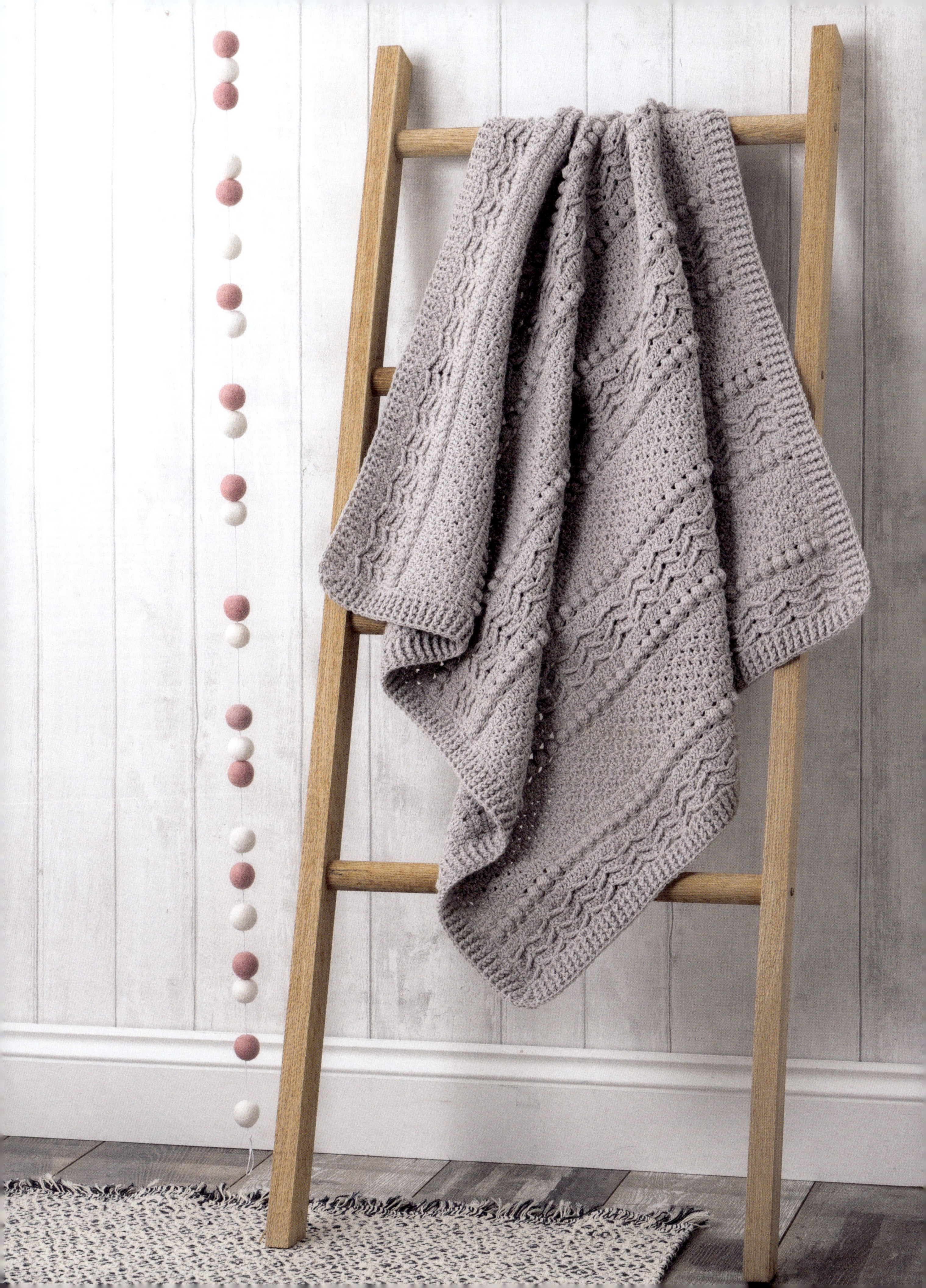

1 Luft-M zu Beginn jeder Runde zählt nicht als Masche.

DECKE

1. R (LS): 148 Luft-M, Stb in 4. Luft-M ab Häkelnadel (3 Luft-M zählen als 1. Stb) und in jede der nächsten Luft-M bis Ende, wenden = 146 M.

2. R (RS): 1 Luft-M (aber hier und im Folgenden auf die Höhe eines Stb ziehen, wenn die nächste M ein Stb ist), Stb in 1. M, * nächste 3 M überspringen, Doppel-Stb in nächste M **A**, hinter gerade gearbeitetes Doppel-Stb Stb in jede übersprungene M **B**, nächste M überspringen, Stb in jede der nächsten 3 M, Doppel-Stb in übersprungene M vor gerade gearbeitete 3 Stb **C**; von * bis letzte M wdh, Stb in letzte M, wenden = 146 M.

3. R (LS): 1 Luft-M, fM in 1. und in jede nächste M bis Ende, wenden = 146 M.

4. R (RS): 2. R wdh.

5. R (LS): 3. R wdh.

6. R (RS): 2. R wdh.

7. R (LS): 1 Luft-M, Stb in 1. und in jede nächste M bis Ende, wenden = 146 M.

8. R (RS): 1 Luft-M, Stb in 1. M, überkreuzte Stb bis letzte M, Stb in letzte M, wenden = 48 überkreuzte Stb, insgesamt 146 M einschließlich aller Luft-M **D**.

9. R (LS): 1 Luft-M, fM in 1. M, fM in nächste M, *Büschel-M in nächste 1-Luft-M-Lck, fM in jede der nächsten 2 M; von * bis Ende wdh, wenden = 146 M.

10. R (RS): 8. R wdh **E**.

11. R (LS): 1 Luft-M, Stb in 1. und in jede nächste M, Stb in jede 1-Luft-M-Lck bis Ende, wenden = 146 M.

12. R (RS): 1 Luft-M, fM in 1. M, * nächste M überspringen, VM in nächste M, nächste M überspringen, fM in nächste M; von * bis letzte M wdh, Stb in letzte M, wenden = 146 M.

13. R (LS): 1 Luft-M, fM in 1. M, 2 Stb in nächste fM, *nächstes Stb überspringen, fM in nächste 1-Luft-M-Lck, nächstes Stb überspringen, VM in nächste fM; von * bis Ende wdh, aber statt letzter VM 2 Stb in letzte fM arbeiten, wenden = 146 M **F**.

14. R (RS): 1 Luft-M, fM in 1. M, * nächstes Stb überspringen, VM in nächste fM, nächstes Stb überspringen, fM in nächste 1-Luft-M-Lck; von * bis letzte 5 M wdh, nächstes Stb überspringen, VM in nächste fM, nächstes Stb überspringen, fM in nächstes Stb, Stb in letzte M, wenden = 146 M.

15. R (LS): 13. R wdh.

16. R (RS): 14. R wdh.

17. R (LS): 13. R wdh.

18. R (RS): 14. R wdh.

19. R (LS): 1 Luft-M, Stb in 1. und in jede nächste M, Stb in jede 1-Luft-M-Lck bis Ende, wenden = 146 M.

20. R (RS): 1 Luft-M, Stb in 1. M, überkreuzte Stb bis letzte M, Stb in letzte M, wenden = 48 überkreuzte Stb, insgesamt 146 M einschließlich aller Luft-M.

21. R (LS): 1 Luft-M, fM in 1. M, fM in nächste M, *Büschel-M in nächste 1-Luft-M-Lck, fM in jede der nächsten 2 M; von * bis Ende wdh, wenden = 146 M.

22. R (RS): 20. R wdh.

23. R (LS): 1 Luft-M, Stb in 1. und in jede nächste M, Stb in jede 1-Luft-M-Lck bis Ende, wenden = 146 M.

2.–23. R noch 3x wdh.

2.–6. R noch 1x wdh **G**.

Letzte R (LS): 1 Luft-M, Stb in 1. und in jede nächste M bis letzte M, 6 Stb in letzte M und weiter Stb gleichmäßig um den Seitenrand der Decke bis zur letzten R arbeiten (etwa 2 Stb pro 1 cm), 5 Stb unten in das nächste Stb und mit Kett-M in nächstes Stb verbinden, abmaschen **H**.

Arbeit drehen, auf RS wenden und in das Stb verbinden; **I**, 5 Stb unten in das gleiche Stb und weiter Stb gleichmäßig entlang des seitlichen Rands der Decke bis zur letzten R arbeiten (etwa 2 Stb pro 1 cm), 5 Stb unten in 3 Luft-M (1. Stb der 1. R) arbeiten und mit Kett-M oben in 3 Luft-M verbinden **J**; jetzt sollte ein Rand aus Stb rund um die Decke und 6 Stb in jeder Ecke gehäkelt sein (Maschenzahl ist nicht wichtig, sollte jedoch gerade sein), nicht abmaschen, sondern mit Rand fortfahren.

RAND

1. Rd (RS): 1 Luft-M, vorderes Relief-Stb um 1. Stb, *hinteres Relief-Stb um nächstes Stb, vorderes Relief-Stb um nächstes Stb; von * bis letzte M wdh, hinteres Relief-Stb um letzte M, mit Kett-M in 1. M verbinden **K**.

2. Rd (RS): 1 Luft-M, vorderes Relief-Stb um 1. vorderes Relief-Stb, *hinteres Relief-Stb um nächstes hinteres Relief-Stb, vorderes Relief-Stb um nächstes vorderes Relief-Stb; von * bis letzte M wdh, aber in den Ecken (2 hintere Relief-Stb um nächstes hinteres Relief-Stb, vorderes Relief-Stb um nächstes vorderes Relief-Stb, 2 hintere Relief-Stb um nächstes hinteres Relief-Stb), hinteres Relief-Stb um letztes hinteres Relief-Stb, mit Kett-M in 1. M verbinden; **L**.

3. Rd (RS): 1 Luft-M, vorderes Relief-Stb um jedes vordere Relief-Stb, hinteres Relief-Stb um jedes hintere Relief-Stb, mit Kett-M in 1. M verbinden, abmaschen.

FERTIGSTELLEN

Alle Fäden vernähen (siehe »Techniken zum Fertigstellen«, Seite 142).

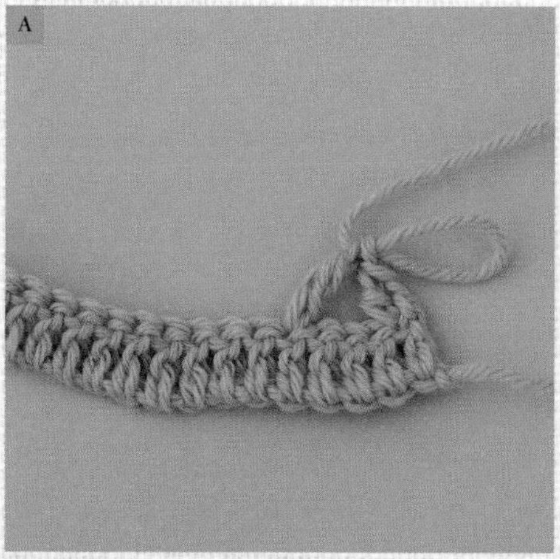
A

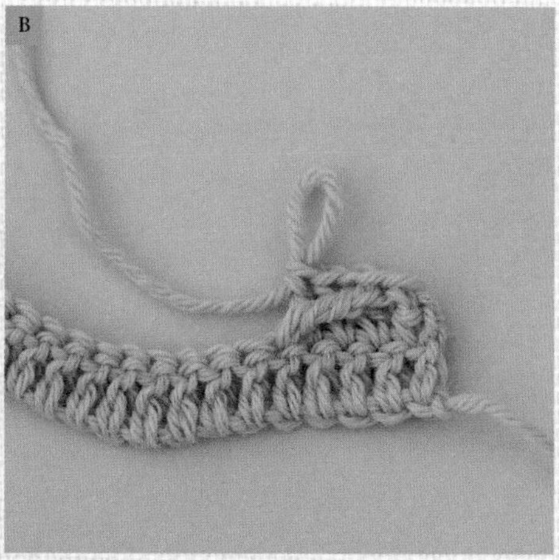
B

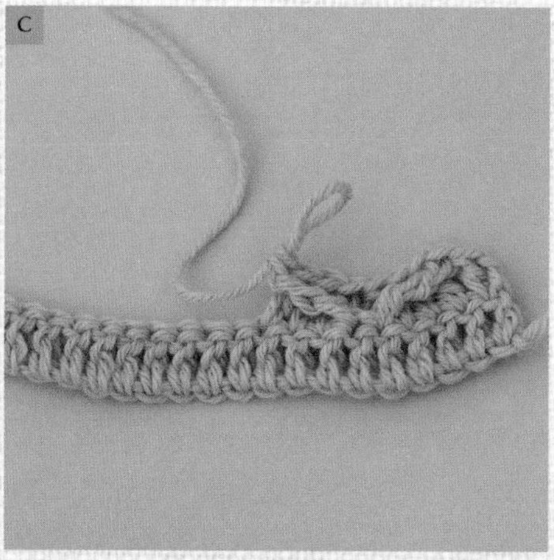
C

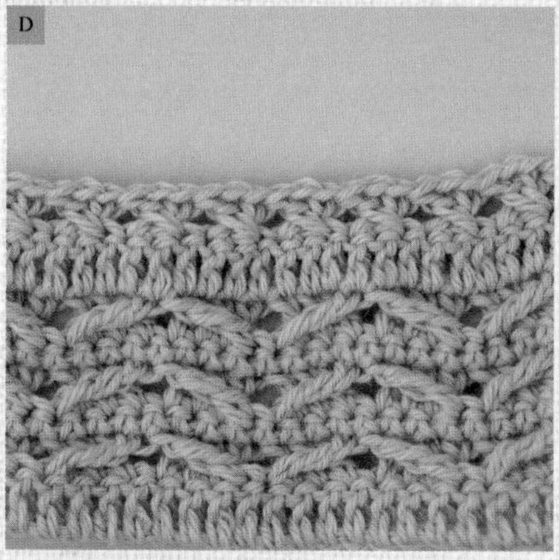
D

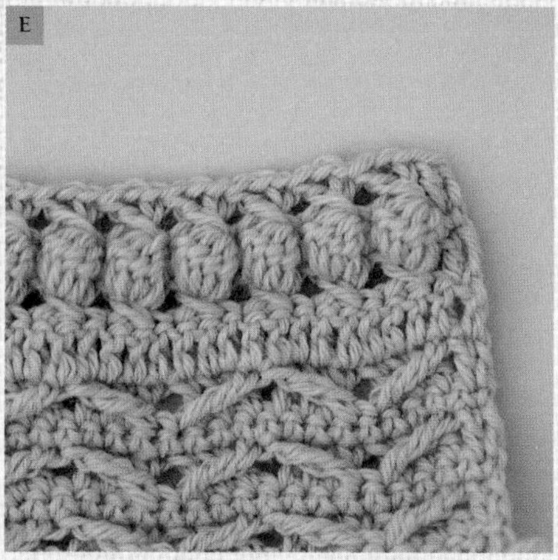
E

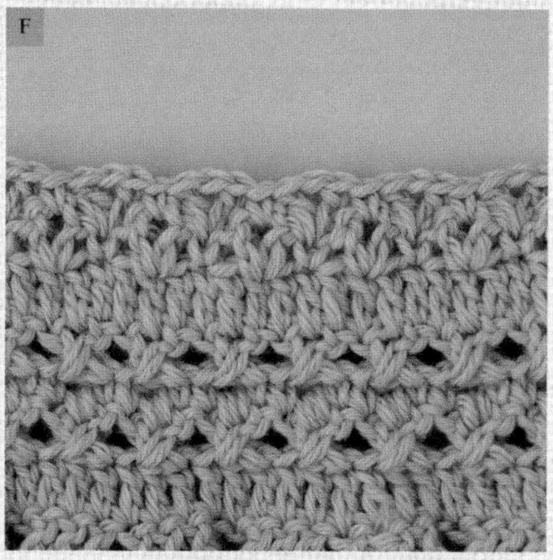
F

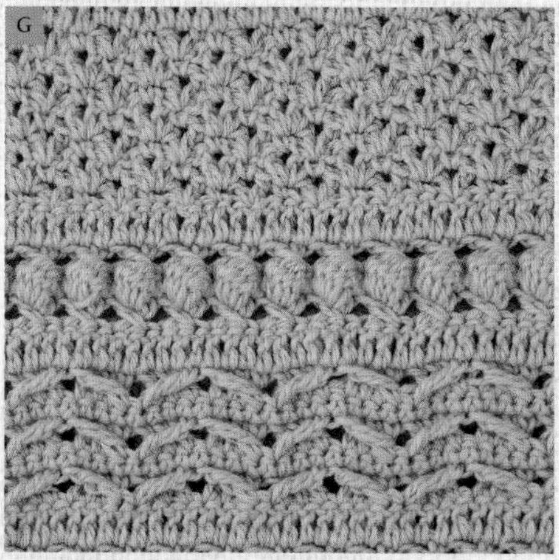
G

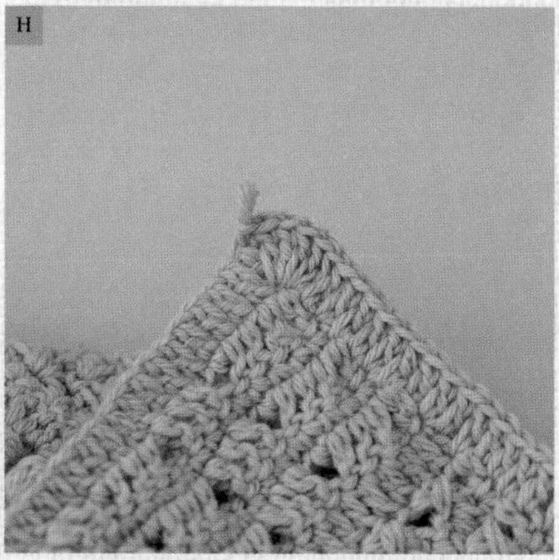
H

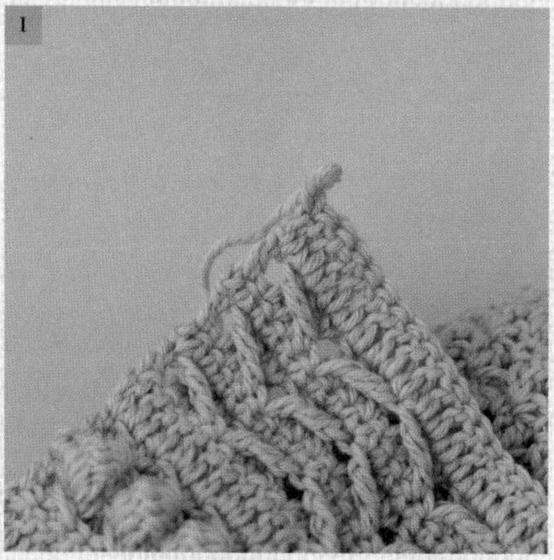
I

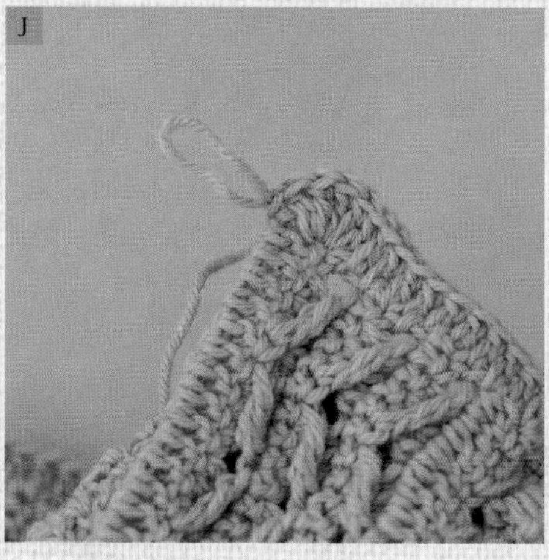
J

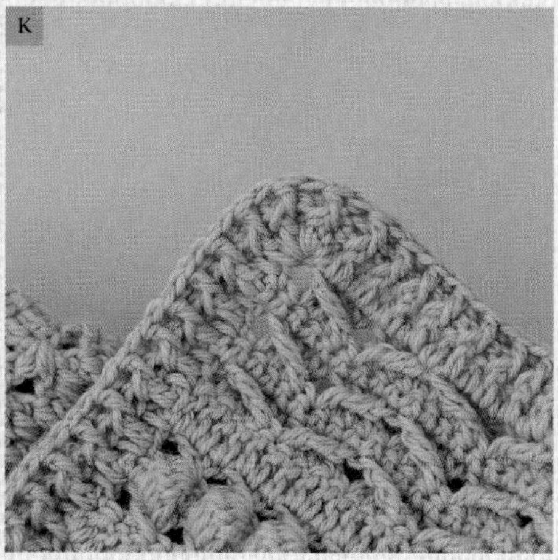
K

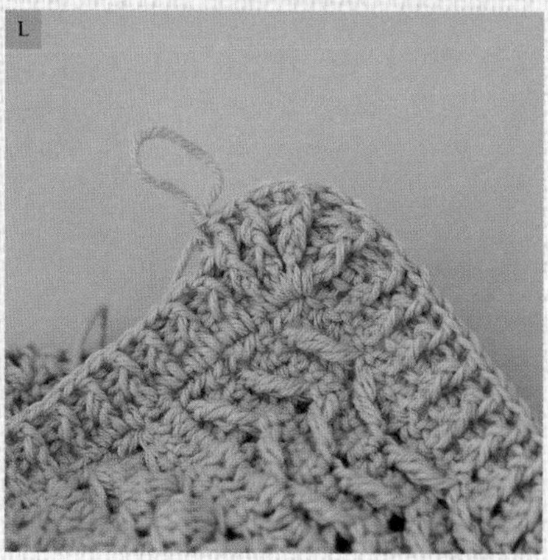
L

~★☆☆~

KUSCHEL-PULLI

Das weiche Merinogarn und das einfache Design machen diesen Pulli zum gemütlichen Oberteil für jeden Tag, und ist schnell für ein Abenteuer im Freien übergezogen. Der Kuschel-Pulli wird von oben nach unten gearbeitet und ist vollkommen nahtlos. Häkele ihn in der gewünschten Farbe – er ist für Jungen und Mädchen gleichermaßen schön.

GRÖSSE UND MASSE DER FERTIGEN ARBEIT

Größe	**Brust**	**Länge**	**Ärmellänge bis Achsel**
0–6 Monate	50 cm	27 cm	14 cm
6–12 Monate	54 cm	30 cm	18 cm
1–2 Jahre	61 cm	33 cm	22 cm
3–4 Jahre	66 cm	40 cm	26 cm

MASCHENPROBE

20 M und 10 R = 10 cm x 10 cm
mit Stb und 3,5-mm-Häkelnadel (oder Nadel anderer Stärke, um die richtige Maschenprobe zu erhalten)

BESONDERE MASCHEN

VM, vorderes Relief-Stb, hinteres Relief-Stb, 2 Stb zus (siehe Seiten 134–141)

MATERIAL

- Empfohlenes Garn: Katia Prime Merino, 100 % Schurwolle (LL 120 m/50 g), Fb 12, benötigte Menge 400 (528, 600, 720) m
- 3,5-mm-Häkelnadel (oder Nadel anderer Stärke, um die richtige Maschenprobe zu erhalten)

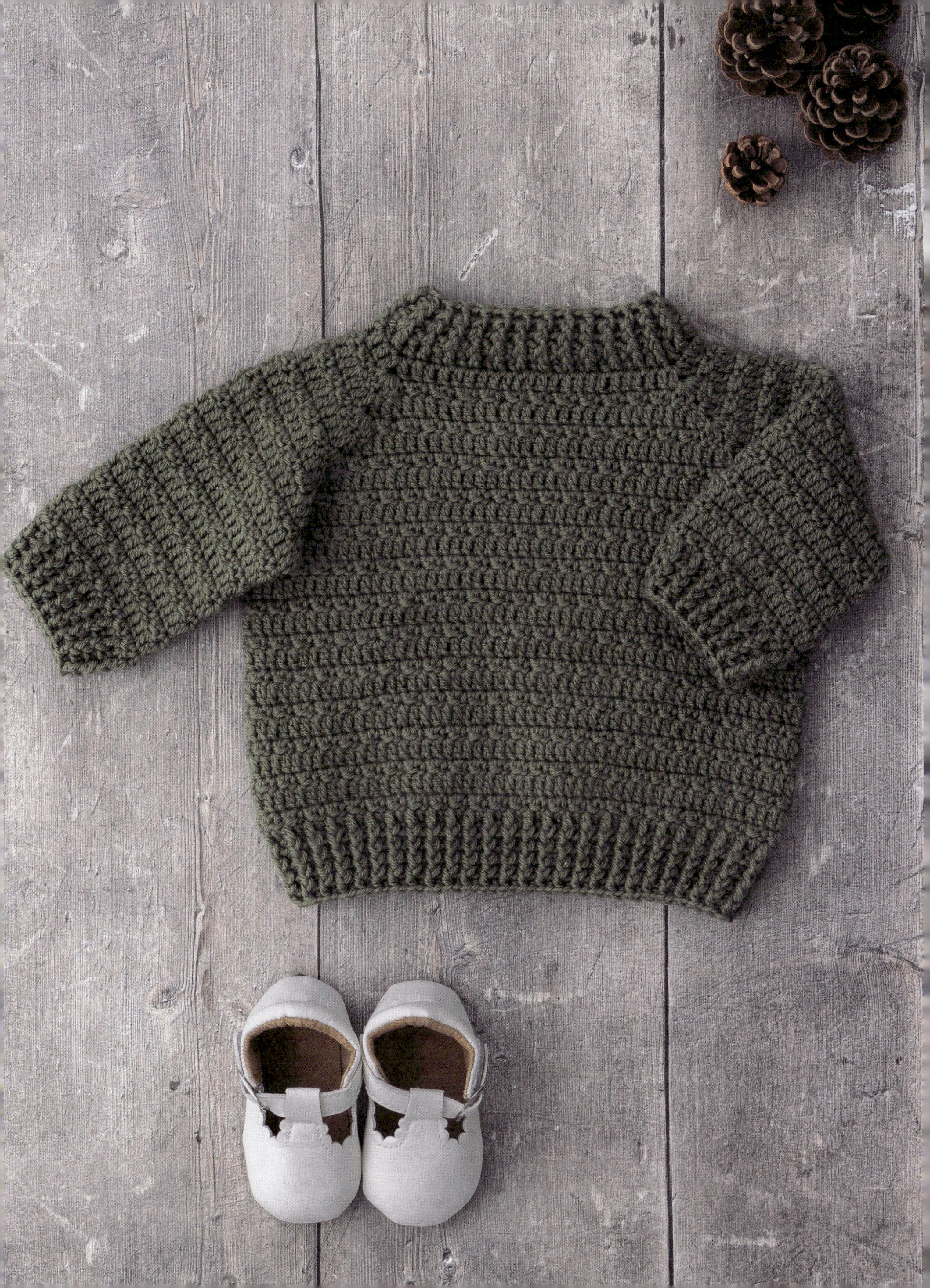

Die Anleitung ist für Größe 0–6 Monate geschrieben, Angaben für 6–12 Monate, 1–2 Jahre und 3–4 Jahre stehen in Klammern.

1 Luft-M zu Beginn jeder Runde zählt nicht als Masche.

Achtung – einige Runden werden auf der LS, einige auf der RS gearbeitet, die Anleitung zum Wenden befolgen.

PASSE

Luftmaschenkette: Locker arbeiten, jede Luft-M etwas länger ziehen (muss über den Kopf des Kindes passen), 56 (60, 68, 72) Luft-M, mit Kett-M in 1. Luft-M verbinden.

1. Rd (RS): 1 Luft-M, aber hier und im Folgenden auf die Höhe eines Stb ziehen, wenn die nächste M ein Stb ist, Stb in 1. und in jede der nächsten Luft-M bis Ende, mit Kett-M in 1. M verbinden = 56 (60, 68, 72) M **A**.

2. Rd (RS): 1 Luft-M, Stb in 1. M, *Stb in jede der nächsten 5 (5, 7, 7) M, VM in nächste M, Stb in jede der nächsten 21 (23, 25, 27) M**, VM in nächste M, von * bis ** noch 1x wdh, Stb in gleiche M wie 1. Stb, 1 Luft-M und mit Kett-M in 1. Stb verbinden, um letzte VM abzuschließen, wenden = 64 (68, 76, 80) M einschließlich aller Luft-M hier und im Folgenden.

3. Rd (LS): 1 Luft-M, 1. Stb überspringen (hier und im Folgenden die letzte M am Ende der Rd darin arbeiten), 2 Stb in nächste 1-Luft-M-Lck, *11x (12x, 13x, 14x) [fM in nächste M, hStb in nächste M], fM in nächste M, (2 Stb, 1 Luft-M, 2 Stb) in nächste 1-Luft-M-Lck, 3x (3x, 4x, 4x) [fM in nächste M, hStb in nächste M], fM in nächste M**, (2 Stb, 1 Luft-M, 2 Stb) in nächste 1-Luft-M-Lck, von * bis ** noch 1x wdh, 2 Stb in gleiche 1-Luft-M-Lck wie erste 2 Stb, 1 Luft-M und mit Kett-M in 1. Stb verbinden, um letzte VM fertigzustellen, wenden = 80 (84, 92, 96) M **B**.

4. Rd (RS): 1 Luft-M, 1. Stb überspringen, Stb in nächste 1-Luft-M-Lck, *Stb in jede der nächsten 11 (11, 13, 13) M, VM in nächste 1-Luft-M-Lck, Stb in jede der nächsten 27 (29, 31, 33) M**, VM in nächste 1-Luft-M-Lck, noch 1x von * bis ** wdh, Stb in gleiche 1-Luft-M-Lck wie 1. Stb, 1 Luft-M und mit Kett-M in 1. Stb verbinden, um letzte VM fertigzustellen, wenden = 88 (92, 100, 104) M **C**.

5. Rd (LS): 1 Luft-M, 1. Stb überspringen, 2 Stb in nächste 1-Luft-M-Lck, * 14x (15x, 16x, 17x) [fM in nächste M, hStb in nächste M], fM in nächste M, (2 Stb, 1 Luft-M, 2 Stb) in nächste 1-Luft-M-Lck, 6x (6x, 7x, 7x) [fM in nächste M, hStb in nächste M], fM in nächste M**, (2 Stb, 1 Luft-M, 2 Stb) in nächste 1-Luft-M-Lck, noch 1x von * bis ** wdh, 2 Stb in gleiche 1-Luft-M-Lck wie erste 2 Stb, 1 Luft-M und mit Kett-M in 1. Stb verbinden, um letzte VM fertigzustellen, wenden = 104 (108, 116, 120) M.

6. Rd (RS): 1 Luft-M, 1. Stb überspringen, Stb in nächste 1-Luft-M-Lck, *Stb in jede der nächsten 17 (17, 19, 19) M, VM in nächste 1-Luft-M-Lck, Stb in jede der nächsten 33 (35, 37, 39) M**, VM in nächste 1-Luft-M-Lck, noch 1x von * bis ** wdh, Stb in gleiche 1-Luft-M-Lck wie 1. Stb, 1 Luft-M und mit Kett-M in 1. Stb verbinden, um letzte VM fertigzustellen, wenden = 112 (116, 124, 128) M.

7. Rd (LS): 1 Luft-M, 1. Stb überspringen, 2 Stb in nächste 1-Luft-M-Lck, *17x (18x, 19x, 20x) [fM in nächste M, hStb in nächste M], fM in nächste M, (2 Stb, 1 Luft-M, 2 Stb) in nächste 1-Luft-M-Lck, 9x (9x, 10x, 10x) [fM in nächste M, hStb in nächste M], fM in nächste M**, (2 Stb, 1 Luft-M, 2 Stb) in nächste 1-Luft-M-Lck, noch 1x von * bis ** wdh, 2 Stb in gleiche 1-Luft-M-Lck wie erste 2 Stb, 1 Luft-M und mit Kett-M in 1. Stb verbinden, um letzte VM fertigzustellen, wenden = 128 (132, 140, 144) M.

8. Rd (RS): 1 Luft-M, 1. Stb überspringen, Stb in nächste 1-Luft-M-Lck, *Stb in jede der nächsten 23 (23, 25, 25) M, VM in nächste 1-Luft-M-Lck, Stb in jede der nächsten 39 (41, 43, 45) M**, VM in nächste 1-Luft-M-Lck, noch 1x von * bis ** wdh, Stb in gleiche 1-Luft-M-Lck wie 1. Stb, 1 Luft-M und mit Kett-M in 1. Stb verbinden, um letzte VM fertigzustellen, wenden = 136 (140, 148, 152) M.

9. Rd (LS): 1 Luft-M, 1. Stb überspringen, 2 Stb in nächste 1-Luft-M-Lck, *20x (21x, 22x, 23x) [fM in nächste M, hStb in nächste M], fM in nächste M, (2 Stb, 1 Luft-M, 2 Stb) in nächste 1-Luft-M-Lck, 12x (12x, 13x, 13x) [fM in nächste M, hStb in nächste M], fM in nächste M**, (2 Stb, 1 Luft-M, 2 Stb) in nächste 1-Luft-M-Lck, noch 1x von * bis ** wdh, 2 Stb in gleiche 1-Luft-M-Lck wie erste 2 Stb, 1 Luft-M und mit Kett-M in 1. Stb verbinden, um letzte VM fertigzustellen, wenden = 152 (156, 164, 168) M.

A

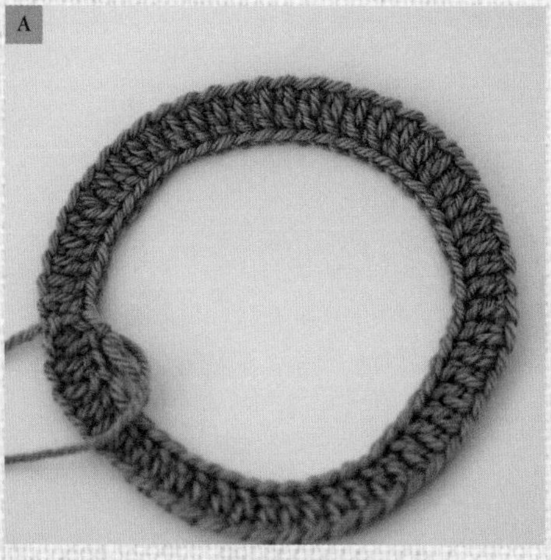

B

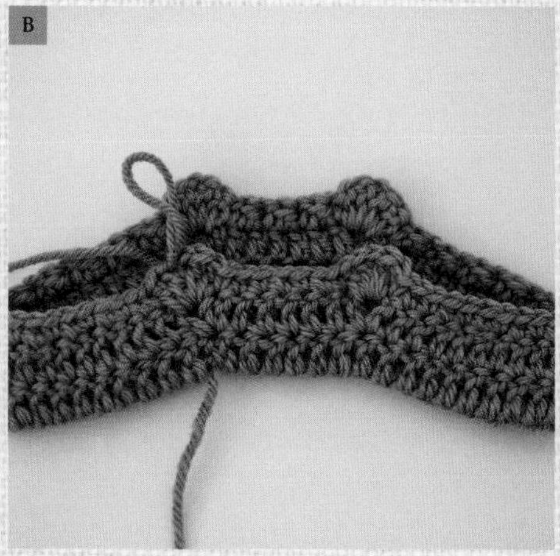

C

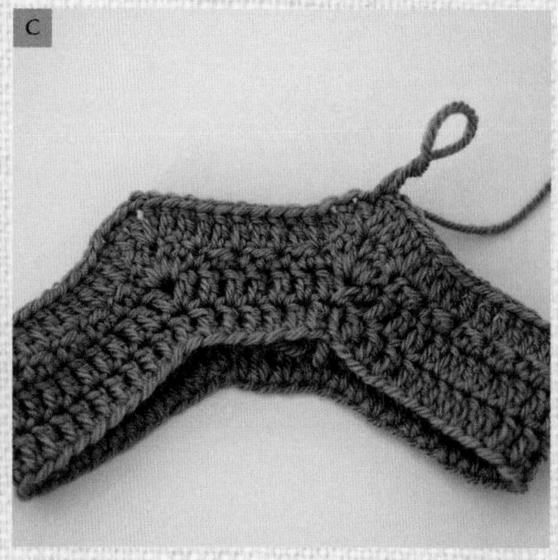

Für Größe 0–6 Monate

Mit »Teilen für Ärmel und Körper« fortfahren.

Für Größen 6–12 Monate, 1–2 Jahre und 3–4 Jahre

Von jetzt an in allen Rd für Zunahmen nur VM arbeiten.

10. Rd (RS): 1 Luft-M, 1. Stb überspringen, Stb in nächste 1-Luft-M-Lck, *Stb in jede der nächsten (29, 31, 31) M, VM in nächste 1-Luft-M-Lck, Stb in jede der nächsten (47, 49, 51) M**, VM in nächste 1-Luft-M-Lck, noch 1x von * bis ** wdh, Stb in gleiche 1-Luft-M-Lck wie 1. Stb, 1 Luft-M und mit Kett-M in 1. Stb verbinden, um letzte VM fertigzustellen, wenden = (164, 172, 176) M.

11. Rd (LS): 1 Luft-M, 1. Stb überspringen, Stb in nächste 1-Luft-M-Lck, *(24x, 25x, 26x) [fM in nächste M, hStb in nächste M], fM in nächste M, VM in nächste 1-Luft-M-Lck, (15x, 16x, 16x) [fM in nächste M, hStb in nächste M], fM in nächste M**, VM in nächste 1-Luft-M-Lck, noch 1x von * bis ** wdh, Stb in gleiche 1-Luft-M-Lck wie 1. Stb, 1 Luft-M und mit Kett-M in 1. Stb verbinden, um letzte VM fertigzustellen, wenden = (172, 180, 184) M.

Für Größe 6–12 Monate

Mit »Teilen für Ärmel und Körper« fortfahren.

Für Größen 1–2 Jahre und 3–4 Jahre

12. Rd (RS): 1 Luft-M, 1. Stb überspringen, Stb in nächste 1-Luft-M-Lck, *Stb in jede der nächsten (35, 35) M, VM in nächste 1-Luft-M-Lck, Stb in jede der nächsten (53, 55) M**, VM in nächste 1-Luft-M-Lck, noch 1x von * bis ** wdh, Stb in gleiche 1-Luft-M-Lck wie 1. Stb, 1 Luft-M und mit Kett-M in 1. Stb verbinden, um letzte VM fertigzustellen, wenden = (188, 192) M.

13. Rd (LS): 1 Luft-M, 1. Stb überspringen, Stb in nächste 1-Luft-M-Lck, *(27x, 28x) [fM in nächste M, hStb in nächste M], fM in nächste M, VM in nächste 1-Luft-M-Lck, (18x, 18x) [fM in nächste M, hStb in nächste M], fM in nächste M**, VM in nächste 1-Luft-M-Lck, noch 1x von * bis ** wdh, Stb in gleiche 1-Luft-M-Lck wie 1. Stb, 1 Luft-M und mit Kett-M in 1. Stb verbinden, um letzte VM fertigzustellen, wenden = (196, 200) M.

Für Größe 1–2 Jahre

Mit »Teilen für Ärmel und Körper« fortfahren.

Für Größe 3–4 Jahre

14. Rd (RS): 1 Luft-M, 1. Stb überspringen, Stb in nächste 1-Luft-M-Lck, *Stb in jede der nächsten 39 M, VM in nächste 1-Luft-M-Lck, Stb in jede der nächsten 59 M**, VM in nächste 1-Luft-M-Lck, noch 1x von * bis ** wdh, Stb in gleiche 1-Luft-M-Lck wie 1. Stb, 1 Luft-M und mit Kett-M in 1. Stb verbinden, um letzte VM fertigzustellen, wenden = 208 M.

15. Rd (LS): 1 Luft-M, 1. Stb überspringen, Stb in nächste 1-Luft-M-Lck, *30x [fM in nächste M, hStb in nächste M], fM in nächste M, VM in nächste 1-Luft-M-Lck, 20x [fM in nächste M, hStb in nächste M], fM in nächste M**, VM in nächste 1-Luft-M-Lck, noch 1x von * bis ** wdh, Stb in gleiche 1-Luft-M-Lck wie 1. Stb, 1 Luft-M und mit Kett-M in 1. Stb verbinden, um letzte VM fertigzustellen, wenden. Mit »Teilen für Ärmel und Körper« fortfahren = 216 M.

TEILEN FÜR ÄRMEL UND KÖRPER

1. Rd (RS): 1 Luft-M, Stb in 1. M, Stb in nächste 1-Luft-M-Lck, 5 Luft-M, nächste 29 (33, 39, 43) M für ein Armloch überspringen, Stb in nächste 1-Luft-M-Lck, Stb in jede der nächsten 45 (51, 57, 63) M, Stb in nächste 1-Luft-M-Lck, 5 Luft-M, nächste 29 (33, 39, 43) M für ein Armloch überspringen, Stb in nächste 1-Luft-M-Lck, Stb in jede der nächsten 44 (50, 56, 62) M, mit Kett-M in 1. M verbinden, wenden = 104 (116, 128, 140) M D.

2. Rd (LS): 1 Luft-M, fM in 1. M, *hStb in nächste M, fM in nächste M; von * bis letzte M wdh, hStb in letzte M und mit Kett-M in 1. M verbinden, wenden = 104 (116, 128, 140) M.

3. Rd (RS): 1 Luft-M, Stb in 1. und in jede der nächsten M bis Ende, mit Kett-M in 1. M verbinden, wenden = 104 (116, 128, 140) M.

2. und 3. Rd noch 8x (10x, 12x, 14x) oder bis zur gewünschten Länge wdh, nicht wenden, sondern mit Bündchen fortfahren E.

BÜNDCHEN

1. Rd (RS): 1 Luft-M, vorderes Relief-Stb um 1. Stb, *hinteres Relief-Stb um nächstes Stb, vorderes Relief-Stb um nächstes Stb; von * bis letzte M wdh, hinteres Relief-Stb um letztes Stb, mit Kett-M in 1. M verbinden = 104 (116, 128, 140) M.

2. Rd (RS): 1 Luft-M, vorderes Relief-Stb um jedes vordere Relief-Stb, hinteres Relief-Stb um jedes hintere Relief-Stb, mit Kett-M in 1. M verbinden = 104 (116, 128, 140) M.

2. Rd noch 2x (2x, 3x, 3x) oder bis gewünschte Länge wdh, abmaschen F.

ÄRMEL

Faden in der Mitte der Achsel anbringen G, in Rd arbeiten und nach jeder Rd wenden.

1. Rd (RS): 1 Luft-M, 38 (42, 48, 52) Stb gleichmäßig um das Armloch arbeiten, mit Kett-M in 1. M verbinden, wenden = 38 (42, 48, 52) M.

2. Rd (LS): 1 Luft-M, *fM in nächste M, hStb in nächste M; von * bis Ende wdh, mit Kett-M in 1. M verbinden, wenden = 38 (42, 48, 52) M.

3. Rd (RS): 1 Luft-M, Stb in 1. M, 2 Stb zus, Stb in jede nächste M bis letzte 2 M, 2 Stb zus, mit Kett-M in 1. M verbinden, wenden = 36 (40, 46, 50) M H.

2. und 3. Rd noch 2x (3x, 4x, 5x) wdh = 32 (34, 38, 40) M.

8. (10., 12., 14.) Rd (LS): 1 Luft-M, *fM in nächste M, hStb in nächste M; von * bis Ende wdh, mit Kett-M in 1. M verbinden, wenden = 32 (34, 38, 40) M.

9. (11., 13., 15.) Rd (RS): 1 Luft-M, Stb in 1. M, Stb in jede nächste M bis Ende, mit Kett-M in 1. M verbinden, wenden = 32 (34, 38, 40) M.

Letzte zwei Rd noch 4x (5x, 6x, 7x) oder bis gewünschte Länge wdh, nicht wenden, sondern das Ärmelbündchen arbeiten.

Zweiter Ärmel

Wie den ersten Ärmel arbeiten.

ÄRMELBÜNDCHEN

1. Rd (RS): 1 Luft-M, vorderes Relief-Stb um 1. Stb, *hinteres Relief-Stb um nächstes Stb, vorderes Relief-Stb um nächstes Stb; von * bis letzte M wdh, hinteres Relief-Stb um letztes Stb und mit Kett-M in 1. M verbinden = 32 (34, 38, 40) M.

2. Rd (RS): 1 Luft-M, vorderes Relief-Stb um jedes vordere Relief-Stb und hinteres Relief-Stb um jedes hintere Relief-Stb bis Ende, mit Kett-M in 1. M verbinden = 32 (34, 38, 40) M.

2. Rd noch 2x (2x, 3x, 3x) oder bis gewünschte Länge wdh, abmaschen; I J.

Zweites Ärmelbündchen

Am zweiten Ärmel ebenso arbeiten.

KRAGEN

1. Rd (RS): Faden hinten in der Mitte des Kragens anbringen und 1 Luft-M arbeiten K, vorderes Relief-Stb um 1. Stb, *hinteres Relief-Stb um nächstes Stb, vorderes Relief-Stb um nächstes Stb, von * bis letzte M wdh, hinteres Relief-Stb um nächste M, mit Kett-M in 1. M verbinden = 56 (60, 68, 72) M; L.

2. Rd (RS): 1 Luft-M, vorderes Relief-Stb um 1. vorderes Relief-Stb, *hinteres Relief-Stb um nächstes hinteres Relief-Stb, vorderes Relief-Stb um nächstes vorderes Relief-Stb; von * bis letzte M wdh, hinteres Relief-Stb um letztes hinteres Relief-Stb, mit Kett-M in 1. M verbinden = 56 (60, 68, 72) M.

2. Rd noch 2x wdh, abmaschen.

FERTIGSTELLEN

Alle Fäden vernähen. Den Pulli waschen und flach trocknen lassen (siehe »Techniken zum Fertigstellen«, Seite 142).

D
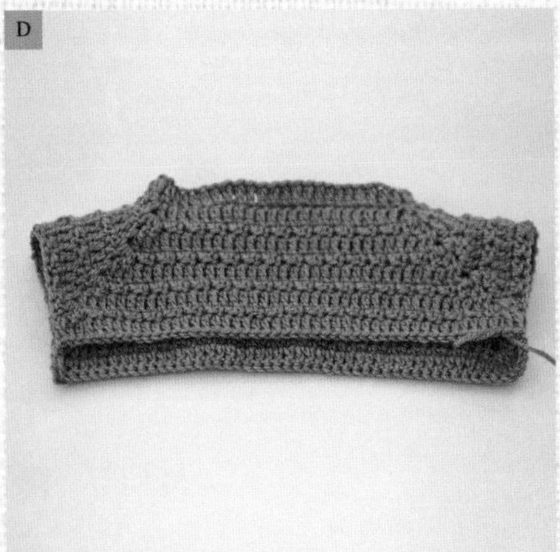

E
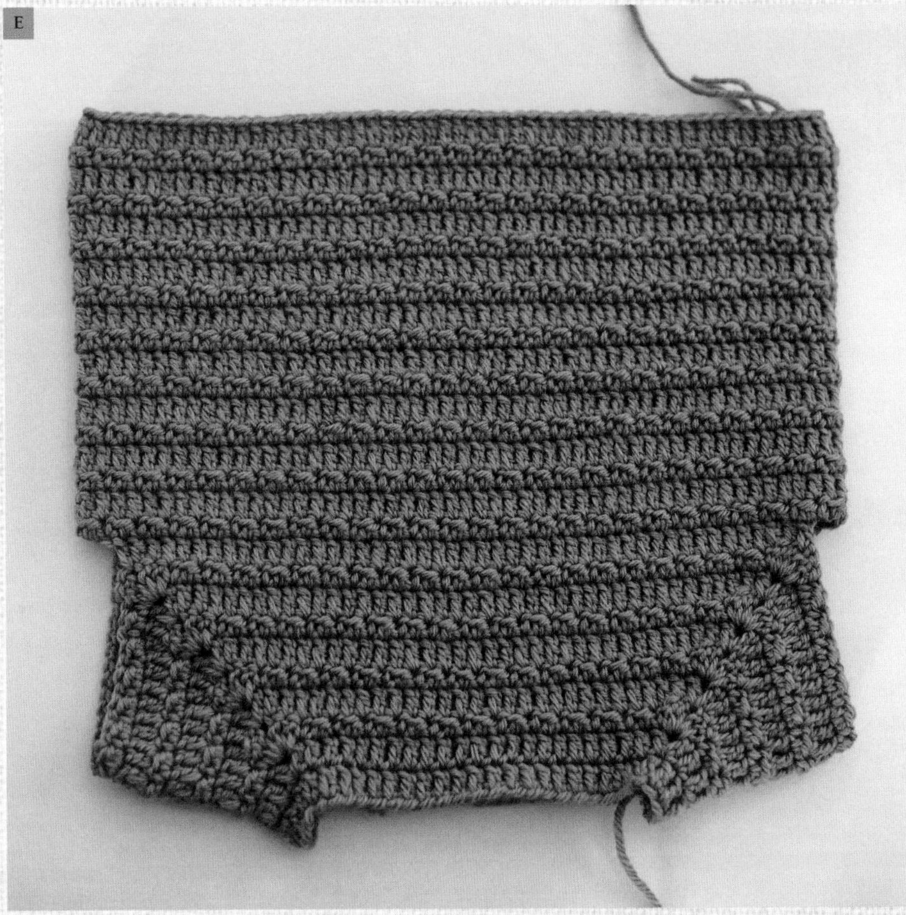

F
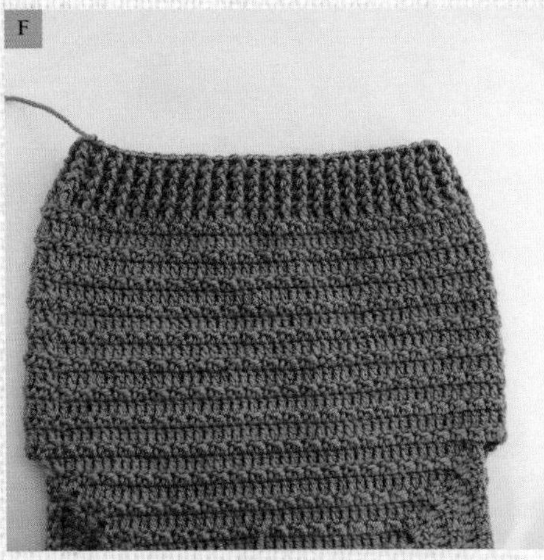

G
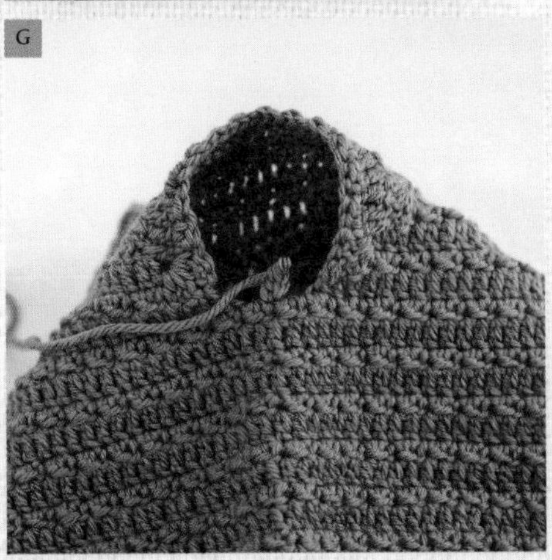

H
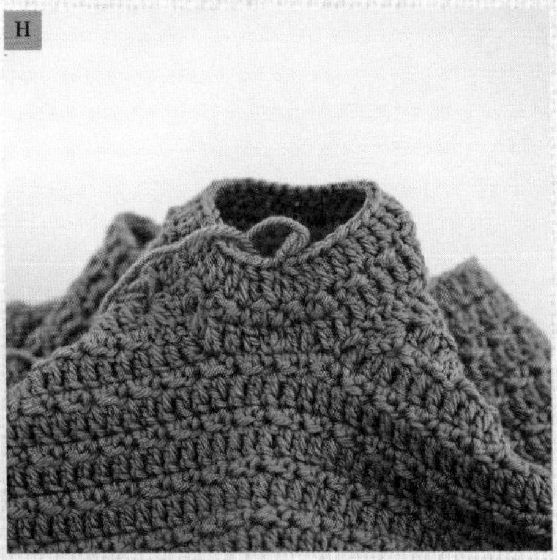

I
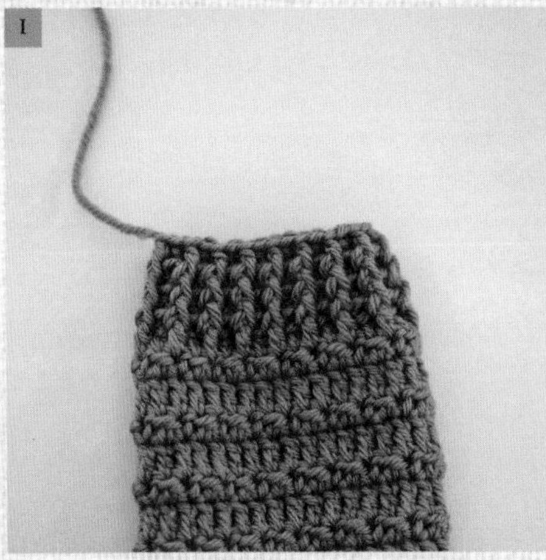

J
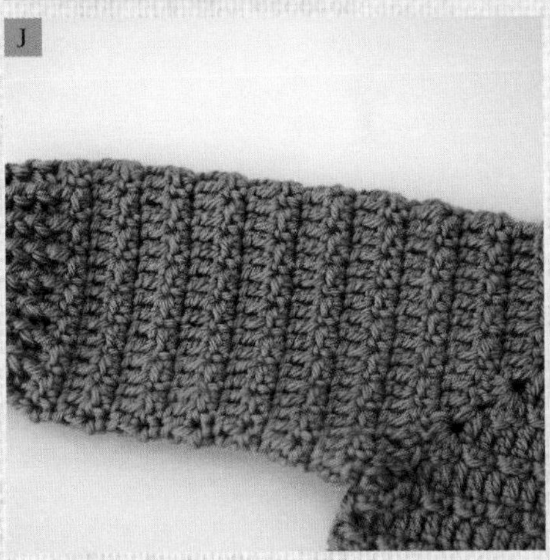

K
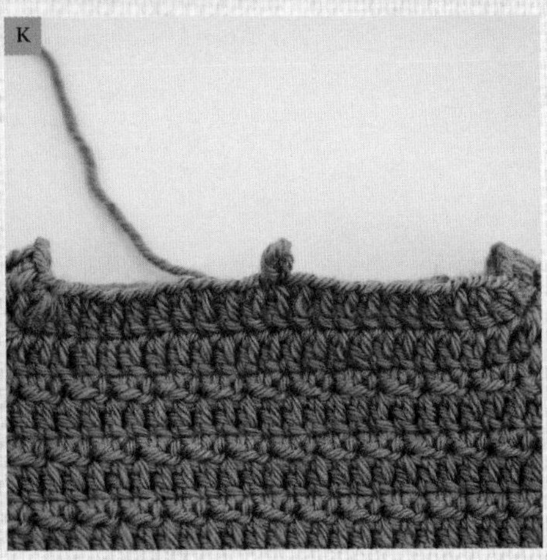

L
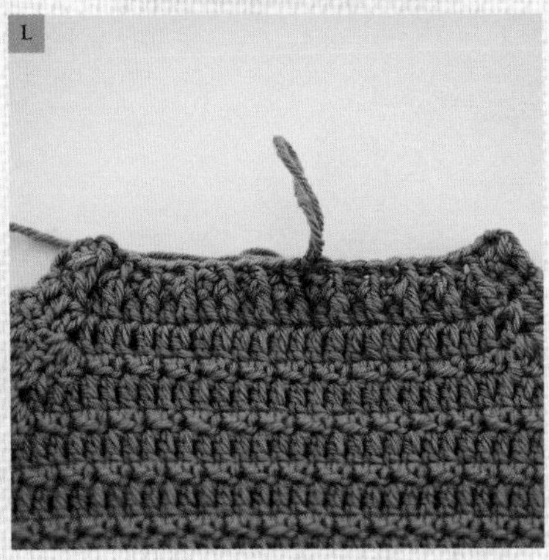

~ ★⯪☆ ~

LIEBLINGS-HOODIE

Diese Kapuzenjacke wird von oben nach unten gearbeitet, ist nahtlos, einfach zu häkeln und unglaublich gemütlich zu tragen. Sie wird garantiert ein Lieblingsstück. Ich habe dafür wunderschönes Alpaka-Garn verwendet. Es kann jedoch etwas kratzig sein. Am besten nimmt man Baby-Alpaka, das viel weicher ist. Wenn dein Kleines sehr empfindliche Haut hat, könntest du die Jacke auch mit Merinowolle, Kaschmir oder einer anderen Garnmischung häkeln.

GRÖSSE UND MASSE DER FERTIGEN ARBEIT

Größe	Brust	Länge	Ärmellänge bis Achsel
0-6 Monate	50 cm	27 cm	14 cm
6-12 Monate	54 cm	30 cm	18 cm
1-2 Jahre	60 cm	33 cm	22 cm
3-4 Jahre	64 cm	40 cm	26 cm

MASCHENPROBE

18 M und 9 R = 10 cm x 10 cm mit Stb und 4-mm-Häkelnadel (oder Nadel anderer Stärke, um die richtige Maschenprobe zu erhalten)

BESONDERE MASCHEN.

Vorderes Relief-Stb, hinteres Relief-Stb, vorderes doppeltes Relief-Stb, Büschel-M (4-Stb-Noppe), VM, 2 Stb zus (siehe Seiten 134–141)

MATERIAL

- Empfohlenes Garn: Katia Concept Essential Alpaca, 70 % superfeines Alpaka, 30 % Merino Superwash (LL 80 m/50 g), Fb 74, benötigte Menge 400 (480, 560, 640) m
- 4-mm-Häkelnadel (oder Nadel anderer Stärke, um die richtige Maschenprobe zu erhalten)
- 3 oder mehr Knöpfe, etwa 2 cm ø

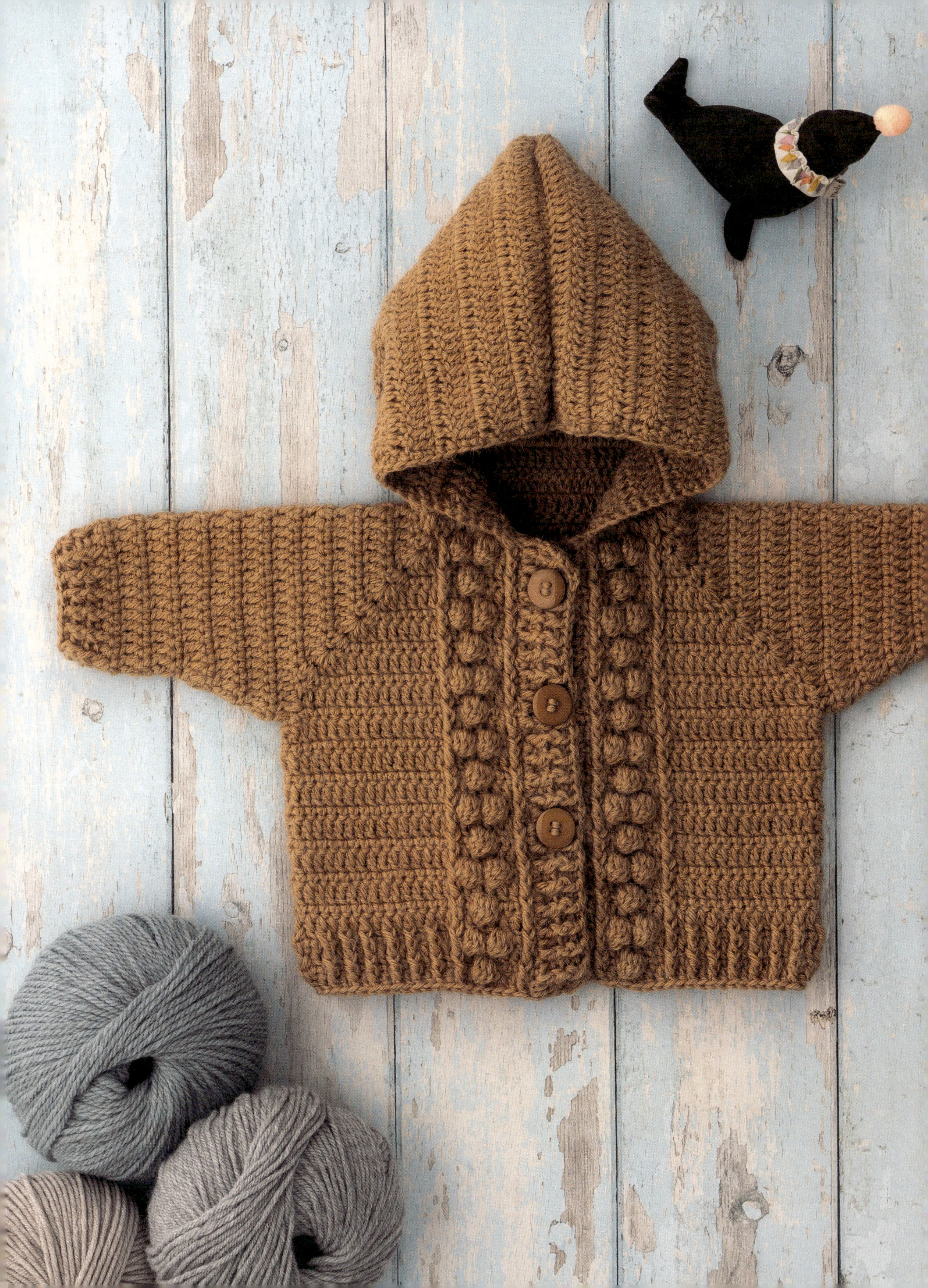

Anleitung ist für Größe 0–6 Monate geschrieben, Angaben für 6–12 Monate, 1–2 Jahre und 3–4 Jahre in Klammern.

1 Luft-M zu Beginn jeder Runde zählt nicht als Masche.

PASSE

1. R (RS): 48 (50, 50, 54) Luft-M, Stb in 4. Luft-M ab Häkelnadel (3 Luft-M zählen als 1. Stb), Stb in jede nächste Luft-M, wenden = 46 (48, 48, 52) Stb.

2. R (LS): 1 Luft-M, fM in 1. M, fM in jede der nächsten 2 M, Büschel-M in nächste M, fM in nächste M, Büschel-M in nächste M, fM in jede der nächsten 2 (2, 2, 3) M, VM in nächste M, fM in jede der nächsten 5 M, VM in nächste M, fM in jede der nächsten 16 (18, 18, 20) M, VM in nächste M, fM in jede der nächsten 5 M, VM in nächste M, fM in jede der nächsten 2 (2, 2, 3) M, Büschel-M in nächste M, fM in nächste M, Büschel-M in nächste M, fM in jede der nächsten 3 M, wenden = 54 (56, 56, 60) M **A**.

3. R (RS): 1 Luft-M (hier und im Folgenden bis zur Höhe eines Stb ziehen, wenn nächste M ein Stb ist), Stb in 1. M, vorderes doppeltes Relief-Stb um nächstes Stb zwei R darunter, Stb in jede der nächsten 5 M, vorderes doppeltes Relief-Stb um nächstes Stb zwei R darunter, Stb in nächste 1 (1, 1, 2) M, (2 Stb, 1 Luft-M, 2 Stb) in nächste 1-Luft-M-Lck **B**, Stb in jede der nächsten 7 M, (2 Stb, 1 Luft-M, 2 Stb) in nächste 1-Luft-M-Lck, Stb in jede der nächsten 18 (20, 20, 22) M, (2 Stb, 1 Luft-M, 2 Stb) in nächste 1-Luft-M-Lck, Stb in jede der nächsten 7 M, (2 Stb, 1 Luft-M, 2 Stb) in nächste 1-Luft-M-Lck, Stb in nächste 1 (1, 1, 2) M, vorderes doppeltes Relief-Stb um nächstes Stb zwei R darunter, Stb in jede der nächsten 5 M, vorderes doppeltes Relief-Stb um nächstes Stb zwei R darunter, Stb in letzte M, wenden = 70 (72, 72, 76) M **C**.

4. R (LS): 1 Luft-M, fM in 1. M, fM in jede der nächsten 3 M, Büschel-M in nächste M, fM in jede der nächsten 6 (6, 6, 7) M, VM in nächste 1-Luft-M-Lck, fM in jede der nächsten 11 M, VM in nächste 1-Luft-M-Lck, fM in jede der nächsten 22 (24, 24, 26) M, VM in nächste 1-Luft-M-Lck, fM in jede der nächsten 11 M, VM in nächste 1-Luft-M-Lck, fM in jede der nächsten 6 (6, 6, 7) M, Büschel-M in nächste M, fM in jede der nächsten 4 M, wenden = 78 (80, 80, 84) M **D**.

5. R (RS): 1 Luft-M, Stb in 1. M, vorderes doppeltes Relief-Stb um nächstes vorderes Relief-Stb zwei R darunter, Stb in jede der nächsten 5 M, vorderes doppeltes Relief-Stb um nächstes vorderes Relief-Stb zwei R darunter, Stb in jede der nächsten 4 (4, 4, 5) M, (2 Stb, 1 Luft-M, 2 Stb) in nächste 1-Luft-M-Lck, Stb in jede der nächsten 13 M, (2 Stb, 1 Luft-M, 2 Stb) in nächste 1-Luft-M-Lck, Stb in jede der nächsten 24 (26, 26, 28) M, (2 Stb, 1 Luft-M, 2 Stb) in nächste 1-Luft-M-Lck, Stb in jede der nächsten 13 M, (2 Stb, 1 Luft-M, 2 Stb) in nächste 1-Luft-M-Lck, Stb in jede der nächsten 4 (4, 4, 5) M, vorderes doppeltes Relief-Stb um nächstes vorderes doppeltes Relief-Stb zwei R darunter, Stb in jede der nächsten 5 M, vorderes doppeltes Relief-Stb um nächstes vorderes doppeltes Relief-Stb zwei R darunter, Stb in letzte M, wenden = 94 (96, 96, 100) M **E**.

6. R (LS): 1 Luft-M, fM in 1. M, fM in jede der nächsten 2 M, Büschel-M in nächste M, fM in nächste M, Büschel-M in nächste M, fM in jede der nächsten 8 (8, 8, 9) M, VM in nächste 1-Luft-M-Lck, fM in jede der nächsten 17 M, VM in nächste 1-Luft-M-Lck, fM in jede der nächsten 28 (30, 30, 32) M, VM in nächste 1-Luft-M-Lck, fM in jede der nächsten 17 M, VM in nächste 1-Luft-M-Lck, fM in jede der nächsten 8 (8, 8, 9) M, Büschel-M in nächste M, fM in nächste M, Büschel-M in nächste M, fM in jede der nächsten 3 M, wenden = 102 (104, 104, 108) M.

7. R (RS): 1 Luft-M, Stb in 1. M, vorderes doppeltes Relief-Stb um nächstes vorderes doppeltes Relief-Stb zwei R darunter, Stb in jede der nächsten 5 M, vorderes doppeltes Relief-Stb um nächstes vorderes doppeltes Relief-Stb zwei R darunter, Stb in jede der nächsten 7 (7, 7, 8) M, (2 Stb, 1 Luft-M, 2 Stb) in nächste 1-Luft-M-Lck, Stb in jede der nächsten 19 M, (2 Stb, 1 Luft-M, 2 Stb) in nächste 1-Luft-M-Lck, Stb in jede der nächsten 30 (32, 32, 34) M, (2 Stb, 1 Luft-M, 2 Stb) in nächste 1-Luft-M-Lck, Stb in jede der nächsten 19 M, (2 Stb, 1 Luft-M, 2 Stb) in nächste 1-Luft-M-Lck, Stb in jede der nächsten 7 (7, 7, 8) M, vorderes doppeltes Relief-Stb um nächstes vorderes doppeltes Relief-Stb zwei R darunter, Stb in jede der nächsten 5 M, vorderes doppeltes Relief-Stb um nächstes vorderes doppeltes Relief-Stb zwei R darunter, Stb in letzte M, wenden = 118 (120, 120, 124) M.

8. R (LS): 1 Luft-M, fM in 1. M, fM in jede der nächsten 3 M, Büschel-M in nächste M, fM in jede der nächsten 12 (12, 12, 13) M, VM in nächste 1-Luft-M-Lck, fM in jede der nächsten 23 M, VM in nächste 1-Luft-M-Lck, fM in jede der nächsten 34 (36, 36, 38) M, VM in nächste 1-Luft-M-Lck, fM in jede der nächsten 23 M, VM in nächste 1-Luft-M-Lck, fM in jede der nächsten 12 (12, 12, 13) M, Büschel-M in nächste M, fM in jede der nächsten 4 M, wenden = 126 (128, 128, 132) M.

9. R (RS): 1 Luft-M, Stb in 1. M, vorderes doppeltes Relief-Stb um nächstes vorderes doppeltes Relief-Stb zwei R darunter, Stb in jede der nächsten 5 M, vorderes doppeltes Relief-Stb um nächstes vorderes doppeltes Relief-Stb zwei R darunter, Stb in jede der nächsten 10 (10, 10, 11) M, (2 Stb, 1 Luft-M, 2 Stb) in nächste 1-Luft-M-Lck, Stb in jede der nächsten 25 M, (2 Stb, 1 Luft-M, 2 Stb) in nächste 1-Luft-M-Lck, Stb in jede der nächsten 36 (38, 38, 40) M, (2 Stb, 1 Luft-M, 2 Stb) in nächste 1-Luft-M-Lck, Stb in jede der nächsten 25 M, (2 Stb, 1 Luft-M, 2 Stb) in nächste 1-Luft-M-Lck, Stb in jede der nächsten 10 (10, 10, 11) M, vorderes doppeltes Relief-Stb um nächstes vorderes doppeltes Relief-Stb zwei R darunter, Stb in jede der nächsten 5 M, vorderes doppeltes Relief-Stb um nächstes vorderes doppeltes Relief-Stb zwei R darunter, Stb in letzte M, wenden = 142 (144, 144, 148) M.

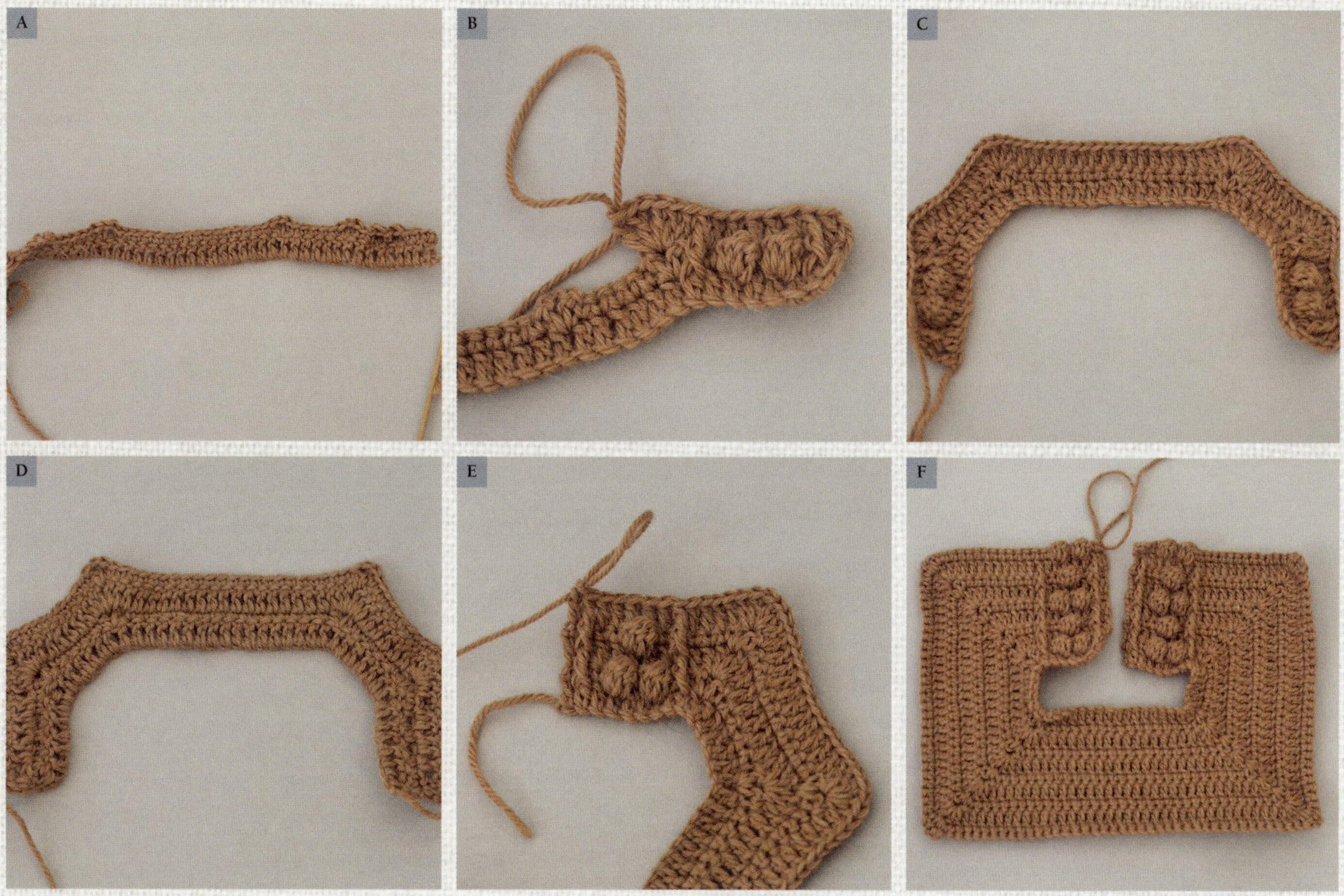

10. R (LS): 1 Luft-M, fM in 1. M, fM in jede der nächsten 2 M, Büschel-M in nächste M, fM in nächste M, Büschel-M in nächste M, fM in jede der nächsten 14 (14, 14, 15) M, VM in nächste 1-Luft-M-Lck, fM in jede der nächsten 29 M, VM in nächste 1-Luft-M-Lck, fM in jede der nächsten 40 (42, 42, 44) M, VM in nächste 1-Luft-M-Lck, fM in jede der nächsten 29 M, VM in nächste 1-Luft-M-Lck, fM in jede der nächsten 14 (14, 14, 15) M, Büschel-M in nächste M, fM in nächste M, Büschel-M in nächste M, fM in jede der nächsten 3 M, wenden = 150 (152, 152, 156) M F.

Für Größen 0–6 Monate und 6–12 Monate

Mit »Teilen für Ärmel und Körper« fortfahren.

Für Größen 1–2 Jahre und 3–4 Jahre

11. R (RS): 1 Luft-M, Stb in 1. M, vorderes doppeltes Relief-Stb um nächstes vorderes doppeltes Relief-Stb zwei R darunter, Stb in jede der nächsten 5 M, vorderes doppeltes Relief-Stb um nächstes vorderes doppeltes Relief-Stb zwei R darunter, Stb in jede der nächsten (13, 14) M, VM in nächste 1-Luft-M-Lck, Stb in jede der nächsten 31 M, VM in nächste 1-Luft-M-Lck, Stb in jede der nächsten (44, 46) M, VM in nächste 1-Luft-M-Lck, Stb in jede der nächsten 31 M, VM in nächste 1-Luft-M-Lck, Stb in jede der nächsten (13, 14) M, vorderes doppeltes Relief-Stb um nächstes vorderes doppeltes Relief-Stb zwei R darunter, Stb in jede der nächsten 5 M, vorderes doppeltes Relief-Stb um nächstes vorderes doppeltes Relief-Stb zwei R darunter, Stb in letzte M, wenden = (160, 164) M.

12. R (LS): 1 Luft-M, fM in 1. M, fM in jede der nächsten 3 M, Büschel-M in nächste M, fM in jede der nächsten (17, 18) M, VM in nächste 1-Luft-M-Lck, fM in jede der nächsten 33 M, VM in nächste 1-Luft-M-Lck, fM in jede der nächsten (46, 48) M, VM in nächsten 1-Luft-M-Lck, fM in jede der nächsten 33 M, VM in nächste 1-Luft-M-Lck, fM in jede der nächsten (17, 18) M, Büschel-M in nächste M, fM in jede der nächsten 4 M, wenden = (168, 172) M.

Mit »Teilen für Ärmel und Körper« fortfahren.

TEILEN FÜR ÄRMEL UND KÖRPER

1. R (RS): 1 Luft-M, Stb in 1. M, vorderes doppeltes Relief-Stb um nächstes vorderes doppeltes Relief-Stb zwei R darunter, Stb in jede der nächsten 5 M, vorderes doppeltes Relief-Stb um nächstes vorderes doppeltes Relief-Stb zwei R darunter, Stb in jede der nächsten 13 (13, 15, 16) M, Stb in nächste 1-Luft-M-Lck, 4 (5, 5, 5) Luft-M, nächste 31 (31, 35, 35) M für ein Armloch überspringen, Stb in nächste 1-Luft-M-Lck, Stb in jede der nächsten 42 (44, 48, 50) M, Stb in nächste 1-Luft-M-Lck, 4 (5, 5, 5) Luft-M, nächste 31 (31, 35, 35) M für ein Armloch überspringen, Stb in nächste 1-Luft-M-Lck, Stb in jede der nächsten 13 (13, 15, 16) M, vorderes doppeltes Relief-Stb um nächstes vorderes doppeltes Relief-Stb zwei R darunter, Stb in jede der nächsten 5 M, vorderes doppeltes Relief-Stb um nächstes vorderes doppeltes Relief-Stb zwei R darunter, Stb in letzte M, wenden = 96 (100, 108, 112) M einschließlich aller Luft-M **G**.

Für Größen 0–6 Monate und 6–12 Monate

2. R (LS): 1 Luft-M, fM in 1. M, fM in jede der nächsten 3 M, Büschel-M in nächste M, fM in jede der nächsten 86 (90) M, Büschel-M in nächste M, fM in jede der nächsten 4 M, wenden = 96 (100) M.

Für Größen 1–2 Jahre und 3–4 Jahre

2. R (LS): 1 Luft-M, fM in 1. M, fM in jede der nächsten 2 M, Büschel-M in nächste M, fM in nächste M, Büschel-M in nächste M, fM in jede der nächsten (96, 100) M, Büschel-M in nächste M, fM in nächste M, Büschel-M in nächste M, fM in jede der nächsten 3 M, wenden = (108, 112) M.

Für alle Größen

3. R (RS): 1 Luft-M, Stb in 1. M, vorderes doppeltes Relief-Stb um nächstes vorderes doppeltes Relief-Stb zwei R darunter, Stb in jede der nächsten 5 M, vorderes doppeltes Relief-Stb um nächstes vorderes doppeltes Relief-Stb zwei R darunter, Stb in jede der nächsten 80 (84, 92, 96) M, vorderes doppeltes Relief-Stb um nächstes vorderes doppeltes Relief-Stb zwei R darunter, Stb in jede der nächsten 5 M, vorderes doppeltes Relief-Stb um nächstes vorderes doppeltes Relief-Stb zwei R darunter, Stb in letzte M, wenden = 96 (100, 108, 112) M.

Für Größen 0–6 Monate und 6–12 Monate

4. R (LS): 1 Luft-M, fM in 1. M, fM in jede der nächsten 2 M, Büschel-M in nächste M, fM in nächste M, Büschel-M in nächste M, fM in jede der nächsten 84 (88) M, Büschel-M in nächste M, fM in nächste M, Büschel-M in nächste M, fM in jede der nächsten 3 M, wenden = 96 (100) M.

Für Größen 1–2 Jahre und 3–4 Jahre

4. R (LS): 1 Luft-M, fM in 1. M, fM in jede der nächsten 3 M, Büschel-M in nächste M, fM in jede der nächsten (98, 102) M, Büschel-M in nächste M, fM in jede der nächsten 4 M, wenden = (108, 112) M.

Für alle Größen

5. R (RS): 1 Luft-M, Stb in 1. M, vorderes doppeltes Relief-Stb um nächstes vorderes doppeltes Relief-Stb zwei R darunter, Stb in jede der nächsten 5 M, vorderes doppeltes Relief-Stb um nächstes vorderes doppeltes Relief-Stb zwei R darunter, Stb in jede der nächsten 80 (84, 92, 96) M, vorderes doppeltes Relief-Stb um nächstes vorderes doppeltes Relief-Stb zwei R darunter, Stb in jede der nächsten 5 M, vorderes doppeltes Relief-Stb um nächstes vorderes doppeltes Relief-Stb zwei R darunter, Stb in letzte M, wenden = 96 (100, 108, 112) M.

2.–5. R noch 2x (3x, 4x, 5x) wdh.

Für Größen 0–6 Monate und 6–12 Monate

2. und 3. R noch 1x wdh und unteren Rand arbeiten **H**.

Für Größen 1–2 Jahre und 3–4 Jahre

Mit unterem Rand fortfahren.

UNTERER RAND

1. R (LS): 1 Luft-M, fM in 1. M, fM in jede der nächsten 2 M, Büschel-M in nächste M, fM in nächste M, Büschel-M in nächste M, fM in jede der nächsten 2 M, nächste M überspringen, fM in jede der nächsten 81 (85, 93, 97) M, Büschel-M in nächste M, fM in nächste M, Büschel-M in nächste M, fM in jede der nächsten 3 M, wenden = 95 (99, 107, 111) M.

2. R (RS): 1 Luft-M, Stb in 1. M, vorderes doppeltes Relief-Stb um nächstes vorderes doppeltes Relief-Stb zwei R darunter, Stb in jede der nächsten 5 M, vorderes doppeltes Relief-Stb um nächstes vorderes doppeltes Relief-Stb zwei R darunter, *Stb in nächste M, vorderes doppeltes Relief-Stb um nächstes Stb zwei R darunter; von * bis letzte 9 M wdh, Stb in nächste M, vorderes doppeltes Relief-Stb um nächstes vorderes doppeltes Relief-Stb zwei R darunter, Stb in jede der nächsten 5 M, vorderes doppeltes Relief-Stb um nächstes vorderes doppeltes Relief-Stb zwei R darunter, Stb in letzte M, wenden = 95 (99, 107, 111) M **I**.

3. R (LS): 1 Luft-M, fM in 1. M, fM in jede der nächsten 3 M, Büschel-M in nächste M, fM in jede der nächsten 85 (89, 97, 101) M, Büschel-M in nächste M, fM in jede der nächsten 4 M, wenden = 95 (99, 107, 111) M.

4. R (RS): 1 Luft-M, Stb in 1. M, vorderes doppeltes Relief-Stb um nächstes vorderes doppeltes Relief-Stb zwei R darunter, Stb in jede der nächsten 5 M, vorderes doppeltes Relief-Stb um nächstes vorderes doppeltes Relief-Stb zwei R darunter, *Stb in nächste M, vorderes doppeltes Relief-Stb um nächstes vorderes doppeltes Relief-Stb zwei R darunter; von * bis letzte 9 M wdh, Stb in nächste M, vorderes doppeltes Relief-Stb um nächstes vorderes doppeltes Relief-Stb zwei R darunter, Stb in jede der nächsten 5 M, vorderes doppeltes Relief-Stb um nächstes vorderes doppeltes Relief-Stb zwei R darunter, Stb in letzte M = 95 (99, 107, 111) M.

Nicht abmaschen, sondern vorderen Rand arbeiten.

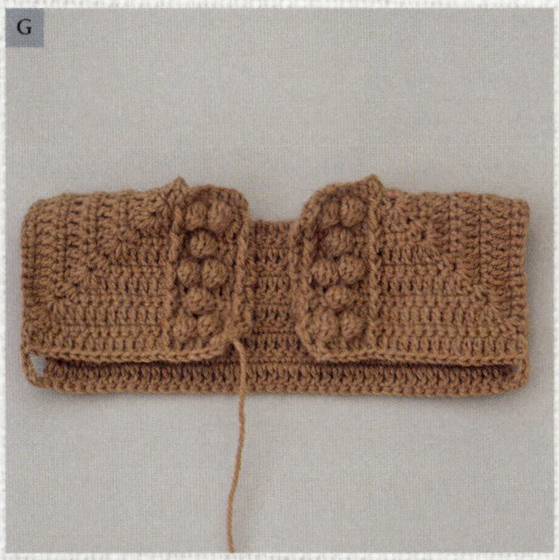

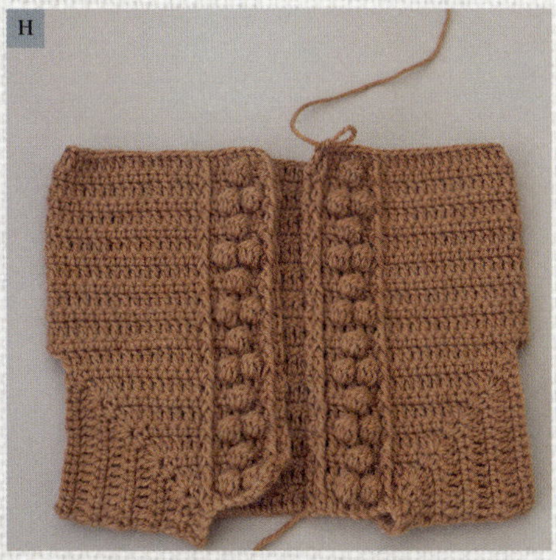

Als Variante kann man auch feste Maschen statt Noppen häkeln.

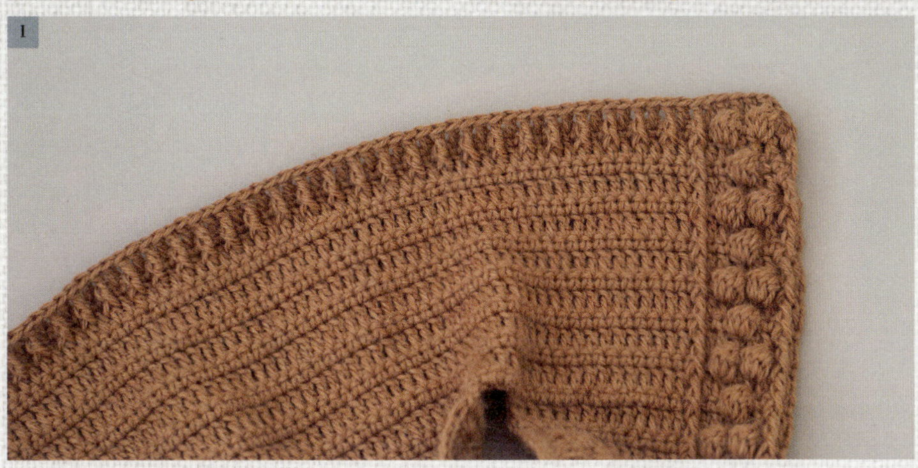

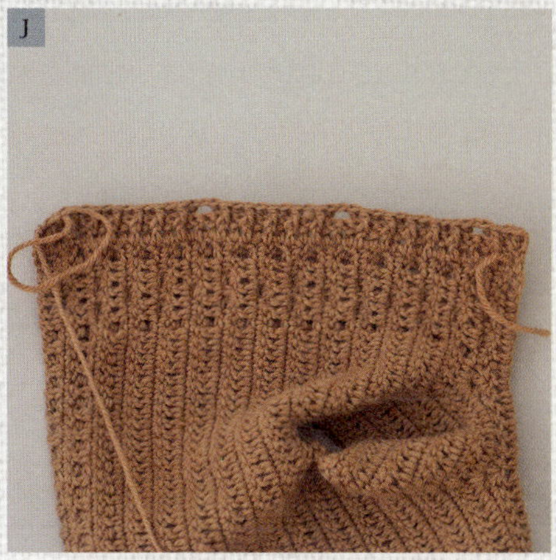

VORDERER RAND

Rechtes Vorderteil

1. R (RS): 1 Luft-M, 44 (50, 56, 62) Stb gleichmäßig entlang des rechten Vorderteils arbeiten, wenden; die Maschenzahl kann auch abweichen, aber nicht zu dicht oder zu weit auseinander häkeln. Mit derselben Maschenzahl am linken Vorderteil arbeiten.

2. R (LS): 1 Luft-M, hStb in 1. M, hinteres Relief-Stb um nächstes Stb, vorderes Relief-Stb um nächstes Stb, hinteres Relief-Stb um nächstes Stb, *1 Luft-M, nächste M überspringen, hinteres Relief-Stb um nächstes Stb, 5x [vorderes Relief-Stb um nächstes Stb, hinteres Relief-Stb um nächstes Stb]; von * so oft wdh, wie für gewünschte Anzahl von Knopflöchern nötig; ansonsten vorderes Relief-Stb um nächstes Stb, hinteres Relief-Stb um nächstes Stb bis letzte M, hStb in letzte M, wenden = 44 (50, 56, 62) M **J**.

3. R (RS): 1 Luft-M, hStb in 1. M, hinteres Relief-Stb um jedes hintere Relief-Stb, vorderes Relief-Stb um jedes vordere Relief-Stb, fM in jede 1-Luft-M-Lck, bis letzte M, hStb in letzte M = 44 (50, 56, 62) M, abmaschen.

Linkes Vorderteil

Auf der RS Faden in der 1. M des Kragens anbringen und am linken Vorderteil entlang arbeiten.

1. R (RS): 1 Luft-M, 44 (50, 56, 62) Stb gleichmäßig am linken Vorderteil arbeiten, wenden.

2. R (LS): 1 Luft-M, hStb in 1. M, *vorderes Relief-Stb um nächstes Stb, hinteres Relief-Stb um nächstes Stb; von * bis letzte M wdh, hStb in letzte M, wenden = 44 (50, 56, 62) M.

3. R (RS): 1 Luft-M, hStb in 1. M, *vorderes Relief-Stb um nächstes vorderes Relief-Stb, hinteres Relief-Stb um nächstes hinteres Relief-Stb; von * bis letzte M wdh, hStb in letzte M = 44 (50, 56, 62) M, abmaschen.

KAPUZE

Auf der RS in die übrigen Schlaufen der Luftmaschenkette arbeiten; einen Faden im 1. vorderen doppelten Relief-Stb des Kragens anbringen und wie folgt arbeiten K.

1. R (RS): 1 Luft-M, Stb in 1. M, *2 Stb in nächste M, Stb in nächste M; von * noch 20x (21x, 21x, 23x) wdh, Stb in nächste M, wenden = 65 (68, 68, 74) M L.

2. R (LS): 1 Luft-M, Stb in 1. und in jede nächste M, wenden = 65 (68, 68, 74) M.

3. R (RS): 1 Luft-M, Stb in 1. und in jede nächste M, wenden = 65 (68, 68, 74) M.

2. und 3. R noch 7x (8x, 9x, 10x) oder bis zur gewünschten Länge wdh M, Kapuze auf die Hälfte falten und auf der LS den oberen Rand schließen, dazu mit Kett-M in jede M durch beide Lagen häkeln N, abmaschen.

Faden unten an der Kapuze anbringen O und fM gleichmäßig bis zum Ende arbeiten, Kett-M in letzte M, abmaschen P.

ÄRMEL

Faden in der Mitte der Achsel anbringen Q, in Rd arbeiten und nach jeder Rd wenden.

1. Rd (RS): 1 Luft-M, 40 (42, 44, 44) Stb gleichmäßig um das Armloch arbeiten, mit Kett-M in 1. M verbinden, wenden = 40 (42, 44, 44) M.

2. Rd (LS): 1 Luft-M, fM in 1. und in jede nächste M bis Ende, mit Kett-M in 1. M verbinden, wenden = 40 (42, 44, 44) M.

3. Rd (RS): 1 Luft-M, Stb in 1. M, 2x [2 Stb zus], Stb in jede nächste M bis letzte 4 M, 2x [2 Stb zus], mit Kett-M in 1. M verbinden, wenden = 36 (38, 40, 40) M.

4. Rd (LS): 1 Luft-M, fM in 1. und in jede nächste M bis Ende, mit Kett-M in 1. M verbinden, wenden = 36 (38, 40, 40) M.

3. und 4. Rd noch 2x wdh = 28 (30, 32, 32) M.

9. Rd (RS): 1 Luft-M, Stb in 1. und in jede nächste M, mit Kett-M in 1. M verbinden, wenden = 28 (30, 32, 32) M.

10. Rd (LS): 1 Luft-M, fM in 1. und in jede nächste M bis Ende, mit Kett-M in 1. M verbinden, wenden = 28 (30, 32, 32) M.

9. und 10. Rd noch 2x (4x, 6x, 8x) oder bis zur gewünschten Länge wdh, mit dem Ärmelbündchen fortfahren.

Zweiter Ärmel

Wie den ersten Ärmel arbeiten.

ÄRMELBÜNDCHEN

1. Rd (RS): 1 Luft-M, Stb in 1. und in jede nächste M, mit Kett-M in 1. M verbinden = 28 (30, 32, 32) M.

2. Rd (RS): 1 Luft-M, vorderes Relief-Stb um 1. Stb, *hinteres Relief-Stb um nächstes Stb, vorderes Relief-Stb um nächstes Stb; von * bis letzte M wdh, hinteres Relief-Stb um letztes Stb und mit Kett-M in 1. M verbinden = 28 (30, 32, 32) M.

3. Rd (RS): 1 Luft-M, vorderes Relief-Stb um jedes vordere Relief-Stb und hinteres Relief-Stb um jedes hintere Relief-Stb bis Ende, mit Kett-M in 1. M verbinden = 28 (30, 32, 32) M.

3. Rd noch 0x (1x, 2x, 3x) oder bis zur gewünschten Länge wdh, abmaschen R.

Zweites Ärmelbündchen

Am zweiten Ärmel ebenso arbeiten.

FERTIGSTELLEN

Alle Fäden vernähen (siehe »Techniken zum Fertigstellen«, Seite 142).

Knöpfe gegenüber von den Knopflöchern annähen (siehe »Techniken zum Fertigstellen«, Seite 142).

K
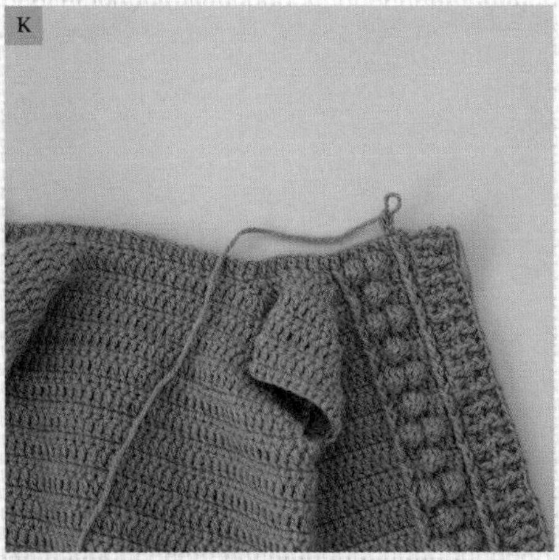

L
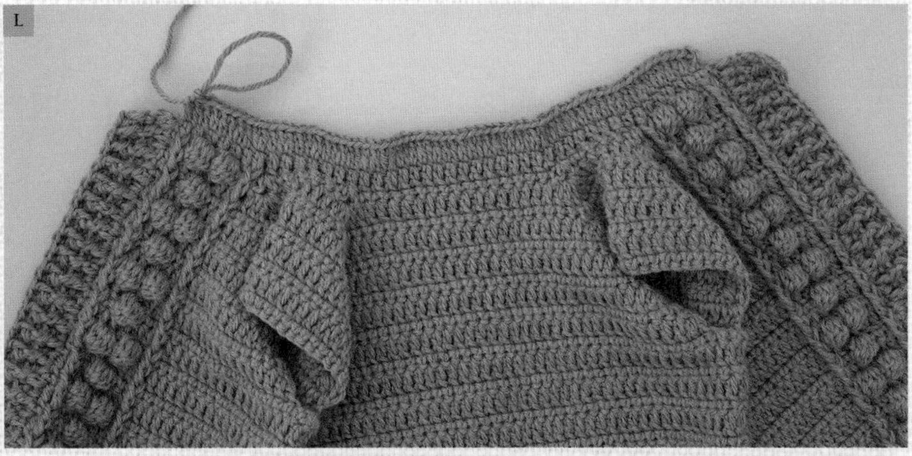

M
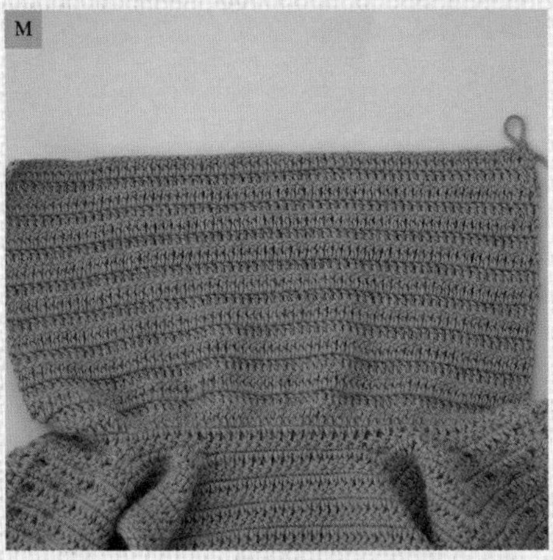

N
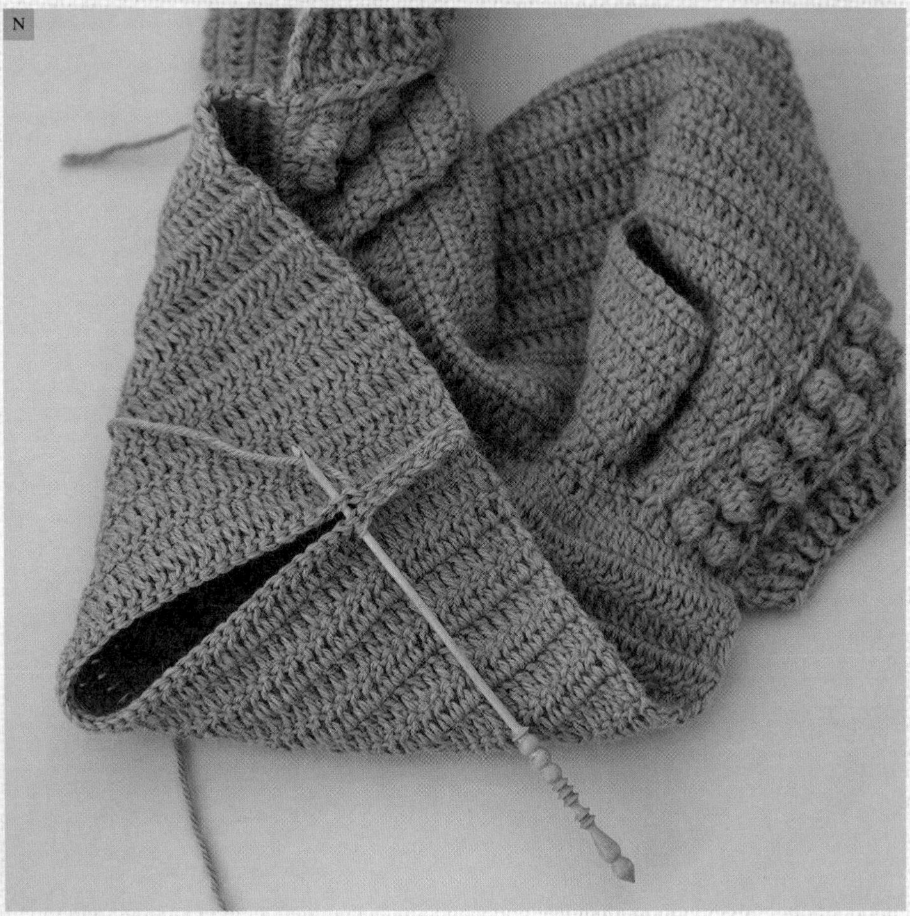

O
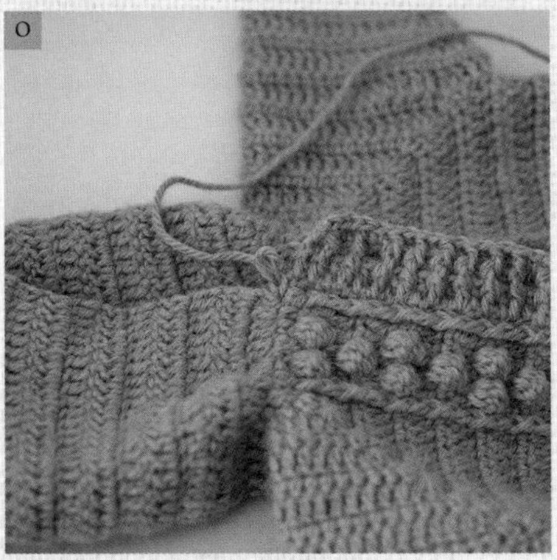

P
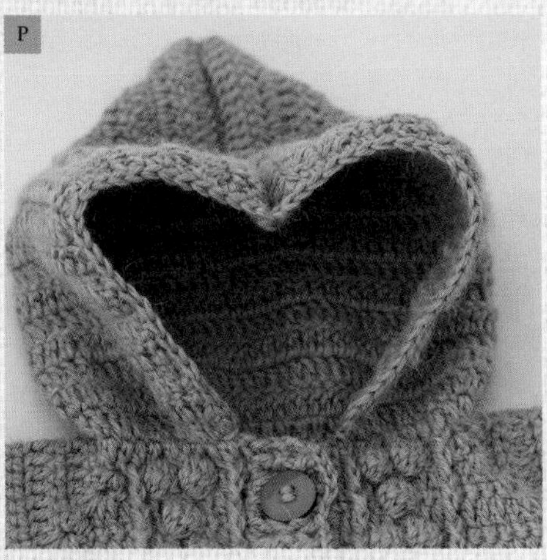

Q
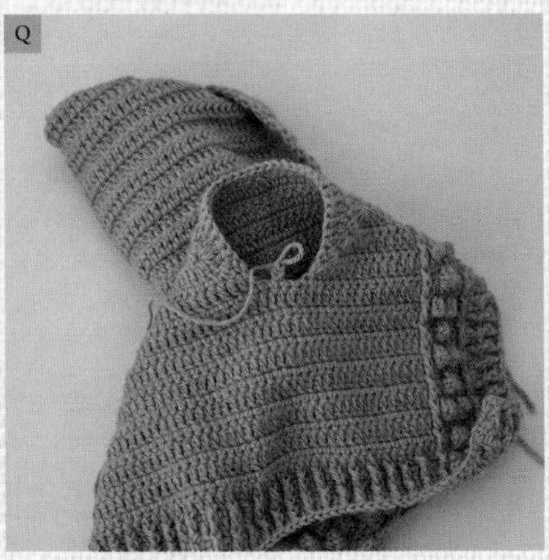

R
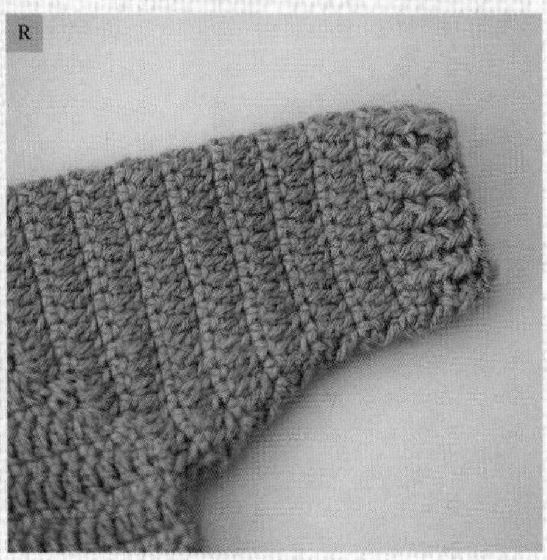

PULLI MIT SCHLITZEN

Das Muster für diesen Pulli besteht aus einer schönen Mischung verschiedener Maschen. Er wird von oben nach unten mit einer runden Passe gearbeitet und dann für die Ärmel und den Körper geteilt. Dadurch hat er keinerlei Nähte. Die seitlichen Schlitze sind das perfekte kleine Detail, das diesen Pulli ganz besonders macht.

GRÖSSE UND MASSE DER FERTIGEN ARBEIT

Größe	Brust	Länge	Ärmellänge bis Achsel
0-6 Monate	46 cm	27 cm	16 cm
6-12 Monate	53 cm	30 cm	18 cm
1-2 Jahre	57 cm	38 cm	20 cm
3-4 Jahre	60 cm	41 cm	23 cm

MASCHENPROBE

18 M und 10 R = 10 cm x 10 cm mit Stb und 4-mm-Häkelnadel (oder Nadel anderer Stärke, um die richtige Maschenprobe zu erhalten)

BESONDERE MASCHEN

Büschel-M (3-Stb-Noppe), überkreuztes Stb, VM, vorderes Relief-Stb, hinteres Relief-Stb (siehe Seiten 134–141)

MATERIAL

- Empfohlenes Garn: Rowan Alpaca Soft DK, 70 % Schurwolle, 30 % Alpaka (LL 125 m/50 g), Fb 202, benötigte Menge 375 (450, 550, 625) m
- 4-mm-Häkelnadel (oder Nadel anderer Stärke, um die richtige Maschenprobe zu erhalten)

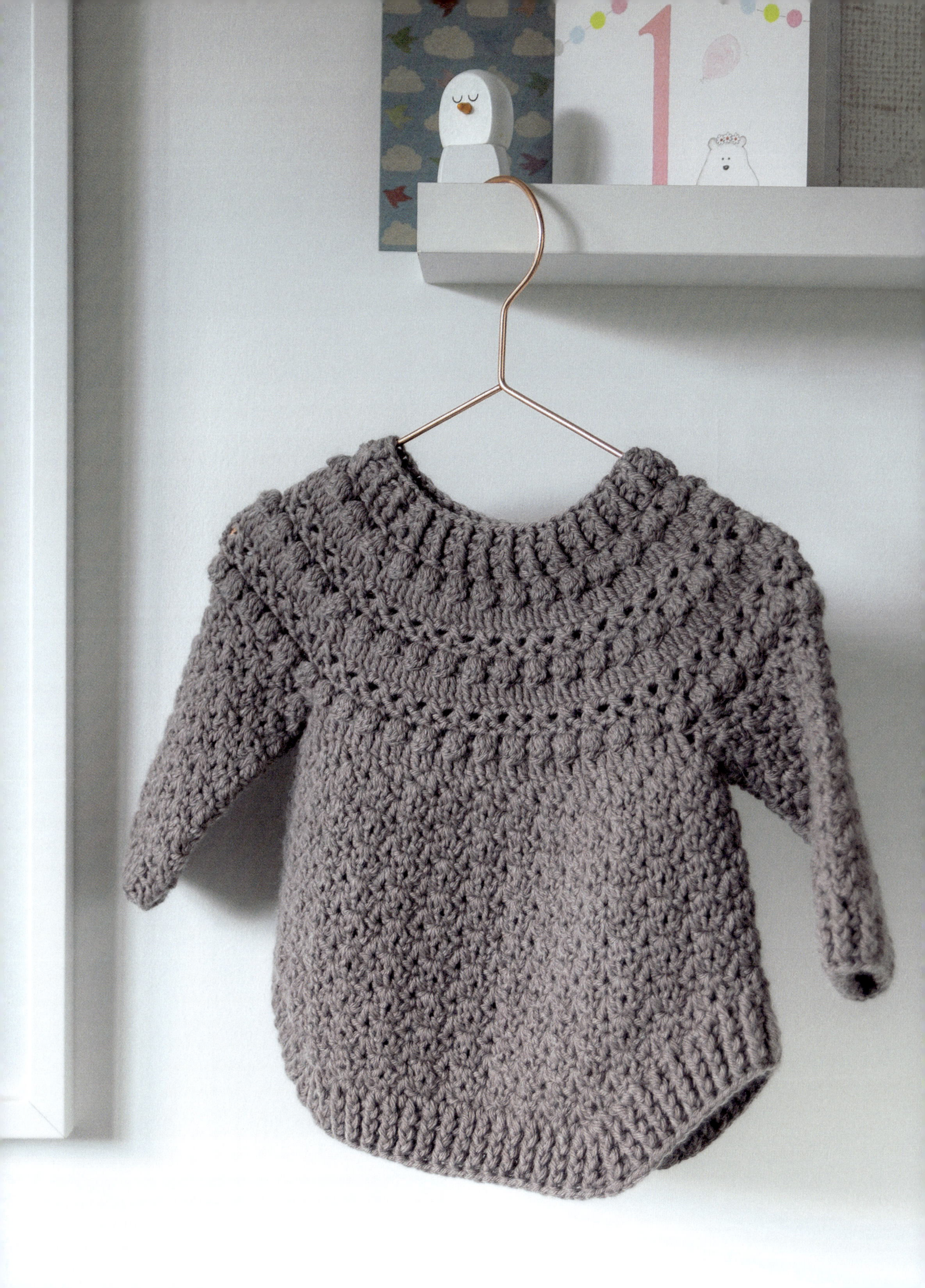
1

Anleitung ist für Größe 0–6 Monate geschrieben, Angaben für 6–12 Monate, 1–2 Jahre und 3–4 Jahre in Klammern.

1 Luft-M zu Beginn jeder Runde zählt nicht als Masche.

KRAGEN

Die Passe wird in Rd gearbeitet, hauptsächlich auf RS. Für Rd mit Np die Arbeit wenden und auf der LS arbeiten.

Luftmaschenkette: Locker arbeiten, 56 (58, 60, 66) Luft-M, mit Kett-M in 1. Luft-M verbinden.

1. Rd (RS): 1 Luft-M, aber hier und im Folgenden auf die Höhe eines Stäbchens ziehen, wenn die nächste M ein Stb oder eine Büschel-M ist, Stb in 1. und in jede nächste Luft-M bis Ende, mit Kett-M in 1. M verbinden = 56 (58, 60, 66) M.

2. Rd (RS): 1 Luft-M, fM in 1. M, *2 Luft-M, nächste M überspringen, fM in nächste M; von * bis Ende wdh, bei letzter Wdh statt letzter fM mit Kett-M in 1. fM verbinden, wenden = 28 (29, 30, 33) 2-Luft-M-Lck **A**.

3. Rd (LS): 1 Luft-M, Büschel-M in 1. fM, *fM in nächste 2-Luft-M-Lck, Büschel-M in nächste fM; von * bis letzte 2-Luft-M-Lck wdh, fM in letzte 2-Luft-M-Lck, mit Kett-M in 1. Büschel-M verbinden, wenden = 28 (29, 30, 33) Büschel-M **B**.

4. Rd (RS): 1 Luft-M, 2 Stb in 1. M, 2 Stb in jede nächste M bis Ende, für Größe 0–6 Monate in letzte M nur 1 Stb arbeiten, für Größe 6–12 Monate in letzte M 3 Stb arbeiten, mit Kett-M in 1. M verbinden = 111 (117, 120, 132) Stb **C**.

5. Rd (RS): 1 Luft-M, 1. und nächstes Stb überspringen, Stb in nächste M, 1 Luft-M, Stb in 1. übersprungene M, dabei über gerade gearbeitetes Stb häkeln, *überkreuztes Stb über nächste 3 M; von * bis Ende wdh, mit Kett-M in 1. M verbinden = 37 (39, 40, 44) überkreuzte Stb **D**.

6. Rd (RS): 1 Luft-M, 1. Stb überspringen, fM in nächste 1-Luft-M-Lck, *2 Luft-M, nächste 2 Stb überspringen, fM in nächste 1-Luft-M-Lck; von * bis Ende wdh, bei letzter Wdh statt letzter fM mit Kett-M in 1. M verbinden = 37 (39, 40, 44) 2-Luft-M-Lck **E**.

Für Größe 0–6 Monate

7. Rd (RS): 1 Luft-M, fM in 2-Luft-M-Lck rechts, *2 Luft-M, nächste fM überspringen, fM in nächste 2-Luft-M-Lck; von * bis Ende wdh, bei letzter Wdh statt letzter fM mit Kett-M in 1. fM verbinden, wenden = 37 2-Luft-M-Lck **F**.

8. Rd (LS): 1 Luft-M, Büschel-M in 1. fM, *fM in nächste 2-Luft-M-Lck, Büschel-M in nächste fM; von * bis letzte 2-Luft-M-Lck wdh, fM in letzte 2-Luft-M-Lck, mit Kett-M in 1. Büschel-M verbinden, wenden = 37 Büschel-M.

9. Rd (RS): 1 Luft-M, Stb in 1. und in nächste M, *2 Stb in nächste M, Stb in jede der nächsten 2 M; von * bis Ende wdh, mit Kett-M in 1. M verbinden und mit »Teilen für Körper und Ärmel« fortfahren = 98 M.

Für Größe 6–12 Monate

Wenden, mit 8. Rd fortfahren.

Für Größen 1–2 Jahre und 3–4 Jahre

7. Rd (RS): 1 Luft-M, fM in 2-Luft-M-Lck rechts, *2 Luft-M, nächste fM überspringen, fM in nächste 2-Luft-M-Lck; von * bis Ende wdh, bei letzter Wdh statt letzter fM mit Kett-M in 1. fM verbinden, wenden = (40, 44) 2-Luft-M-Lck **F**.

Für Größen 6–12 Monate, 1–2 Jahre und 3–4 Jahre

8. Rd (LS): 1 Luft-M, Büschel-M in 1. fM, *fM in nächste 2-Luft-M-Lck, Büschel-M in nächste fM; von * bis letzte 2-Luft-M-Lck wdh, fM in letzte 2-Luft-M-Lck, mit Kett-M in 1. Büschel-M verbinden, wenden = (39, 40, 44) Büschel-M.

9. Rd (RS): 1 Luft-M, (2, 1, 3) Stb in 1. M, 2 Stb in jede nächste M bis Ende, mit Kett-M in 1. M verbinden = (156, 159, 177) Stb.

10. Rd (RS): 1 Luft-M, 1. und nächstes Stb überspringen, Stb in nächste M, 1 Luft-M, Stb in 1. übersprungene M über gerade gearbeitetes Stb häkeln, *überkreuztes Stb über nächste 3 M; von * bis Ende wdh, mit Kett-M in 1. M verbinden = (52, 53, 59) überkreuzte Stb.

11. Rd (RS): 1 Luft-M, 1. Stb überspringen, fM in nächste 1-Luft-M-Lck, *2 Luft-M, nächste 2 Stb überspringen, fM in nächste 1-Luft-M-Lck; von * bis Ende wdh, bei letzter Wdh statt letzter fM mit Kett-M in 1. M verbinden = (52, 53, 59) 2-Luft-M-Lck.

Für Größe 6–12 Monate

Wenden, mit 13. Rd fortfahren.

Für Größen 1–2 Jahre und 3–4 Jahre

12. Rd (RS): 1 Luft-M, fM in 2-Luft-M-Lck rechts, *2 Luft-M, nächste fM überspringen, fM in nächste 2-Luft-M-Lck; von * bis Ende wdh, bei letzter Wdh statt letzter fM mit Kett-M in 1. M verbinden, wenden = (53, 59) 2-Luft-M-Lck.

Für Größen 6–12 Monate, 1–2 Jahre und 3–4 Jahre

13. Rd (LS): 1 Luft-M, Büschel-M in 1. fM, *fM in nächste 2-Luft-M-Lck, Büschel-M in nächste fM; von * bis letzte 2-Luft-M-Lck wdh, fM in letzte 2-Luft-M-Lck, mit Kett-M in 1. M verbinden, wenden = (52, 53, 59) Büschel-M **G**.

Für Größen 6–12 Monate und 1–2 Jahre

Mit »Teilen für Körper und Ärmel« fortfahren.

Für Größe 3–4 Jahre

14. Rd (RS): 1 Luft-M, Stb in 1. und in jede nächste M, mit Kett-M in 1. M verbinden und mit »Teilen für Körper und Ärmel« fortfahren = 118 Stb.

TEILEN FÜR KÖRPER UND ÄRMEL

Für Größe 0–6 Monate

1. Rd (RS): 1 Luft-M, Stb in 1. M, *2 Stb in nächste M, Stb in jede der nächsten 2 M**; von * noch 8x wdh, 3 Luft-M, nächste 21 M für ein Armloch überspringen, von * bis ** 9x wdh, 2 Stb in nächste M, 3 Luft-M, nächste 21 M für ein Armloch überspringen, mit Kett-M in 1. M verbinden = 81 M **H**.

Für Größe 6–12 Monate

1. Rd (RS): 1 Luft-M, 2 Stb in 1. M, *2 Stb in nächste M, Stb in nächste M**; von * noch 13x wdh, 4 Luft-M, nächste 23 M für ein Armloch überspringen, von * bis ** noch 14x wdh, 2 Stb in nächste M, 4 Luft-M, nächste 23 M für ein Armloch überspringen, mit Kett-M in 1. M verbinden = 96 M **H**.

Für Größe 1–2 Jahre

1. Rd (RS): 1 Luft-M, Stb in 1. M, *2 Stb in nächste M, Stb in nächste M**; von * noch 13x wdh, 2 Stb in nächste M, 6 Luft-M, nächste 23 M für ein Armloch überspringen, von * bis ** noch 15x wdh, 6 Luft-M, nächste 23 M für ein Armloch überspringen, mit Kett-M in 1. M verbinden = 102 M **H**.

Für Größe 3–4 Jahre

1. Rd (RS): 1 Luft-M, 2 Stb in 1. M, *Stb in jede der nächsten 2 M, 2 Stb in nächste M**; von * noch 10x wdh, 8 Luft-M, nächste

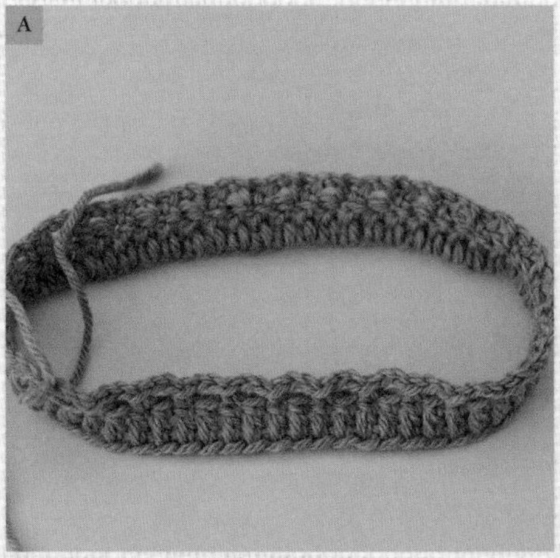
A

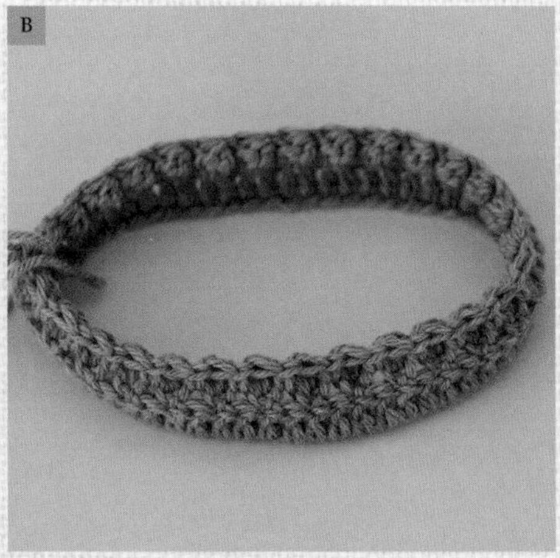
B

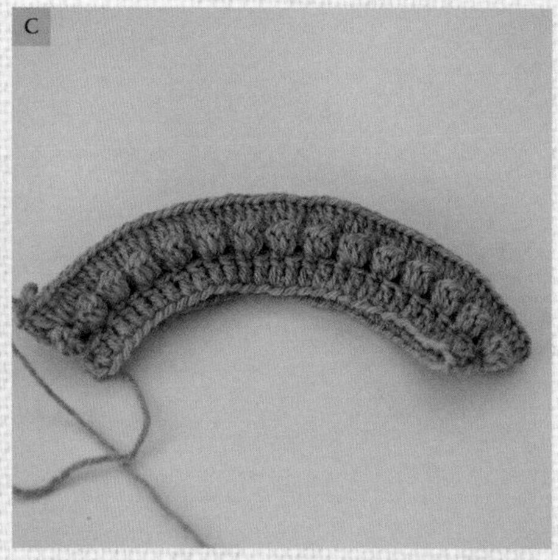
C

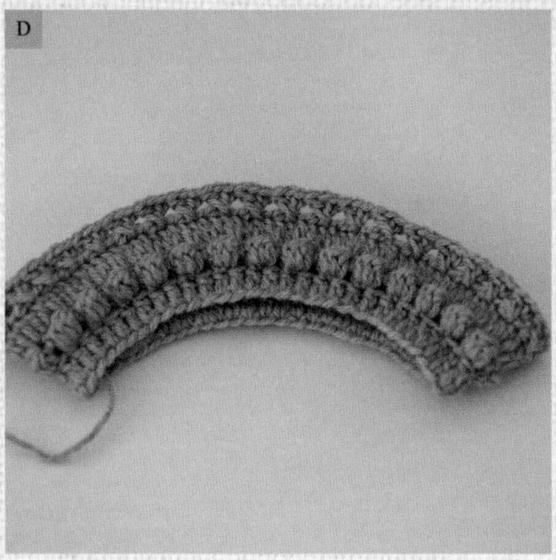
D

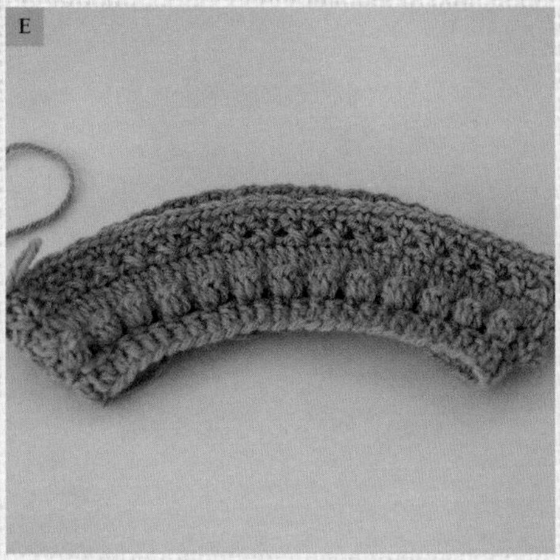
E

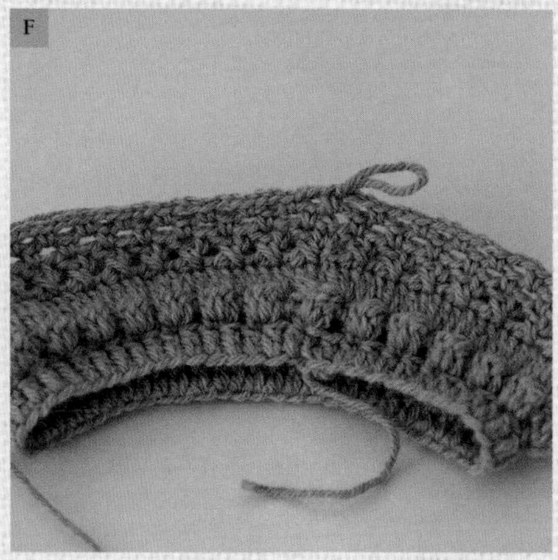
F

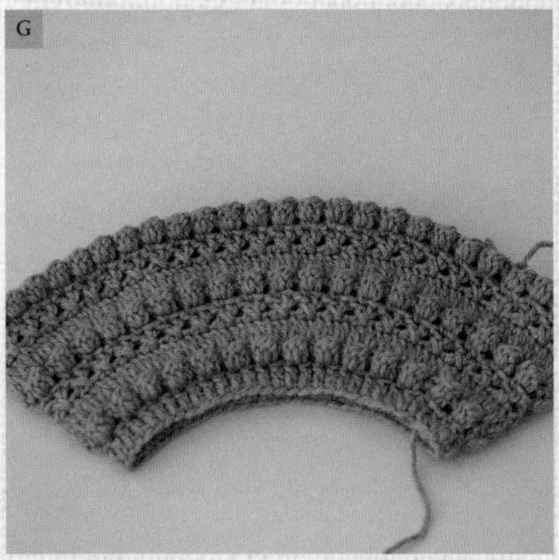
G

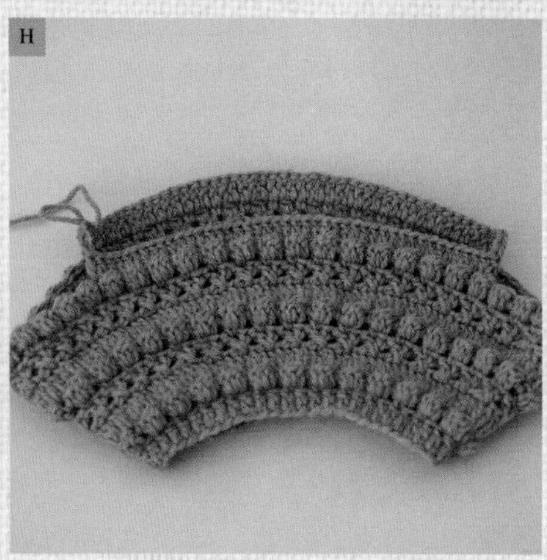
H

25 M für ein Armloch überspringen, 2 Stb in nächste M, von * bis ** noch 11x wdh, 8 Luft-M, nächste 25 M für ein Armloch überspringen, mit Kett-M in 1. M verbinden = 108 M H.

Für alle Größen

2. Rd (RS): 1 Luft-M, fM in 1. M, VM in nächste M, nächste M überspringen, *fM in nächste M, VM in nächste M, nächste M überspringen; von * bis Ende wdh, mit Kett-M in 1. M verbinden, wenden = 27 (32, 34, 36) VM I.

3. Rd (LS): 1 Luft-M, Stb in 1. fM, *nächstes Stb überspringen, fM in nächste 1-Luft-M-Lck, nächstes Stb überspringen, VM in nächste fM; von * bis Ende wdh, bei letzter Wdh statt letzter VM (Stb, 1 Luft-M) in gleiche M wie 1. Stb arbeiten und mit Kett-M in 1. M verbinden, wenden = 27 (32, 34, 36) VM J.

4. Rd (RS): 1 Luft-M, fM in nächste 1-Luft-M-Lck, *nächstes Stb überspringen, VM in nächste fM, nächstes Stb überspringen, fM in nächste 1-Luft-M-Lck; von * bis letzte fM wdh, VM in letzte fM, mit Kett-M in 1. M verbinden.

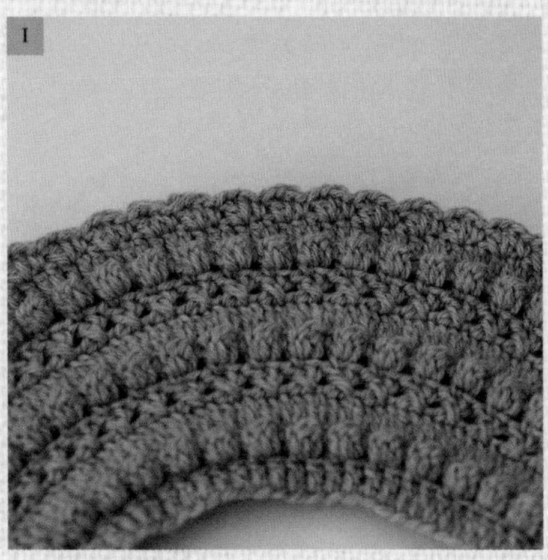
I

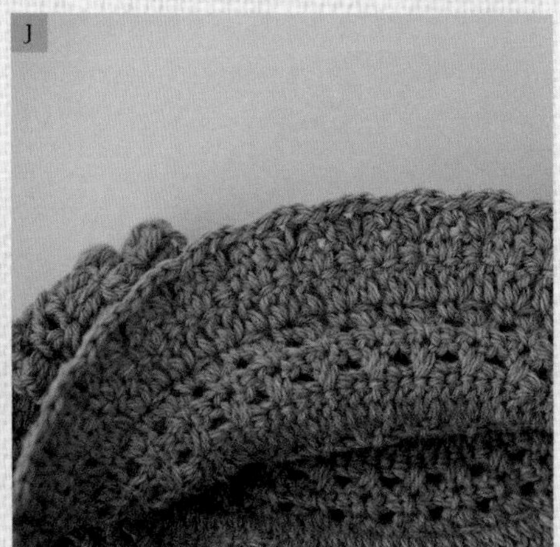
J

Wenden = 27 (32, 34, 36) VM.

3. und 4. Rd noch 3x (4x, 6x, 8x) wdh.

3. Rd noch 1x wdh.

ABNAHMEN AM RÜCKEN

In R arbeiten.

1. R (RS): 1 Luft-M, fM in nächste 1-Luft-M-Lck, *nächstes Stb überspringen, VM in nächste fM, nächstes Stb überspringen, fM in nächste 1-Luft-M-Lck; von * noch 11x (13x, 13x, 14x) wdh, wenden = 12 (14, 14, 15) VM.

2. R (LS): 2 Luft-M (zählt nicht als M), 1. M überspringen und nächstes Stb überspringen, fM in nächste 1-Luft-M-Lck, *nächstes Stb überspringen, VM in nächste fM, nächstes Stb überspringen, fM in nächste 1-Luft-M-Lck; von * noch 10x (12x, 12x, 13x) wdh, letzte 2 M überspringen, wenden = 11 (13, 13, 14) VM.

3. R: 2 Luft-M (zählt nicht als M), 1. M überspringen und nächstes Stb überspringen, fM in nächste 1-Luft-M-Lck, *nächstes Stb überspringen, VM in nächste fM, nächstes Stb überspringen, fM in nächste 1-Luft-M-Lck; von * bis Ende wdh, letzte 2 M überspringen, wenden = 10 (12, 12, 13) VM **K**.

3. R noch 3x (4x, 4x, 4x) wdh = 7 (8, 8, 9) VM, abmaschen **L**.

ABNAHMEN AM VORDERTEIL

Auf RS 1 (1, 2, 2) VM vom Rücken überspringen und Faden in nächster 1-Luft-M-Lck anbringen **M**, in Rd arbeiten.

1. R (RS): 1 Luft-M, fM in gleiche 1-Luft-M-Lck, *nächstes Stb überspringen, VM in nächste fM, nächstes Stb überspringen, fM in nächste 1-Luft-M-Lck; von * noch 10x (13x, 13x, 14x) wdh, wenden = 11 (14, 14, 15) VM.

2. R (LS): 2 Luft-M (zählen nicht als M), 1. M überspringen und nächstes Stb überspringen, fM in nächste 1-Luft-M-Lck, *nächstes Stb überspringen, VM in nächste fM, nächstes Stb überspringen, fM in nächste 1-Luft-M-Lck; von * noch 9x (12x, 12x, 13x) wdh, wenden = 10 (13, 13, 14) VM.

3. R (RS): 2 Luft-M (zählen nicht als M), 1. M überspringen und nächstes Stb überspringen, fM in nächste 1-Luft-M-Lck, *nächstes Stb überspringen, VM in nächste fM, nächstes Stb überspringen, fM in nächste 1-Luft-M-Lck; von * bis Ende wdh, wenden = 9 (12, 12, 13) VM.

3. R noch 3x (4x, 4x, 4x) wdh = 6 (8, 8, 9) VM, nicht abmaschen **N**.

RAND

1. Rd (RS): 1 Luft-M, 3 Stb in 1. M, Stb gleichmäßig an Vorderteil und Rückenteil arbeiten, an Ecken 2x 3 Stb in 1 M arbeiten, am Ende der Rd 3 Stb in letzte M, mit Kett-M in 1. M verbinden (Maschenzahl ist hier nicht wichtig, muss jedoch gerade sein) **O**.

2. Rd (RS): 1 Luft-M, vorderes Relief-Stb um 1. Stb, *hinteres Relief-Stb um nächstes Stb, vorderes Relief-Stb um nächstes Stb; von * bis letztes Stb wdh, hinteres Relief-Stb um letztes Stb, mit Kett-M in 1. M verbinden.

3. Rd (RS): 1 Luft-M, vorderes Relief-Stb um 1. vorderes Relief-Stb, *hinteres Relief-Stb um nächstes hinteres Relief-Stb, vorderes Relief-Stb um nächstes vorderes Relief-Stb; von * bis letzte M wdh, aber an den Ecken (2 hintere Relief-Stb um nächstes hinteres Relief-Stb, vorderes Relief-Stb um nächstes vorderes Relief-Stb, 2 hintere Relief-Stb um nächstes hinteres Relief-Stb) arbeiten, hinteres Relief-Stb um letztes hinteres Relief-Stb, mit Kett-M in 1. M verbinden **P**.

4. Rd (RS): 1 Luft-M, vorderes Relief-Stb um 1. vorderes Relief-Stb, *hinteres Relief-Stb um nächstes hinteres Relief-Stb, vorderes Relief-Stb um nächstes vorderes Relief-Stb; von * bis letzte M wdh, hinteres Relief-Stb um letztes hinteres Relief-Stb, mit Kett-M in 1. M verbinden und abmaschen **Q**.

ÄRMEL

Auf der RS Faden in der Mitte der Achsel anbringen **R**, nach jeder Rd wenden und auf RS und LS arbeiten.

1. Rd (RS): 1 Luft-M, fM in 1. M [1 M überspringen, VM in nächste M, 1 M überspringen, fM in nächste M], 8x (9x, 10x, 11x) gleichmäßig um das Armloch, statt der letzten fM mit Kett-M in 1. M verbinden, wenden = 8 (9, 10, 11) VM.

2. Rd (LS): 1 Luft-M, Stb in 1. fM, *nächstes Stb überspringen, fM in nächste 1-Luft-M-Lck, nächstes Stb überspringen, VM in nächste fM; von * bis Ende wdh, bei letzter Wdh statt letzter VM (Stb, 1 Luft-M) in gleiche M wie 1. Stb arbeiten und mit Kett-M in 1. M verbinden, wenden = 8 (9, 10, 11) VM.

3. Rd (RS): 1 Luft-M, fM in nächste 1-Luft-M-Lck, * nächstes Stb überspringen, VM in nächste fM, nächstes Stb überspringen, fM in nächste 1-Luft-M-Lck; von * bis letzte fM wdh, VM in letzte fM, mit Kett-M in 1. M verbinden, wenden = 8 (9, 10, 11) VM.

2. und 3. Rd noch 5x (8x, 10x, 12x) wdh oder bis Ärmel von der Achsel 13 (15, 17, 20) cm lang ist oder die gewünschte Länge hat (das Ärmelbündchen fügt etwa 3 cm hinzu). Den zweiten Ärmel ebenso arbeiten.

ÄRMELBÜNDCHEN

1. Rd (RS): 1 Luft-M, Stb in 1. fM, *nächstes Stb überspringen, 2 Stb in nächste 1-Luft-M-Lck, nächstes Stb überspringen, Stb in nächste fM; von * bis letzte VM wdh, 2 (1, 2, 1) Stb in letzte 1-Luft-M-Lck und mit Kett-M in 1. M verbinden = 24 (26, 30, 32) M **S**.

2. Rd (RS): 1 Luft-M, vorderes Relief-Stb um 1. Stb, *hinteres Relief-Stb um nächstes Stb, vorderes Relief-Stb um nächstes Stb; von * bis letzte M wdh, hinteres Relief-Stb um letztes Stb, mit Kett-M in 1. M verbinden = 24 (26, 30, 32) M.

3. Rd (RS): 1 Luft-M, vorderes Relief-Stb um 1. vorderes Relief-Stb, *hinteres Relief-Stb um nächstes hinteres Relief-Stb, vorderes Relief-Stb um nächstes vorderes Relief-Stb; von * bis letzte M wdh, hinteres Relief-Stb um letztes hinteres Relief-Stb, mit Kett-M in 1. M verbinden = 24 (26, 30, 32) M.

3. Rd noch 1x wdh, abmaschen **T**.
Am zweiten Ärmel ebenso arbeiten.

KRAGEN

Faden in der 1. M des Kragens in der verbleibenden Schlaufe anbringen und wie folgt arbeiten:

1. Rd (RS): 1 Luft-M, vorderes Relief-Stb um 1. Stb **U**, *hinteres Relief-Stb um nächstes Stb, vorderes Relief-Stb um nächstes Stb; von * bis letzte M wdh, hinteres Relief-Stb um nächste M, mit Kett-M in 1. M verbinden = 56 (58, 60, 66) M.

2. Rd (RS): 1 Luft-M, vorderes Relief-Stb um 1. vorderes Relief-Stb, *hinteres Relief-Stb um nächstes hinteres Relief-Stb, vorderes Relief-Stb um nächstes vorderes Relief-Stb; von * bis letzte M wdh, hinteres Relief-Stb um letztes hinteres Relief-Stb, mit Kett-M in 1. M verbinden = 56 (58, 60, 66) M.

2. Rd noch 1x wdh, abmaschen **V**.

FERTIGSTELLEN

Vernähen, waschen und spannen (siehe »Techniken zum Fertigstellen«, Seite 142).

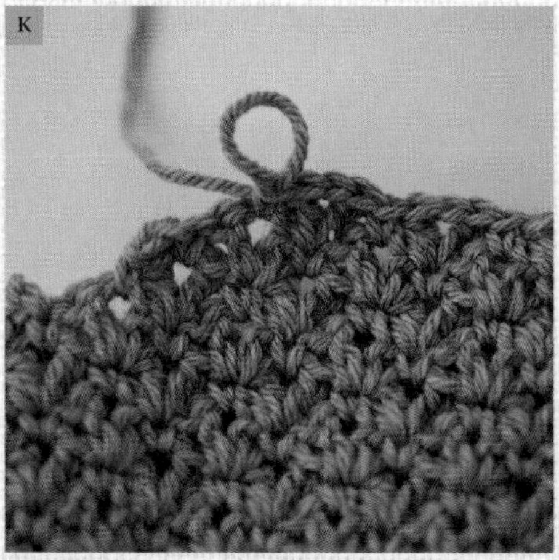
K

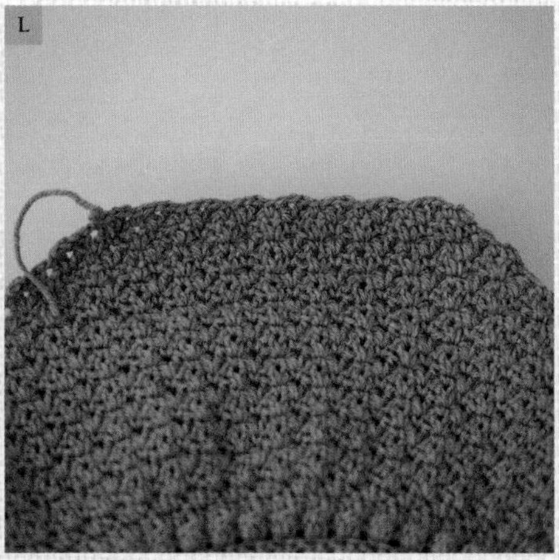
L

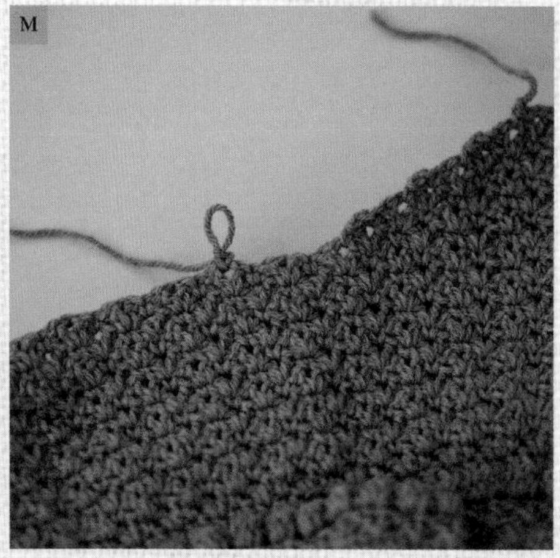
M

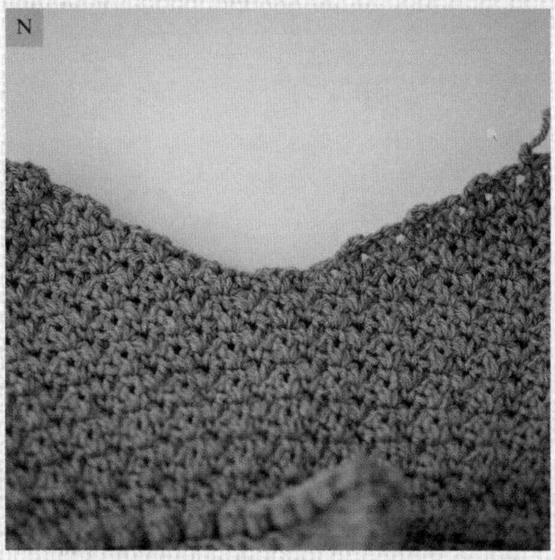
N

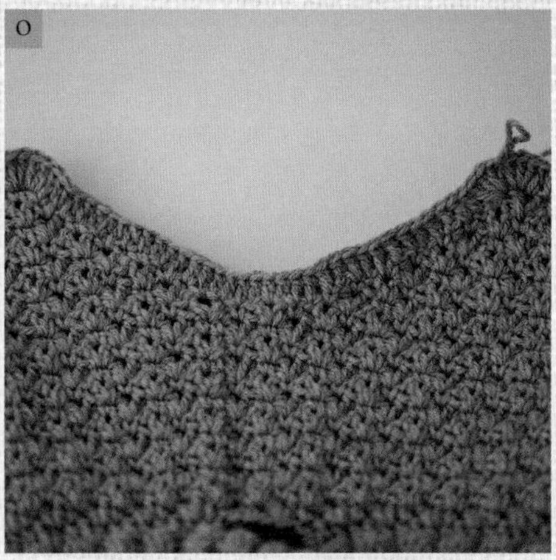
O

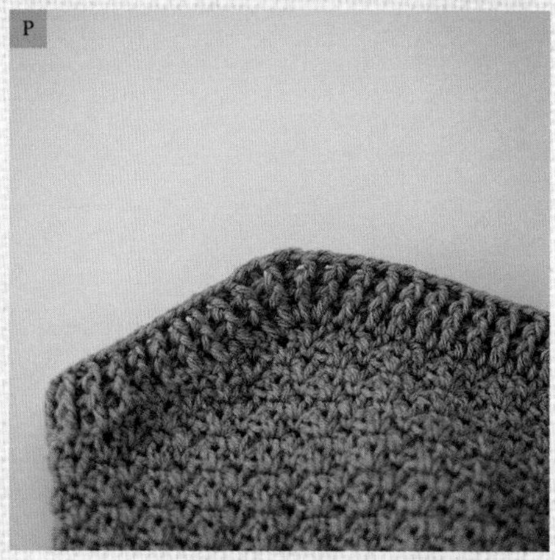
P

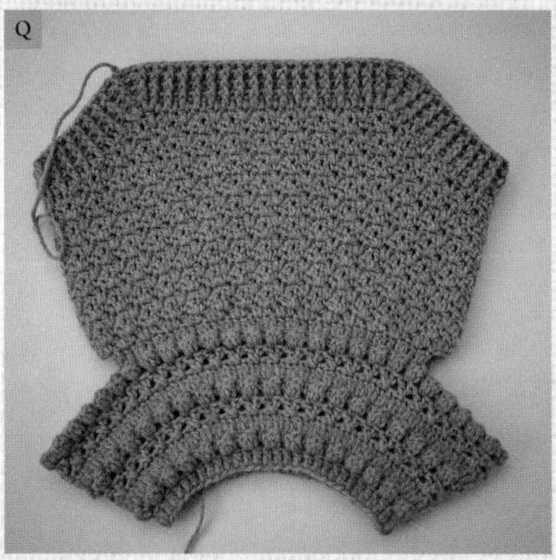
Q

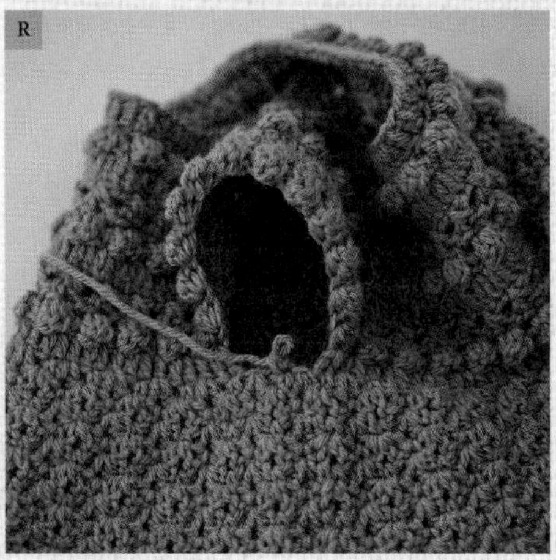
R

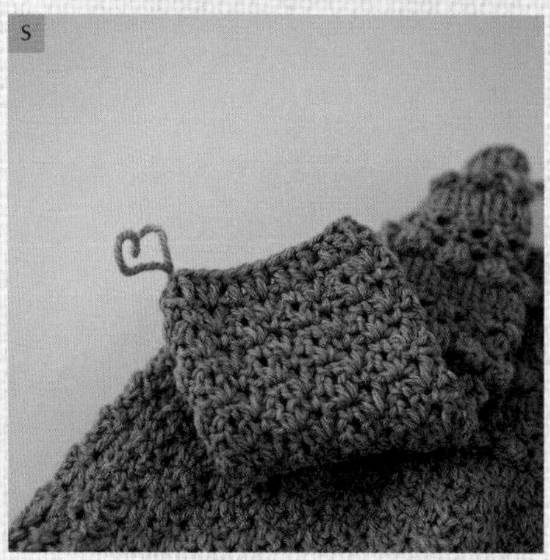
S

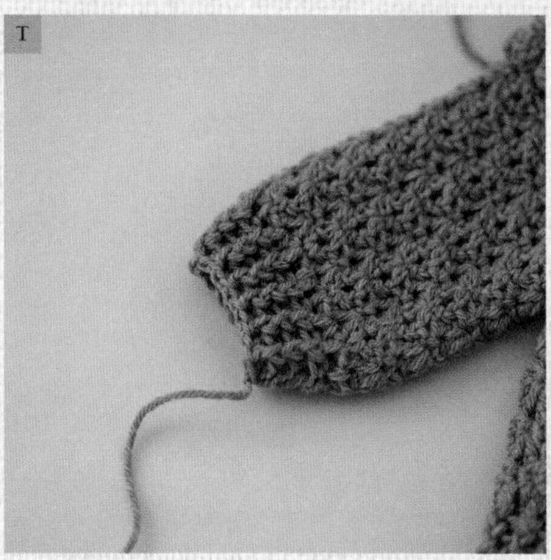
T

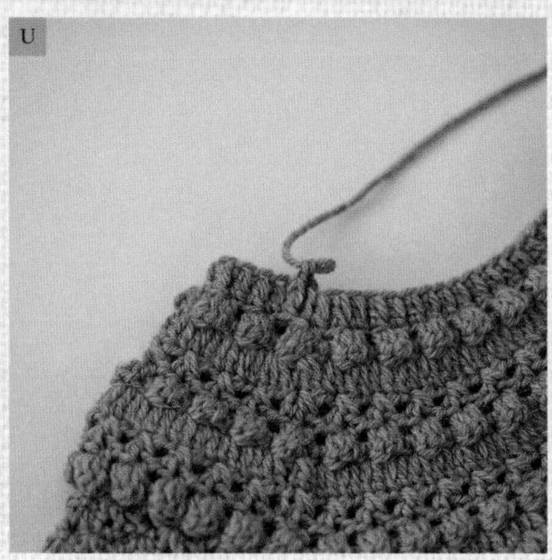
U

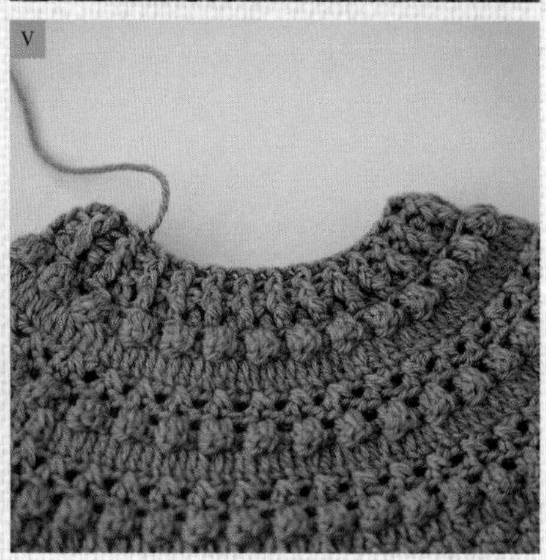
V

~★★☆~

LUFTIGES KLEID

Bei diesem Kleid geht es vor allem um Struktur! Neben Picot und Popcorn-Muscheln (und anderen Maschen) lernst du hier auch eine neue, sehr dehnbare Luftmaschenkette. Für das luftige Kleid habe ich ein Mischgarn aus Baumwolle und Wolle genommen, damit es leicht und fluffig wird – wie eine Wolke –, aber man kann es auch aus reinem Baumwollgarn anfertigen.

GRÖSSE UND MASSE DER FERTIGEN ARBEIT

Größe	Brust	Länge
0–6 Monate	51 cm	30 cm
6–12 Monate	54 cm	35 cm
1–2 Jahre	60 cm	40 cm
3–4 Jahre	64 cm	45 cm

MASCHENPROBE

20 M und 9 R = 10 cm x 10 cm mit Stb und 3,5-mm-Häkelnadel (oder Nadel anderer Stärke, um die richtige Maschenprobe zu erhalten)

BESONDERE MASCHEN

VM, Popcorn, Popcorn-Muschel, überkreuztes Stb, Picot, Picot-Muschel (siehe Seiten 134–141)

MATERIAL

- Empfohlenes Garn: Laines du Nord Spring Wool, 50 % Wolle, 50 % Baumwolle (LL 140 m/50 g), Fb 04, benötigte Menge 340 (450, 560, 700) m
- 4,5-mm-Häkelnadel (nur für Luftmaschenkette) und 3,5-mm-Häkelnadel (oder Nadel anderer Stärke, um die richtige Maschenprobe zu erhalten)

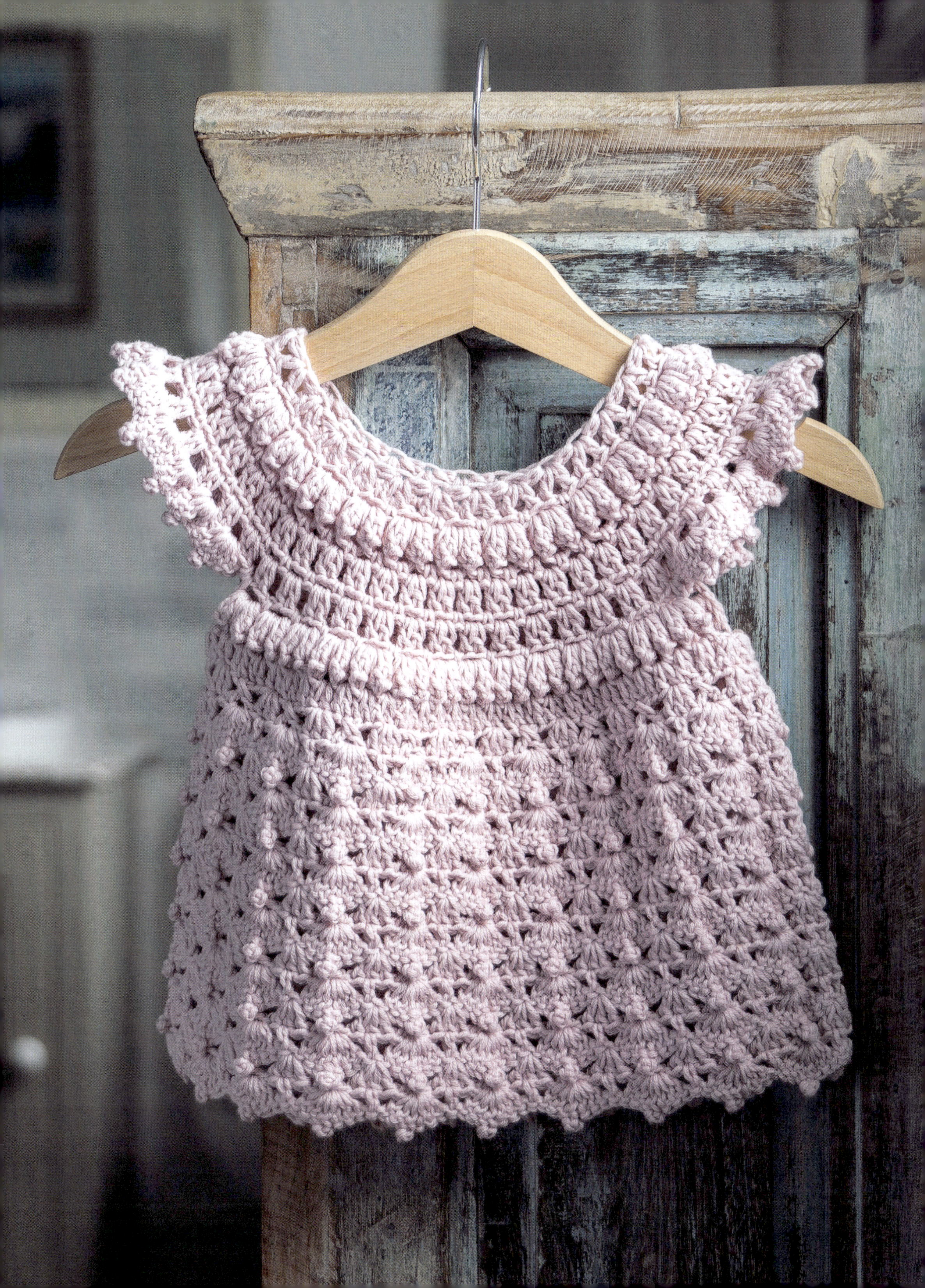

Anleitung ist für Größe 0–6 Monate geschrieben, Angaben für 6–12 Monate, 1–2 Jahre und 3–4 Jahre in Klammern.

1 Luft-M zu Beginn jeder Runde zählt nicht als Masche.

PASSE

Luftmaschenkette: mit 4,5-mm-Häkelnadel, *1 Luft-M, hStb in untere Schlaufe von 1 Luft-M; von * noch 25x (26x, 28x, 30x) wdh **A** **B** **C** **D**, mit Kett-M in 1. Luft-M verbinden; Luftmaschenkette muss locker und elastisch sein = 52 (54, 58, 62) M einschließlich aller Luft-M **E**.

Für eine einfachere Option 52 (54, 58, 62) Luft-M arbeiten (muss locker und elastisch sein) und mit Kett-M in 1. Luft-M verbinden.

1. Rd (RS): mit 3,5-mm-Häkelnadel 1 Luft-M, aber hier und im Folgenden auf Höhe eines Stb ziehen, wenn nächste M ein Stb oder Popcorn-M ist, VM in 1. M, * nächste M überspringen, VM in nächste M; von * bis Ende wdh, mit Kett-M in 1. M verbinden = 26 (27, 29, 31) VM **F**.

2. Rd (RS): 1 Luft-M, 1. Stb überspringen, *fM in nächste 1-Luft-M-Lck, 2 Luft-M, nächste 2 Stb überspringen; von * bis Ende wdh, mit Kett-M in 1. M verbinden = 26 (27, 29, 31) 2-Luft-M-Lck **G**.

3. Rd (RS): 1 Luft-M, *Popcorn-Muschel in nächste 2-Luft-M-Lck, 1 Luft-M, nächste fM überspringen; von * bis Ende wdh, mit Kett-M in 1. Popcorn-M wdh = 26 (27, 29, 31) Popcorn-Muscheln **H**.

4. Rd (RS): 1 Luft-M, fM in 1-Luft-M-Lck rechts, *2 Luft-M, nächste Popcorn-M überspringen, fM in nächste 2-Luft-M-Lck, 2 Luft-M, nächste Popcorn-M überspringen, fM in nächste 1-Luft-M-Lck; von * bis Ende wdh, aber statt letzter fM mit Kett-M in 1. M verbinden = 52 (54, 58, 62) 2-Luft-M-Lck **I**.

5. Rd (RS): 1 Luft-M, *2 Stb in nächste 2-Luft-M-Lck, 1 Luft-M, nächste fM überspringen; von * bis Ende wdh, mit Kett-M in 1. M verbinden = 52 (54, 58, 62) Paare aus 2 Stb.

6. Rd (RS): 1 Luft-M, fM in 1-Luft-M-Lck rechts, *2 Luft-M, nächste 2 Stb überspringen, fM in nächste 1-Luft-M-Lck; von * bis Ende wdh, aber statt letzter fM mit Kett-M in 1. M verbinden = 52 (54, 58, 62) 2-Luft-M-Lck **J**.

7. Rd (RS): 1 Luft-M, *2 Stb in nächste 2-Luft-M-Lck, 1 Luft-M, nächste fM überspringen; von * bis Ende wdh, mit Kett-M in 1. M verbinden = 52 (54, 58, 62) Paare aus 2 Stb.

Für Größe 0-6 Monate

Mit dem Rückenteil fortfahren.

Für Größen 6-12 Monate und 1-2 Jahre

6. und 7. Rd noch 1x wdh und mit dem Rückenteil fortfahren.

Für Größe 3-4 Jahre

6. und 7. Rd noch 2x wdh und mit dem Rückenteil fortfahren.

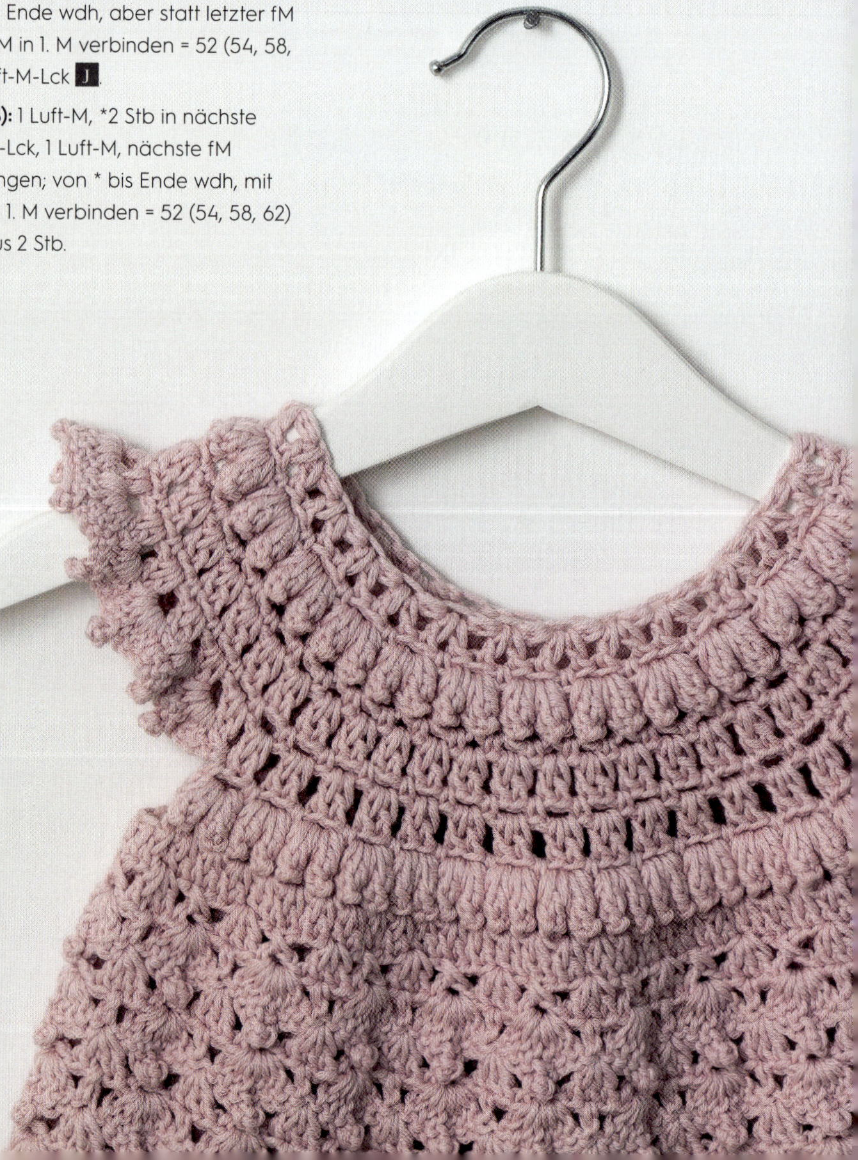

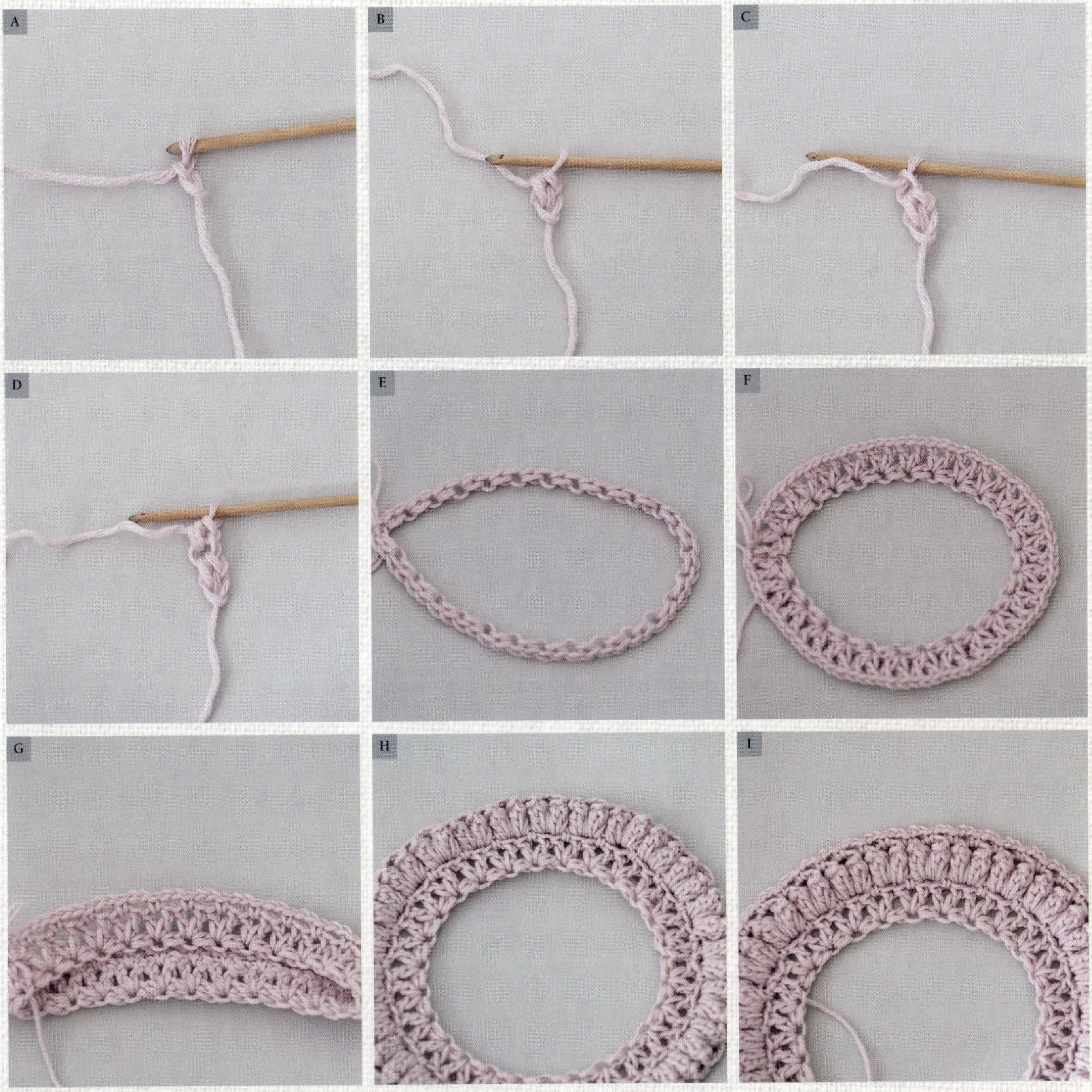

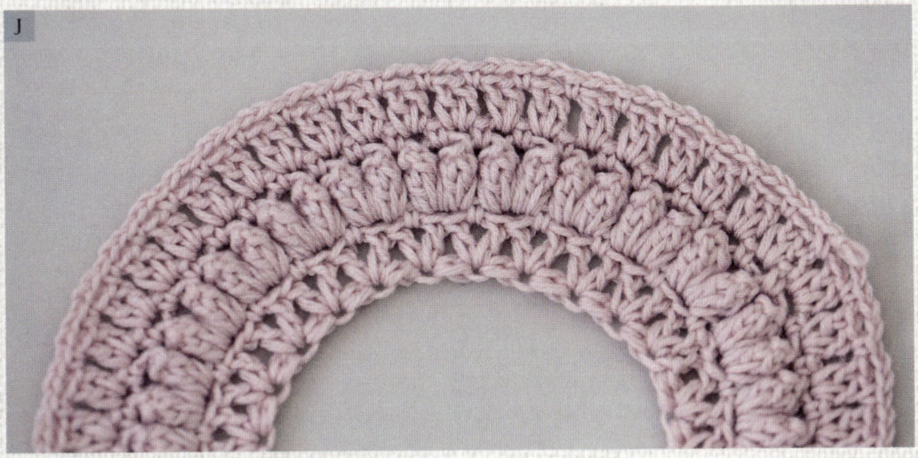

Verwende diese Technik immer dann, wenn du eine sehr elastische Luftmaschenkette benötigst.

RÜCKENTEIL

Wenden und auf der LS arbeiten.

1. R (LS): 1 Luft-M, fM in nächste 1-Luft-M-Lck, *2 Luft-M, nächste 2 Stb überspringen, fM in nächste 1-Luft-M-Lck; von * noch 13x (14x, 15x, 16x) wdh, wenden = 14 (15, 16, 17) 2-Luft-M-Lck.

2. R (RS): 1 Luft-M, *Popcorn-Muschel in nächste 2-Luft-M-Lck, 1 Luft-M, nächste fM überspringen; von * noch 13x (14x, 15x, 16x) wdh, 4 (3, 5, 4) Luft-M, abmaschen, aber einen Faden hängen lassen K = 14 (15, 16, 17) Popcorn-Muscheln.

VORDERTEIL

Auf der LS die nächsten 12 (12, 13, 14) Paare aus 2 Stb vom Rückenteil für ein Armloch überspringen und Faden in der nächsten 1-Luft-M-Lck anbringen.

1. R (LS): 1 Luft-M, fM in 1-Luft-M-Lck unten an der 1. Luft-M, *2 Luft-M, nächste 2 Stb überspringen, fM in nächste 1-Luft-M-Lck; von * noch 13x (14x, 15x, 16x) wdh, wenden = 14 (15, 16, 17) 2-Luft-M-Lck.

2. R (RS): 1 Luft-M, *Popcorn-Muschel in nächste 2-Luft-M-Lck, 1 Luft-M, nächste fM überspringen; von * noch 13x (14x, 15x, 16x) wdh, 4 (3, 5, 4) Luft-M; L, mit 1. Popcorn-M vom Rückenteil verbinden, Schlaufe geöffnet lassen = 14 (15, 16, 17) Popcorn-Muscheln; die 4 (3, 5, 4) Luft-M vom Rückenteil aufnehmen und mit der 1. Popcorn-M des Vorderteils verbinden, abmaschen M.

ROCKTEIL

1. Rd (RS): 1 Luft-M, Stb in 1. M, 2 Stb in jede 2-Luft-M-Lck, 2 Stb in jede 1-Luft-M-Lck, 2 Stb in 1. Luft-M der Achsel und 1 Stb in jede nächste Luft-M (gleich für zweite Achsel), alle Popcorn-M überspringen, mit Kett-M in 1. M verbinden = 119 (125, 137, 143) M.

2. Rd (RS): 1 Luft-M, 2 Stb in 1. M, * nächste M überspringen, überkreuztes Stb über die nächsten 3 M, nächste M überspringen, 3 Stb in nächste M; von * bis letzte 4 M wdh, nächste M überspringen, überkreuztes Stb, Stb in gleiche M wie erste 2 Stb der Rd, mit Kett-M in 1. M verbinden, wenden = 20 (21, 23, 24) überkreuzte Stb N.

3. Rd (LS): 1 Luft-M, Stb in 1. M, nächste 2 Stb überspringen, *(3 Stb, Picot-Muschel, 3 Stb) in nächste 1-Luft-M-Lck, nächste 2 Stb überspringen, Stb in nächstes Stb, nächste 2 Stb überspringen; O von * bis letztes überkreuztes Stb wdh, (3 Stb, Picot-Muschel, 3 Stb) in nächste 1-Luft-M-Lck, mit Kett-M in 1. Stb verbinden, wenden = 20 (21, 23, 24) Picot-Muscheln P.

4. Rd (RS): 1 Luft-M, 2 Stb in 1. M, *nächste 3 Stb und Picot überspringen, Stb in nächstes Stb, 1 Luft-M, Stb in letztes übersprungenes Stb, dabei Picot vor der Arbeit lassen und über vorheriges Stb arbeiten Q, nächste 2 Stb überspringen, 3 Stb in nächstes Stb; von * bis Ende wdh, aber bei letzter Wdh statt 3 Stb Stb in gleiche M wie erste 2 Stb der Rd arbeiten und mit Kett-M in 1. M verbinden, wenden = 20 (21, 23, 24) überkreuzte Stb.

5. Rd (LS): 1 Luft-M, Stb in M unten von 1. Luft-M, nächste 2 Stb überspringen, *(3 Stb, Picot-Muschel, 3 Stb) in nächster 1-Luft-M-Lck, nächste 2 Stb überspringen, Stb in nächstes Stb, nächste 2 Stb überspringen; von * bis letztes überkreuztes Stb wdh, (3 Stb, Picot-Muschel, 3 Stb) in nächste 1-Luft-M-Lck, mit Kett-M in 1. M verbinden, wenden = 20 (21, 23, 24) Picot-Muscheln.

4. und 5. Rd noch 5x (7x, 9x, 11x) oder bis zur gewünschten Länge wdh, abmaschen R.

ÄRMEL

Auf der LS einen Faden in der ersten 1-Luft-M-Lck des Armlochs anbringen S.

1. R (LS): 1 Luft-M, fM in gleiche Lücke, * nächste 2 Stb überspringen, (3 Stb, Picot-Muschel, 3 Stb) in nächste 1-Luft-M-Lck; von * bis letzte 1-Luft-M-Lck wdh, fM in letzte 1-Luft-M-Lck, abmaschen T.

Zweiter Ärmel

Wie den ersten Ärmel arbeiten.

FERTIGSTELLEN

Alle Fäden vernähen (siehe »Techniken zum Fertigstellen«, Seite 142).

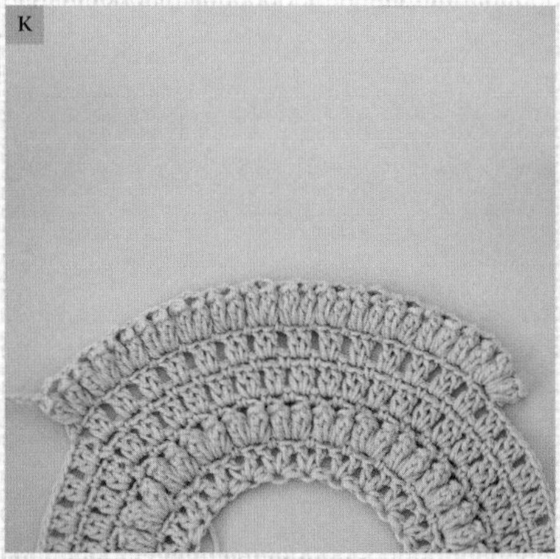
K

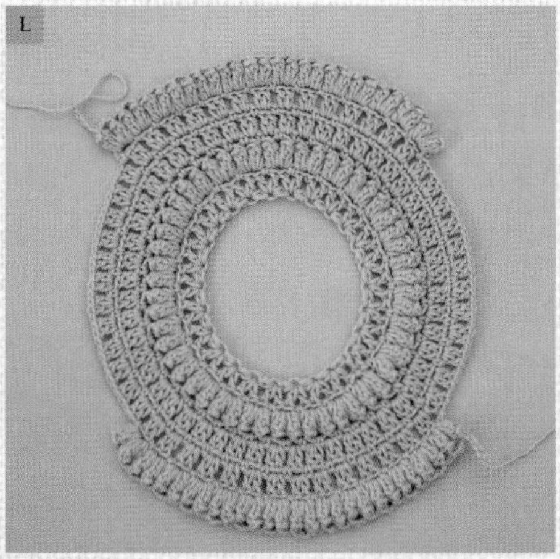
L

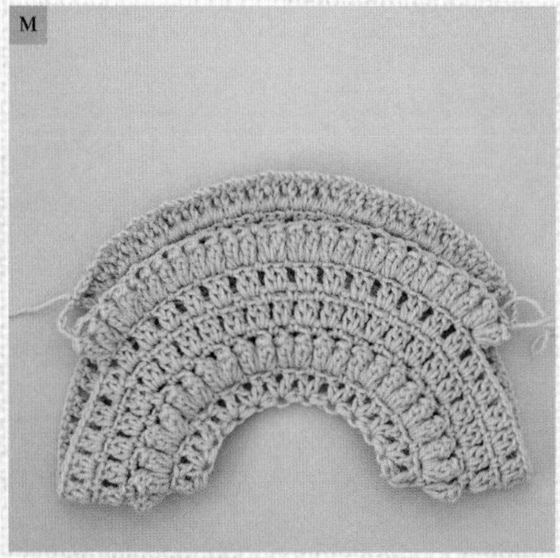
M

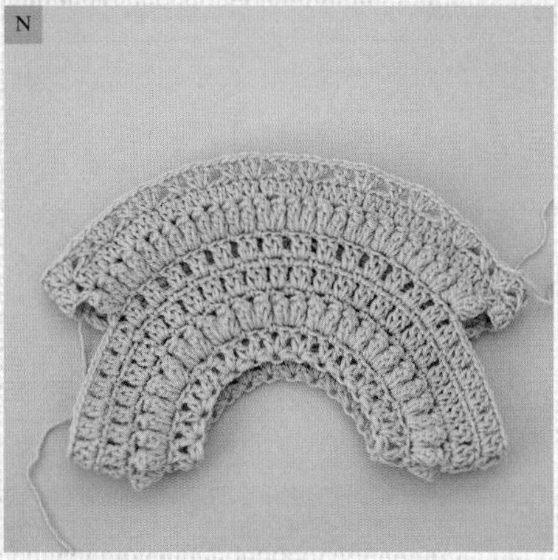
N

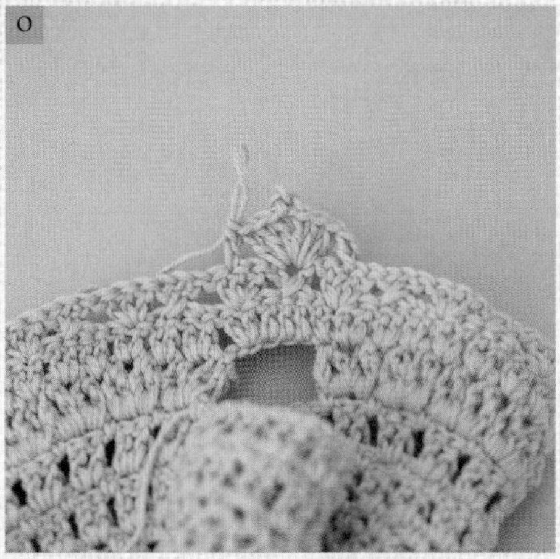
O

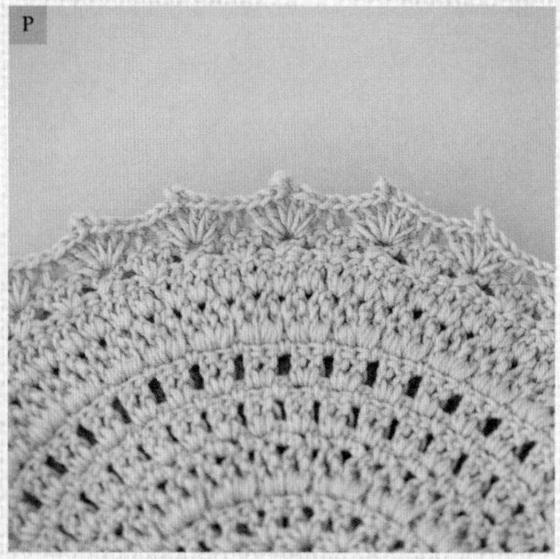
P

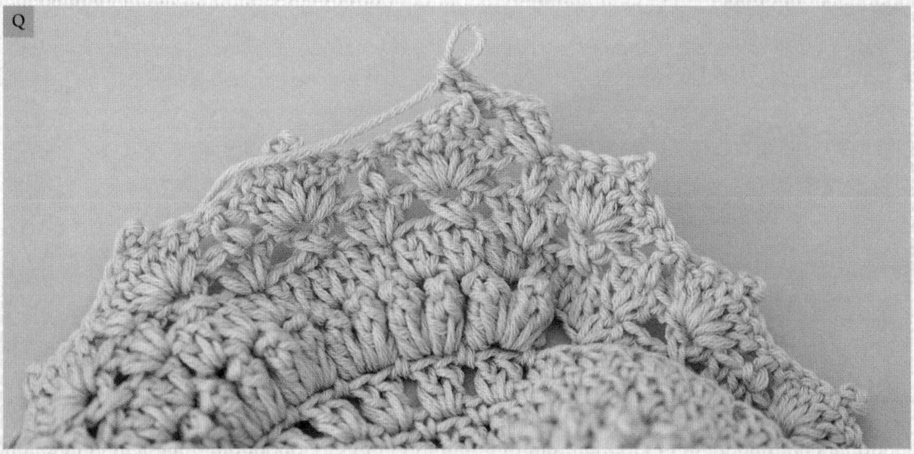
Q

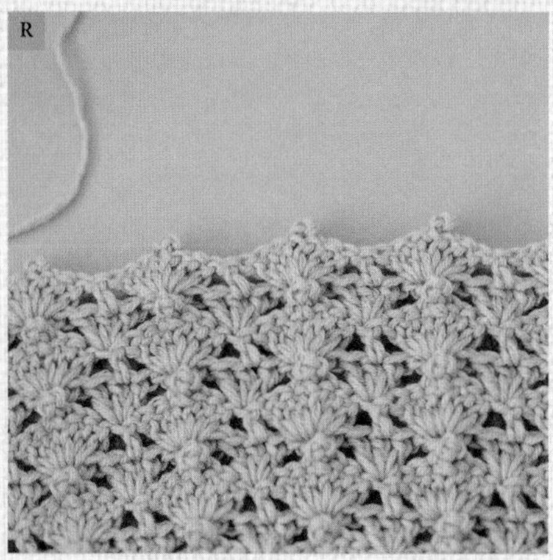
R

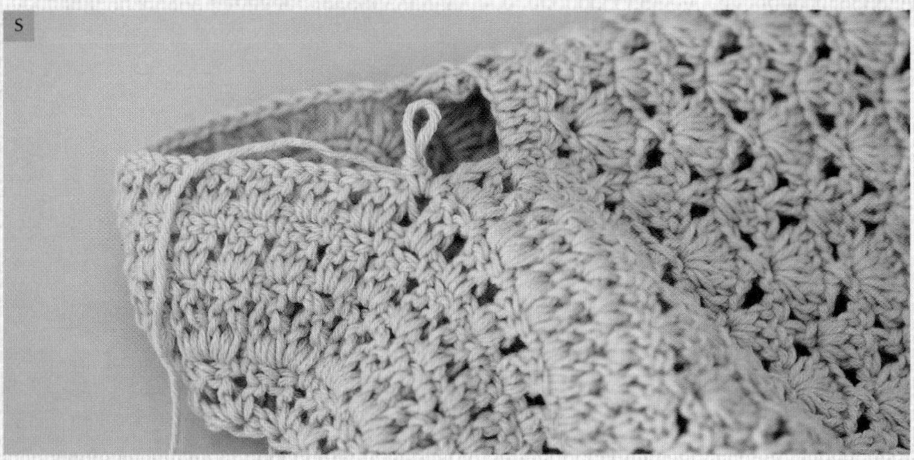
S

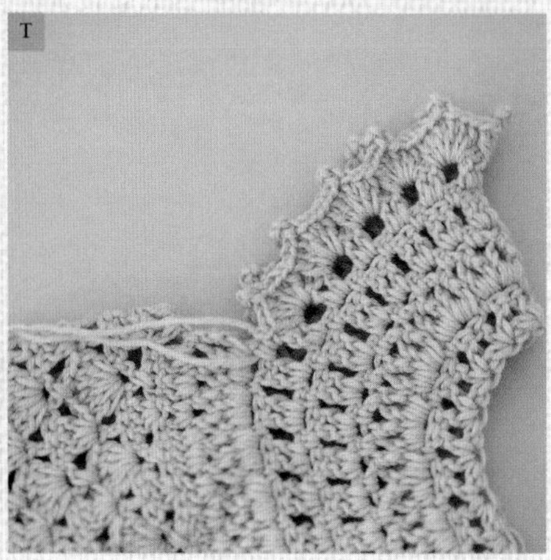
T

~ ★⯪☆ ~

SÜSSES KLEID

Bei diesem Kleid ist alles süß, vom hübschen Kragen bis hin zu den gerüschten Bündchen! Wenn du es mit kurzen Ärmeln häkeln möchtest, arbeite einfach eine gerade Anzahl von 3-Luft-M-Lck um das Armloch (wie unter »Bündchenrand« - nur die Anzahl der 3-Luft-M-Lck ist anders) und stelle dann das Bündchen fertig. Das Kleid wird von oben nach unten gearbeitet. Achte nur darauf, dass der Kragen nicht zu eng ist.

GRÖSSE UND MASSE DER FERTIGEN ARBEIT

Größe	Brust	Länge	Ärmellänge bis Achsel
0-6 Monate	50 cm	30 cm	12 cm
6-12 Monate	55 cm	36 cm	14 cm
1-2 Jahre	60 cm	42 cm	18 cm
3-4 Jahre	63 cm	48 cm	22 cm

MASCHENPROBE

20 M und 10 R = 10 cm x 10 cm mit Stb und 4-mm-Häkelnadel (oder Nadel anderer Stärke, um die richtige Maschenprobe zu erhalten)

BESONDERE MASCHEN

Muschel (Muschel für süßes Kleid), hinteres Relief-Stb, Büschel-M, hintere Relief-M, 2 Stb zus (siehe Seiten 134-141)

MATERIAL

- Empfohlenes Garn: Drops Cotton Merino, 50 % Baumwolle, 50 % Merino (LL 110 m/50 g), Fb 28, benötigte Menge 400 (505, 605, 705) m
- 4-mm-Häkelnadel (oder Nadel anderer Stärke, um die richtige Maschenprobe zu erhalten)

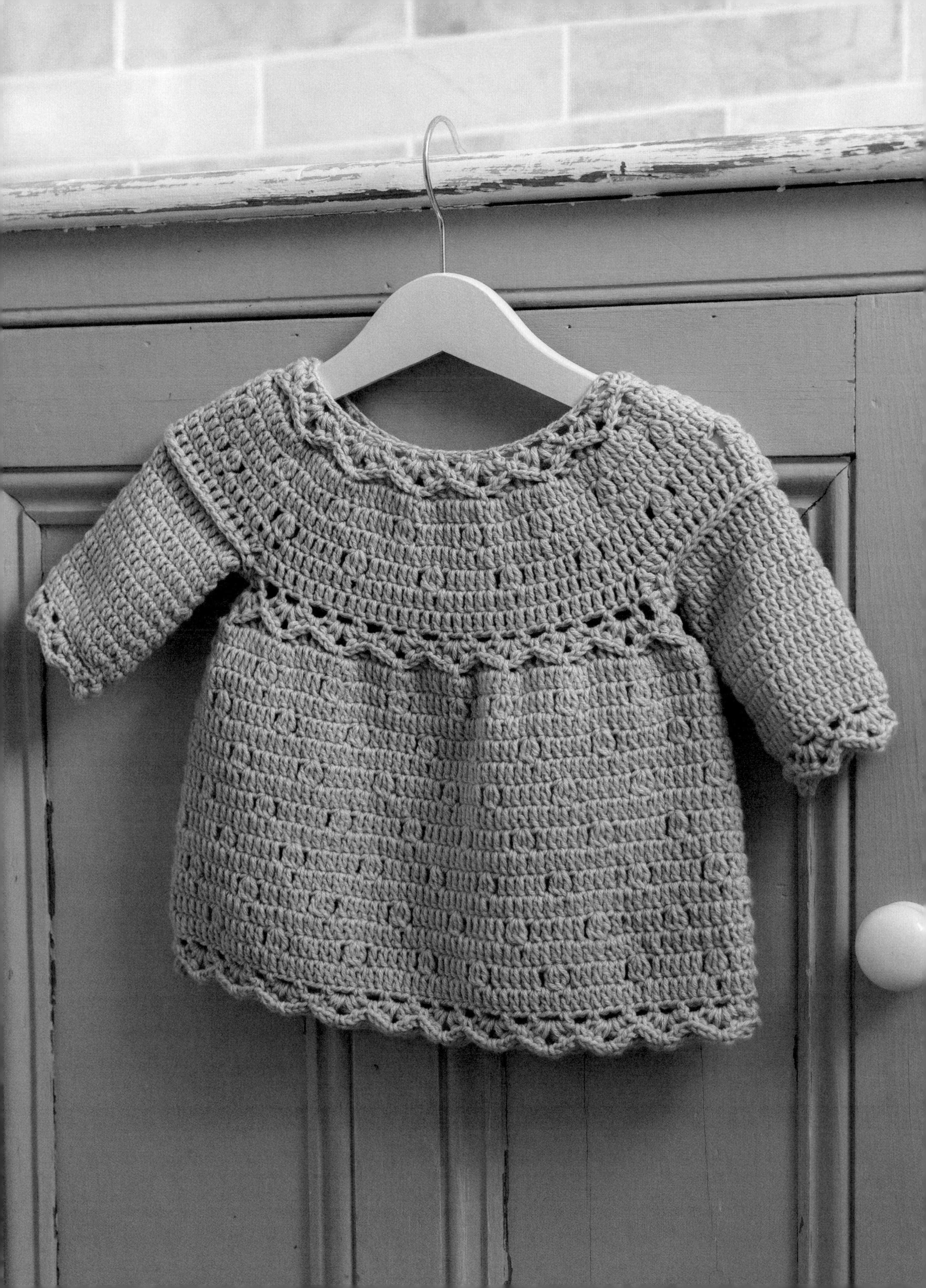

Anleitung ist für Größe 0–6 Monate geschrieben, Angaben für 6–12 Monate, 1–2 Jahre und 3–4 Jahre in Klammern.

1 Luft-M zu Beginn jeder Runde zählt nicht als Masche.

PASSE

Luftmaschenkette: 56 (60, 64, 68) Luft-M, mit Kett-M in 1. Luft-M verbinden (sie muss locker und elastisch sein, damit sie über den Kopf passt).

Wenn der Ausschnitt zu groß ist, am Ende eine Rd fM arbeiten, um ihn enger zu machen.

1. Rd (RS): 1 Luft-M, fM in 1. Luft-M, *3 Luft-M, nächste Luft-M überspringen, fM in nächste Luft-M; von * bis Ende wdh, statt letzter fM mit Kett-M in 1. M verbinden = 28 (30, 32, 34) 3-Luft-M-Lck **A**.

2. Rd (RS): 1 Luft-M, 1. fM überspringen, *Muschel in nächste 3-Luft-M-Lck, nächste fM überspringen, fM in nächste 3-Luft-M-Lck, nächste fM überspringen; von * bis Ende wdh und mit Kett-M in 1. M verbinden = 14 (15, 16, 17) Muscheln **B**.

3. Rd (RS): 1 Luft-M, hinteres Relief-Stb um jedes der nächsten 2 Stb, *2 Luft-M, fM in nächste 3-Luft-M-Lck, 2 Luft-M, hinteres Relief-Stb um jedes der nächsten 2 Stb, nächste fM überspringen, hinteres Relief-Stb um jedes der nächsten 2 Stb **C**; von * bis Ende wdh, nach Überspringen der letzten fM mit Kett-M in 1. M verbinden = 126 (135, 144, 153) M einschließlich aller Luft-M **D**.

4. Rd (RS): 1 Luft-M, Stb in 1. und in jede nächste M und 2 Stb in jede 2-Luft-M-Lck bis Ende, für Größe 0-6 Monate 2x 3 Stb in eine 2-Luft-M-Lck arbeiten, um 2 M zuzunehmen; für Größe 6-12 Monate 1x 3 Stb in eine 2-Luft-M-Lck arbeiten, um 1 M zuzunehmen; für Größe 3-4 Jahre 1x 1 Stb in eine 2-Luft-M-Lck arbeiten, um 1 M abzunehmen, mit Kett-M in 1. M verbinden = 128 (136, 144, 152) M **E**.

5. Rd (RS): 1 Luft-M, Stb in 1. und in jede der nächsten 2 M, *1 Luft-M, nächste M überspringen, Büschel-M in nächste M, 1 Luft-M, nächste M überspringen, Stb in jede der nächsten 5 M **F**; von * bis Ende wdh, aber bei letzter Wdh statt der letzten 5 Stb Stb in jede der nächsten 2 M arbeiten und mit Kett-M in 1. M verbinden = 128 (136, 144, 152) M **G**.

6. Rd (RS): 1 Luft-M, Stb in 1. und in jede nächste M, Stb in jede 1-Luft-M-Lck bis Ende, mit Kett-M in 1. M verbinden = 128 (136, 144, 152) M **H**.

7. Rd (RS): 1 Luft-M, Büschel-M in 1. M, *1 Luft-M, nächste M überspringen, Stb in jede der nächsten 5 M, 1 Luft-M, nächste M überspringen, Büschel-M in nächste M; von * bis letzte 7 M wdh, 1 Luft-M, nächste M überspringen, Stb in jede der nächsten 5 M, 1 Luft-M, letzte M überspringen, mit Kett-M in 1. M verbinden = 128 (136, 144, 152) M einschließlich aller Luft-M.

8. Rd (RS): 1 Luft-M, Stb in 1. und in jede nächste M, Stb in jede 1-Luft-M-Lck bis Ende, mit Kett-M in 1. M verbinden = 128 (136, 144, 152) M.

Für Größe 0-6 Monate

Mit »Teilen für Ärmel und Körper« fortfahren.

Für Größe 6-12 Monate

5. und 6. Rd wdh, aber in der 6. Rd gleichmäßig 4 M zunehmen und mit »Teilen für Ärmel und Körper« fortfahren = 140 M.

Für Größen 1-2 Jahre und 3-4 Jahre

5.–8. Rd noch 1x wdh, aber bei letzter Wdh in der 8. Rd. gleichmäßig (4, 4) M zunehmen und mit »Teilen für Ärmel und Körper« fortfahren = (148, 156) M.

TEILEN FÜR ÄRMEL UND KÖRPER

1. Rd (RS): 1 Luft-M, Stb in 1. und in jede der nächsten 36 (41, 43, 45) M, 5 (6, 6, 7) Luft-M, nächste 27 (28, 30, 32) M für Ärmel überspringen, Stb in jede der nächsten 37 (42, 44, 46) M, 5 (6, 6, 7) Luft-M, nächste 27 (28, 30, 32) M für Ärmel überspringen und mit Kett-M in 1. M verbinden = 84 (96, 100, 106) M **I**.

2. Rd (RS): 1 Luft-M, fM in 1. M, *3 Luft-M, nächste M überspringen, fM in nächste M, 3 Luft-M, nächste 2 M überspringen, fM in nächste M; von * bis Ende wdh, bei letzter Wdh für Größe 0-6 Monate beide Male 1 M überspringen; für Größe 6-12 Monate und 3-4 Jahre bei letzter Wdh beide Male 2 M überspringen; statt letzter fM mit Kett-M in 1. M verbinden = 34 (38, 40, 42) 3-Luft-M-Lck **J**.

3. Rd (RS): 1 Luft-M, 1. fM überspringen, *Muschel in nächste 3-Luft-M-Lck, nächste fM überspringen, fM in nächste 3-Luft-M-Lck, nächste fM überspringen; von * bis Ende wdh und mit Kett-M in 1. M verbinden = 17 (19, 20, 21) Muscheln **K**.

4. Rd (RS): 1 Luft-M, hinteres Relief-Stb um jedes der nächsten 2 Stb, *2 Luft-M, fM in nächste 3-Luft-M-Lck, 2 Luft-M, hinteres Relief-Stb um jedes der nächsten 2 Stb, nächste fM überspringen, hinteres Relief-Stb um jedes der nächsten 2 Stb; von * bis Ende wdh, nach Überspringen der letzten fM mit Kett-M in 1. M verbinden = 153 (171, 180, 189) M einschließlich aller Luft-M **L**.

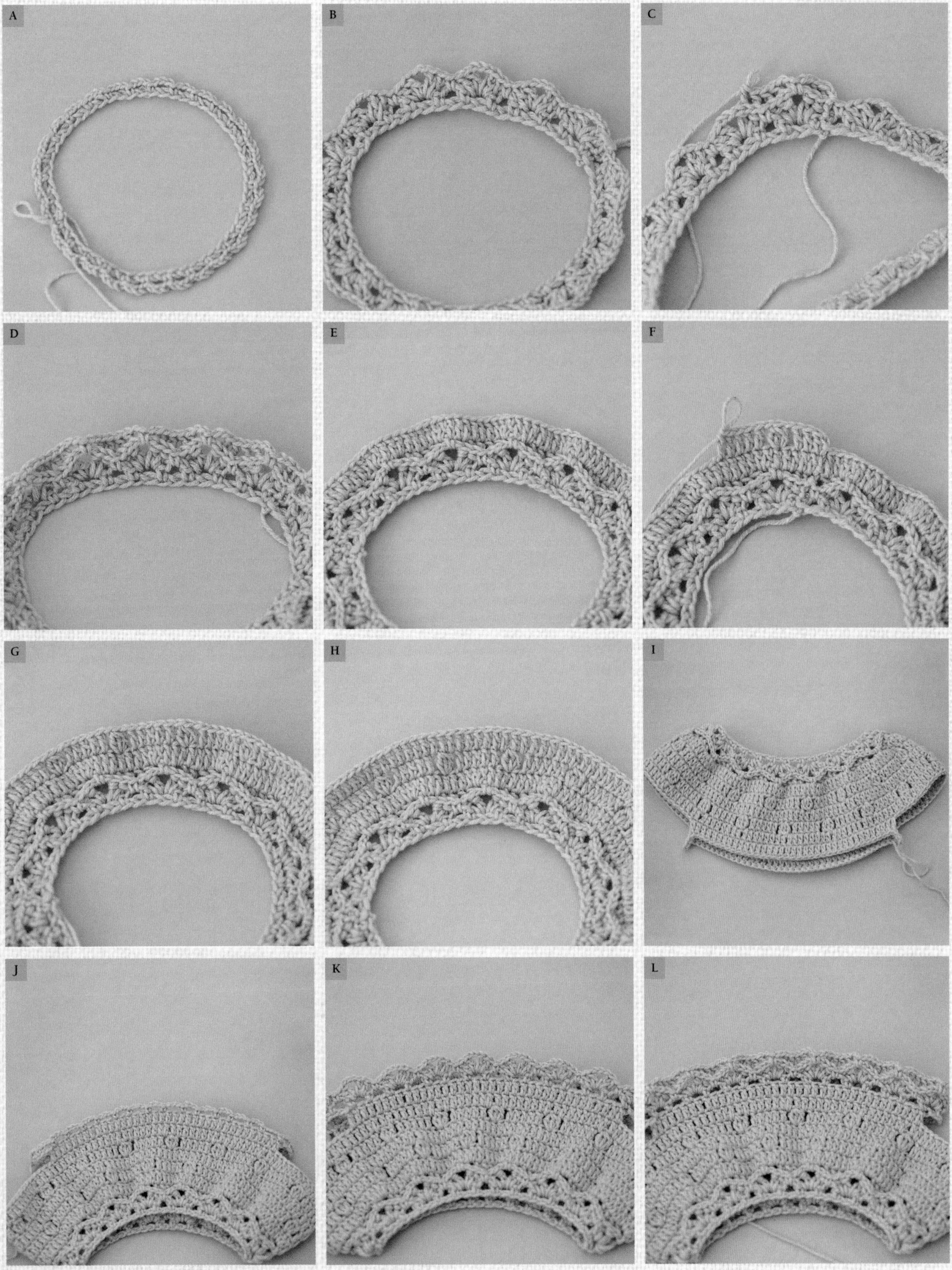
A
B
C
D
E
F
G
H
I
J
K
L

5. Rd (RS): 1 Luft-M, Stb in 1. und in nächste M, *Stb in nächste 2-Luft-M-Lck, Stb in nächste fM, 2 Stb in nächste 2-Luft-M-Lck, Stb in jede der nächsten 4 M; von * bis Ende wdh, mit Kett-M in 1. M verbinden = 136 (152, 160, 168) M **M**.

6. Rd (RS): 1 Luft-M, Stb in 1. und in jede der nächsten 2 M, *1 Luft-M, nächste M überspringen, Büschel-M in nächste M, 1 Luft-M, nächste M überspringen, Stb in jede der nächsten 5 M; von * bis Ende wdh, aber bei letzter Wdh statt letzter 5 Stb Stb in jede der nächsten 2 M und mit Kett-M in 1. M verbinden = 136 (152, 160, 168) M **N**.

7. Rd (RS): 1 Luft-M, Stb in 1. und in jede nächste M, Stb in jede 1-Luft-M-Lck bis Ende, mit Kett-M in 1. M verbinden = 136 (152, 160, 168) M.

8. Rd (RS): 1 Luft-M, Büschel-M in 1. M, *1 Luft-M, nächste M überspringen, Stb in jede der nächsten 5 M, 1 Luft-M, nächste M überspringen, Büschel-M in nächste M; von * bis letzte 7 M wdh, 1 Luft-M, nächste M überspringen, Stb in jede der nächsten 5 M, 1 Luft-M, letzte M überspringen, mit Kett-M in 1. M verbinden = 136 (152, 160, 168) M.

9. Rd (RS): 1 Luft-M, Stb in 1. und in jede nächste M, Stb in jede 1-Luft-M-Lck bis Ende, mit Kett-M in 1. M verbinden = 136 (152, 160, 168) M.

6.–9. Rd noch 2x (3x, 5x, 7x) oder bis kurz vor der gewünschten Länge wdh.

6. und 7. Rd noch 1x wdh und unteren Rand arbeiten.

UNTERER RAND

1. Rd (RS): 1 Luft-M, fM in 1. M, *3 Luft-M, nächste 2 M überspringen, fM in nächste M; von * bis letzte 3 (7, 3, 0) M wdh, für Größe 3–4 Jahre mit Kett-M in 1. M verbinden, für andere Größen 3 Luft-M, nächste 1 (3, 1) M überspringen, fM in nächste M, 3 Luft-M, nächste 1 (3, 1) M überspringen und mit Kett-M in 1. M verbinden = 46 (50, 54, 56) 3-Luft-M-Lck **O**.

2. Rd (RS): 1 Luft-M, 1. fM überspringen, *Muschel in nächste 3-Luft-M-Lck, nächste fM überspringen, fM in nächste 3-Luft-M-Lck, nächste fM überspringen; von * bis Ende wdh und mit Kett-M in 1. M verbinden = 23 (25, 27, 28) Muscheln.

3. Rd (RS): 1 Luft-M, hintere Relief-M um jedes der nächsten 2 Stb, *1 Luft-M, fM in nächste 3-Luft-M-Lck, 1 Luft-M, hintere Relief-M um jedes der nächsten 2 Stb, nächste fM überspringen, hintere Relief-M um jedes der nächsten 2 Stb; von * bis Ende wdh, nach Überspringen der letzten fM mit Kett-M in 1. M verbinden = 161 (175, 189, 196) M einschließlich aller Luft-M, abmaschen **P**.

ÄRMEL

Auf der RS Faden in Luft-M in der Mitte des Armlochs anbringen **Q**.

1. Rd (RS): 1 Luft-M, Stb in 1. M, 3x [2 Stb zus], 25 (27, 29, 31) Stb gleichmäßig um das Armloch arbeiten und 3x [2 Stb zus], mit Kett-M in 1. M verbinden = 32 (34, 36, 38) M **R**.

2. Rd (RS): 1 Luft-M, hinteres Relief-Stb um jede nächste M bis Ende, mit Kett-M in 1. M verbinden = 32 (34, 36, 38) M **S**.

3. Rd (RS): 1 Luft-M, Stb in 1. und in jede nächste M, mit Kett-M in 1. M verbinden = 32 (34, 36, 38) Stb.

3. Rd noch 8x (10x, 14x, 16x) oder bis zur gewünschten Länge wdh, durch den Bündchenrand kommen etwa 2 cm hinzu.

Für Größe 1–2 Jahre

Mit dem Bündchenrand fortfahren.

Für Größen 0–6 Monate und 3–4 Jahre

Letzte Rd (RS): 1 Luft-M, 2 Stb zus, Stb in jede nächste M bis letzte 2 M, 2 Stb zus, mit Kett-M in 1. M verbinden = 30 (36) M.

Mit dem Bündchenrand fortfahren.

Für Größe 6–12 Monate

Letzte Rd (RS): 1 Luft-M, 2x [2 Stb zus], Stb in jede nächste M bis letzte 4 M, 2x [2 Stb zus], mit Kett-M in 1. M verbinden = (30) M.

Mit dem Bündchenrand fortfahren.

Zweiter Ärmel

Wie den ersten Ärmel arbeiten.

BÜNDCHENRAND

1. Rd (RS): 1 Luft-M, fM in 1. M, *3 Luft-M, nächste 2 M überspringen, fM in nächste M; von * bis Ende wdh, aber statt der letzten fM mit Kett-M in 1. M verbinden = 10 (10, 12, 12) 3-Luft-M-Lck.

2. Rd (RS): 1 Luft-M, 1. fM überspringen, *Muschel in nächste 3-Luft-M-Lck, nächste fM überspringen, fM in nächste 3-Luft-M-Lck, nächste fM überspringen; von * bis Ende wdh und mit Kett-M in 1. M verbinden = 5 (5, 6, 6) Muscheln.

3. Rd (RS): 1 Luft-M, hintere Relief-M um jedes der nächsten 2 Stb, *1 Luft-M, fM in nächste 3-Luft-M-Lck, 1 Luft-M, hintere Relief-M um jedes der nächsten 2 Stb, nächste fM überspringen, hintere Relief-M um jedes der nächsten 2 Stb; von * bis Ende wdh, nach Überspringen der letzten fM mit Kett-M in 1. M verbinden = 35 (35, 42, 42) M einschließlich aller Luft-M, abmaschen **T**.

Zweiter Bündchenrand

Am zweiten Ärmel ebenso arbeiten.

FERTIGSTELLEN

Alle Fäden vernähen (siehe »Techniken zum Fertigstellen«, Seite 142).

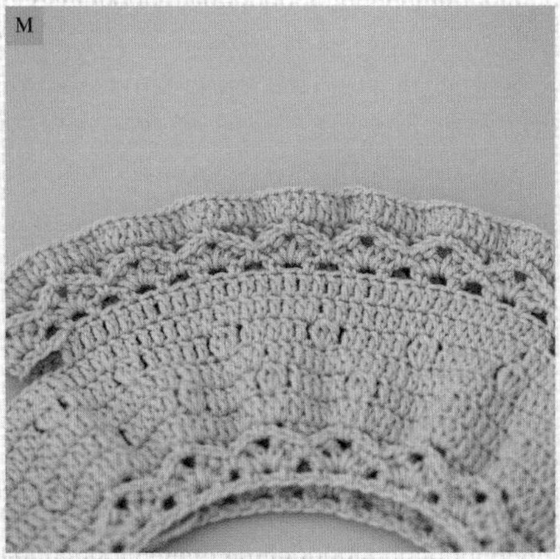
M

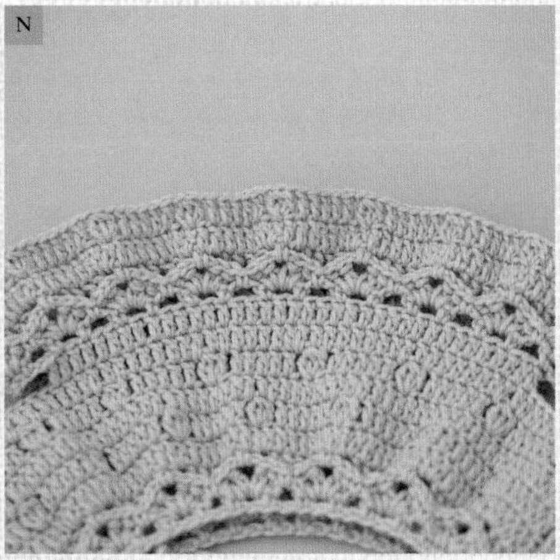
N

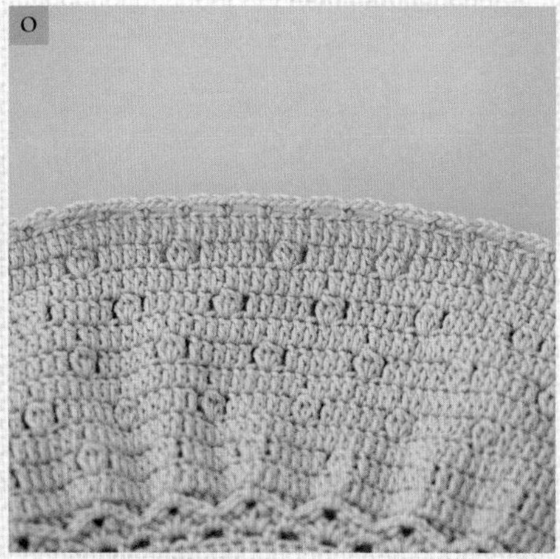
O

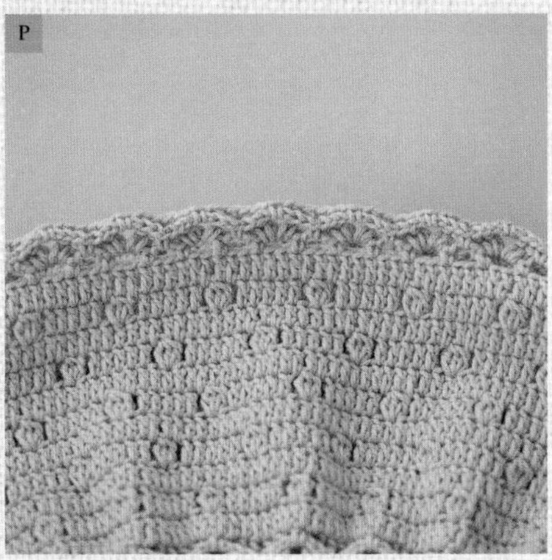
P

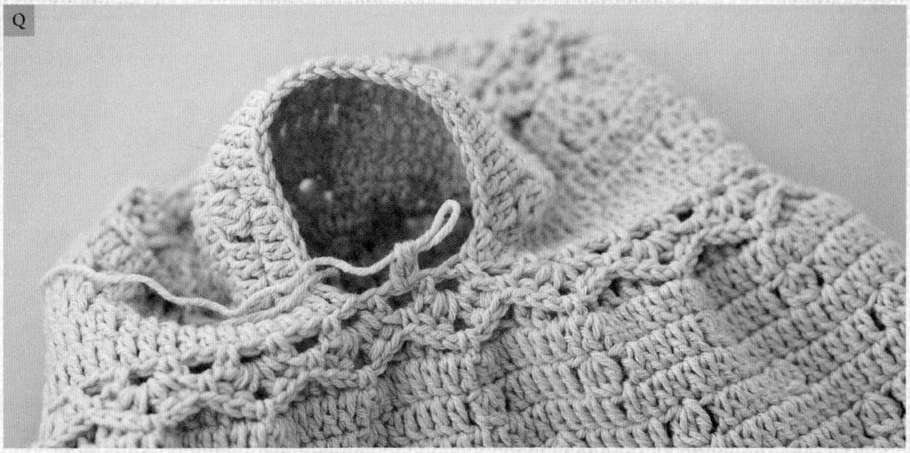
Q

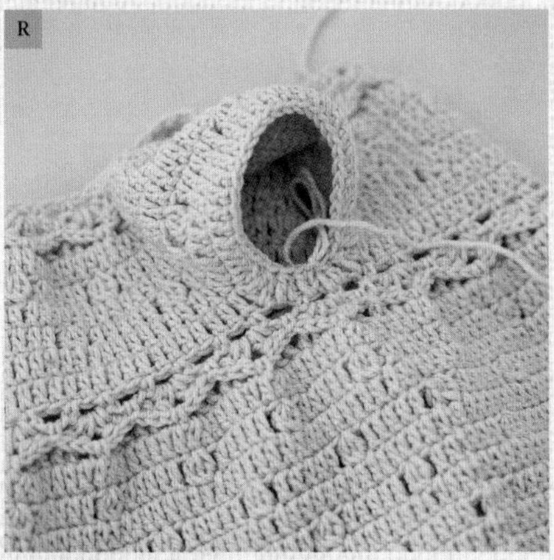
R

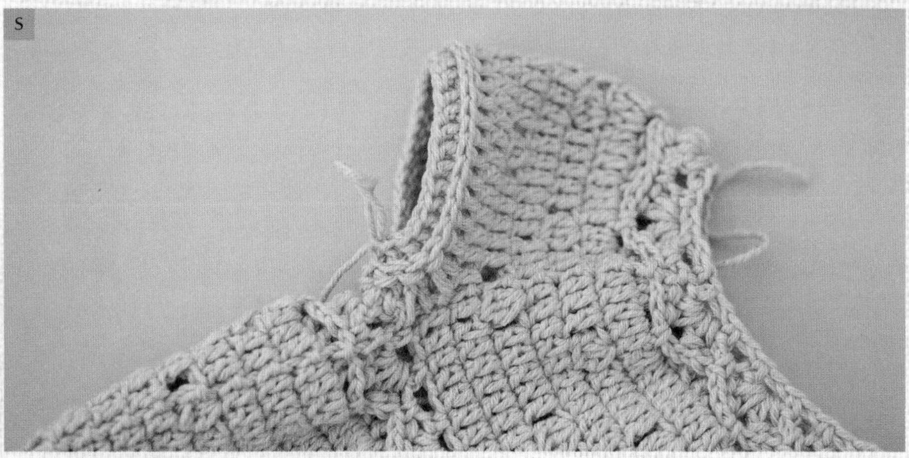
S

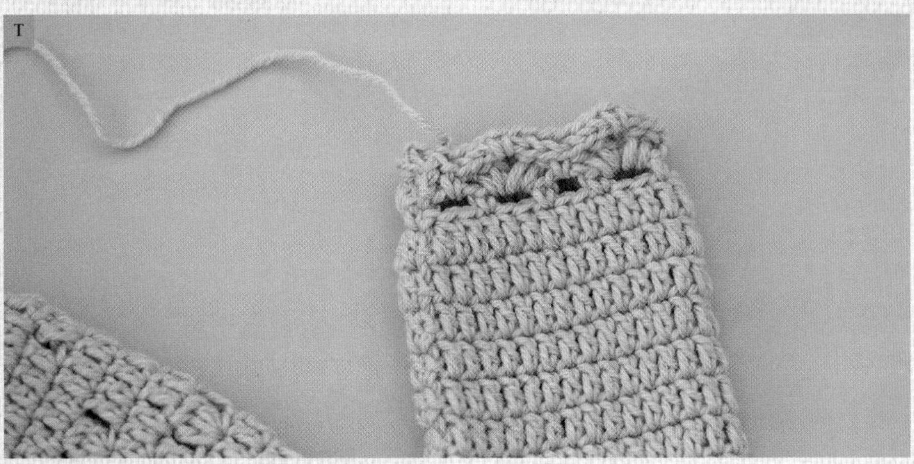
T

Für den Sommer kann man dieses Kleid auch mit kurzen Ärmeln häkeln.

~★⯪☆~

NORDISCHE SOCKEN

Bei diesen Socken fängst du an der Spitze an. Sie wird wie der Fuß einfach in einer Spirale gehäkelt, bevor die Ferse in Reihen gearbeitet wird. Das Bündchen lässt sich in der Länge ganz einfach beliebig verändern, für warme Babyfüßchen oder Söckchen für ein Kleinkind. Diese Socken sind in jedem Fall perfekt für Jungen und Mädchen.

GRÖSSE UND MASSE DER FERTIGEN ARBEIT

Größe	Länge des Fußes
0-6 Monate	9 cm
6-12 Monate	10 cm
1-2 Jahre	12 cm
3-4 Jahre	14 cm

MASCHENPROBE

24 M und 26 R = 10 cm x 10 cm mit fM und 2,5-mm-Häkelnadel (oder Nadel anderer Stärke, um die richtige Maschenprobe zu erhalten)

BESONDERE MASCHEN.

Vorderes Relief-Stb, hinteres Relief-Stb, vordere Relief-M, Noppe (Np), VM (siehe Seiten 134-141)

MATERIAL

- Empfohlenes Garn: Katia United Socks, 75 % Wolle, 25 % Polyamid (LL 100 m/25 g), Fb 14, benötigte Menge 100 (140, 180, 200) m
- 2,5-mm-Häkelnadel (oder Nadel anderer Stärke, um die richtige Maschenprobe zu erhalten)
- 2 Maschenmarkierer

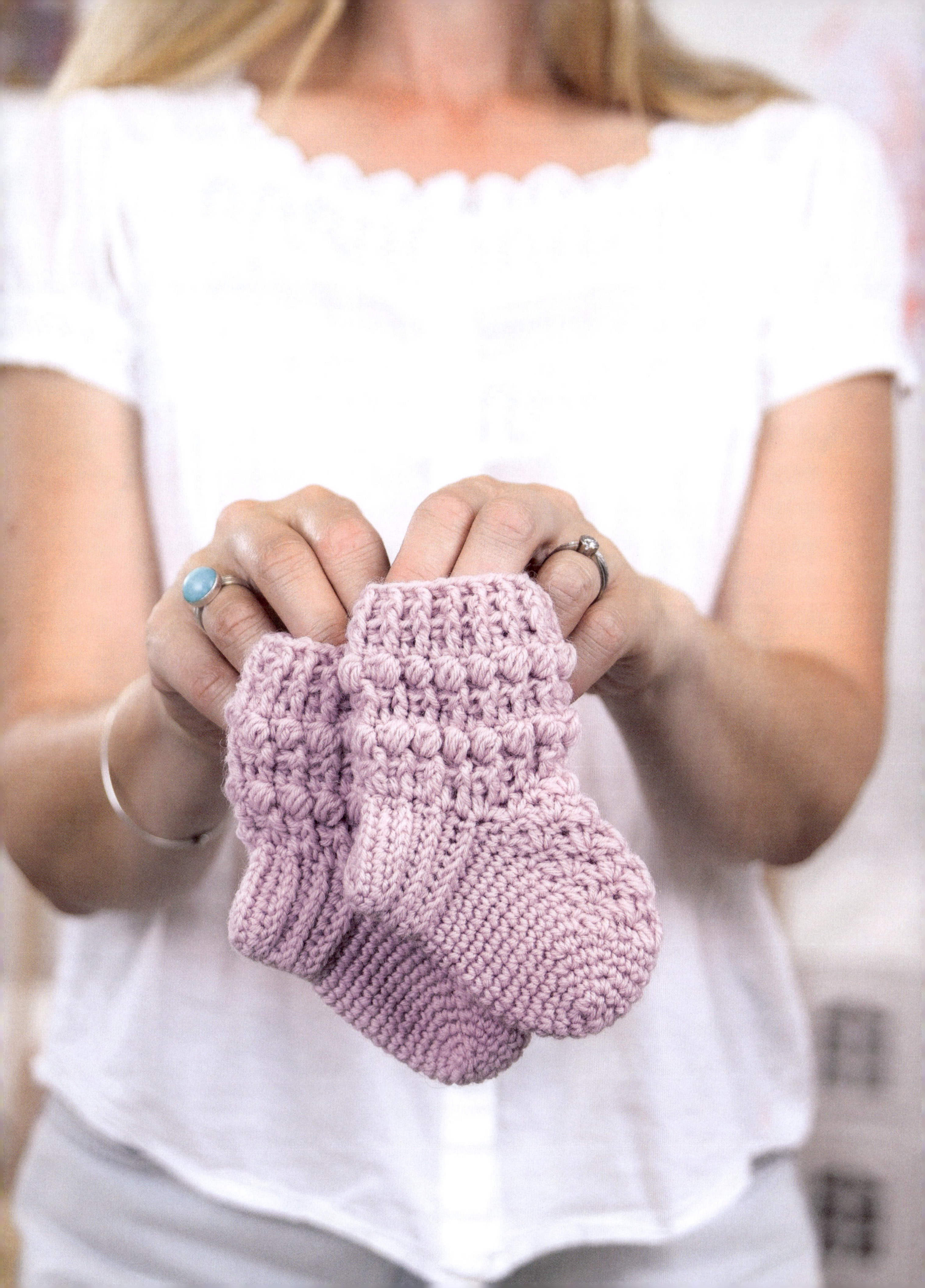

Anleitung ist für Größe 0–6 Monate geschrieben, Angaben für 6–12 Monate, 1–2 Jahre und 3–4 Jahre in Klammern.

Da diese Socken in Spiralen gearbeitet werden, können sie zunächst ein bisschen schief sein. Dies gleicht sich aber nach dem Waschen und leichtem Spannen aus.

Sofern nicht anders angegeben, die Runden nicht verbinden.

SPITZE

1. Rd (RS): 6 Luft-M, fM in 2. Luft-M ab Häkelnadel, fM in jede der nächsten 3 Luft-M, 3 fM in letzte Luft-M, dabei die Arbeit drehen, um auf der gegenüberliegenden Seite der Luft-M zu arbeiten, fM in jede der nächsten 3 Luft-M, 2 fM in verbleibende Schlaufe der 1. Luft-M (12 M) **A**.

2. Rd (RS): 2 fM in 1. M, fM in jede der nächsten 3 M, 2 fM in nächste M, fM in nächste M und einen MM anbringen, 2 fM in nächste M, fM in jede der nächsten 3 M, 2 fM in nächste M, fM in nächste M und MM anbringen (16 M) **B**.

3. Rd (RS): 2 fM in nächste M, *fM in jede M bis letzte M vor dem MM, 2 fM in nächste M, fM in markierte M, MM nach oben umsetzen**, 2 fM in nächste M, von * bis ** noch 1x wdh (20 M) **C**.

3. Rd wdh, dabei spiralförmig arbeiten und 2 fM in eine M vor und nach jedem MM arbeiten, bis 31 (31, 35, 35) M gehäkelt sind, MM entfernen.

FUSS

Die Spitze flach hinlegen und die 11 M in der Mitte markieren, MM in der 1. und letzten M anbringen, 1. MM (weiß) markiert den Anfang der Rd.

1. Rd (RS): fM in jede M bis zum 1. MM, markierte M überspringen, *VM in nächste M, nächste M überspringen, fM in nächste M, nächste M überspringen; von * noch 1x wdh, VM in nächste M, markierte M überspringen, fM in jede der nächsten 20 (20, 24, 24) fM bis Ende der Rd = 31 (31, 35, 35) M einschließlich aller Luft-M hier und im Folgenden **D**.

2. Rd (RS): 1 Luft-M, nächstes Stb überspringen, *fM in nächste 1-Luft-M-Lck, nächstes Stb überspringen, VM in nächste fM, nächstes Stb überspringen; von * noch 1x wdh, fM in nächste 1-Luft-M-Lck, 1 Luft-M, nächstes Stb überspringen, fM in jede der nächsten 20 (20, 24, 24) fM bis Ende der Rd = 31 (31, 35, 35) M.

3. Rd (RS): 1 Luft-M überspringen, *VM in nächste fM, nächstes Stb überspringen, fM in nächste 1-Luft-M-Lck, nächstes Stb überspringen; von * noch 1x wdh, VM in nächste fM, nächste Luft-M überspringen, fM in jede der nächsten 20 (20, 24, 24) fM bis Ende der Rd = 31 (31, 35, 35) M.

2. und 3. Rd noch 3x (4x, 5x, 6x) oder bis zur gewünschten Länge wdh (am besten die Söckchen anprobieren, um zu ermitteln, ob eine zusätzliche Rd erforderlich ist) **E**, ansonsten mit der Ferse fortfahren.

FERSE

Wenden und auf der LS arbeiten.

1. R (LS): 1 Luft-M, vordere Relief-M um jede der nächsten 19 (19, 23, 23) fM, fM in letzte fM, die restlichen M liegen lassen, wenden = 20 (20, 24, 24) M.

2. R (RS): 1 Luft-M, fM in 1. und in jede nächste M bis Ende, wenden = 20 (20, 24, 24) M.

3. R (LS): 1 Luft-M, vordere Relief-M um 1. und jede nächste M bis Ende, fM in letzte M, wenden = 20 (20, 24, 24) M.

2. und 3. R noch 2x (3x, 4x, 5x) wdh **F**.

Die Ferse mit links auf links mittig falten und Kett-M durch beide Lagen arbeiten **G**, abmaschen.

Die Socke auf rechts wenden und das Bündchen arbeiten.

BÜNDCHEN

In einigen Rd wenden und auf der LS arbeiten.

Faden in der Mitte der Ferse anbringen und wie folgt arbeiten:

1. Rd (RS): 1 Luft-M, aber hier und im Folgenden auf die Höhe eines Stb ziehen, Stb in 1. M und 29 (31, 33, 35) Stb gleichmäßig um das Bündchen arbeiten, auf der Vorderseite in jede M und in jede 1-Luft-M-Lck arbeiten, mit Kett-M in 1. M verbinden = 30 (32, 34, 36) M **H**.

2. Rd (RS): 1 Luft-M, vorderes Relief-Stb um 1. Stb, *hinteres Relief-Stb um nächstes Stb, vorderes Relief-Stb um nächstes Stb; von * bis letzte M wdh, hinteres Relief-Stb um nächstes Stb, mit Kett-M in 1. M verbinden, wenden = 30 (32, 34, 36) M **I**.

3. Rd (LS): 1 Luft-M, fM in 1. M, *Np in nächste M, fM in nächste M; von * bis letzte M wdh, Np in nächste M und mit Kett-M in 1. M verbinden, wenden = 30 (32, 34, 36) M **J**.

4. Rd (RS): 1 Luft-M, Stb in 1. M und in jede nächste M bis Ende, mit Kett-M in 1. M verbinden = 30 (32, 34, 36) M **K**.

5. Rd (RS): 1 Luft-M, vorderes Relief-Stb um 1. Stb, *hinteres Relief-Stb um nächstes Stb, vorderes Relief-Stb um nächstes Stb; von * bis letzte M wdh, hinteres Relief-Stb um nächstes Stb, mit Kett-M in 1. M verbinden = 30 (32, 34, 36) M.

3.–5. Rd noch 1x oder bis gewünschte Länge wdh.

Letzte Rd (RS): 1 Luft-M, vorderes Relief-Stb um 1. vorderes Relief-Stb, *hinteres Relief-Stb um nächstes hinteres Relief-Stb, vorderes Relief-Stb um nächstes vorderes Relief-Stb; von * bis letzte M wdh, hinteres Relief-Stb um nächstes hinteres Relief-Stb, mit Kett-M in 1. M verbinden = 30 (32, 34, 36) M **L**.

Zweite Socke ebenso arbeiten.

FERTIGSTELLEN

Alle Fäden vernähen (siehe »Techniken zum Fertigstellen«, Seite 142).

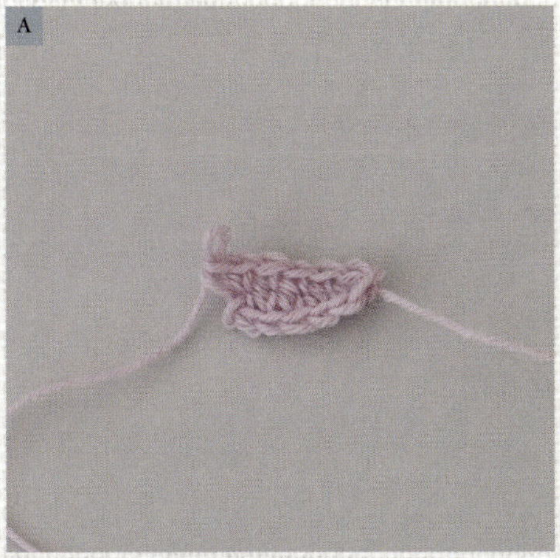
A

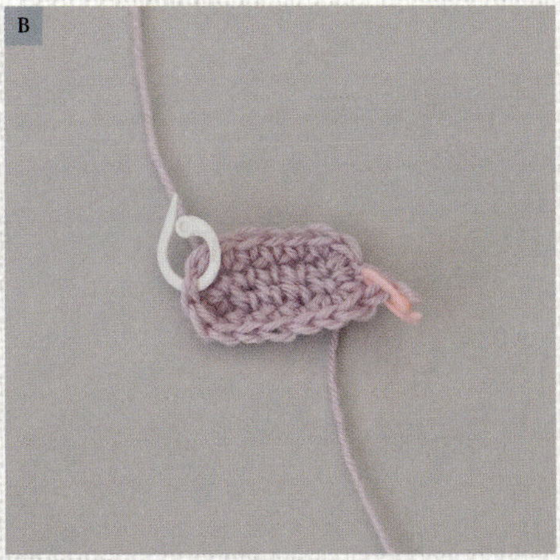
B

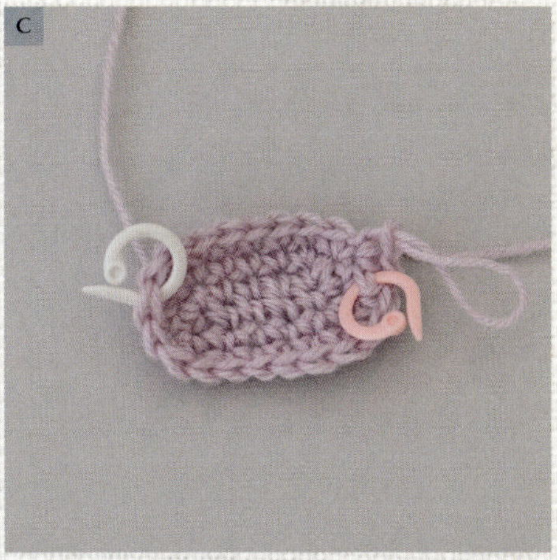
C

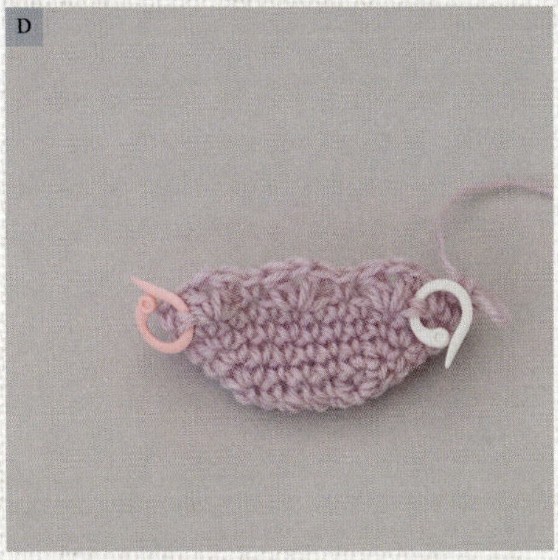
D

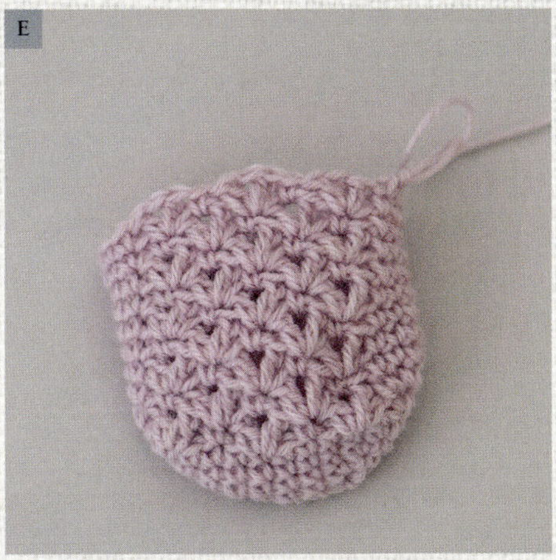
E

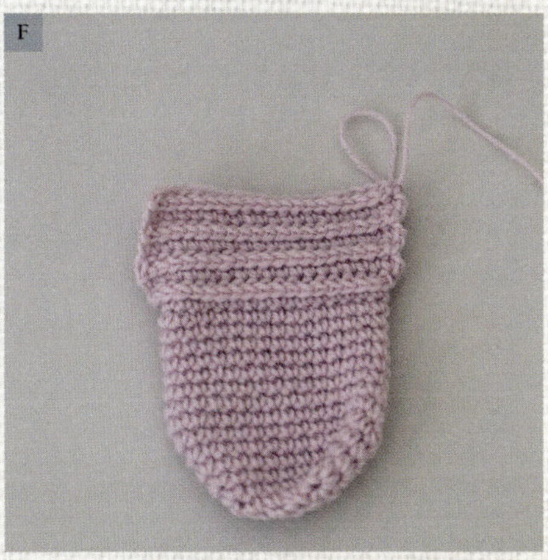
F

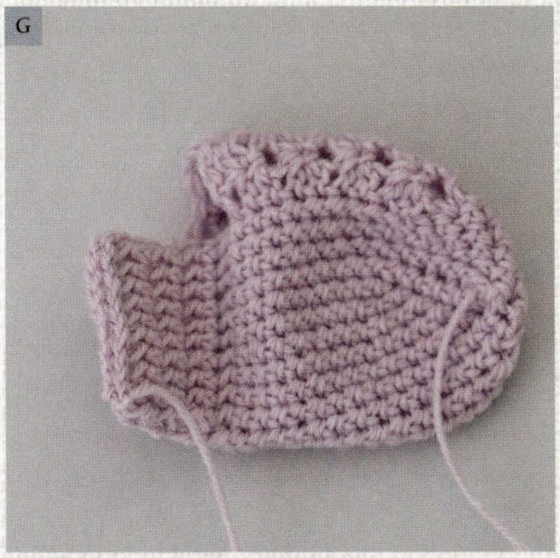
G

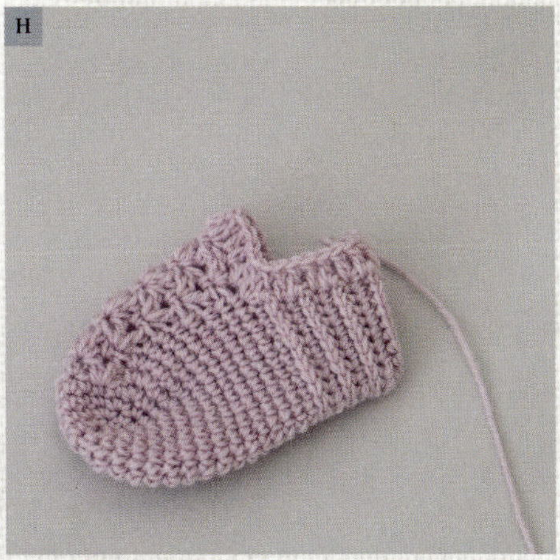
H

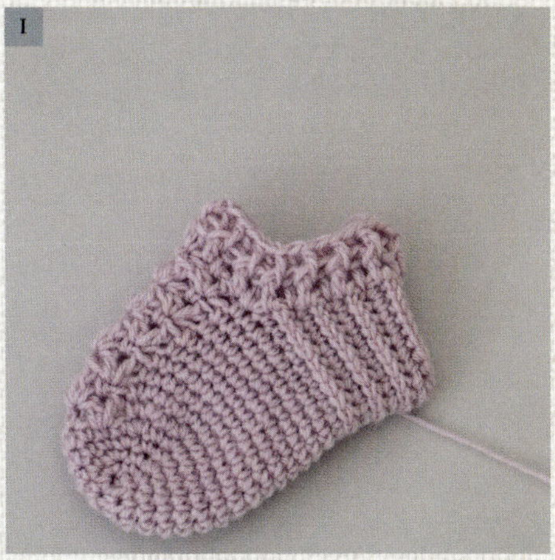
I

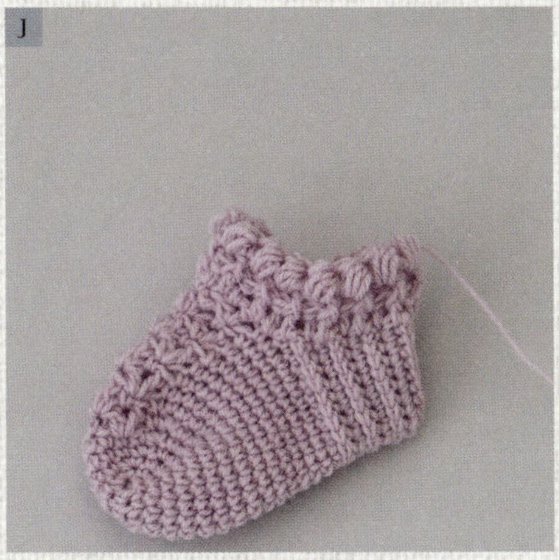
J

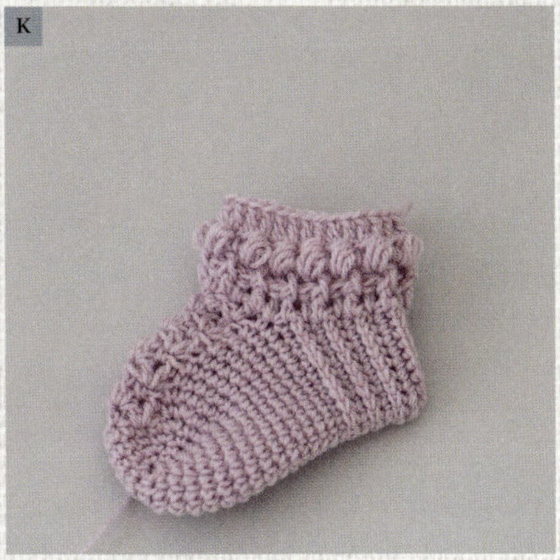
K

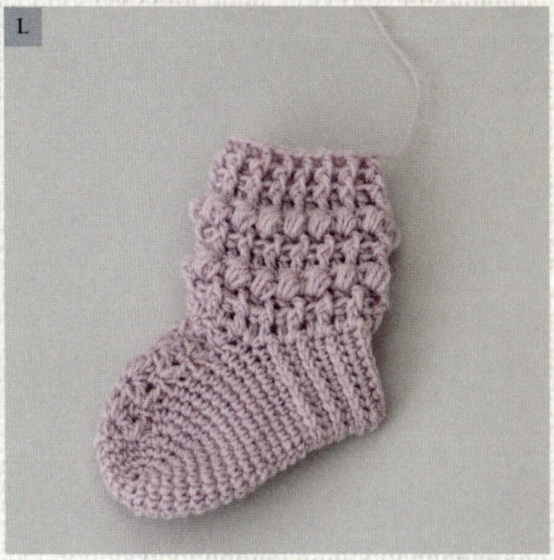
L

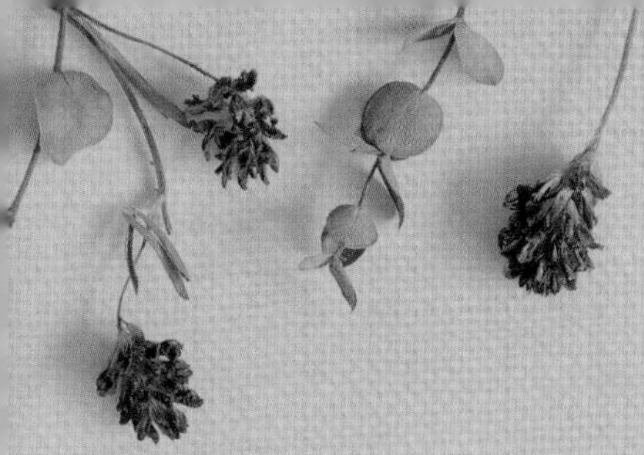

~★★☆~

WARME HOSE

Gehäkelte Hosen können sehr bequem sein – wirklich! Es ist nur wichtig, sie recht locker zu arbeiten, damit sich der Stoff gut dehnen kann. Diese Hose wird von der Taille nach unten gearbeitet und dann für die Beine geteilt. Das Taillenbündchen wird zum Schluss gehäkelt. Die Struktur dieser Hose ist äußerst weich und dehnbar.

GRÖSSE UND MASSE DER FERTIGEN ARBEIT

Größe	Taille *	Länge
0–6 Monate	40 cm	30 cm
6–12 Monate	42 cm	35 cm
1–2 Jahre	45 cm	40 cm
3–4 Jahre	48 cm	45 cm

*empfohlener Abzug für die Dehnung etwa 3–4 cm

MASCHENPROBE

18 M und 9 R = 10 cm x 10 cm mit Stb und 3,5-mm-Häkelnadel (oder Nadel anderer Stärke, um die richtige Maschenprobe zu erhalten)

BESONDERE MASCHEN.

Vorderes Relief-Stb, hinteres Relief-Stb, 2 hintere Relief-Stb zus (siehe Seiten 134–141)

MATERIAL

- Empfohlenes Garn: Lana Gatto Harmony Free DK, 100 % feine Merinowolle (LL 110 m/50 g), Fb 14012, benötigte Menge 242 (330, 385, 440) m
- 3,5-mm-Häkelnadel (oder Nadel anderer Stärke, um die richtige Maschenprobe zu erhalten)

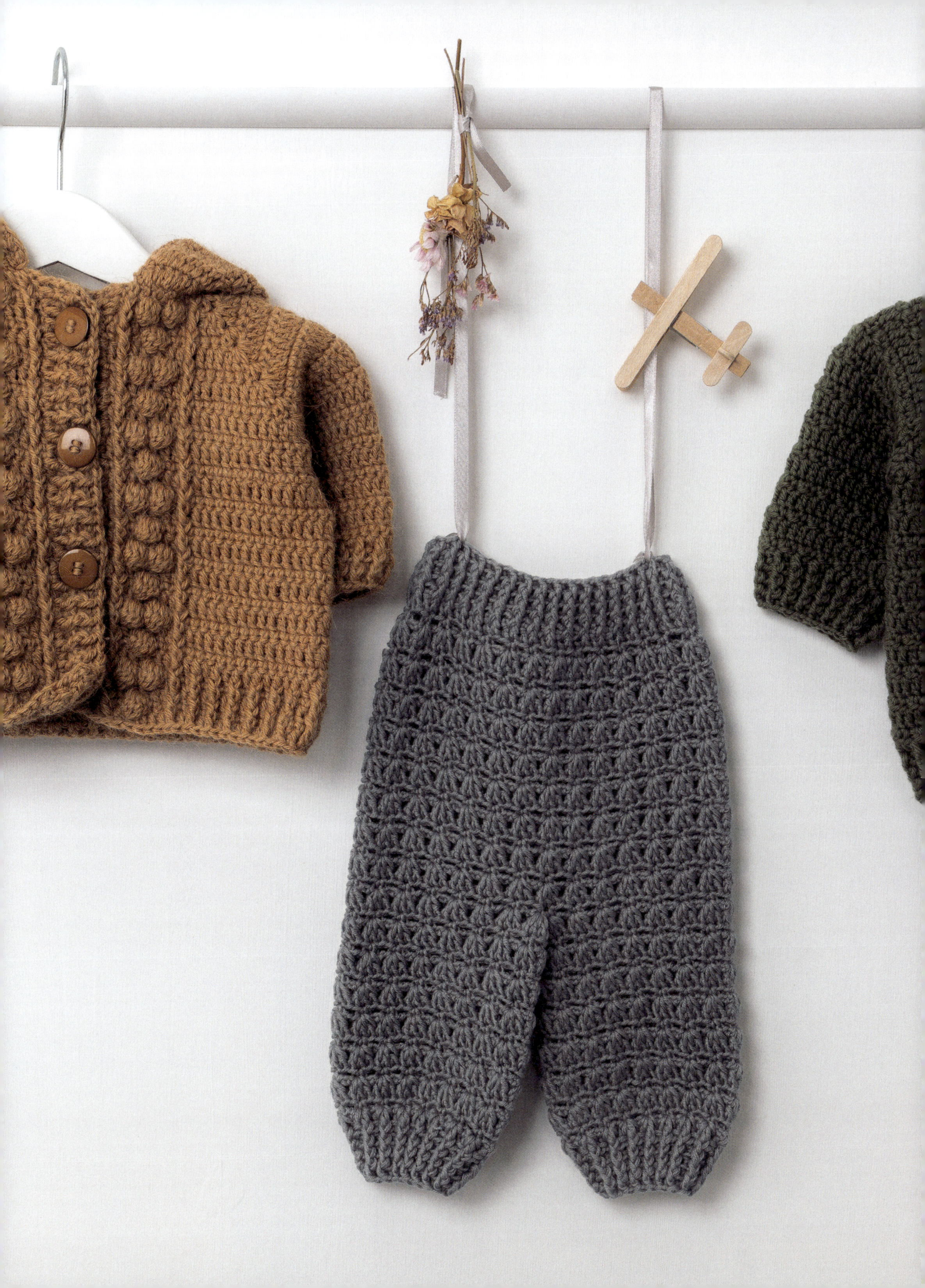

Die Anleitung ist für Größe 0–6 Monate geschrieben, Angaben für 6–12 Monate, 1–2 Jahre und 3–4 Jahre in Klammern.

1 Luft-M zu Beginn jeder Runde zählt nicht als Masche.

KÖRPER

Luftmaschenkette: 70 (75, 80, 85) Luft-M und mit Kett-M in 1. Luft-M verbinden.

1. Rd (RS): 1 Luft-M hier und im Folgenden, wenn nächste M ein Stb ist, auf Höhe eines Stb ziehen, Stb in 1. Luft-M und in jede nächste Luft-M, mit Kett-M in 1. M verbinden = 70 (75, 80, 85) M.

2. Rd (RS): 1 Luft-M, fM in 1. M, *3 Luft-M, nächste M überspringen, fM in nächste M, 3 Luft-M, nächste 2 M überspringen, fM in nächste M; von * bis Ende wdh, aber bei letzter Wdh statt der letzten fM mit Kett-M in 1. M verbinden = 28 (30, 32, 34) fM und 28 (30, 32, 34) 3-Luft-M-Lck.

3. Rd (RS): 1 Luft-M, 2 Stb in 1. fM, *nächste 3 Luft-M überspringen, 3 Stb in nächste fM; von * bis Ende wdh, aber bei letzter Wdh statt der letzten 3 Stb die Stb in gleiche M wie erste 2 Stb arbeiten und mit Kett-M in 1. M verbinden = 84 (90, 96, 102) M.

4. Rd (RS): 1 Luft-M, fM in 1. M, *3 Luft-M, nächste 2 M überspringen, fM in nächste M; von * bis Ende wdh, aber bei letzter Wdh statt letzter fM mit Kett-M in 1. M verbinden = 28 (30, 32, 34) fM und 28 (30, 32, 34) 3-Luft-M-Lck.

3. und 4. Rd noch 6x (7x, 7x, 8x) wdh.

3. Rd noch 1x wdh, mit »Teilen für die Beine« fortfahren **A**.

TEILEN FÜR DIE BEINE

Erstes Bein

1. Rd (RS): 1 Luft-M, fM in 1. M, *3 Luft-M, nächste 2 M überspringen, fM in nächste M; von * noch 13x (14x, 15x, 16x) wdh, 3 Luft-M, mit Kett-M in 1. M verbinden = 15 (16, 17, 18) fM und 15 (16, 17, 18) 3-Luft-M-Lck **B**.

2. Rd (RS): 1 Luft-M, 2 Stb in 1. fM, * nächste 3 Luft-M überspringen, 3 Stb in nächste fM; von * noch 13x (14x, 15x, 16x) wdh, Stb in jede der nächsten 3 Luft-M des Schritts, Stb in gleiche M wie erste 2 Stb und mit Kett-M in 1. M verbinden = 48 (51, 54, 57) M **C**.

3. Rd (RS): 1 Luft-M, fM in 1. M, *3 Luft-M, nächste 2 M überspringen, fM in nächste M; von * bis Ende wdh, aber bei letzter Wdh statt der letzten fM mit Kett-M in 1. M verbinden = 16 (17, 18, 19) fM und 16 (17, 18, 19) 3-Luft-M-Lck.

4. Rd (RS): 1 Luft-M, 2 Stb in 1. fM, * nächste 3 Luft-M überspringen, 3 Stb in nächste fM; von * bis Ende wdh, aber bei letzter Wdh statt der letzten 3 Stb Stb in gleiche M wie erste 2 Stb arbeiten und mit Kett-M in 1. M verbinden = 48 (51, 54, 57) M.

3. und 4. Rd noch 6x (10x, 15x, 18x) oder bis gewünschte Länge wdh und mit Bündchen fortfahren.

BÜNDCHEN

1. Rd (RS): 1 Luft-M, vorderes Relief-Stb um 1. Stb, *2 hintere Relief-Stb zus, vorderes Relief-Stb um nächstes Stb; von * bis Ende wdh, aber bei letzter Wdh statt letztem vorderen Relief-Stb mit Kett-M in 1. M verbinden = 32 (34, 36, 38) M **D**.

2. Rd (RS): 1 Luft-M, vorderes Relief-Stb um jedes vordere Relief-Stb, hinteres Relief-Stb um jedes hintere Relief-Stb bis Ende, mit Kett-M in 1. M verbinden = 32 (34, 36, 38) M.

2. Rd noch 3x wdh, abmaschen.

Zweites Bein

Faden unten an den ersten 3 Stb des ersten Beins vor dem Schritt anbringen und wie folgt arbeiten:

1. Rd (RS): 1 Luft-M, fM in 1. M, fM in verbleibende Schlaufe jeder der nächsten 3 Luft-M, die für den Schritt gearbeitet wurden **E**, fM in nächstes Stb (das in der Mitte der nächsten 3 Stb), *3 Luft-M, nächste 2 M überspringen, fM in nächste M; von * noch 13x (14x, 15x, 16x) wdh, mit Kett-M in 1. M verbinden = 19 (20, 21, 22) fM und 14 (15, 16, 17) 3-Luft-M-Lck **F**.

2. Rd (RS): 1 Luft-M, 2 Stb in 1. fM, Stb in jede der nächsten 3 fM, 3 Stb in nächste fM, * nächste 3 Luft-M überspringen, 3 Stb in nächste fM; von * noch 12x (13x, 14x, 15x) wdh, Stb in nächste fM, mit Kett-M in 1. M verbinden = 48 (51, 54, 57) M **G**.

3. Rd (RS): 1 Luft-M, fM in 1. M, *3 Luft-M, nächste 2 M überspringen, fM in nächste M; von * bis Ende wdh, aber bei letzter Wdh statt letzter fM mit Kett-M in 1. M verbinden = 16 (17, 18, 19) fM und 16 (17, 18, 19) 3-Luft-M-Lck.

4. Rd (RS): 1 Luft-M, 2 Stb in 1. fM, * nächste 3 Luft-M überspringen, 3 Stb in nächste fM; von * bis Ende wdh, aber bei letzter Wdh statt der letzten 3 Stb Stb in gleiche M wie erste 2 Stb arbeiten und mit Kett-M in 1. M verbinden = 48 (51, 54, 57) M.

3. und 4. Rd noch 6x (10x, 15x, 18x) oder bis zur gewünschten Länge wdh und mit Bündchen wie für das erste Bein fortfahren.

TAILLE

Faden im 1. Stb der Taille anbringen und wie folgt arbeiten:

1. Rd (RS): 1 Luft-M, vorderes Relief-Stb um 1. Stb, *hinteres Relief-Stb um nächstes Stb, vorderes Relief-Stb um nächstes Stb* **H**, von * bis letzte 1 (2, 1, 2) M wdh, für Größen 0–6 Monate und 1–2 Jahre hinteres Relief-Stb um letzte M arbeiten, für Größen 6–12 Monate und 3–4 Jahre 2 hintere Relief-Stb zus um 2 letzte M arbeiten, mit Kett-M in 1. vorderes Relief-Stb verbinden = 70 (74, 80, 84) M.

2. Rd (RS): 1 Luft-M, vorderes Relief-Stb um jedes vordere Relief-Stb, hinteres Relief-Stb um jedes hintere Relief-Stb bis Ende, mit Kett-M in 1. M verbinden = 70 (74, 80, 84) M.

2. Rd noch 3x wdh, abmaschen **I**.

FERTIGSTELLEN

Alle Fäden vernähen (siehe »Techniken zum Fertigstellen«, Seite 142).

A
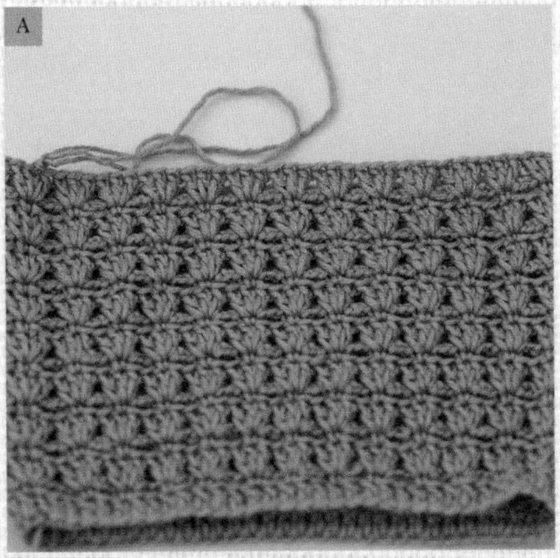

B
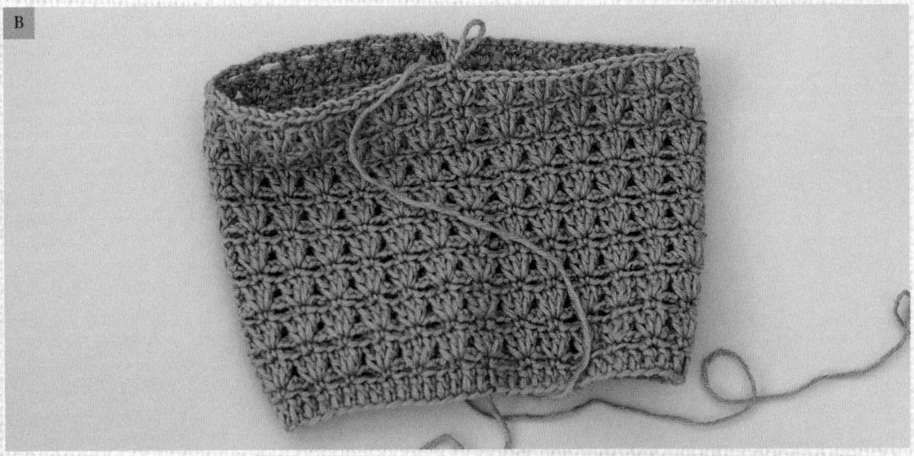

C
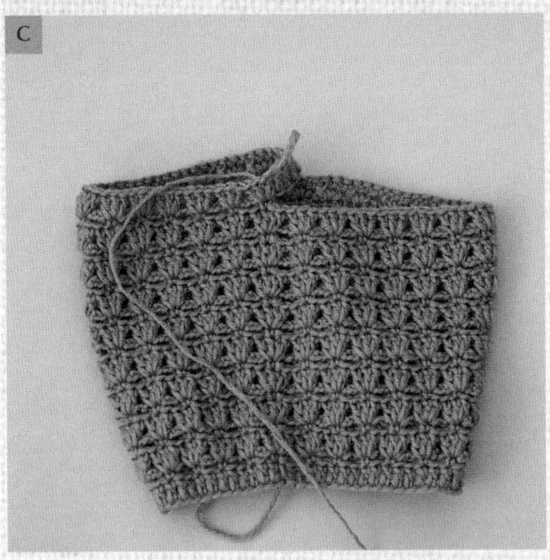

D
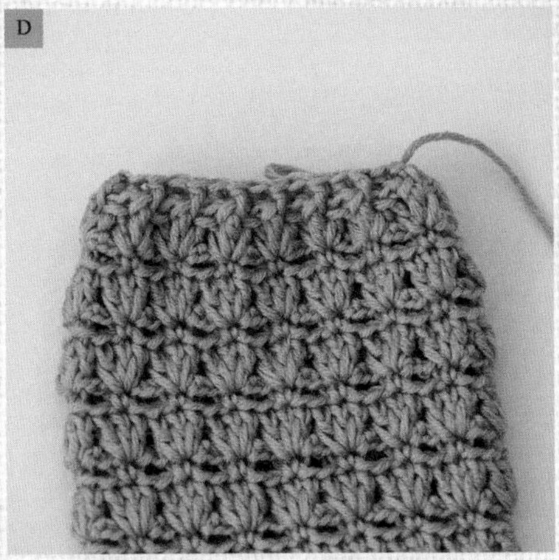

E
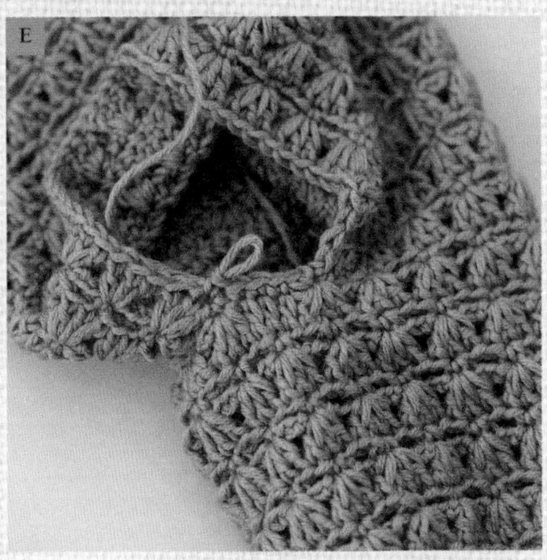

F
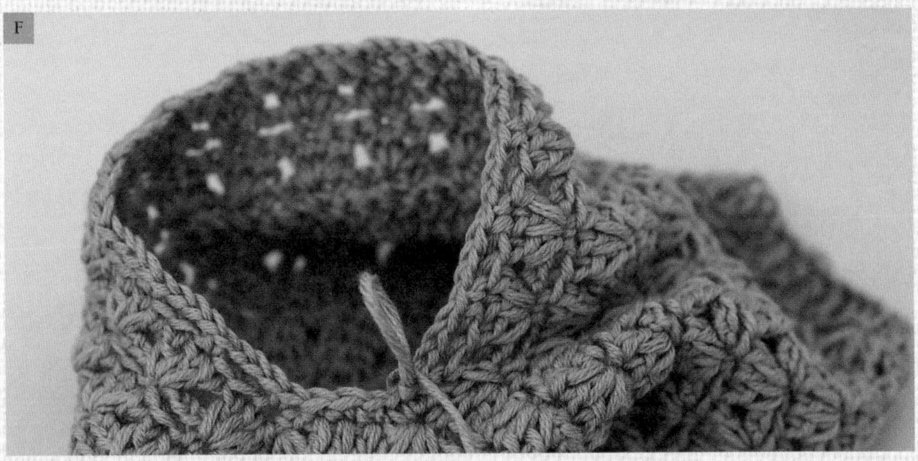

G
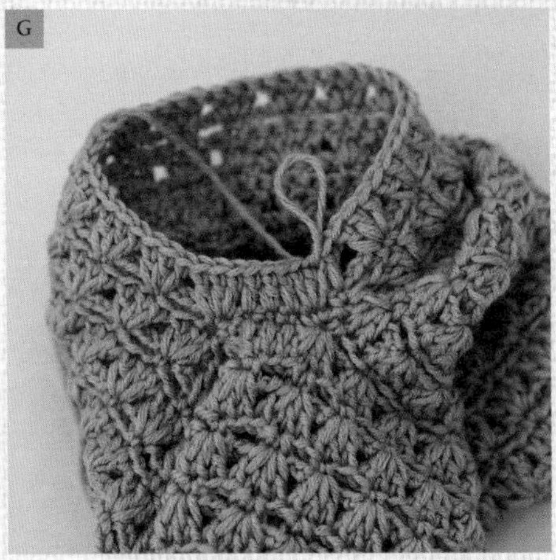

H
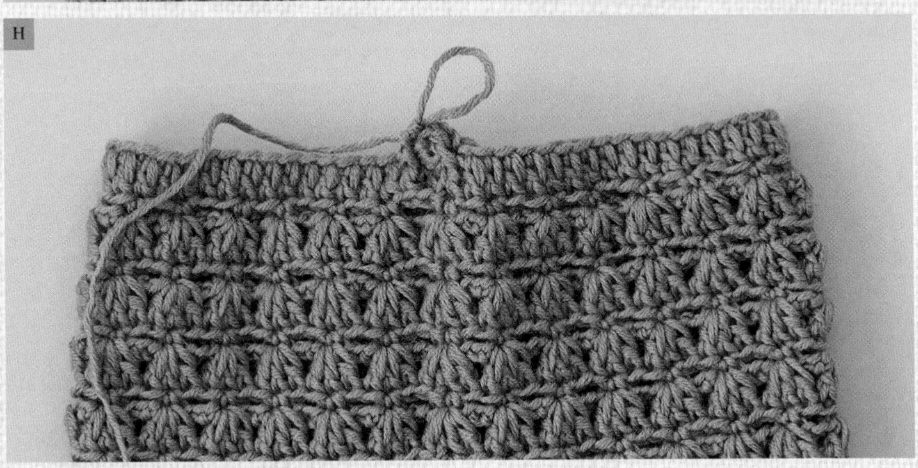

I
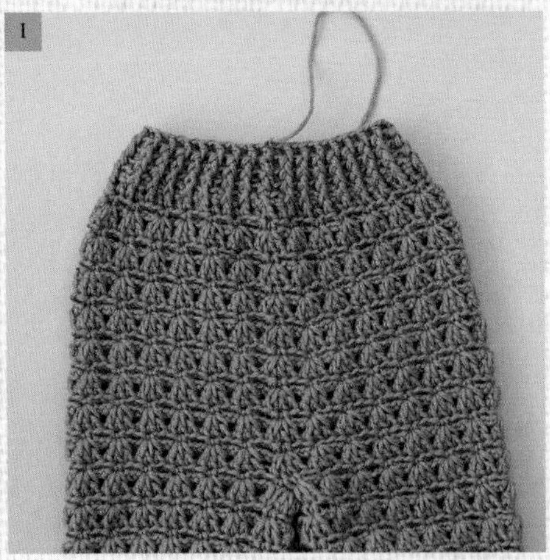

~★★☆~

FRÜHLINGS-STRAMPLER

Strampler sind so praktisch und vielseitig, dass du möglicherweise gleich mehrere in verschiedenen Garnstärken für die einzelnen Jahreszeiten häkeln möchtest. Zieh ihn deinem Baby im Winter über einen gemütlichen Body an oder an heißen Sommertagen einfach so über die Windel. Damit der Strampler schön dehnbar und bequem wird, häkelt man ihn am besten aus einem Mischgarn aus Wolle und Baumwolle.

GRÖSSE UND MASSE DER FERTIGEN ARBEIT

Größe	Brust	Länge von Schultern bis unten
0-6 Monate	41 cm	35 cm
6-12 Monate	44 cm	41 cm
12-18 Monate	49 cm	43 cm
18-24 Monate	51 cm	45 cm

MASCHENPROBE

19 M und 10 R = 10 cm x 10 cm mit Stb und 3,5-mm-Häkelnadel (oder Nadel anderer Stärke, um die richtige Maschenprobe zu erhalten)

BESONDERE MASCHEN.

Vorderes Relief-Stb, hinteres Relief-Stb, VM (siehe Seiten 134-141)

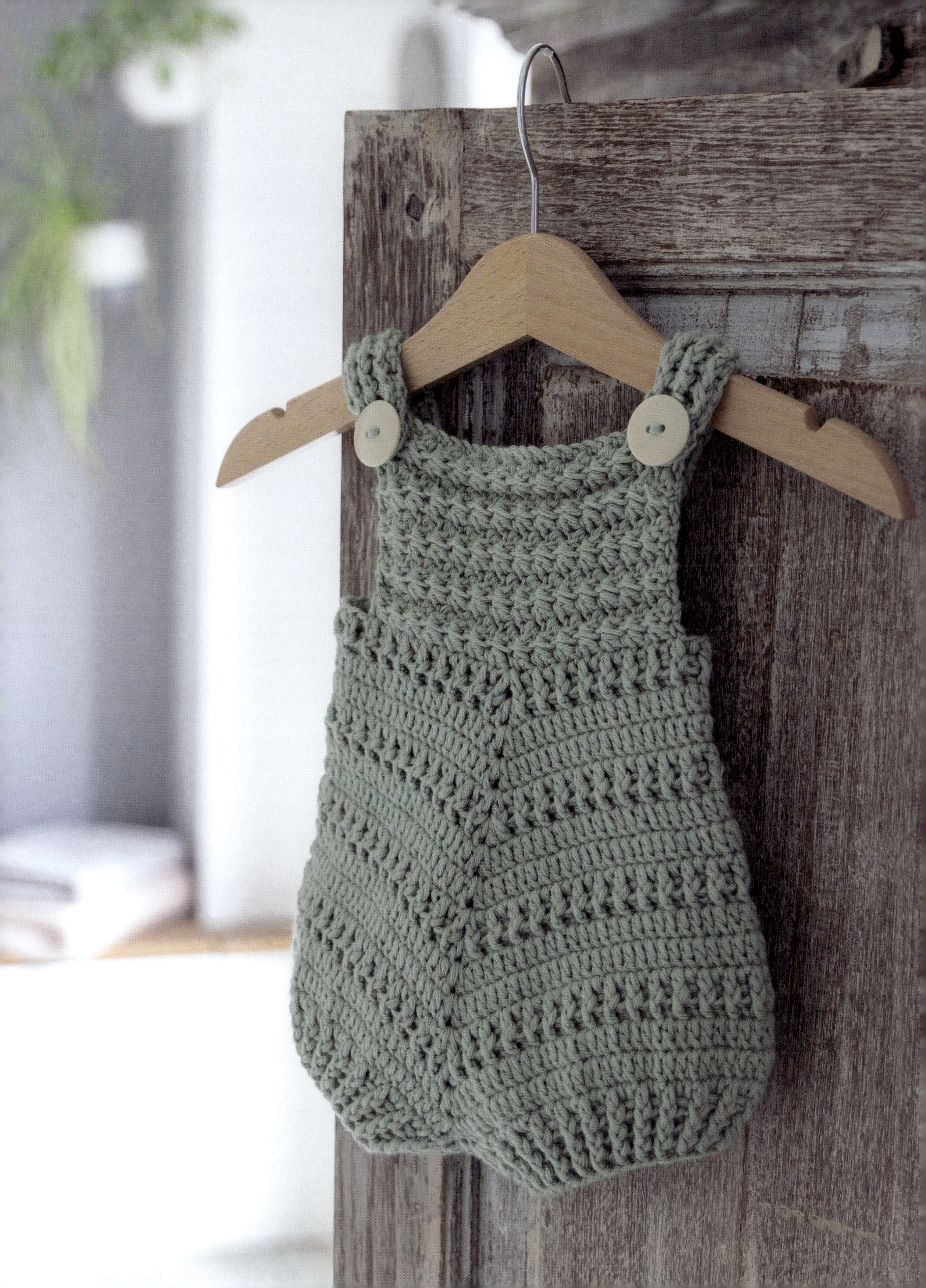

Die Anleitung ist für Größe 0–6 Monate geschrieben, Angaben für 6–12 Monate, 1–2 Jahre und 3–4 Jahre stehen in Klammern.

1 Luft-M zu Beginn jeder Runde zählt nicht als Masche.

VORDERTEIL

1. R (RS): 30 (32, 36, 38) Luft-M, fM in 2. Luft-M ab der Häkelnadel und in jede nächste Luft-M, wenden = 29 (31, 35, 37) fM.

2. R (LS): 1 Luft-M, (fM, Stb) in 1. M, *nächste M überspringen, (fM, Stb) in nächste M A; von * bis letzte 2 M wdh, nächste M überspringen, fM in letzte M, wenden = 29 (31, 35, 37) M.

3. R (RS): 1 Luft-M, (fM, Stb) in hintere Schlaufe der 1. M B, *nächste M überspringen, (fM, Stb) in hintere Schlaufe der nächsten M C; von * bis letzte 2 M wdh, nächste M überspringen, fM in letzte M, wenden = 29 (31, 35, 37) M D.

3. R noch 7x (8x, 9x, 9x) wdh, mit dem Körper fortfahren.

KÖRPER

1. Rd (RS): 1 Luft-M, (fM, Stb) in hintere Schlaufe der 1. M, *nächste M überspringen, (fM, Stb) in hintere Schlaufe der nächsten M; von * bis letzte 2 M wdh, nächste M überspringen, fM in letzte M, 39 (45, 49, 51) Luft-M und mit Kett-M in 1. M verbinden = 68 (76, 84, 88) M E.

2. Rd (RS): In beide Schlaufen arbeiten, 1 Luft-M, Stb in 1. M, Stb in jede der nächsten 13 (14, 16, 17) M, VM in nächste M, Stb in jede der nächsten 33 (37, 41, 43) M, VM in nächste M, Stb in jede der nächsten 19 (22, 24, 25) M und mit Kett-M in 1. M verbinden = 72 (80, 88, 92) M einschließlich aller Luft-M F.

Für Größen 0–6 Monate und 18–24 Monate

3. Rd (RS): 1 Luft-M, vorderes Relief-Stb um 1. Stb, *hinteres Relief-Stb um nächstes Stb, vorderes Relief-Stb um nächstes Stb; von * bis 1-Luft-M-Lck wdh, VM in 1-Luft-M-Lck, vorderes Relief-Stb um nächstes Stb G, von * bis 1-Luft-M-Lck wdh, VM in 1-Luft-M-Lck, vorderes Relief-Stb um nächstes Stb, von * bis Ende wdh, in letzter Wdh mit Kett-M in 1. M verbinden = 76 (96) M H.

Für Größen 6–12 Monate und 12–18 Monate

3. Rd (RS): 1 Luft-M, hinteres Relief-Stb um 1. M, *vorderes Relief-Stb um nächste M, hinteres Relief-Stb um nächste M; von * bis letzte M vor 1-Luft-M-Lck wdh, vorderes Relief-Stb um nächste M, VM in 1-Luft-M-Lck G, von * bis letzte M vor 1-Luft-M-Lck wdh, vorderes Relief-Stb um nächste M, VM in 1-Luft-M-Lck, von * bis Ende wdh, bei letzter Wdh mit Kett-M in 1. M verbinden = (84, 92) M H.

Für alle Größen

4. Rd (RS): 1 Luft-M, Stb in 1. und in jede nächste M bis 1-Luft-M-Lck, VM in 1-Luft-M-Lck, Stb in jede nächste M bis 1-Luft-M-Lck, VM in 1-Luft-M-Lck, Stb in jede M bis Ende, mit Kett-M in 1. M verbinden = 80 (88, 96, 100) M I.

5. Rd (RS): 4. Rd wdh = 84 (92, 100, 104) M.

6. Rd (RS): 4. Rd wdh = 88 (96, 104, 108) M J.

Für Größen 0–6 Monate und 18–24 Monate

7. Rd (RS): 1 Luft-M, vorderes Relief-Stb um 1. Stb, *hinteres Relief-Stb um nächstes Stb, vorderes Relief-Stb um nächstes Stb; von * bis 1-Luft-M-Lck wdh, VM in 1-Luft-M-Lck, vorderes Relief-Stb um nächstes Stb, von * bis 1-Luft-M-Lck wdh, VM in 1-Luft-M-Lck, vorderes Relief-Stb um nächstes Stb, von * bis Ende wdh, bei letzter Wdh mit Kett-M in 1. M verbinden = 92 (112) M.

Für Größen 6–12 Monate und 12–18 Monate

7. Rd (RS): 1 Luft-M, hinteres Relief-Stb um 1. Stb, *vorderes Relief-Stb um nächstes Stb, hinteres Relief-Stb um nächstes Stb; von * bis letzte M vor 1-Luft-M-Lck wdh, vorderes Relief-Stb um nächstes Stb, VM in 1-Luft-M-Lck, von * bis letzte M vor 1-Luft-M-Lck wdh, vorderes Relief-Stb um nächstes Stb, VM in 1-Luft-M-Lck, von * bis Ende wdh, bei letzter Wdh mit Kett-M in 1. M verbinden = (100, 108) M.

Für alle Größen

4.–7. Rd noch 2x (2x, 3x, 3x) wdh, in jeder Rd werden 4 M zugenommen = 124 (132, 156, 160) M.

Letzte Rd (RS): 1 Luft-M, Stb in 1. und in jede nächste M bis 1-Luft-M-Lck, VM in 1-Luft-M-Lck, Stb in jede nächste M bis nächste 1-Luft-M-Lck, VM in 1-Luft-M-Lck, Stb in jede M bis Ende, mit Kett-M in 1. M verbinden = 128 (136, 160, 164) M. Mit »Teilen für die Beine« fortfahren.

TEILEN FÜR DIE BEINE

Erstes Bein

1. Rd (RS): 1 Luft-M, Stb in 1. und in jede der nächsten 28 (29, 34, 36) M, Stb in nächste 1-Luft-M-Lck, 5 Luft-M, nächste 63 (67, 79, 81) M überspringen, Stb in nächste 1-Luft-M-Lck K, Stb in jede der nächsten 34 (37, 44, 44) M bis Ende, mit Kett-M in 1. M verbinden = 70 (74, 86, 88) M einschließlich aller Luft-M L.

2. Rd (RS): 1 Luft-M, Stb in 1. und in jede nächste M einschließlich 5 Luft-M des Schritts, mit Kett-M in 1. M verbinden = 70 (74, 86, 88) M.

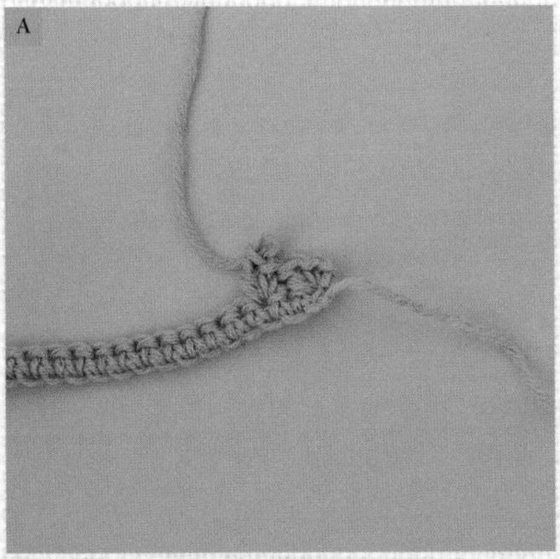
A

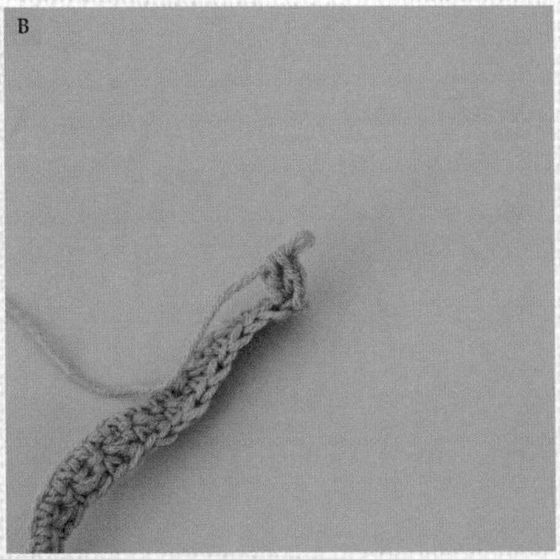
B

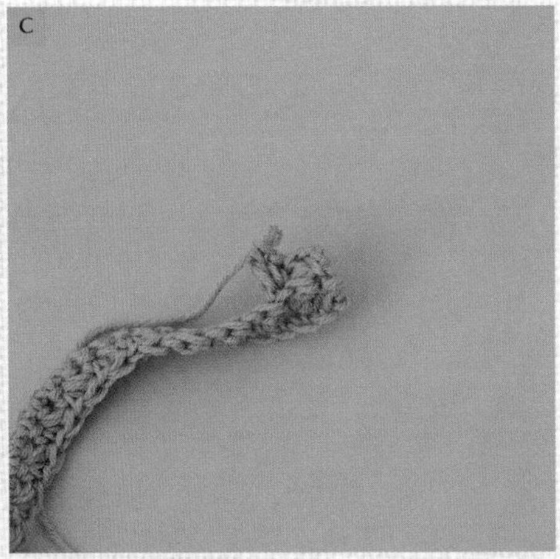
C

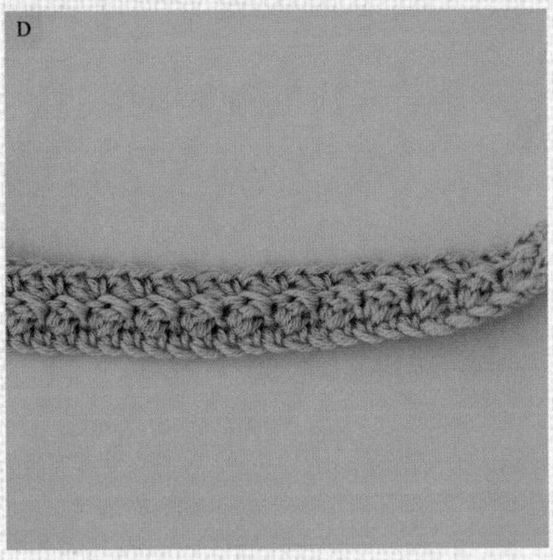
D

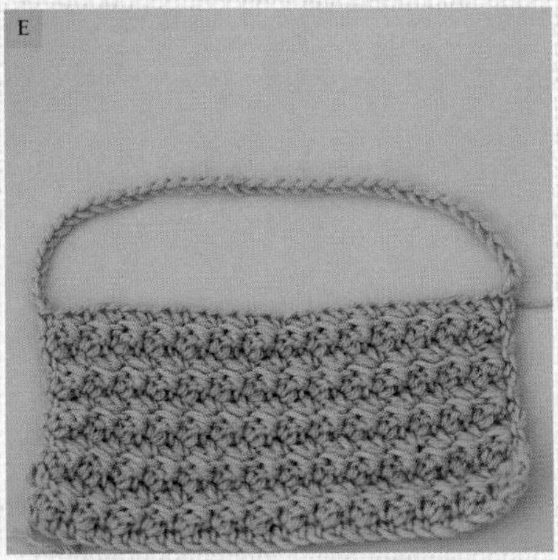
E

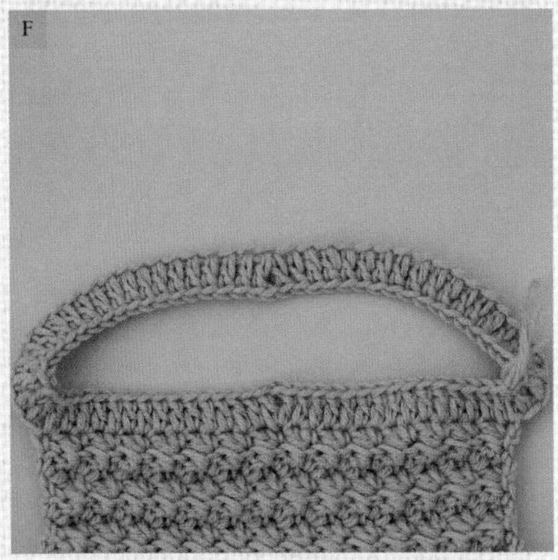
F

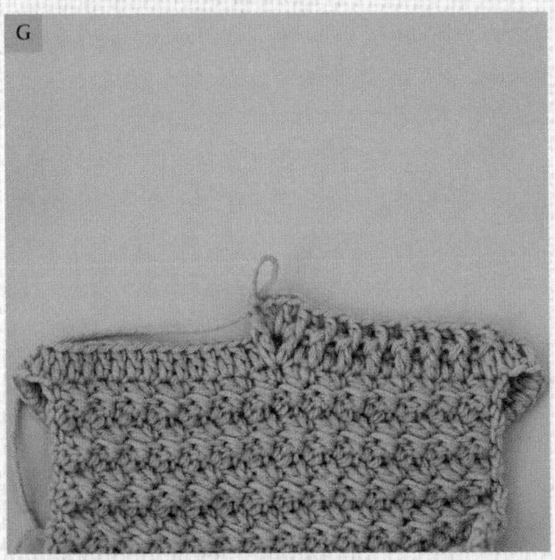
G

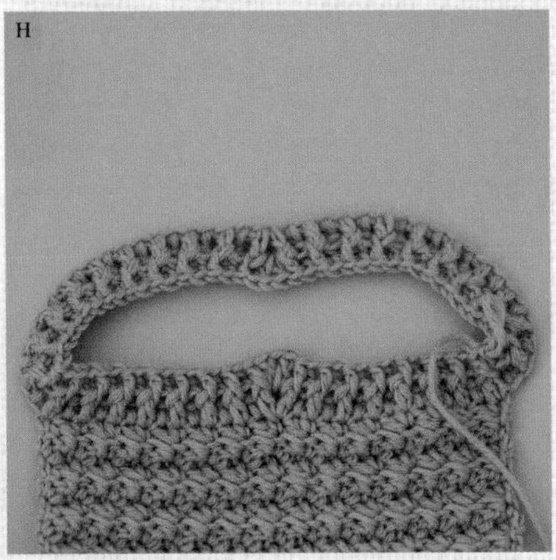
H

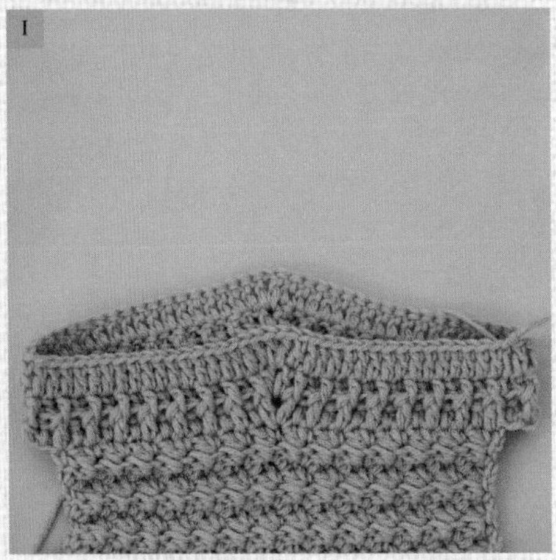
I

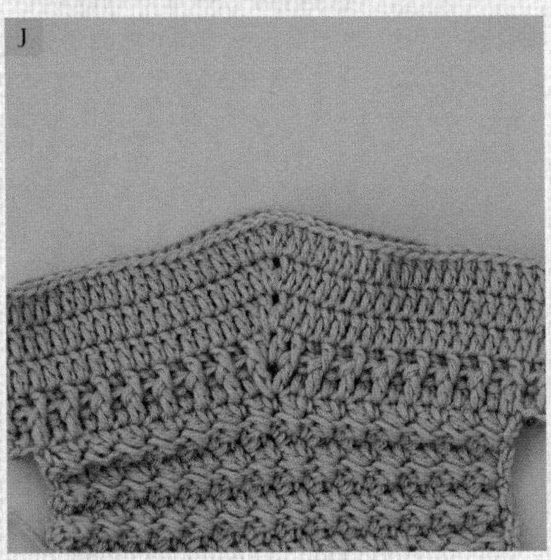
J

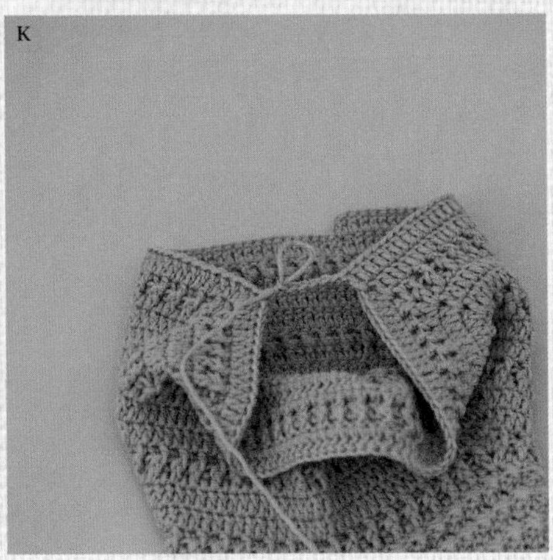
K

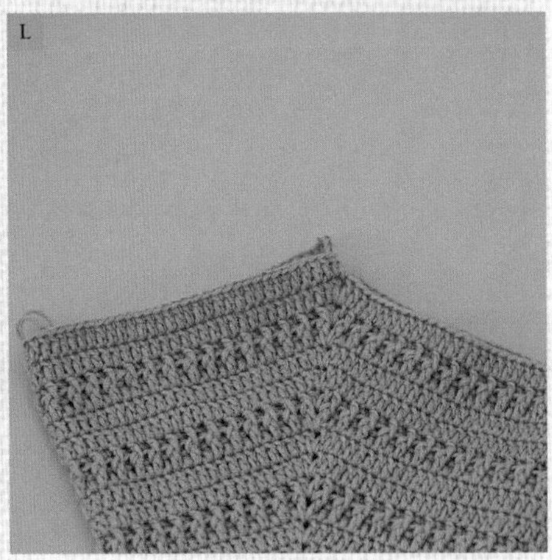
L

3. Rd (RS): 1 Luft-M, vorderes Relief-Stb um 1. Stb, *2 hintere Relief-Stb zus um nächste 2 Stb, vorderes Relief-Stb um nächstes Stb; von * bis letzte 3 (1, 1, 3) M wdh, hinteres Relief-Stb um nächste M, für Größen 6–12 Monate und 12–18 Monate mit Kett-M in 1. M verbinden, für Größen 0–6 Monate und 18–24 Monate vorderes Relief-Stb um nächste M, hinteres Relief-Stb um nächste M und mit Kett-M in 1. M verbinden = 48 (50, 58, 60) M.

4.–5. Rd (RS): 1 Luft-M, vorderes Relief-Stb um jedes nächste vordere Relief-Stb und hinteres Relief-Stb um jedes nächste hintere Relief-Stb bis Ende, mit Kett-M in 1. M verbinden, abmaschen = 48 (50, 58, 60) M **M**.

SCHRITT

Faden in 1-Luft-M-Lck im Schritt anbringen **N**, Stb in jede verbleibende Schlaufe der 5 Luft-M für den Schritt **O** **P**, Kett-M in nächste 1-Luft-M-Lck **Q**, mit zweitem Bein fortfahren.

Zweites Bein

1. Rd (RS): 1 Luft-M, Stb in gleiche 1-Luft-M-Lck wie Kett-M, Stb in jede der nächsten 63 (67, 79, 81) M, Stb in nächste 1-Luft-M-Lck, Stb in jedes Stb des Schritts und mit Kett-M in 1. M verbinden = 70 (74, 86, 88) M **R**.

2.–5. Rd wie für das erste Bein arbeiten, abmaschen **S**.

TRÄGER

Erster Träger

Auf der RS 10 (11, 13, 14) M von der linken Seite des Vorderteils überspringen und Faden in der nächsten M anbringen (es muss ein hinteres Relief-Stb sein).

1. R (RS): 1 Luft-M, hStb in gleiche M, in der der Faden angebracht wurde, 2x (vorderes Relief-Stb um nächstes vorderes Relief-Stb, hinteres Relief-Stb um nächstes hinteres Relief-Stb), vorderes Relief-Stb um nächstes vorderes Relief-Stb, hStb in nächste M, wenden = 7 M **T**.

2. R (LS): 1 Luft-M, hStb in 1. M, 2x (hinteres Relief-Stb um nächstes hinteres Relief-Stb, vorderes Relief-Stb um nächstes vorderes Relief-Stb), hinteres Relief-Stb um nächstes hinteres Relief-Stb, hStb in nächste M, wenden = 7 M.

3. R (RS): 1 Luft-M, hStb in 1. M, 2x (vorderes Relief-Stb um nächstes vorderes Relief-Stb, hinteres Relief-Stb um nächstes hinteres Relief-Stb), vorderes Relief-Stb um nächstes vorderes Relief-Stb, hStb in nächste M, wenden = 7 M.

2. und 3. R noch 7 (8, 8, 9) oder bis zur gewünschten Länge wdh.

2. R noch 1x wdh und nächste R arbeiten.

Nächste R (RS): 1 Luft-M, hStb in 1. M, vorderes Relief-Stb um nächstes vorderes Relief-Stb, 1 Luft-M, nächste 3 M überspringen, vorderes Relief-Stb um nächstes vorderes Relief-Stb, hStb in nächste M, wenden = 5 M.

Letzte R (LS): 1 Luft-M, fM in 1. und in jede nächste M einschließlich 1-Luft-M-Lck, abmaschen = 5 M **U**.

Zweiter Träger

Auf der RS 5 (7, 9, 9) M vom ersten Träger überspringen und Faden in der nächsten M anbringen (es muss ein hinteres Relief-Stb sein) und wie den ersten Träger arbeiten **V** **W**.

FERTIGSTELLEN

Alle Fäden vernähen (siehe »Techniken zum Fertigstellen«, Seite 142).

Knöpfe gegenüber den Knopflöchern annähen (siehe »Techniken zum Fertigstellen«, Seite 142).

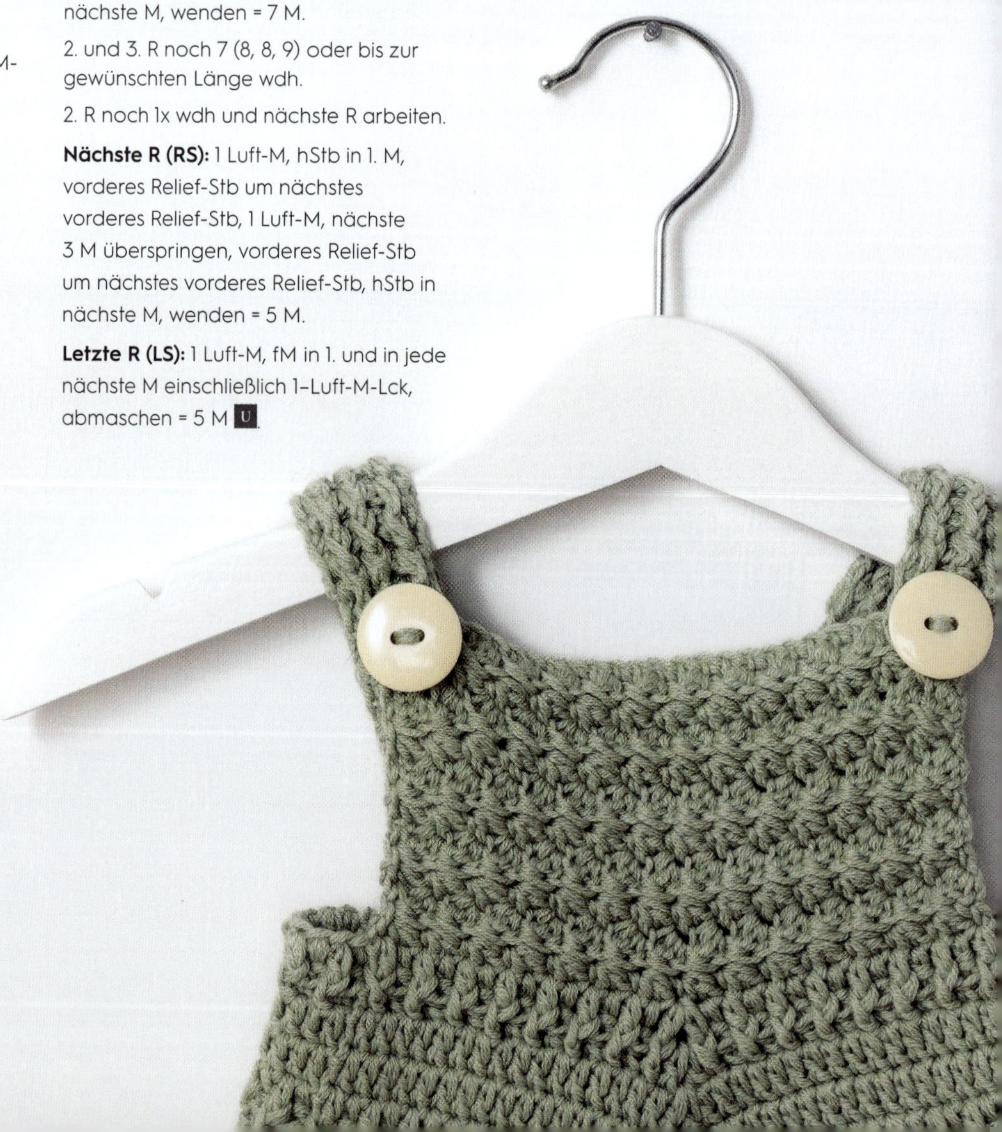

M
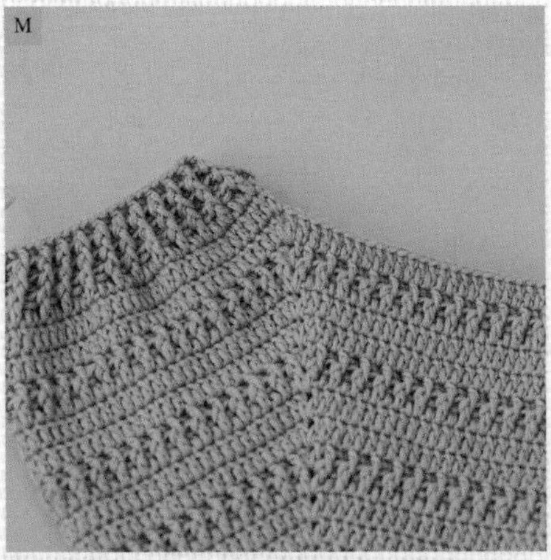

N
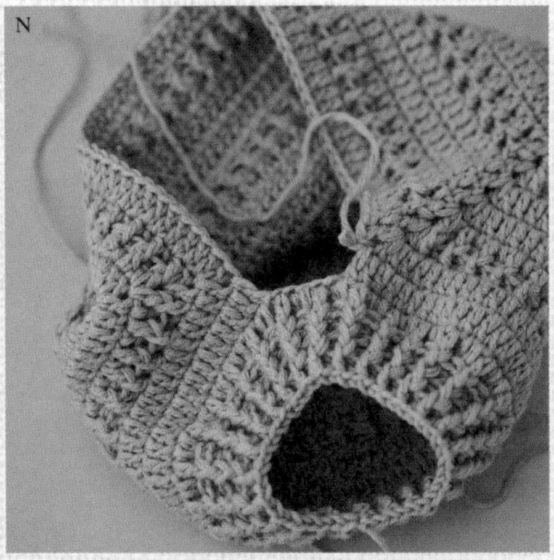

O
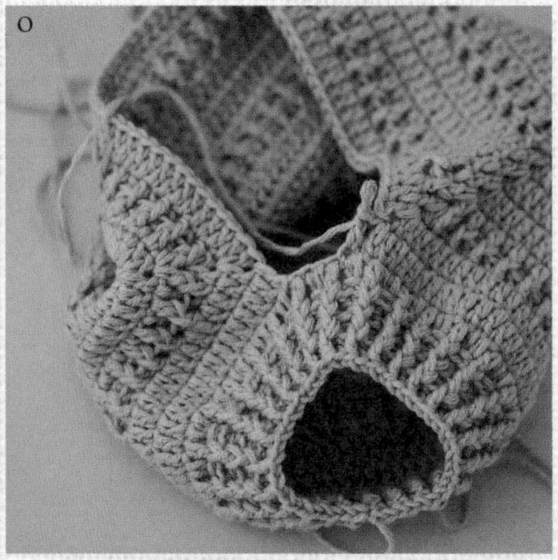

P
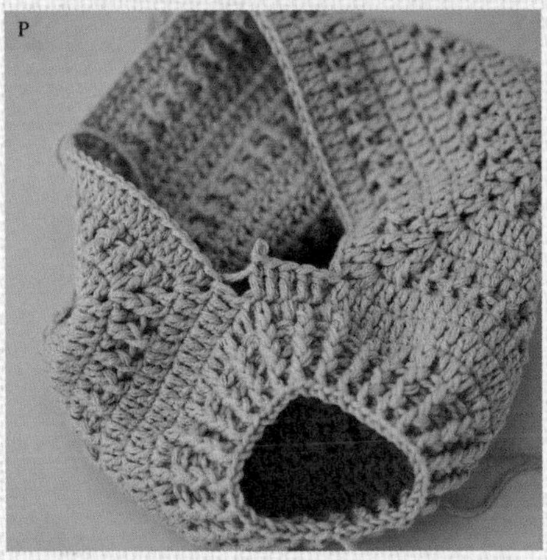

Q
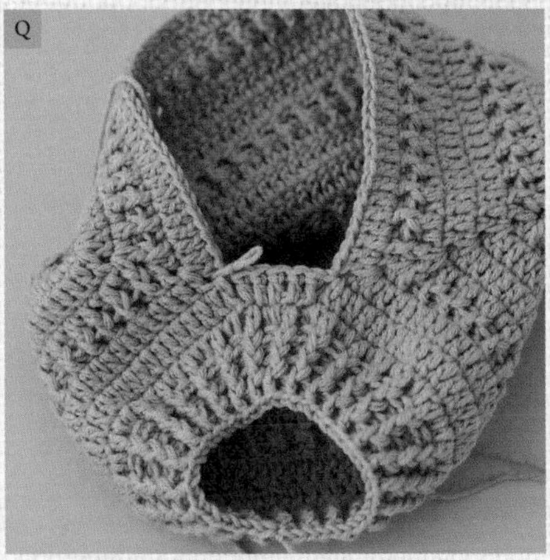

R
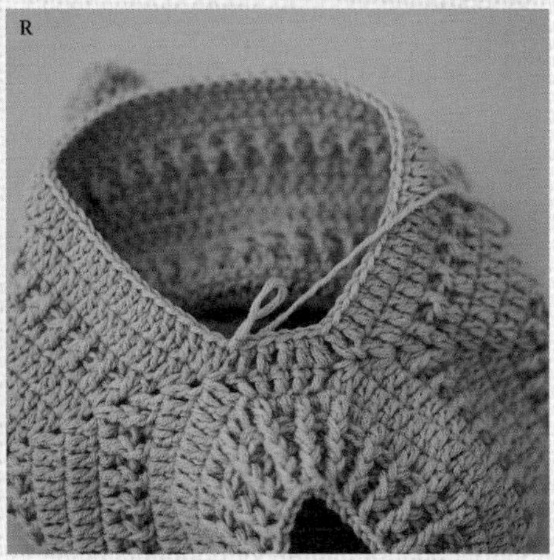

S
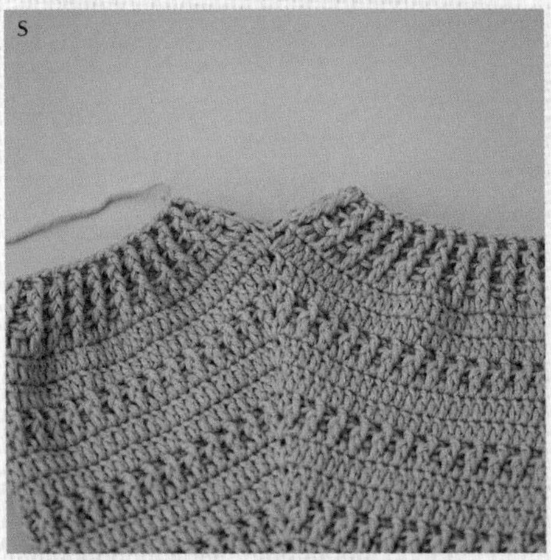

T
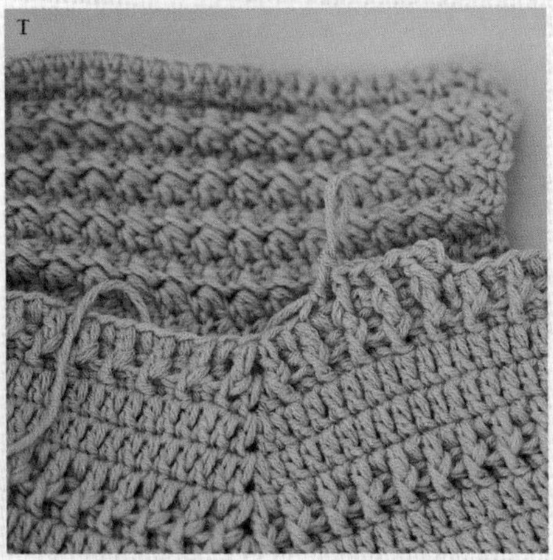

U
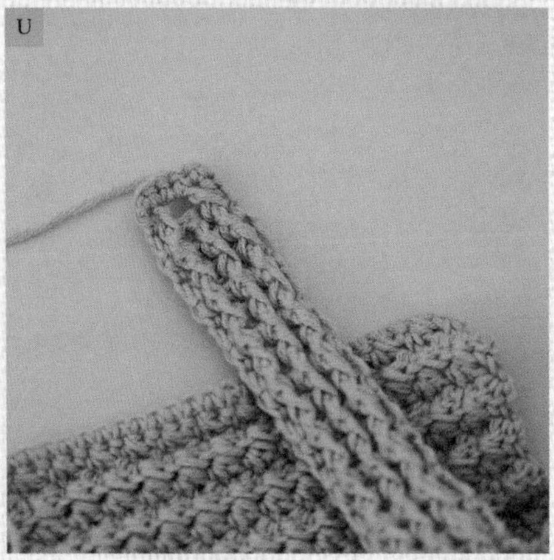

V
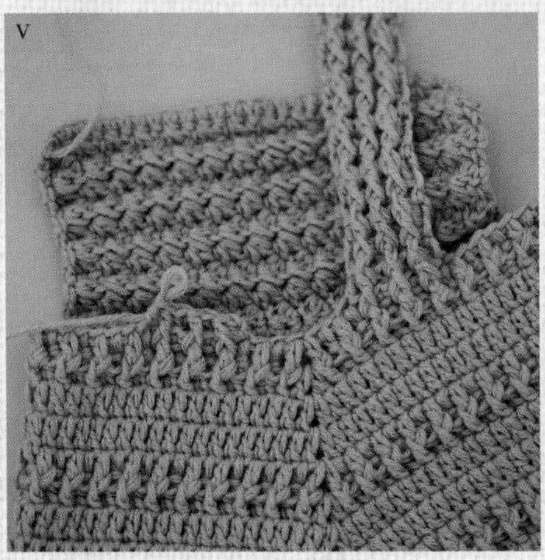

W
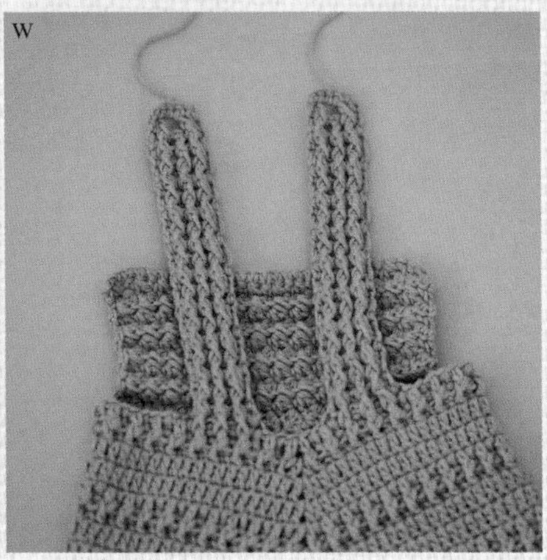

Ein Mischgarn aus Baumwolle und Wolle eignet sich wunderbar für diesen Strampler.

~ ★⯪☆ ~

VIELSEITIGES KLEID

Dieses schöne, einfach zu häkelnde Kleid könnte dein neues Lieblingskleid für deine Kleine werden. Es ist so vielseitig! Einerseits absolut alltagstauglich, kann es andererseits auch zu einem besonderen Anlass getragen werden. Die Länge lässt sich ebenfalls leicht anpassen, sodass es stark gekürzt ein Oberteil oder aber ein langes Kleid werden kann. Und es sieht in jeder Farbe wunderschön aus!

GRÖSSE UND MASSE DER FERTIGEN ARBEIT

Größe	Brust	Länge von Schultern bis unten
0-6 Monate	46 cm	37 cm
6-12 Monate	50 cm	40 cm
1-2 Jahre	60 cm	43 cm
3-4 Jahre	66 cm	46 cm

MASCHENPROBE

21 M und 10 R = 10 cm x 10 cm mit Stb und 3,5-mm-Häkelnadel (oder Nadel anderer Stärke, um die richtige Maschenprobe zu erhalten)

BESONDERE MASCHEN.

Vorderes Relief-Stb, hinteres Relief-Stb, Arbeiten in 3. Schlaufe des hStb, VM, 2 Stb zus, Picot, Muschel für Vielseitiges Kleid (siehe Seiten 134-141)

MATERIAL

- Empfohlenes Garn: Drops Safran, 100 % Baumwolle (LL 160 m/50 g), Fb 64, benötigte Menge 320 (480, 640, 800) m
- 3,5-mm-Häkelnadel (oder Nadel anderer Stärke, um die richtige Maschenprobe zu erhalten)
- 2 Maschenmarkierer

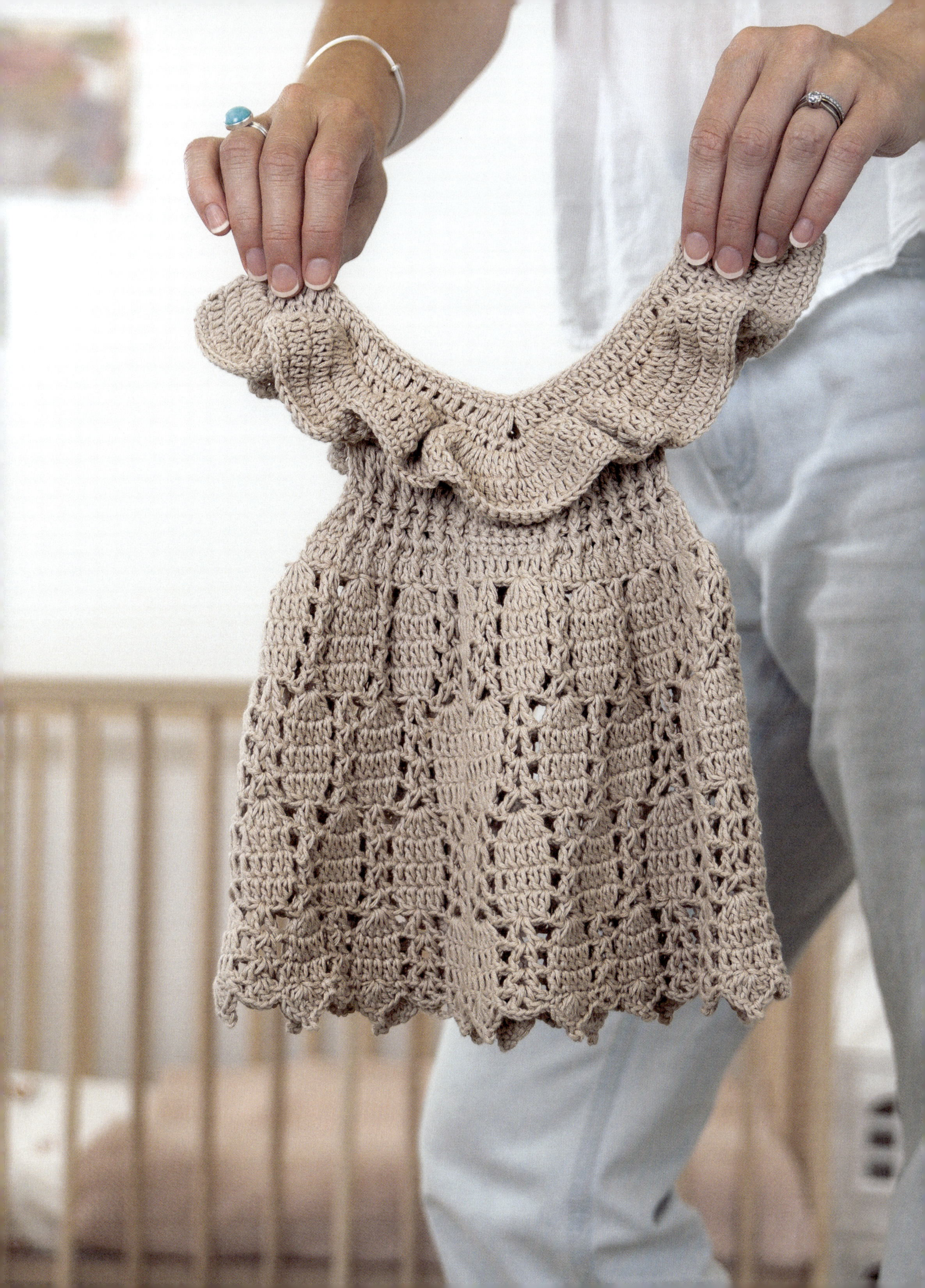

Anleitung ist für Größe 0–6 Monate geschrieben, Angaben für 6–12 Monate, 1–2 Jahre und 3–4 Jahre stehen in Klammern.

1 Luft-M zu Beginn jeder Runde zählt nicht als Masche.

KRAGEN

Luftmaschenkette: Locker arbeiten, 72 (76, 80, 88) Luft-M, mit Kett-M in 1. Luft-M verbinden.

1. Rd: 1 Luft-M, aber hier und im Folgenden auf die Höhe eines Stb ziehen, wenn die nächste M ein Stb ist, 2 Stb in 1. Luft-M, Stb in jede der nächsten 17 (18, 19, 21) Luft-M, *(2 Stb, 2 Luft-M, 2 Stb) in nächste Luft-M, Stb in jede der nächsten 17 (18, 19, 21) Luft-M; von * noch 2x wdh, 2 Stb in gleiche Luft-M wie erste 2 Stb, 2 Luft-M, mit Kett-M in 1. M verbinden = 92 (96, 100, 108) M einschließlich aller 2 Luft-M **A**.

2. Rd: 1 Luft-M, aber auf die Höhe eines hStb gezogen, 2 hStb in 2-Luft-M-Lck rechts **B**, *hStb in jedes Stb bis nächste 2-Luft-M-Lck, 3 hStb in nächste 2-Luft-M-Lck; von * noch 3x wdh, aber bei letzter Wdh hStb in gleiche 2-Luft-M-Lck wie erste 2 hStb arbeiten und mit Kett-M in 1. M verbinden = 96 (100, 104, 112) M **C**.

3. Rd: In 3. Schlaufe jedes hStb arbeiten, 1 Luft-M, 2 Stb in 1. M **D**, *Stb in jede der nächsten 23 (24, 25, 27) M, (2 Stb, 2 Luft-M, 2 Stb) in nächste M; von * noch 3x wdh, aber bei letzter Wdh (2 Stb, 2 Luft-M) in gleiche M wie erste 2 Stb arbeiten und mit Kett-M in 1. M verbinden = 116 (120, 124, 132) M einschließlich aller 2 Luft-M **E**.

4. Rd: 1 Luft-M, 3 Stb in 2-Luft-M-Lck rechts, *Stb in jede M bis nächste 2-Luft-M-Lck, 5 Stb in nächste 2-Luft-M-Lck; von * noch 3x wdh, aber bei letzter Wdh 2 Stb in gleiche 2-Luft-M-Lck wie erste 3 Stb arbeiten und mit Kett-M in 1. M verbinden = 128 (132, 136, 144) M, abmaschen **F**.

VORDERTEIL

Kragen auf die Hälfte falten, sodass er ein V bildet und die Verbindungslinie auf der Schulter liegt, mit RS oben mittlere 33 (35, 37, 41) M des Kragens wie in **G** markieren und Faden in der 1. markierten M anbringen.

1. R (RS): 4 Luft-M (zählt als 1. Doppel-Stb), Doppel-Stb in jede der nächsten 6 (7, 8, 10) M, Stb in jede der nächsten 6 M, fM in jede der nächsten 7 M, Stb in jede der nächsten 6 M, Doppel-Stb in jede der nächsten 7 (8, 9, 11) M, wenden = 33 (35, 37, 41) M **H**.

2. R (LS): 1 Luft-M, Stb in 1. M, 6x (6x, 7x, 8x) [vorderes Relief-Stb um nächste M, hinteres Relief-Stb um nächste M], fM in jede der nächsten 7 (9, 7, 7) M, 6x (6x, 7x, 8x) [hinteres Relief-Stb um nächste M, vorderes Relief-Stb um nächste M], Stb in letzte M, wenden = 33 (35, 37, 41) M **I**.

3. R (RS): 1 Luft-M, Stb in 1. M, 6x (6x, 7x, 8x) [hinteres Relief-Stb um nächste M, vorderes Relief-Stb um nächste M], fM in jede der nächsten 7 (9, 7, 7) M, 6x (6x, 7x, 8x) [vorderes Relief-Stb um nächste M, hinteres Relief-Stb um nächste M], Stb in letzte M, wenden = 33 (35, 37, 41) M.

4. R (LS): 1 Luft-M, Stb in 1. M, 6x (6x, 7x, 8x) [2 Stb in nächste M, hinteres Relief-Stb um nächste M], fM in jede der nächsten 7 (9, 7, 7) M, 6x (6x, 7x, 8x) [hinteres Relief-Stb um nächste M, 2 Stb in nächste M], Stb in letzte M, wenden = 45 (47, 51, 57) M **J**.

Für Größen 0–6 Monate und 6–12 Monate

Abmaschen und mit Rückenteil fortfahren.

Für Größen 1–2 Jahre und 3–4 Jahre

5. R (RS): 1 Luft-M, Stb in 1. M, (7x, 8x) [Stb in jede der nächsten 2 M, vorderes Relief-Stb um nächste M], Stb in jede der nächsten 7 M, (7x, 8x) [vorderes Relief-Stb um nächste M, Stb in jede der nächsten 2 M], Stb in letzte M, wenden = (51, 57) M.

6. R (LS): 1 Luft-M, Stb in 1. M, (7x, 8x) [2 Stb in nächste 2 M, Stb in nächste M, hinteres Relief-Stb um nächste M], Stb in jede der nächsten 7 M, (7x, 8x) [hinteres Relief-Stb um nächste M, Stb in nächste M, 2 Stb in nächste M], Stb in letzte M, wenden = (65, 73) M, abmaschen.

RÜCKENTEIL

Genau wie das Vorderteil arbeiten **K**, aber nicht abmaschen. Wenden und das Rockteil arbeiten.

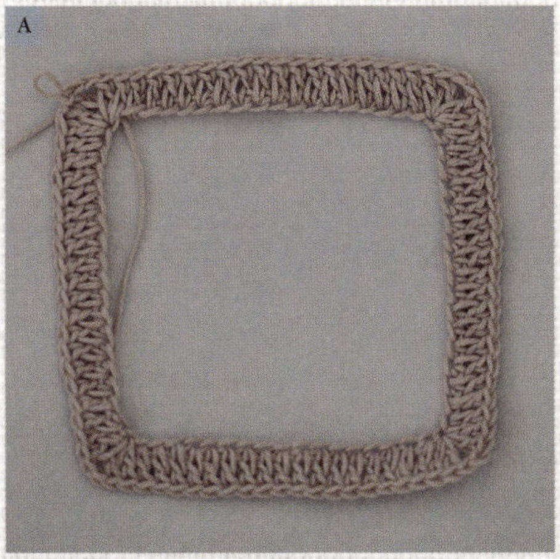
A

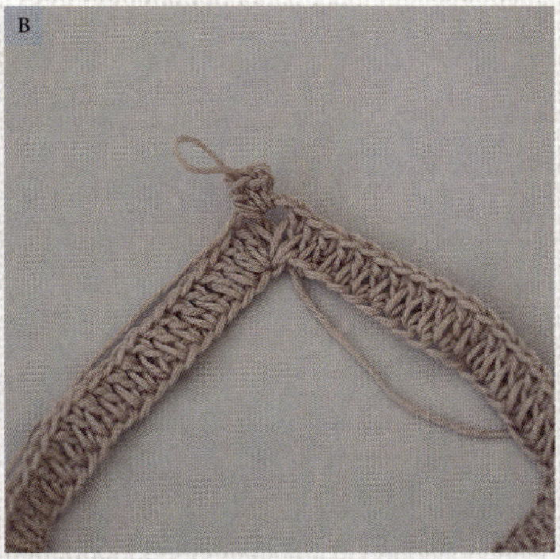
B

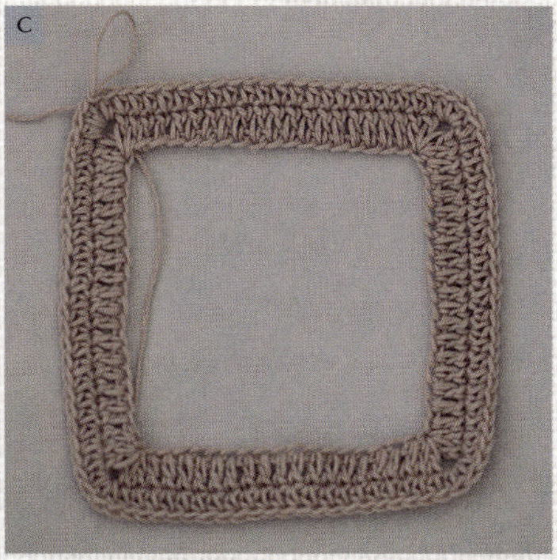
C

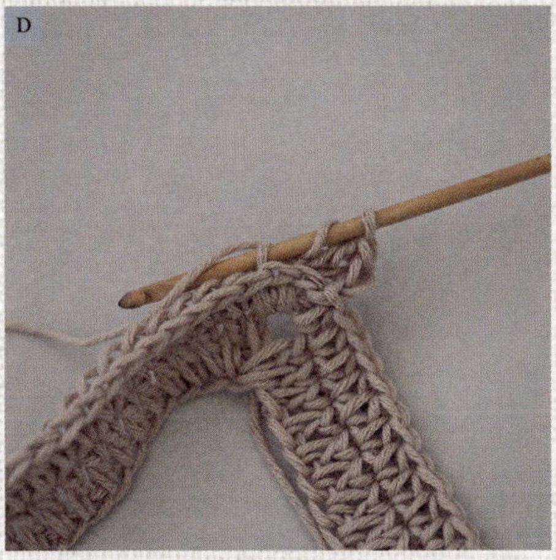
D

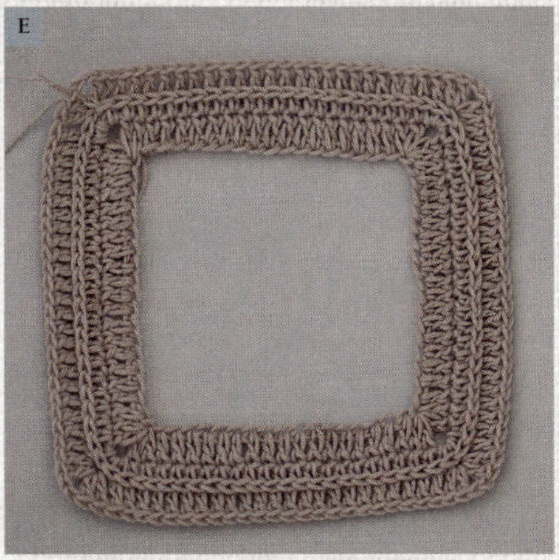
E

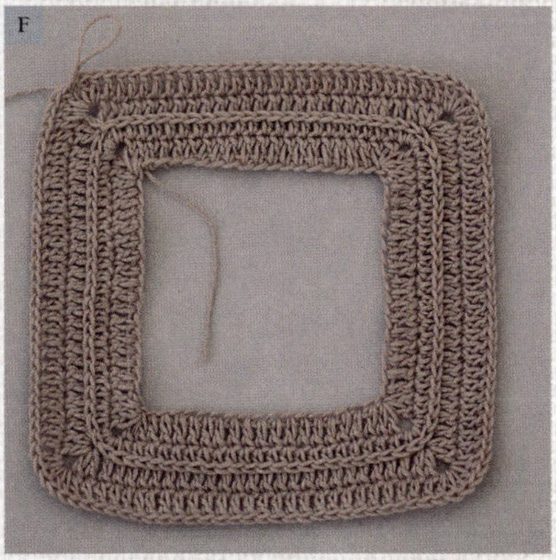
F

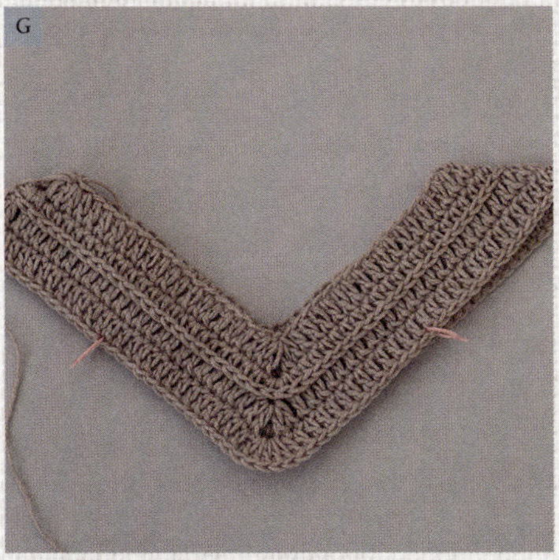
G

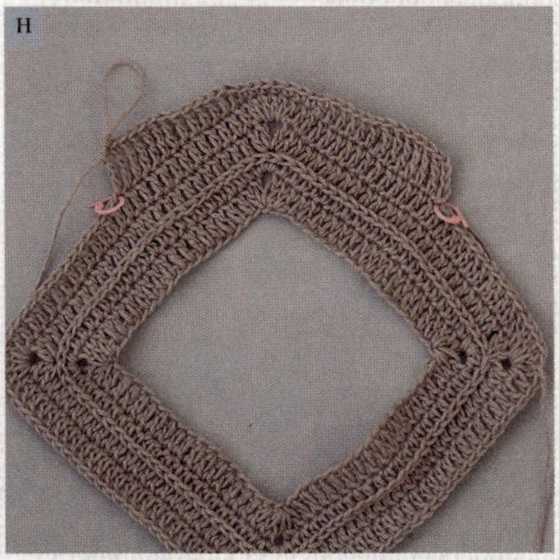
H

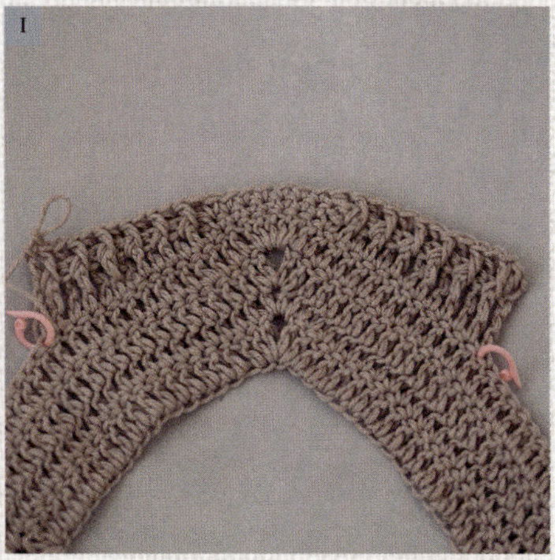
I

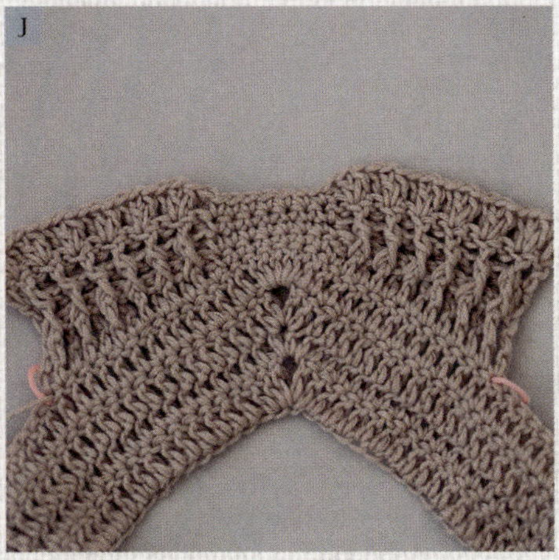
J

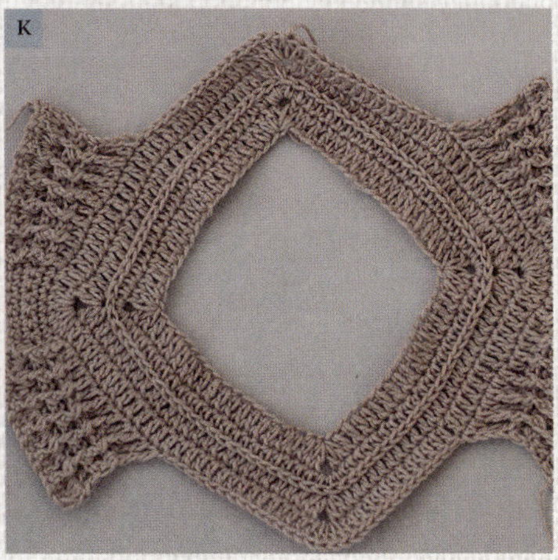
K

Dieses niedliche Kleid ist einfach und vielseitig. Vielleicht häkelst du gleich mehrere?

ROCKTEIL

1. Rd (RS): 1 Luft-M, Stb in 1. M, *6x (6x, 7x, 8x) [Stb in jede der nächsten 2 (2, 3, 3) M, vorderes Relief-Stb um nächstes vorderes Relief-Stb], Stb in jede der nächsten 7 (9, 7, 7) M, 6x (6x, 7x, 8x) [vorderes Relief-Stb um nächstes vorderes Relief-Stb, Stb in jede der nächsten 2 (2, 3, 3) M], Stb in letzte M, 3 (4, 5, 4) Luft-M (für Achsel)**, Stb in 1. M des Vorderteils; L, von * bis ** noch 1x wdh, mit Kett-M in 1. M des Rückens verbinden = 96 (102, 140, 154) M M.

2. Rd (RS): 1 Luft-M, 3 Stb in 1. M, *1 Luft-M, nächste 2 (2, 3, 3) M überspringen, VM in nächste M, 1 Luft-M, nächste 2 M überspringen, 5 Stb in nächste M; von * bis Ende wdh, bei letzter Wdh 2 Stb in gleiche M wie erste 3 Stb arbeiten und mit Kett-M in 1. M verbinden = 16 (17, 20, 22) 5-Stb-Muscheln und 16 (17, 20, 22) VM N.

3. Rd: 1 Luft-M, Stb in 1. M, Stb in jede der nächsten 2 M, *1 Luft-M, VM in nächste 2-Luft-M-Lck, 1 Luft-M, nächstes Stb überspringen, nächste 1 Luft-M überspringen, Stb in jedes der nächsten 5 Stb; von * bis Ende wdh, bei letzter Wdh Stb in jedes der nächsten 2 Stb arbeiten und mit Kett-M in 1. M verbinden = 176 (187, 220, 242) M einschließlich aller Luft-M O.

4. Rd: 3. Rd wdh.

5. Rd: 1 Luft-M, Stb in 1. M, 2 Stb zus, *1 Luft-M, VM in nächste 2-Luft-M-Lck, 1 Luft-M, nächstes Stb und nächste Luft-M überspringen, 2 Stb zus, Stb in nächste M, 2 Stb zus; von * bis Ende wdh, bei letzter Wdh nur 2 Stb zus arbeiten und mit Kett-M in 1. M verbinden = 144 (153, 180, 198) M einschließlich aller Luft-M P.

6. Rd: 1 Luft-M, Stb in 1. M, *1 Luft-M, 5 Stb in nächste 2-Luft-M-Lck, 1 Luft-M, nächste Luft-M überspringen, nächstes Stb überspringen, VM in nächstes Stb; von * bis Ende wdh, aber bei letzter Wdh statt letzter VM (Stb, 2 Luft-M) in gleiche M wie 1. Stb arbeiten und mit Kett-M in 1. M verbinden = 176 (187, 220, 242) M einschließlich aller Luft-M.

7. Rd: 1 Luft-M, Stb in 2-Luft-M-Lck rechts, *1 Luft-M, nächstes Stb überspringen, nächste Luft-M überspringen, Stb in jedes der nächsten 5 Stb, 1 Luft-M, VM in nächste 2-Luft-M-Lck; von * bis Ende wdh, aber bei letzter Wdh statt letzter VM (Stb, 2 Luft-M) in gleiche Lck wie 1. Stb arbeiten und mit Kett-M in 1. M verbinden = 176 (187, 220, 242) M einschließlich aller Luft-M.

8. Rd: 7. Rd wdh.

9. Rd: 1 Luft-M, Stb in 2-Luft-M-Lck rechts, *1 Luft-M, nächste 1 Luft-M überspringen, 2 Stb zus, Stb in nächste M, 2 Stb zus, 1 Luft-M, VM in nächste 2-Luft-M-Lck; von * bis Ende wdh, aber bei letzter Wdh statt letzter VM (Stb, 2 Luft-M) in gleiche Lck wie 1. Stb der Rd arbeiten und mit Kett-M in 1. M verbinden = 144 (153, 180, 198) M einschließlich aller Luft-M.

10. Rd: 1 Luft-M, 3 Stb in 2-Luft-M-Lck rechts, *1 Luft-M, nächste Luft-M überspringen, nächstes Stb überspringen, VM in nächstes Stb, 1 Luft-M, 5 Stb in nächste 2-Luft-M-Lck; von * bis Ende wdh, bei letzter Wdh 2 Stb in gleiche Lck wie erste 3 Stb der Rd arbeiten und mit Kett-M in 1. M verbinden = 176 (187, 220, 242) M einschließlich aller Luft-M.

Für Größe 0–6 Monate

3.–8. Rd noch 1x wdh und mit letzter Rd fortfahren Q.

Für Größe 6–12 Monate

3.–10. Rd noch 1x wdh und mit letzter Rd fortfahren.

Für Größe 1–2 Jahre

3.–10. Rd wdh.

3. und 4. Rd noch 1x wdh und mit letzter Rd fortfahren.

Für Größe 3–4 Jahre

3.–10. Rd wdh.

3.–8. Rd noch 1x wdh und mit letzter Rd fortfahren.

Für Größen 0–6 Monate und 3–4 Jahre

Letzte Rd: 1 Luft-M, Stb in 2-Luft-M-Lck rechts, *1 Luft-M, nächste Luft-M überspringen, fM in nächstes Stb, nächstes Stb überspringen, Picot-Muschel in nächstes Stb, nächstes Stb überspringen, fM in nächstes Stb, 1 Luft-M, VM in nächste 2-Luft-M-Lck; von * bis Ende wdh, bei letzter Wdh (Stb, 2 Luft-M) in gleiche Lck wie 1. Stb der Rd arbeiten und mit Kett-M in 1. M verbinden, abmaschen R S.

Für Größen 6–12 Monate und 1–2 Jahre

Letzte Rd: 1 Luft-M, 3 Stb in 1. M, *1 Luft-M, nächstes Stb überspringen, fM in nächstes Stb, nächste Luft-M überspringen, nächstes Stb überspringen, 1 Luft-M, VM in nächste 2-Luft-M-Lck, 1 Luft-M, nächstes Stb überspringen, nächste Luft-M überspringen, fM in nächstes Stb, nächstes Stb überspringen, Picot-Muschel in nächstes Stb; von * bis Ende wdh, bei letzter Wdh (3 Stb, Picot) in gleiche M wie erste 3 Stb der Rd arbeiten und mit Kett-M in 1. M verbinden, abmaschen R S.

RÜSCHE

Faden in den verbleibenden zwei Schlaufen des 1. hStb des Kragens an der Schulter anbringen T und wie folgt arbeiten:

1. Rd: 1 Luft-M, Stb in 1. M, *2 Stb in nächste M, 3 Stb in nächste M U; von * bis Ende wdh, dabei immer in beide Schlaufen von hStb arbeiten, mit Kett-M in 1. M verbinden.

2.–3. Rd: 1 Luft-M, Stb unten in 1 Luft-M, Stb in jede M bis Ende, mit Kett-M in 1. M verbinden.

4. Rd: 1 Luft-M, fM in jede M bis Ende, mit Kett-M in 1. M verbinden, abmaschen V.

FERTIGSTELLEN

Ich empfehle, zum Schluss fM um den Kragen zu arbeiten. Dabei in die verbleibende Schlaufe der Luftmaschenkette häkeln W, damit sich die Träger nicht dehnen. So lässst sich auch die Passform des Kragens anpassen.

Nach Belieben auch 1 Rd fM um die Armlöcher arbeiten, damit sie enger werden.

Alle Fäden vernähen (siehe »Techniken zum Fertigstellen«, Seite 142).

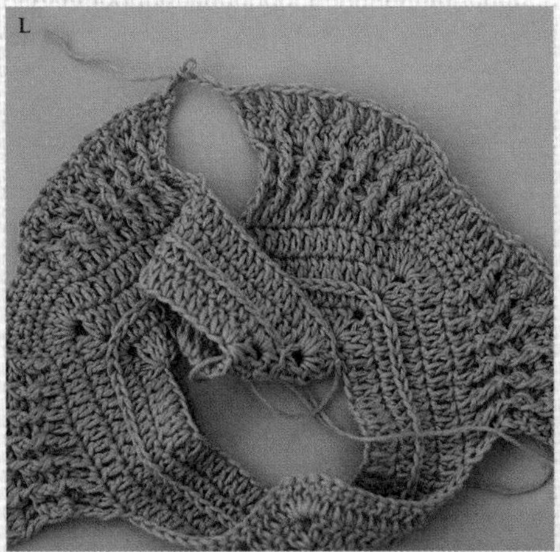
L

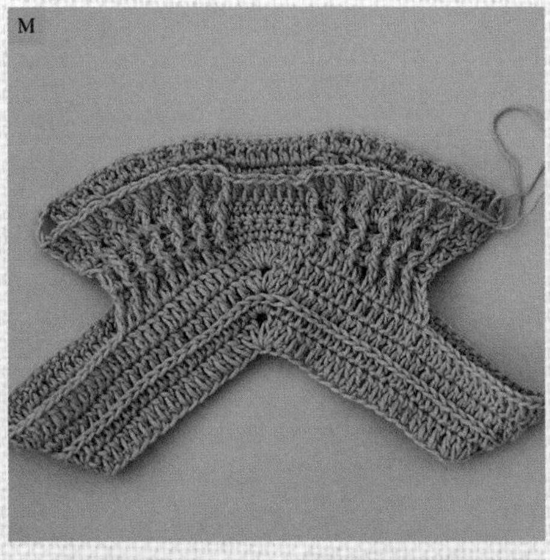
M

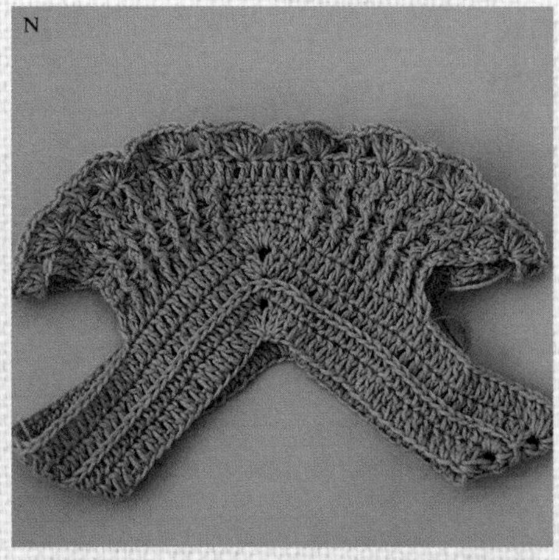
N

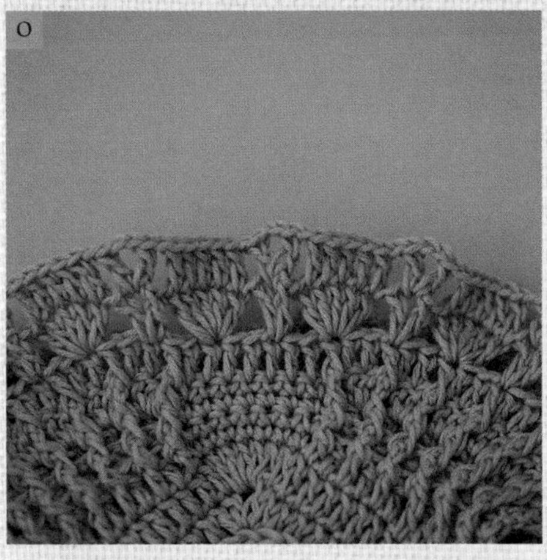
O

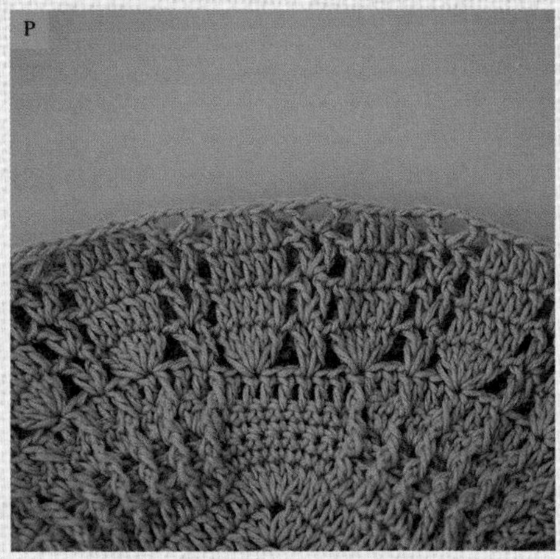
P

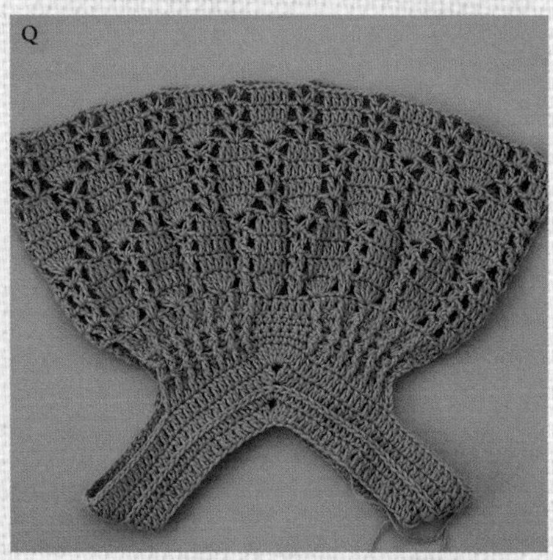
Q

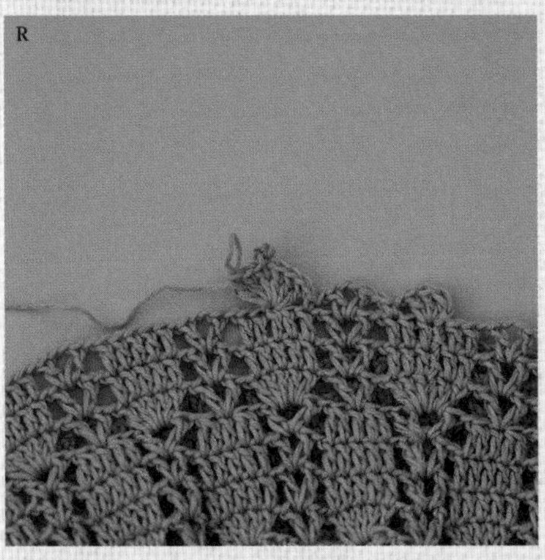
R

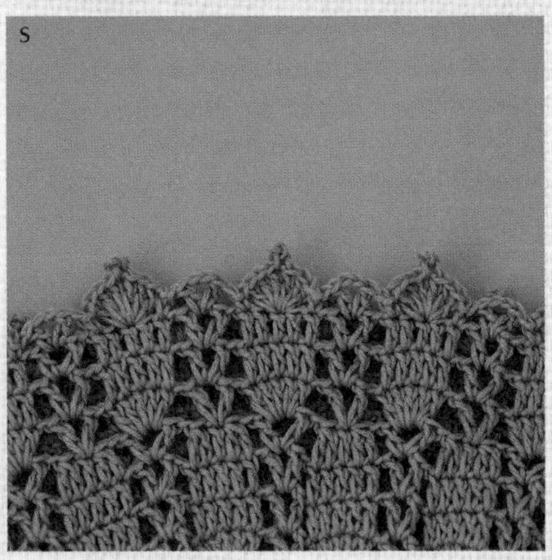
S

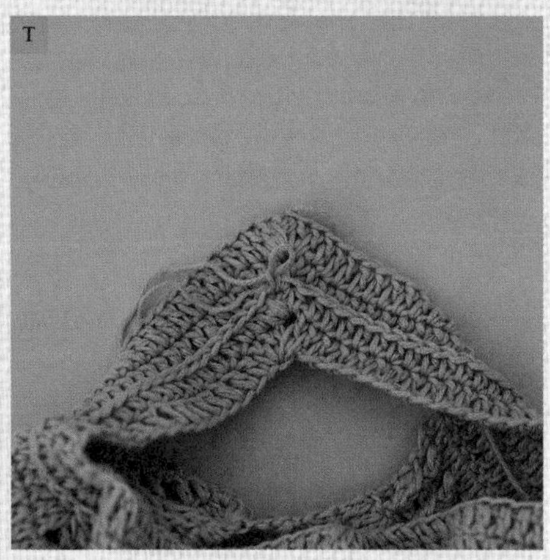
T

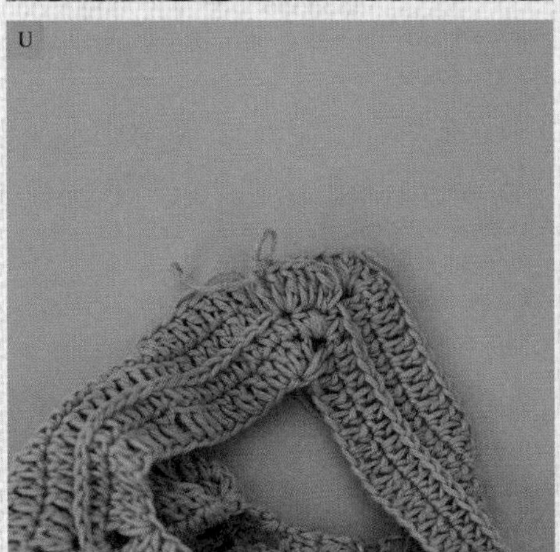
U

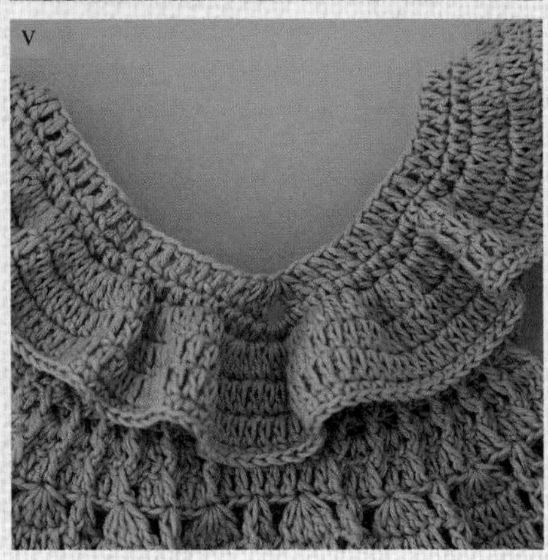
V

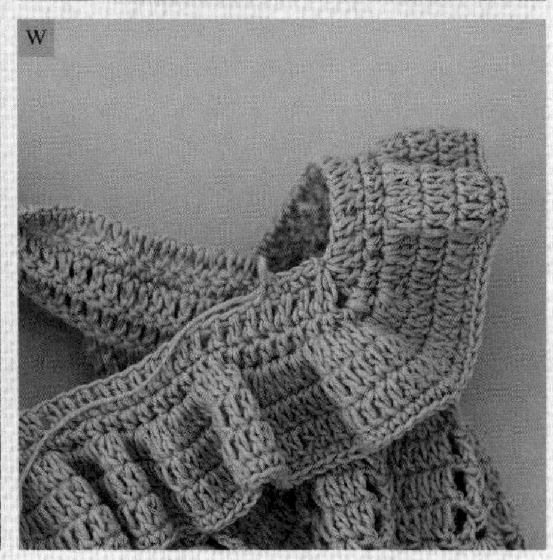
W

Grundmaschen

Dies sind die wichtigsten Maschen für die meisten Anleitungen in diesem Buch. Sie sind auch die Elemente, aus denen die meisten besonderen Maschen bestehen, die im folgenden Abschnitt gezeigt werden.

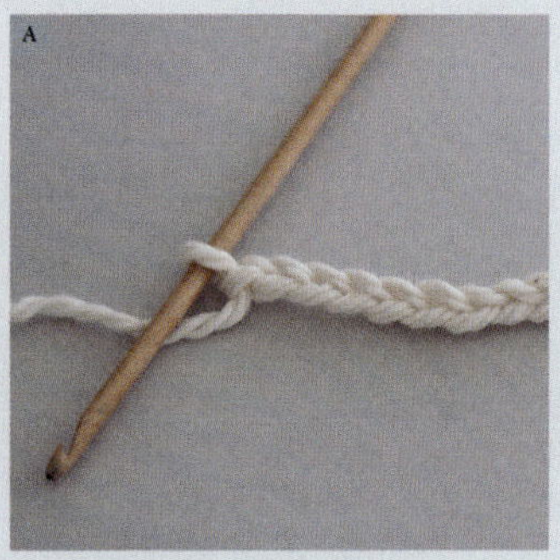

LUFTMASCHE (Luft-M)

Eine Schlaufe bilden, die Häkelnadel durch die Schlaufe führen, *Umschlag um die Nadel legen und durchziehen; ab * so oft wie nötig wdh A.

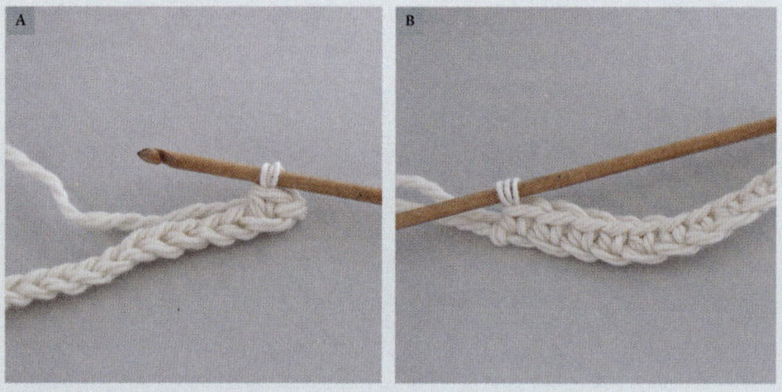

FESTE MASCHE (fM)

Die Häkelnadel in die M führen, Umschlag um die Nadel legen und durchziehen, zwei Schlaufen auf der Nadel; Umschlag um die Nadel legen und durch beide Schlaufen ziehen A B.

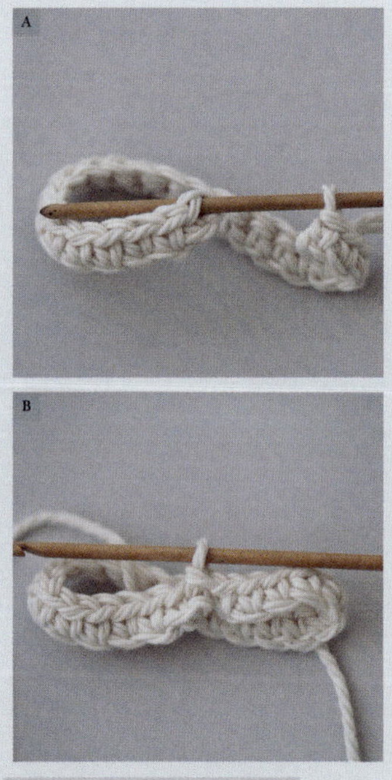

KETTMASCHE (Kett-M)

Die Häkelnadel in die M führen A, Umschlag um die Nadel legen und durch beide Schlaufen ziehen B.

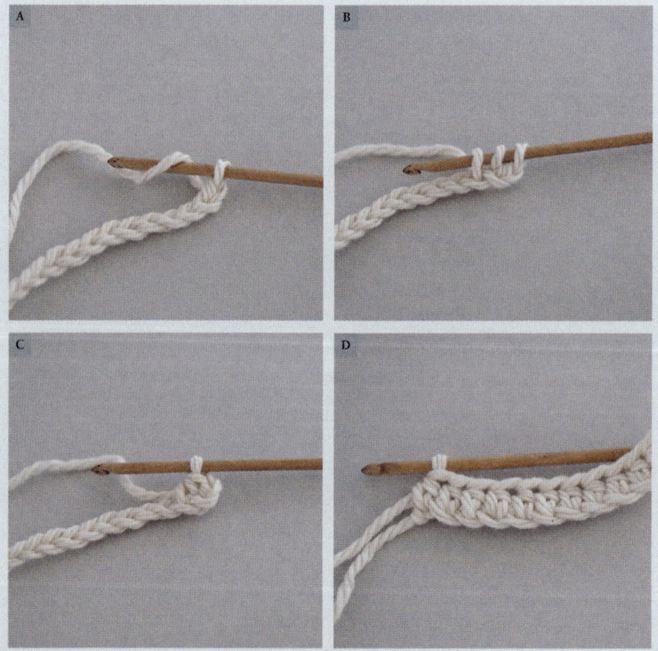

HALBES STÄBCHEN (hStb)

Umschlag um die Nadel legen A, die Nadel in die M führen, Umschlag um die Nadel legen und durch eine Schlaufe ziehen; 3 Schlaufen auf der Nadel B; Umschlag um die Nadel legen und durch alle 3 Schlaufen ziehen C D.

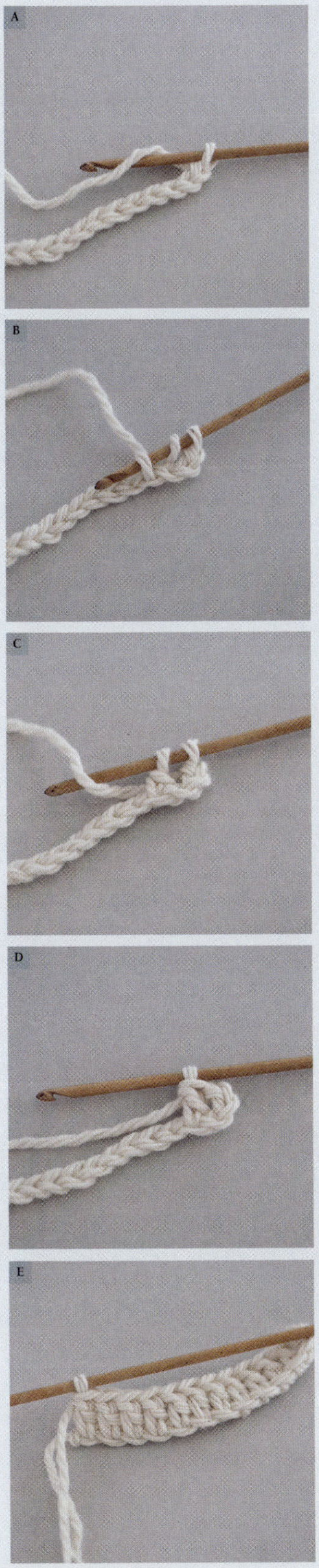

STÄBCHEN (Stb)

Umschlag um die Nadel legen A, Nadel in die M führen, Umschlag um die Nadel legen und durch eine Schlaufe ziehen; 3 Schlaufen auf der Nadel B; *Umschlag um die Nadel legen und durch 2 Schlaufen auf der Nadel ziehen * C; noch 1x von * wdh D E.

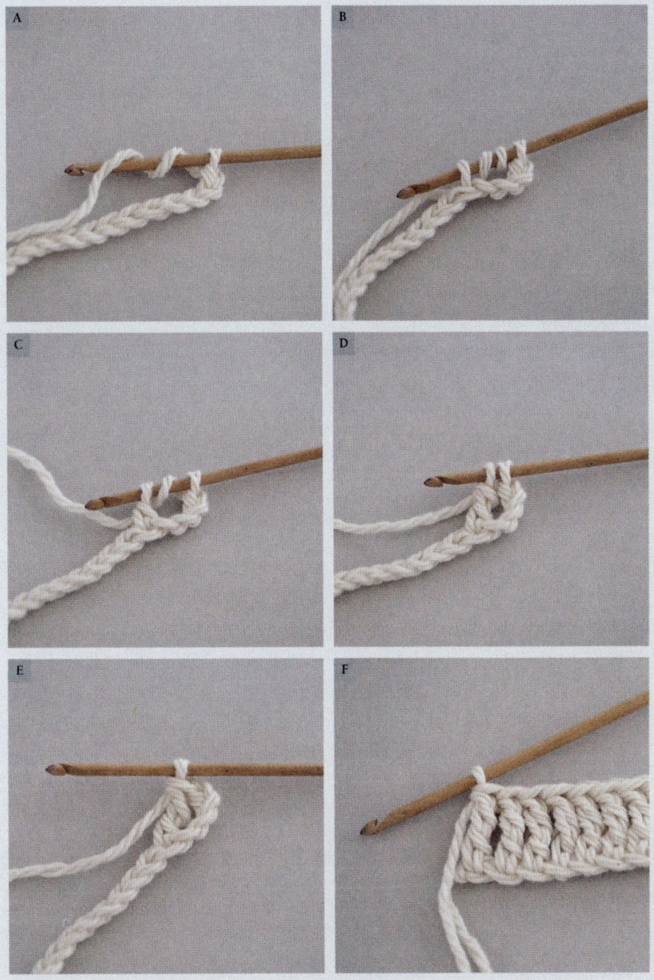

DOPPELTES STÄBCHEN (Doppel-Stb)

2 Umschläge um die Nadel legen A, Nadel in die M führen, Umschlag um die Nadel legen und durch eine Schlaufe ziehen, 4 Schlaufen auf der Nadel B; *Umschlag um die Nadel legen und durch 2 Schlaufen auf der Nadel ziehen* C; noch zweimal von * wdh D E F.

Besondere Maschen

Die folgenden Maschen sind etwas komplexer, aber im Grunde sind sie Kombinationen der Grundmaschen aus dem vorherigen Abschnitt.

Du wirst sehen, dass in den Anleitungen in diesem Buch einige Variationen von Muscheln, Noppen und V-Maschen verwendet werden. Wie man diese Maschen häkelt, wird hier erklärt. Welche Masche jeweils gearbeitet werden soll, ist in der Anleitung angegeben.

VORDERE RELIEFMASCHE (vordere Relief-M)

Nadel von vorne nach hinten um die nächste Masche führen **A**, Umschlag um die Nadel legen, durchziehen; zwei Schlaufen auf der Nadel **B**; Umschlag um die Nadel legen und durch beide Schlaufen auf der Nadel ziehen **C**.

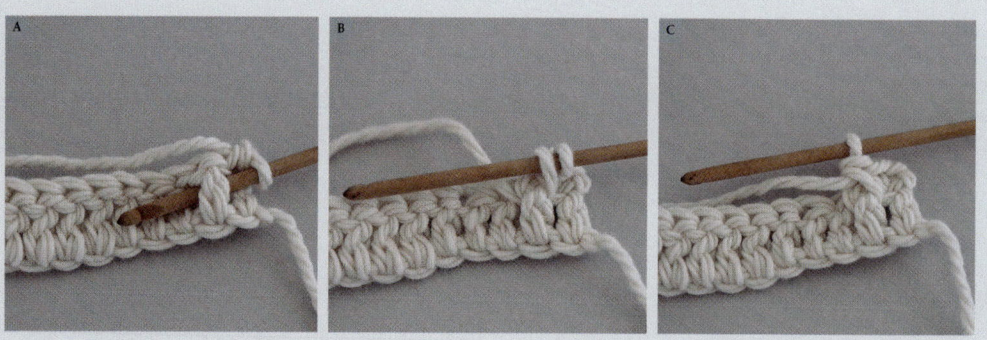

HINTERE RELIEFMASCHE (hintere Relief-M)

Nadel von hinten nach vorne um die nächste Masche einführen **A**, Umschlag um die Nadel legen, durchziehen; zwei Schlaufen auf der Nadel **B**; Umschlag um die Nadel legen und durch die beiden Schlaufen ziehen **C**.

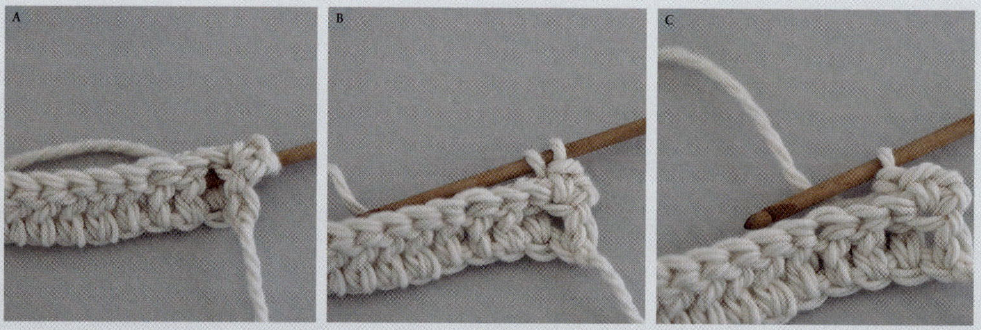

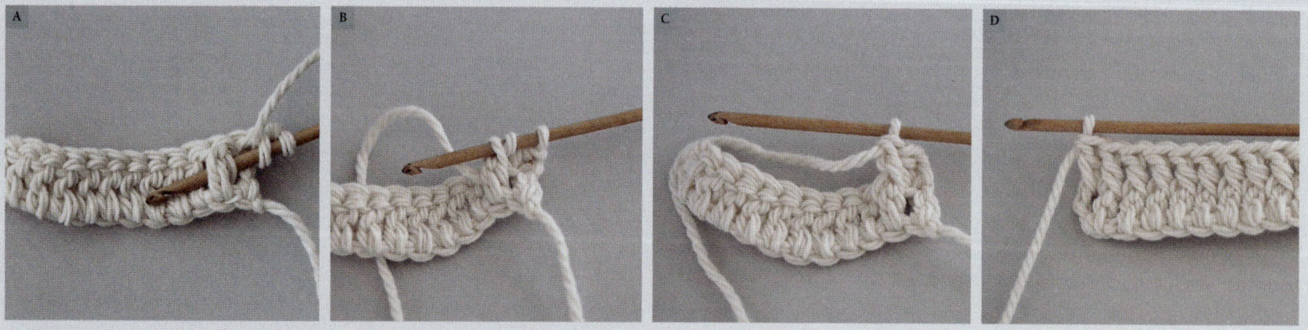

VORDERES RELIEFSTÄBCHEN (vorderes Relief-Stb)

Umschlag um die Nadel legen, Nadel von vorne nach hinten um die nächste Masche führen **A**, Umschlag um die Nadel legen und durchziehen; 3 Schlaufen auf der Nadel **B**; vorderes Reliefstäbchen wie ein normales Stb fertigstellen **C** **D**.

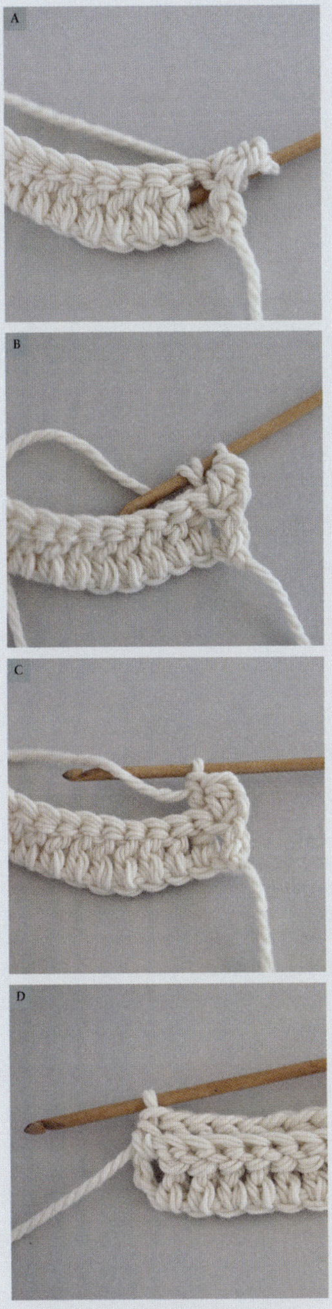

HINTERES RELIEFSTÄBCHEN (hinteres Relief-Stb)

Umschlag um die Nadel legen, Nadel von hinten nach vorne um die nächste Masche führen A, Umschlag um die Nadel legen und durchziehen; 3 Schlaufen auf der Nadel B; hinteres Reliefstäbchen wie ein normales Stb fertigstellen C D.

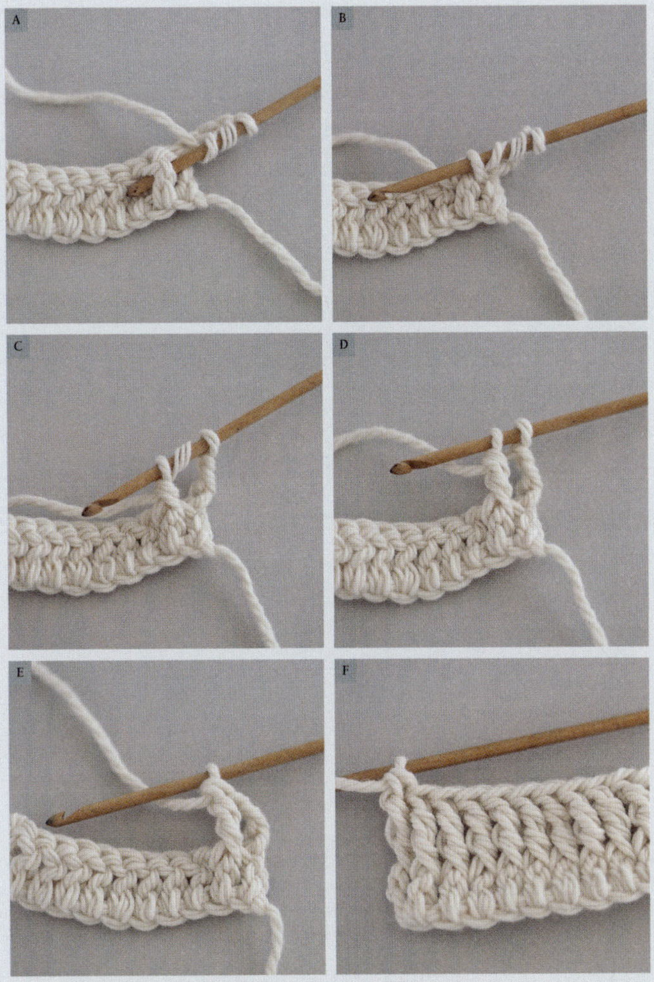

VORDERES DOPPELTES RELIEFSTÄBCHEN (vorderes doppeltes Relief-Stb)

Zwei Umschläge um die Nadel legen; Nadel von vorne nach hinten um die nächste M führen A; Umschlag um die Nadel legen und durchziehen B; *Umschlag um die Nadel legen und durch zwei Schlaufen auf der Nadel ziehen C, von * noch zweimal wdh D E F.

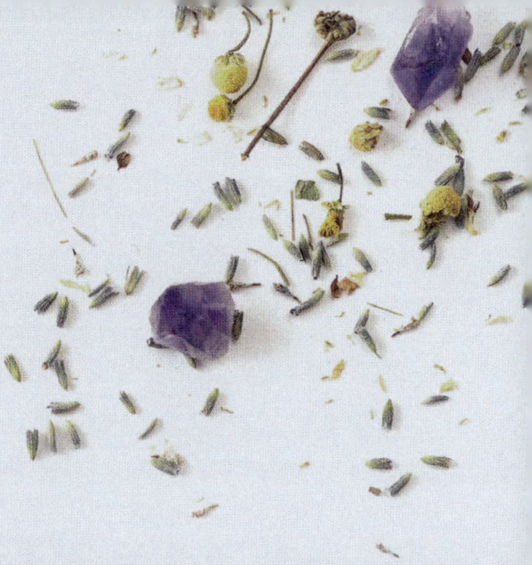

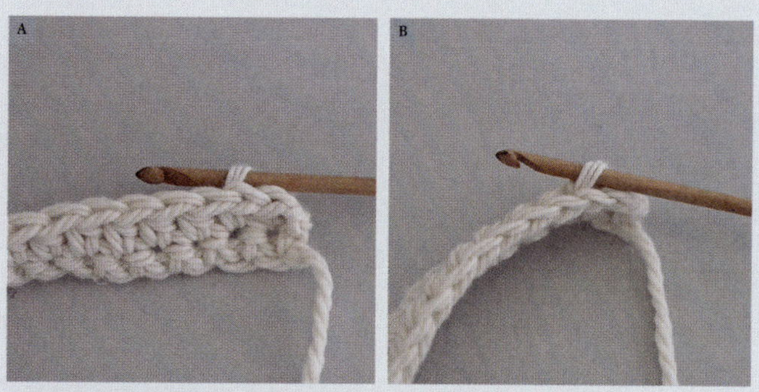

IN 3. SCHLAUFE EINES hStb ARBEITEN

Jedes halbe Stäbchen hat 3 Schlaufen: 2 Hauptschlaufen in Form eines V liegen oben auf der Masche, auch vorderes und hinteres Maschenglied genannt; hinter dem hinteren Maschenglied befindet sich eine 3. Schlaufe. In diese Schlaufe arbeiten, wenn in der Anleitung angegeben ist, dass man in die 3. Schlaufe arbeiten soll A B.

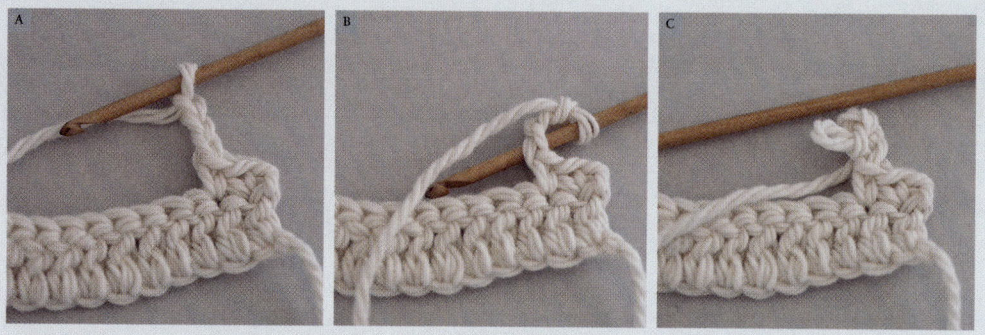

PICOT

3 Luft-M A, Kett-M in 3. Luft-M ab Nadel B C.

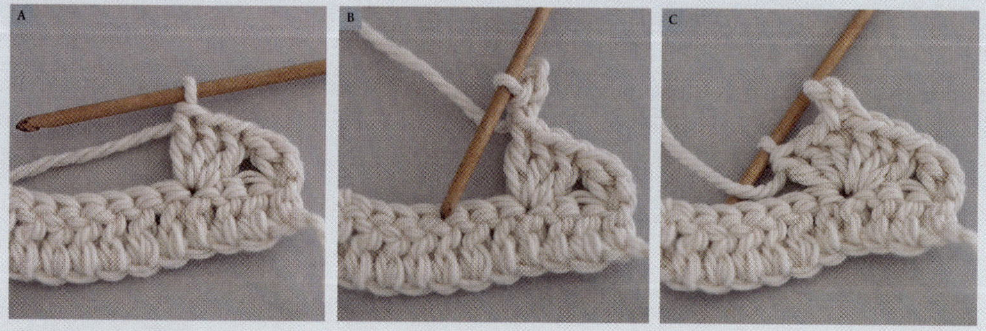

PICOT-MUSCHEL

(3 Stb A, Picot B, 3 Stb) in die entsprechende M C.

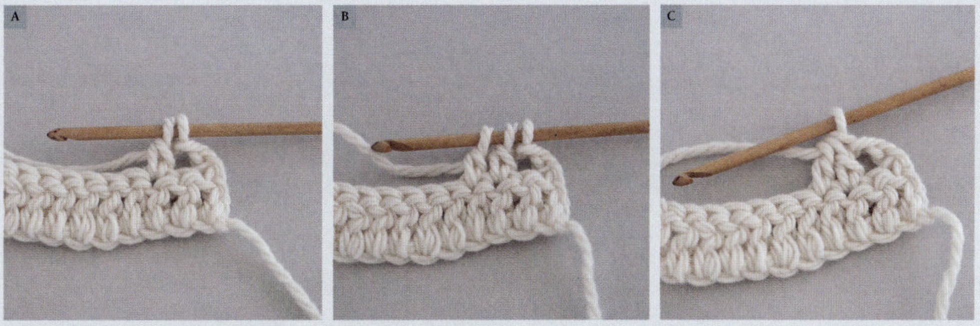

2 STÄBCHEN ZUSAMMENHÄKELN (2 Stb zus)

Beginnen, ein Stb in die nächste M zu arbeiten, aber nicht fertigstellen, sondern 2 Schlaufen auf der Nadel lassen A, ein weiteres unvollständiges Stb in die nächste M häkeln, sodass 3 Schlaufen auf der Nadel liegen B; Umschlag um die Nadel legen und durch alle 3 Schlaufen auf der Nadel ziehen C.

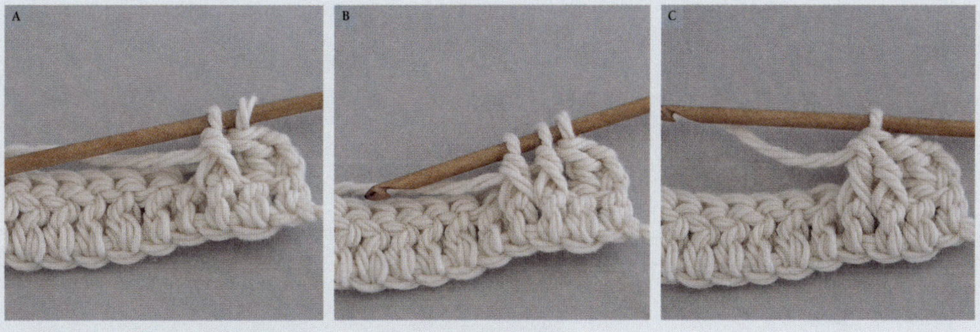

2 VORDERE RELIEFSTÄBCHEN ZUSAMMENHÄKELN (2 vordere Relief-Stb zus)

*Umschlag um die Nadel legen, Nadel von vorne nach hinten um die nächste M führen, Umschlag um die Nadel legen und durchziehen, Umschlag um die Nadel legen und durch 2 Schlaufen auf der Nadel ziehen A; noch 1x von * wdh B, Umschlag um die Nadel legen und durch alle 3 Schlaufen ziehen C.

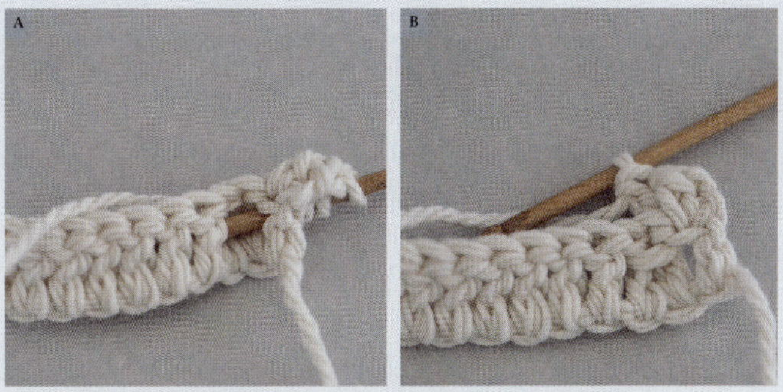

2 HINTERE RELIEFSTÄBCHEN ZUSAMMENHÄKELN (2 hintere Relief-Stb zus)

Umschlag um die Nadel legen, Nadel von hinten nach vorn um die nächsten 2 M A, Umschlag um die Nadel legen, durchziehen; 3 Schlaufen auf der Nadel; hinteres Reliefstäbchen wie normales Stb fertigstellen B.

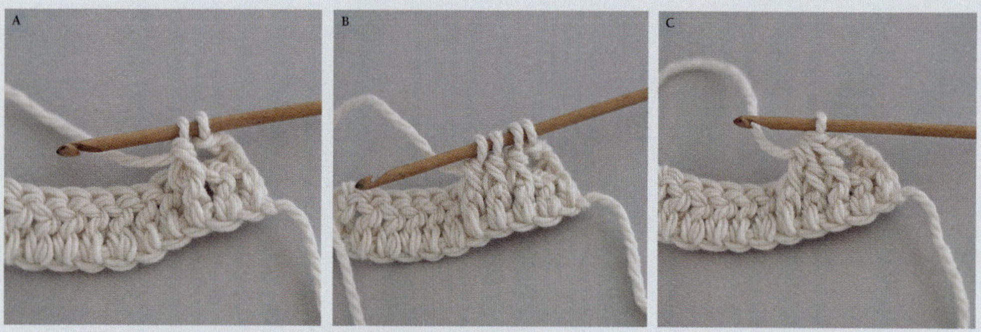

3 VORDERE RELIEFSTÄBCHEN ZUSAMMENHÄKELN (3 vordere Relief-Stb zus)

*Umschlag um die Nadel legen, Nadel von vorne nach hinten um die nächste M führen, Umschlag um die Nadel legen und eine Schlaufe durchziehen, Umschlag um die Nadel legen und durch 2 Schlaufen auf der Nadel ziehen **A**; von * noch zweimal wdh **B**, Umschlag um die Nadel legen und durch alle vier Schlaufen auf der Nadel ziehen **C**.

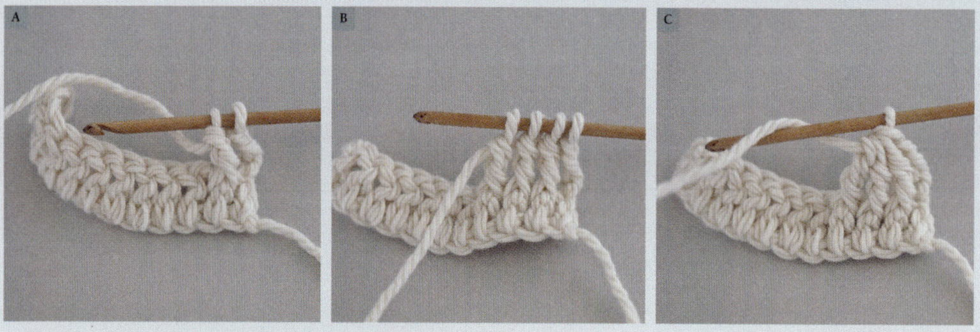

3 VORDERE DOPPELTE RELIEFSTÄBCHEN ZUSAMMENHÄKELN (3 vordere doppelte Relief-Stb zus)

*Vorderes doppeltes Relief-Stb um die nächste M, aber die letzten beiden Schlaufen auf der Nadel lassen **A**; von * noch zweimal wdh; 4 Schlaufen auf der Nadel **B**; Umschlag um die Nadel legen und durch alle 4 Schlaufen ziehen **C**.

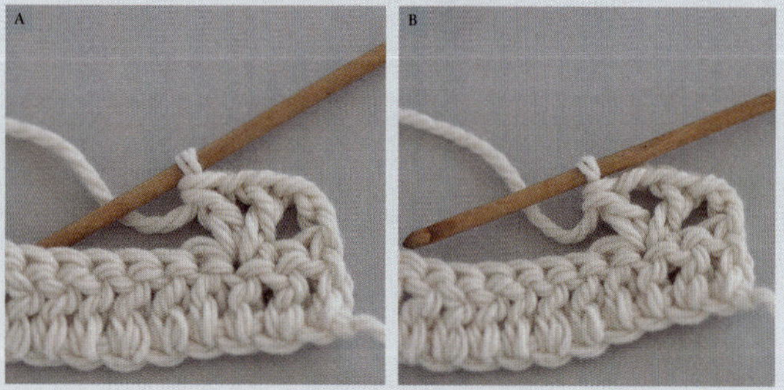

V-MASCHE (VM)

(Stb, 1 Luft-M, Stb) in die M arbeiten **A**.

V-MASCHE FÜR DAS VIELSEITIGE KLEID

(Stb, 2 Luft-M, Stb) in die M arbeiten **B**.

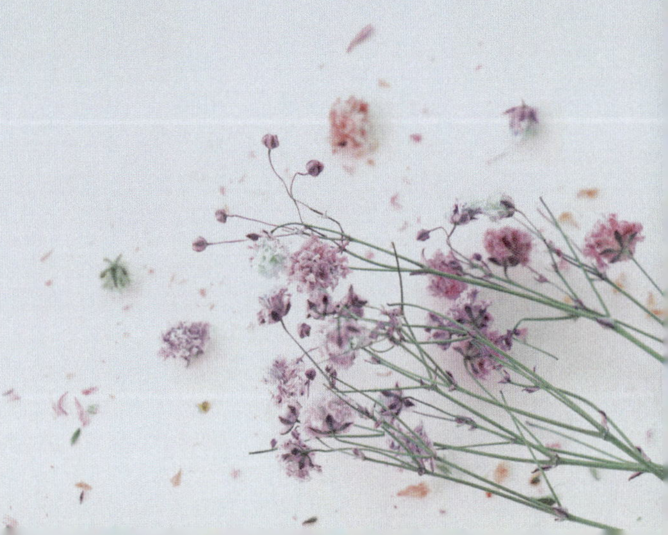

BÜSCHELMASCHE (Büschel-M)

In den Anleitungen in diesem Buch werden 2 Arten von Büschelmaschen verwendet: die 3-Stb-Version für den Pulli mit Schlitzen und die 4-Stb-Büschelmasche für den Himmlischen Pulli, die Herbstjacke, den Goldigen Strampler, den Wellen-Pulli, das Klassische Mützchen, die Gemütliche Decke und den Lieblings-Hoodie.

3-STB-BÜSCHELMASCHE

*Umschlag um die Nadel legen, Nadel in die M führen und eine Schlaufe durchziehen, Umschlag um die Nadel legen und durch 2 Schlaufen ziehen; zwei Schlaufen auf der Nadel A; von * noch 2x wdh und dabei in die gleiche M arbeiten B, Umschlag um die Nadel legen und durch alle vier Schlaufen ziehen C.

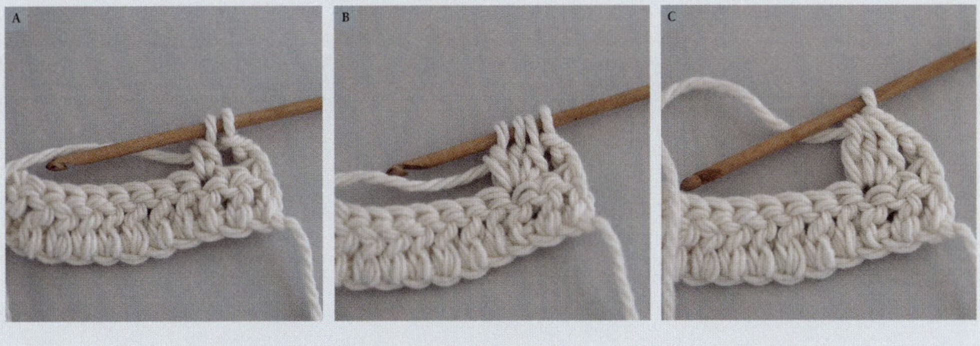

4-STB-BÜSCHELMASCHE

*Umschlag um die Nadel legen, Nadel in die M führen und eine Schlaufe durchziehen, Umschlag um die Nadel legen und durch 2 Schlaufen ziehen; zwei Schlaufen auf der Nadel A; von * noch 3x wdh und dabei in die gleiche M arbeiten B, Umschlag um die Nadel legen und durch alle fünf Schlaufen ziehen C.

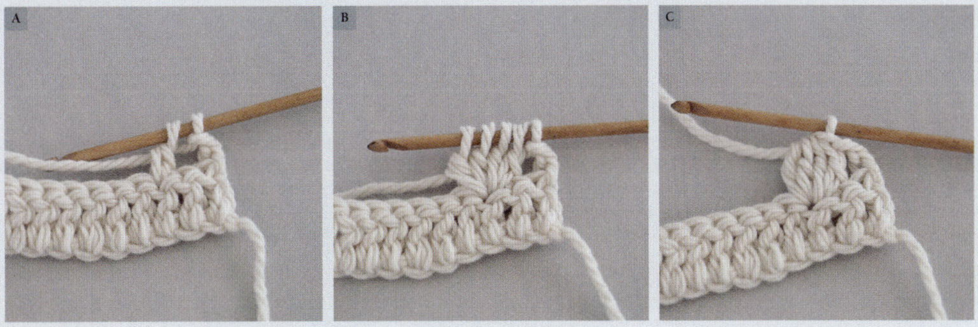

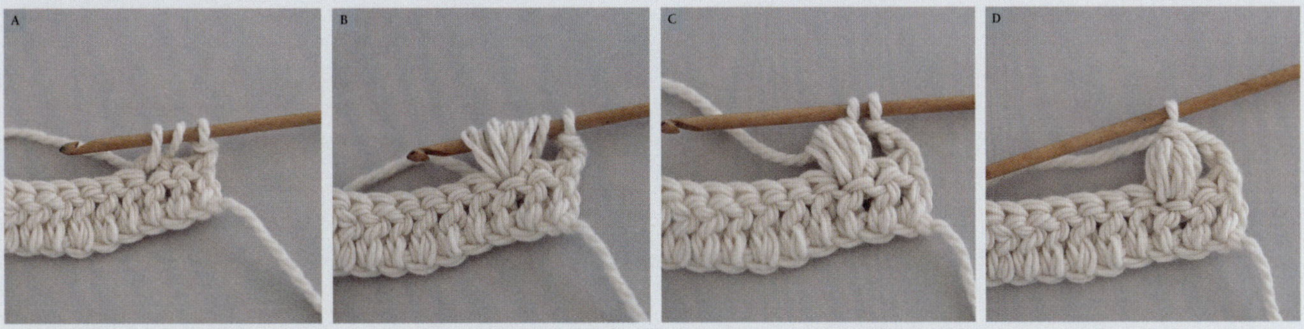

NOPPE (Np)

4x (Umschlag um die Nadel legen, Nadel in die M führen und eine Schlaufe durchziehen) A; 9 Schlaufen auf der Nadel B, Umschlag um die Nadel legen und durch alle 8 Schlaufen auf der Nadel ziehen C, Umschlag um die Nadel legen und durch die beiden letzten Schlaufen ziehen D.

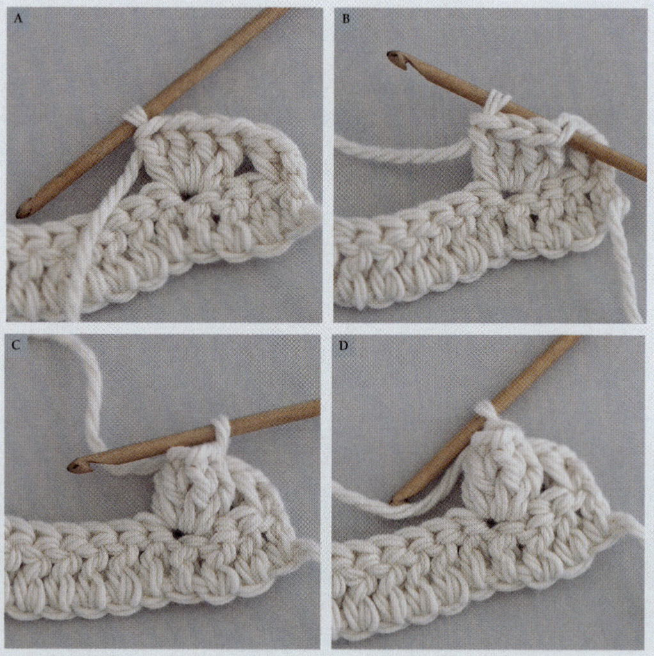

POPCORN

4 Stb in die M arbeiten **A**; die Nadel aus der Arbeitsmasche ziehen; die Nadel oben in das 1. Stb der 4er-Gruppe führen; die Arbeitsschlaufe wieder auf die Nadel legen **B** und oben durch das 1. Stb der 4er-Gruppe ziehen **C**; Umschlag um die Nadel legen und durch die letzte M ziehen **D**.

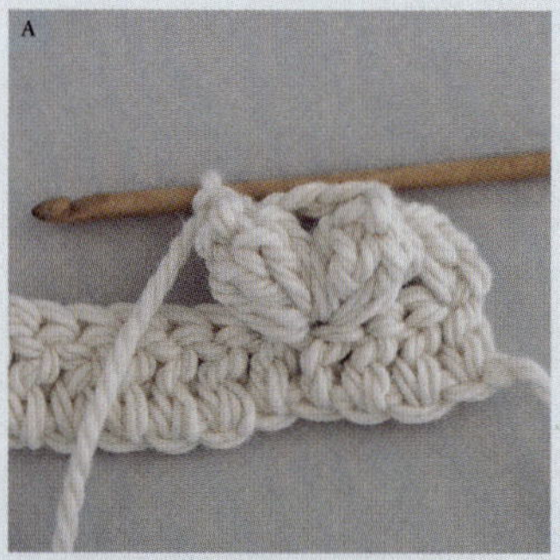

POPCORN-MUSCHEL

(Popcorn, 2 Luft-M, Popcorn) in die M arbeiten **A**.

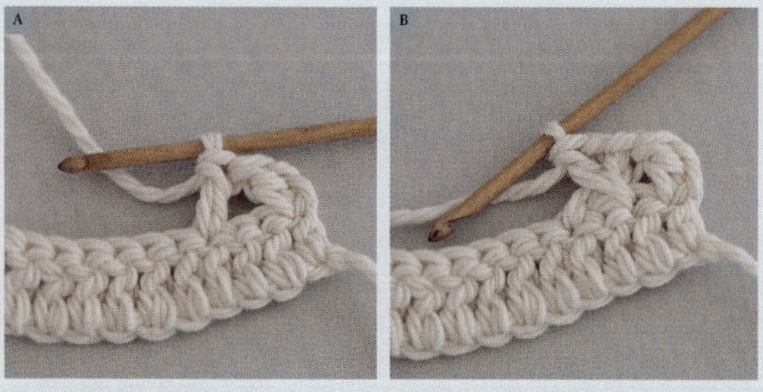

ÜBERKREUZTES STÄBCHEN (überkreuztes Stb)

Wird über 3 M gearbeitet, 2 M überspringen, Stb in nächste M **A**, 1 Luft-M, Stb in 1. übersprungene M, dabei über das gerade gehäkelte Stb arbeiten **B**.

MASCHENGRUPPE (Mg)

*Umschlag um die Nadel legen, Nadel in M führen und Schlaufe durchziehen, Umschlag um die Nadel legen, durch 2 Schlaufen ziehen; 2 Schlaufen auf der Nadel A; noch 1x von * wdh und in dieselbe M arbeiten B, Umschlag um die Nadel legen und durch alle 3 Schlaufen ziehen C.

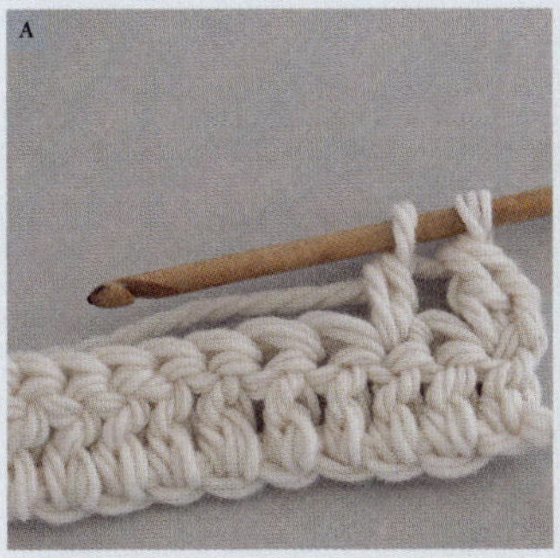
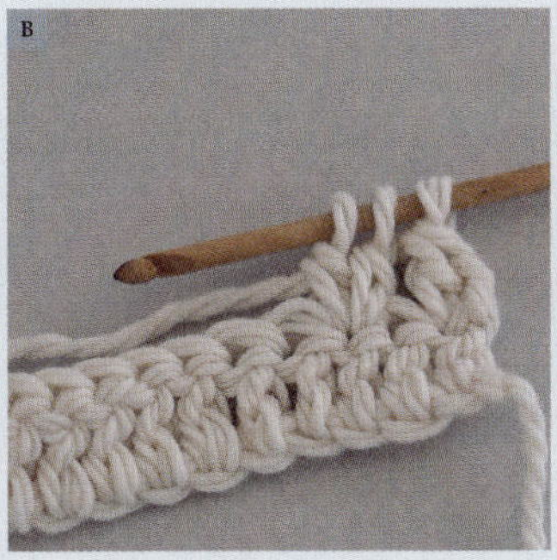
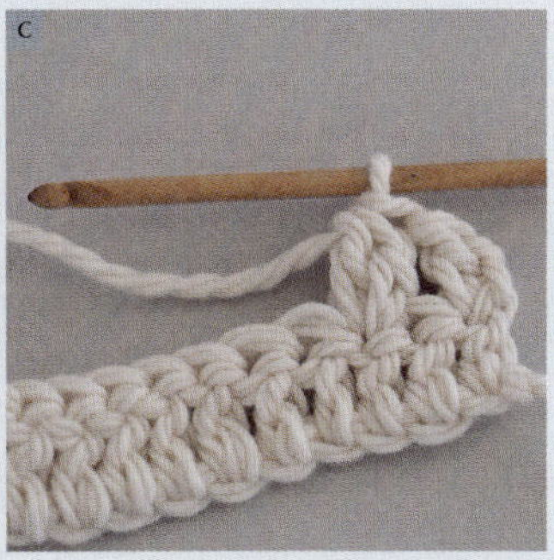

ÜBERKREUZTE MASCHENGRUPPE (überkreuzte Mg)

Wird über 2 M gearbeitet, nächste M überspringen, Mg in nächste M A, Mg in übersprungene M arbeiten, dabei über vorherige Mg arbeiten B C.

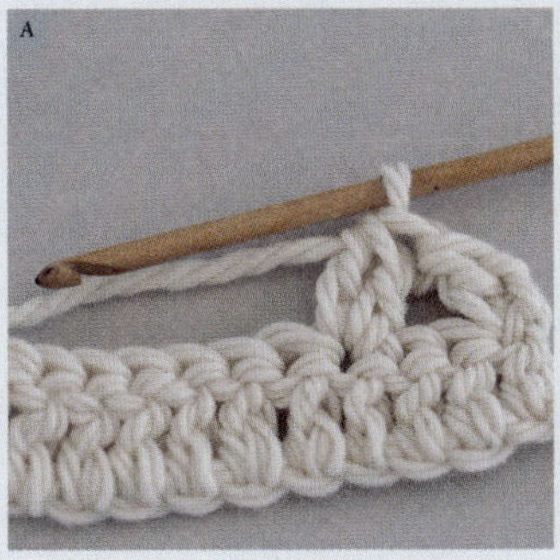
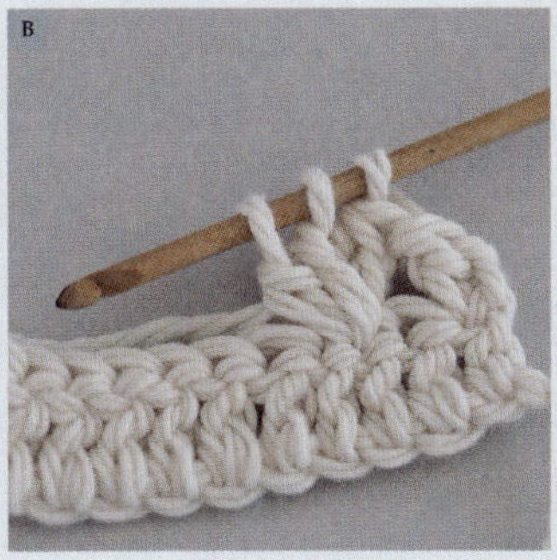
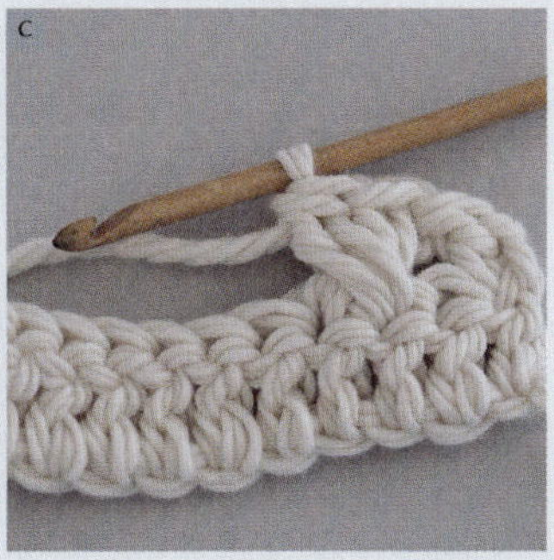

MASCHENGRUPPE AUS 2 STÄBCHEN (2-Stb-Mg)

*Umschlag um die Nadel legen, Nadel in M führen, Umschlag um die Nadel legen und durchziehen, Umschlag um Nadel und durch 2 Schlaufen auf Nadel ziehen (halb geschlossenes Stb) A **; 2 Schlaufen auf Nadel; nächste fM überspringen und 3 Luft-M überspringen, 1x von * bis ** wdh, dabei ein weiteres halb geschlossenes Stb in nächste M arbeiten B, Umschlag um die Nadel legen und durch alle Schlaufen auf Nadel ziehen C.

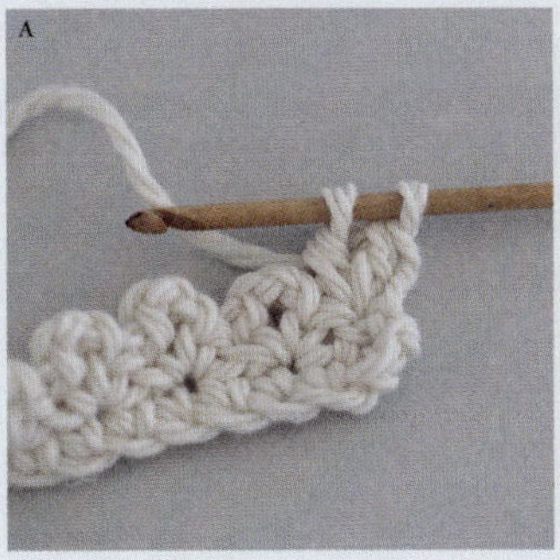
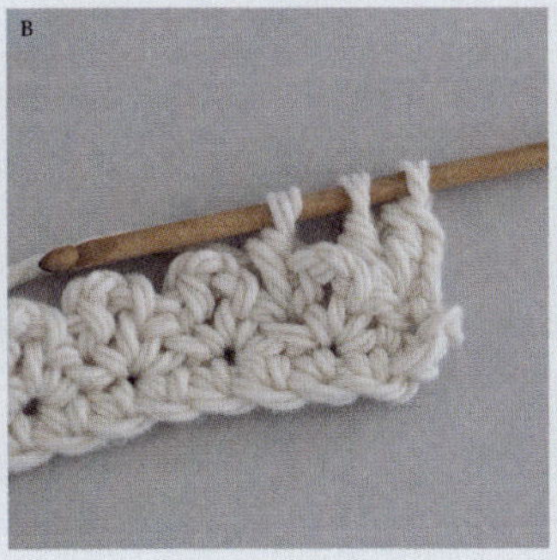
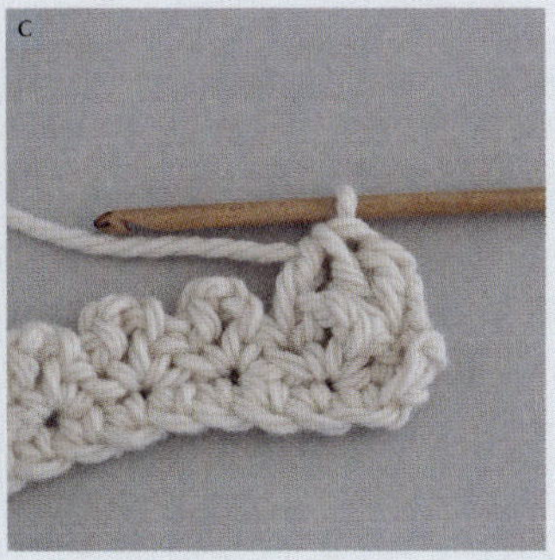

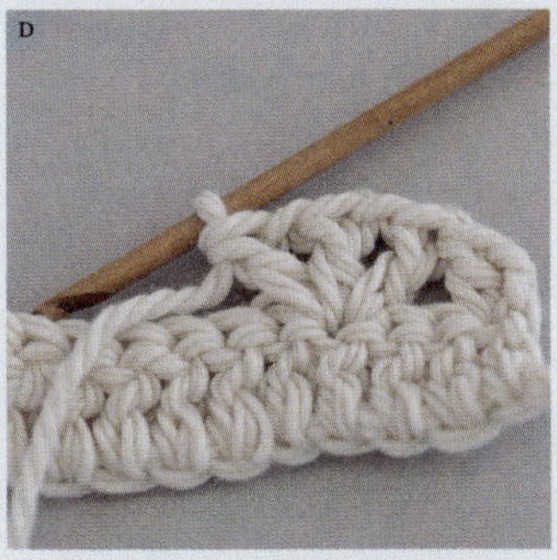

MUSCHEL FÜR HERBSTJACKE

(Stb, 1 Luft-M, Stb, 1 Luft-M, Stb) in die M arbeiten D.

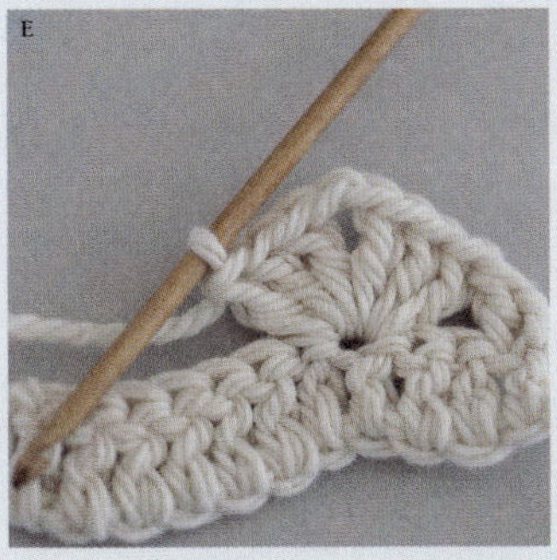

MUSCHEL FÜR ZARTE JACKE

(3 Stb, 2 Luft-M, 3 Stb) in die M arbeiten E.

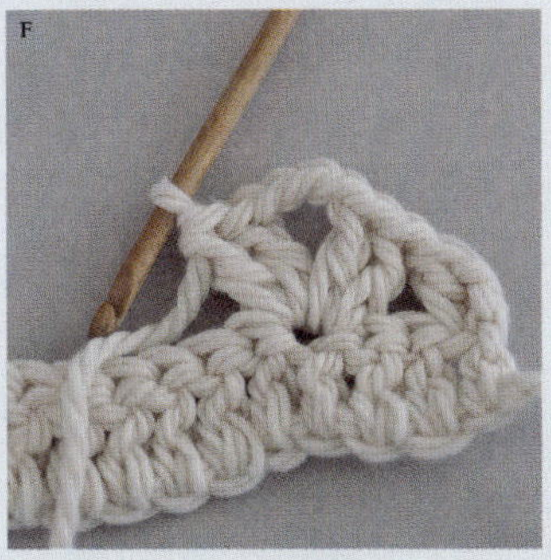

MUSCHEL FÜR SÜẞES KLEID

(2 Stb, 3 Luft-M, 2 Stb) in die M arbeiten F.

MUSCHEL FÜR HIMMLISCHEN PULLI

(2 Stb, 2 Luft-M, 2 Stb) in die M arbeiten.

Techniken zum Fertigstellen

Folgende Anleitungen erläutern, wie die Häkelarbeiten fertiggestellt werden, damit sie hochwertig und schön aussehen.

KNÖPFE ANNÄHEN

Wie schon erwähnt, können Knöpfe eine Erstickungsgefahr darstellen (siehe »Erste Schritte: Hilfsmittel und Material«). Aus diesem Grund ist es sicher besser, Knöpfe mit vier Löchern zu verwenden, da sie sehr fest angenäht werden können. Achte darauf, dass du die Nadel mindestens zweimal durch die Löcher im Knopf führst und den Knopf auf der linken Seite mit einem kleinen Knoten und mit kleinen Stichen fixierst.

FÄDEN VERNÄHEN

Die Endfäden in eine dicke Stopfnadel fädeln und die Nadel durch ein paar Maschen führen, dabei mehrmals die Richtung ändern, damit die Enden nicht herausrutschen können. Die Fäden immer auf der linken Arbeitsseite vernähen. Zum Schluss den Faden festziehen und dicht, aber nicht zu dicht, an der Arbeit abschneiden. Die Fäden immer vor dem Waschen und Spannen vernähen. Gegebenenfalls kann man die Enden anschließend noch kürzen.

WASCHEN

Beim erstmaligen Waschen des Kleidungsstücks empfehle ich Handwäsche. So sieht man, wie der Stoff reagiert, und hat eine Kontrolle über den Vorgang. Dafür warmes Wasser und etwas schonendes Waschmittel verwenden. Anstelle von speziellem Handwaschmittel für Wolle eignet sich auch Haarshampoo. Danach das Kleidungsstück sorgfältig mit warmem Wasser ausspülen, dann ausdrücken, um möglichst viel Wasser zu entfernen. Dafür eventuell in ein Handtuch wickeln und dann ausdrücken. Das Handtuch nimmt das überschüssige Wasser auf. Anschließend das Kleidungsstück auf eine flache Oberfläche legen, beispielsweise auf ein trockenes Handtuch, dabei von Sonneneinstrahlung fernhalten und an der Luft trocknen lassen.

SPANNEN

Nicht alle Kleidungsstücke müssen gespannt werden. Normalerweise reicht es, ein Kleidungsstück auf einer flachen Oberfläche trocknen zu lassen. Dafür dieses ordentlich ausbreiten und während des Trocknens immer wieder etwas in Form bringen. Einige Kleidungsstücke, wie die Herbstjacke, müssen etwas gespannt werden. Dafür die Arbeit nach dem Waschen auf einer flachen Oberfläche ausbreiten und mit Spannnadeln den Kragen, die Passe und die Ärmel feststecken und die Jacke dann trocknen lassen. Zusätzlich kann man die Arbeit auch dämpfen. Bei der Herbstjacke empfiehlt sich zusätzliches Dämpfen, da die Blätter dadurch etwas flacher werden und der Pulli besser fällt. Wenn er fast trocken ist, ein Handtuch darauflegen und mit dem Dampfbügler mehrmals darüberfahren, ohne das Handtuch zu berühren. Alternativ ein Bügeleisen mit Dampffunktion verwenden. Aber nicht zu viel dämpfen, damit das Material nicht überdehnt und beschädigt wird. Danach die Jacke vollständig trocknen lassen.

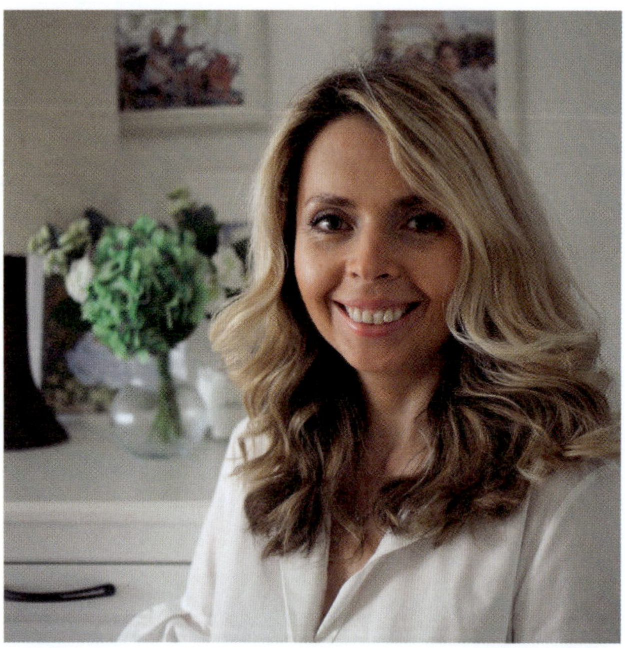

Über die Autorin

Ich bin in Lettland geboren, lebe aber derzeit mit meinem Mann und unseren zwei Kindern in Italien.

Ich habe das Häkeln als kleines Mädchen gelernt und liebe seit meiner Kindheit alle Arten von Handarbeit. 2009 begann ich, meine eigenen Designs zu entwerfen und umzusetzen, und habe seither nicht mehr damit aufgehört. Nachdem ich nun über 400 Anleitungen geschrieben habe, finde ich immer noch, dass es der beste Job ist, den ich haben könnte! Du kannst mir auf Facebook unter **www.facebook.com/monpetitviolon** oder auf Instagram unter **www.instagram.com/monpetitviolon** folgen oder meine Website unter **www.monpetitviolon.com** besuchen, um noch mehr Inspirationen zu sammeln.

Register

First published 2023 under the title *Timeless Textured Baby Crochet* by Vita Apala

Für die deutsche Ausgabe:
Produktmanagement: Lena Denu
Übersetzung: Karen Lühning
Lektorat: Katrin Korch
Satz und Korrektur: VerlagsService Dietmar Schmitz GmbH
Umschlaggestaltung: Regina Degenkolbe
Herstellung: Julia Hegele
Printed in China

★★★★★

Sind Sie mit diesem Titel zufrieden? Dann würden wir uns über Ihre Weiteremepfehlung freuen. Erzählen Sie es im Freundeskreis, berichten Sie Ihrem Buchhändler oder bewerten Sie beim Onlinekauf.
Und wenn Sie Kritik, Korrekturen oder Aktualisierungen haben, freuen wir uns über Ihre Nachricht an Christophorus Verlag, Postfach 40 02 09, D-80702 München oder per E-Mail an lektorat@verlagshaus.de.

Unser komplettes Programm finden Sie unter

www.christophorus-verlag.de

Die Deutsche Nationalbibliothek verzeichnet diese Publikation in der Deutschen Nationalbibliografie; detaillierte bibliografische Daten sind im Internet über www.dnb.de abrufbar.

ISBN 978-3-8410-6771-5

Besuchen Sie uns im Internet: www.christophorus-verlag.de
und www.selbstgemacht.de

Kreativ-Service

Sie haben Fragen zu unseren Büchern und Materialien? Wir beraten Sie gern rund um alle Kreativthemen.Rufen Sie uns einfach an. Wir interessieren uns auch für Ihre eigenen Ideen und Anregungen. Sie erreichen uns per E-Mail **kreativ-service@c-verlag.de** oder Telefon unter **0049-89-1306 99 577**.

Besuchen Sie uns im Internet: **www.christophorus-verlag.de** und **www.selbstgemacht.de**

Danksagung

Ich möchte allen danken, die mir beim Schreiben dieses Buches geholfen haben. Meiner Familie für ihre konstante Unterstützung, allen meinen Testhäklerinnen für ihre wertvolle Hilfe, Ratschläge und Geduld und dem Team bei David and Charles für ihre großartige Arbeit. Ich danke auch dir, dass du dieses Buch ausgesucht hast. Ich hoffe, du hast genauso viel Spaß an den Anleitungen, wie ich bei ihrer Entwicklung hatte. Viel Freude beim Häkeln!